W0334293

Ralf Roth

100 Jahre Frankfurter Gesellschaft für Handel, Industrie und Wissenschaft

Band I

LEITBILD

Frankfurter Gesellschaft für Handel, Industrie und Wissenschaft e.V.
Casino-Gesellschaft von 1802

Die 1919 gegründete Frankfurter Gesellschaft für Handel, Industrie und Wissenschaft e.V., deren geistige Wurzeln auf die Casino-Gesellschaft von 1802 zurückgehen, ist eine Vereinigung von in- und ausländischen Persönlichkeiten aus allen Lebensbereichen, ungeachtet ihrer Herkunft, ihres Geschlechts, ihrer Religion und ihres politischen Standortes, denen die Befassung mit den Angelegenheiten des Gemeinwesens, insbesondere in Gesprächen, Vorträgen und Diskussionen, ein besonderes Anliegen ist.

Es wird begrüßt, wenn sich Mitglieder in Angelegenheiten des Gemeinwesens persönlich engagieren. In Einzelfällen kann auch die Gesellschaft selbst in diesem Sinne nach außen tätig werden.

Wesentliche Grundlage für die Gesellschaft und ihre Mitglieder sind die Gedanken- und Meinungsfreiheit innerhalb der freiheitlich-demokratischen Grundordnung des Grundgesetzes sowie im Umgang miteinander der Respekt vor der Person und Meinung des anderen.

Auf dieser Grundlage versteht sich die Gesellschaft als weltoffen, pluralistisch und tolerant.

RALF ROTH

100 JAHRE

• • •

FRANKFURTER GESELLSCHAFT
FÜR HANDEL, INDUSTRIE UND WISSENSCHAFT

EINE BEWEGTE CHRONIK

BAND I

SOCIETÄTS
VERLAG

FSC
www.fsc.org
MIX
Papier aus verantwortungsvollen Quellen
FSC® C110508

Alle Rechte vorbehalten· Societäts-Verlag
© 2019 Frankfurter Societäts-Medien GmbH
Satz: Bruno Dorn, Societäts-Verlag
Bildredaktion: Ralf Roth
Umschlaggestaltung: Bruno Dorn, Societäts-Verlag
Druck und Verarbeitung: Westermann Druck Zwickau GmbH
Printed in Germany 2019
ISBN 978-3-95542-362-9

Inhalt

Vorwort

Die Frankfurter Gesellschaft für Handel, Industrie und Wissenschaft legt Zeugnis ab über ihre 100-jährige Geschichte. Nach den vorangegangenen Jubiläumsbänden zum 75. und zum 90. Bestehen verfolgt diese Festschrift einen anderen Ansatz. Mit Professor Dr. Ralf Roth, der das Archiv unserer Gesellschaft vor mehr als 25 Jahren aufgebaut und seitdem betreut und der auch an den beiden Vorbänden mit den Mitgliedern der Gesellschaft mitgearbeitet hat, gibt es dieses Mal nur ihn als Autor.

Wie kein Zweiter kennt Ralf Roth unsere Geschichte, die ein Spiegelbild ihrer Zeit ist. Er hatte den besonderen Auftrag, diese 100 Jahre einzubetten in die allgemeinen politischen und gesellschaftlichen Zusammenhänge sowie wichtige Ereignisse und Persönlichkeiten unter unseren Mitgliedern darzustellen. Insbesondere sollte er auch an solche erinnern, mit denen die Frankfurter Gesellschaft 1933 und insbesondere 1935 schändlich umgegangen ist. Gerade diese Mitglieder vor dem Vergessen zu bewahren, ist das Mindeste, was wir heute für sie tun können. Es gehört allerdings auch zu dem an Irrungen und Wirrungen reichen „Zeitalter der Extreme", wie es der Historiker Eric Hobsbawm bezeichnete, dass viele Mitglieder der Frankfurter Gesellschaft mit den Füßen abgestimmt und aus Protest gegen den ideologischen Wahn des Nationalsozialismus ihre Mitgliedschaft persönlich beendet haben. Es gehört auch dazu, dass alle Beschlüsse, die zu einem Ausschluss von Mitgliedern geführt haben, von Präsidium und Mitgliederversammlung 1988 für nichtig erklärt wurden.

Unser Jubiläumsbuch ist deutlich umfangreicher geworden, als ursprünglich angedacht, und wird in zwei Bänden aufgelegt. Die Zeitspanne 1919 bis 2019 und die Bedeutung der Frankfurter Gesellschaft in jedem dieser Jahre rechtfertigen es. Spiegelt es doch zugleich in einem weiteren Sinne die Geschichte unserer bürgerlichen Gesellschaft, die das 19. Jahrhundert zur Blüte und die sich in den 1930er Jahren vielfach an den Rand der Zivilisation brachte. Ralf Roth gebührt großer Dank und Anerkennung für seine Arbeit. Der Autor hatte freie Hand bei Darstellung und Auswahl.

Es ist schon bemerkenswert, dass sich nach dem Ersten Weltkrieg wichtige Persönlichkeiten der Frankfurter Bürgergesellschaft zusammengefunden haben, um Brücken zu bauen zwischen den unterschiedlichen, auseinanderdriftenden politischen Strömungen einer von rechten und linken Radikalen bedrohten Republik. Die Zielsetzung der Gründer war gerade in unserer weltoffenen Stadt des Handels und der Messen, alle Gruppen in eine Gemeinschaft über die Parteigrenzen hinaus einzubinden. Die eindrucksvollen Dokumente über die Gründungsversammlung und das erste Statut vom Dezember 1919 zeigen dies deutlich.

Dass Mitglieder heute nicht nur Männer, sondern ebenso Frauen sind, um den selbstgestellten Zielen und Ansprüchen an eine Leistungselite zu genügen, ist inzwischen selbstverständlich und wurde von der Frankfurter Gesellschaft auf der Mitgliederversammlung vom 5. November 2015 vollzogen. Die Auseinandersetzungen in dieser Frage waren heftig und haben auch in der öffentlichen Wahrnehmung der Frankfurter Gesellschaft Spuren hinterlassen. Aber gerade in dieser Jubiläumsschrift wird verdeutlicht, dass unser Leitbild und die Gründungsziele elementarer Charakter und Fundament der Frankfurter Gesellschaft sind.

Das Befassen mit den großen Themen der Zeit in Politik, Wirtschaft, Kultur und Wissenschaft steht seit jeher, neben der Kontaktpflege und dem intensiven Gespräch, im Mittelpunkt des Lebens unserer Gesellschaft.

Dazu gehören natürlich mehr denn je internationale Themen. Dies hat sich über die zehn Jahrzehnte praktisch nicht verändert. Sehr spannend und aufschlussreich, was wir in diesem Buch über die Vorträge von Albert Einstein bis Theodor Heuss, von Heinrich Mann bis Walter Hallstein, von Norbert Lammert bis Lord Green erfahren.

Was leiten wir für die Zukunft ab, was lernen wir aus der Geschichte, was bewahren wir, was werden wir anders angehen? Braucht es eine Frankfurter Gesellschaft noch in 100 Jahren, wie wird sie verfasst sein? Ihr Daseinszweck darf sich nicht allein darauf beschränken, ein Gesellschaftshaus zu unterhalten, das allerdings ein herausragendes Juwel in dieser Stadt Frankfurt ist und entscheidend zu unserer Identität beiträgt.

Eine Frankfurter Gesellschaft muss Inhalten und Ideen verpflichtet sein und ihre Mitglieder bereit zur Übernahme von Verantwortung. Rechtzeitig hat sich die Frankfurter Gesellschaft ein Leitbild gegeben, das jedes Mitglied bindet und verpflichtet. Dieses Leitbild ist auch diesem Jubiläumsbuch vorangestellt. Hiernach gilt es zu leben und zu handeln.

Vernunft im Urteil, Toleranz im Verhalten, Liberalität in der Gesinnung, Wachsamkeit gegenüber radikalen Strömungen, Mut, Neugier, Offenheit und auch Augenmaß sind mehr denn je von den Mitgliedern der Frankfurter Gesellschaft gefordert. Dieser Geist soll uns in die nächsten 100 Jahre tragen.

Rüdiger Freiherr von Rosen, Präsident der Frankfurter Gesellschaft für Handel, Industrie und Wissenschaft, im Oktober 2019

Einleitung: Das Schreiben über eine Gesellschaft mit einer hundertjährigen Geschichte

Die Gesellschaft für Handel Industrie und Wissenschaft wurde am 28. Dezember 1919 gegründet. Sie gehört damit zu den Einrichtungen in Frankfurt, denen eine längere Geschichte beschieden ist, die immerhin sowohl Ereignisse am Beginn des 20. wie am Beginn des 21. Jahrhunderts einschließt. Zeitzeugen stehen wegen der langen Zeitspanne nur für die letzteren Jahrzehnte zur Verfügung. Es bedarf deshalb schon aus diesem Grund einer historischen Aufarbeitung, um die Vergangenheit zurück in die Erinnerung zu bringen und auf wissenschaftlicher Grundlage die wichtigsten Entwicklungslinien dieser Gesellschaft aus den überlieferten Fragmenten und Bruchstücken zu einer einheitlichen Zeitdokumentation zusammenzufügen. Das kann nur auf der Grundlage der überlieferten Quellen geschehen.

Nicht immer hat der Historiker das Glück, die Entwicklung einer zentralen Institution der Frankfurter Gesellschaft, wie sie zweifellos die Gesellschaft für Handel, Industrie und Wissenschaft bildet, auf der Grundlage eines wohlgeordneten eigenen Archivs untersuchen zu können. Vor 30 Jahren hatte das Präsidium der Gesellschaft beschlossen, die Unterlagen der letzten sieben Jahrzehnte mit professioneller Hilfe zu sichten und in einem eigenen Vereinsarchiv aufbereiten zu lassen.[1] Seitdem beruht der Blick auf die Geschichte dieser Gesellschaft auf fundierten Auswertungen einer soliden Quellenbasis. Kurze Zusammenfassungen erschienen bereits zu den Jubiläen 1995 und 2010.[2]

Die anstehende Feier zum 100-jährigen Bestehen gibt Anlass, die Geschichte genauer zu untersuchen und gegenüber den vorliegenden Skizzen ausführlicher vorzustellen.

Die Gesellschaft hat in ihren 100 Jahren eine durchaus wechselvolle Geschichte durchlebt. Die Anfänge liegen mitten im Chaos eines verlorenen Krieges und der Gewaltsamkeit einer sich anschließenden Revolution, der die Gründung der ersten Republik auf deutschem Boden folgte. Statt die junge Pflanze der Demokratie zu fördern, wurde dem neuen Staat von den Siegermächten eine hohe Rechnung offeriert: Alleinschuld, Demilitarisierung, Gebietsabtretungen und Reparationen in anfangs ungemessener Höhe. Die Bedingungen der Siegermächte trugen wenig zur Stabilisierung des demokratischen Neuanfangs in Deutschland bei, sondern förderten Putschversuche von rechts und Arbeiteraufstände von links. Auch die Ruhrbesetzung von 1920 und die Hyperinflation von 1923 standen direkt oder indirekt in diesem Zusammenhang.

Das war das historische Panorama, vor dessen Hintergrund mutige, visionäre Männer mit Verantwortungsbewusstsein versuchten, der Republik auf lokaler Ebene Stabilität zu verleihen. Das heißt, eine große Zahl von Entscheidungsträgern akzeptierte und begrüßte die Gründung der Republik, stellte sich den neuen Herausforderungen und schuf einen Ort, an dem über Parteigrenzen hinweg zentrale Themen von allgemeinem und spezifischem Interesse besprochen, Meinungen ausgetauscht oder einfach Wissen weitergegeben werden konnte, um nach möglichen Gemeinsamkeiten in den verschiedensten Bereichen der Gesellschaft zu suchen und mit unorthodoxen politischen Ansätzen die Probleme der Krisenzeit einer Lösung zuzuführen. Ein solcher Ort war die im Dezember 1919 begründete Frankfurter Gesellschaft für Handel, Industrie und Wissenschaft.

Die Frankfurter Gesellschaft hatte so lange Erfolg, wie die Republik an Kontur gewann. Aber mit der Krise von Staat und Gesellschaft geriet auch das Forum in der Villa Bonn in eine tiefe Krise. Die Frankfurter Gesellschaft war zwar machtlos gegenüber dem Nationalsozialismus, sie verließ jedoch aus freien Stücken die Grundsätze und Überzeugungen der Gründung und trug mit der Aufkündigung der Konsenspolitik und der republikanischen Grundhaltung sowie der Anpassung und Gleichschaltung zur Stärkung des NS-Staats bei. Dies geschah gegen die Überzeugungen der Mehrheit der Mitglieder.

Denn auch wenn es keinen offenen Protest gegen die Entscheidungen des Präsidiums gab und auf den Mitgliederversammlungen eine Opposition stumm blieb, verweigerte sich doch die überwiegende Mehrheit der Mitglieder persönlich dieser Umkehrung der Werte, indem sie die Gesellschaft in noch größerer Zahl verließen als diejenigen, die einer aktiv betriebenen Politik des Hinausdrängens und Ausschließens zum Opfer fielen. Bei Letzteren handelte es sich sowohl um politisch unliebsame Persönlichkeiten aus den Reihen der SPD, der DDP und auch des Zentrums als auch um Mitglieder, die als „Nichtarier" dem von der nationalsozialistischen Rassenpolitik diktierten Ziel einer von vermeintlich höherwertigen „Ariern" getragenen Gesellschaft im Wege standen. Die Rassengesetze von 1933 und 1935 wurden ohne Widerstand akzeptiert und ausgeführt, auch wenn es Anzeichen gab, dass die dahinterstehende Ideologie nicht geteilt wurde. Das ändert jedoch an der Schuld gegenüber den Opfern wenig.

Nach Austritt, Flucht und Ausschluss blieb nicht einmal ein Viertel der Mitglieder, die um 1930 zum reichen Bestand der Gesellschaft gezählt hatten. Sie versuchten das Ansehen der Gesellschaft in ein Entréebillet für die Teilhabe an der Macht des neuen Regimes einzutauschen und haben dem Ansehen der Gesellschaft damit schweren Schaden zugefügt.

Die Traditionslinie Aufklärung, Vernunft, Bildung, demokratischer Umgang mit unterschiedlichen philosophischen Deutungsmustern und politischen Überzeugungen – in einem weiten Spektrum von konservativen und liberalen Einstellungen bis hin zu sozialistischen Ansätzen – wurde gekappt. Ohne Halt in diesen Überzeugungen führte eine konservative Minderheit im Bündnis mit der nationalsozialistischen Bewegung, der Partei und der okkupierten Staatsmacht Deutschland in die vollkommene Zerstörung, der gegenüber die Belastungen des Versailler Vertrags als milder Einschnitt in die Behaglichkeit des bürgerlichen Haushalts erscheinen.

Die Gesellschaft glich dem Vogel Phönix, der nur kurze Zeit nach dem Untergang aus der Asche einer in weiten Teilen zerstörten Stadt aufstieg. Die Initiative zum Wiederauflebenlassen der Gesellschaft, die in den letzten beiden Kriegsjahren ihre Aktivitäten völlig eingestellt hatte, kam nicht aus der alten Vorstandsriege, sondern von einfachen Mitgliedern, insbesondere von unbelasteten Professoren der Universität und zum Teil auch von Persönlichkeiten, die dem Regime widerstanden haben und zum Teil auch zum aktiven deutschen Widerstand gehört hatten. Da in dieser Zeit die Gründung der BRD vorbereitet wurde und zentrale Instanzen des zukünftigen Staats in Frankfurt angesiedelt waren, weshalb sich die Stadt auch begründete Hoffnungen auf die provisorische Hauptstadt dieser Republik machen durfte, befanden sich unter den Gründern auch eine ganze Reihe von namhaften Politikern, die die ersten Jahre der neuen deutschen Republik maßgeblich geprägt haben. Zu nennen wären hier zum Beispiel Ludwig Erhard und Walter Hallstein oder Franz Böhm.

Die Gesellschaft brach auch mit den Belasteten des NS-Regimes. Es konnte niemand Mitglied werden, der in den Spruchkammerverfahren höher als „Mitläufer" eingestuft worden war. Vor allem aber kehrte die Gesellschaft zu den Grundsätzen der Zeit vor 1933 zurück, übernahm, sofern der Wunsch bestand, die „Mitläufer" ohne weitere Nachfragen, ging jedoch nur in Ausnahmefällen auf andere „alte Mitglieder" zu, also die ausgeschiedenen, vertriebenen und ausgeschlossenen Mitglieder, und rekrutierte in der Mehrheit neue Mitglieder. Sie knüpfte 30 Jahre nach Gründung an die Tradition der Gesellschaft von 1919 an und belebte rasch wieder die alten Wertvorstellungen. Die Vorträge nach 1947 stehen in einer direkten Kontinuität zu den Themen vor 1933.

Doch es gab kein offizielles Eingeständnis des Versagens und der Teilhabe an einer demokratiefeindlichen und rassistischen Politik. Unterschwellig lebte die nicht aufgearbeitete Vergangenheit in Form unsichtbarer Barrieren und beredtem Schweigen zu den Vorgängen fort. Vor allem fehlte eine Entschuldigung gegenüber den Hinausgedrängten, den zu Flucht und Emigration gezwungenen Mitgliedern, und zwar sowohl in Bezug auf die aus politischen Gründen als auch aus antisemitischen bzw. rassistischen Motiven Hinausgeworfenen. Die aus der Emigration Zurückkehrenden hatten es schwerer, wieder Mitglied zu werden als verbliebene Mitläufer, die den Weg in den Abgrund mitgegangen waren. Der Schritt zur Wiedergutmachung kam, aber er kam sehr spät. Erst Ende der 1980er Jahre, also ein halbes Jahrhundert nach dem eklatanten Versagen, ging das Präsidium auf überlebende ehemalige Mitglieder zu, die 1935 offen zum Austritt aufgefordert worden waren, und erklärte alle diesbezüglichen Beschlüsse für nichtig.

Auch ohne Schlussstrich mit der Vergangenheit trafen die Mitglieder und das neue Präsidium der 1947 wiederbegründeten Gesellschaft die richtigen Entscheidungen für einen humanen und demokratischen Neuanfang und legten die Grundlage für ihre Entfaltung in der 1919 angedachten Richtung. Sie zogen dabei Nutzen aus dem Vorteil, dass die Rahmenbedingungen in der BRD keinen Nährboden für die Entfaltung älterer NS-Ideologie lieferten. Im Gegenteil, mit jedem Jahr festigte sich die Grundhaltung des Wirkens in einer Republik, die aufgebaut ist auf demokratischer Grundlage und strikter Gewaltenteilung.

In der Gesellschaft wurde wieder, wie in der Weimarer Republik, um die soziale Ausgestaltung der marktwirtschaftlichen Ordnung gerungen, und zwar direkt mit denen, die diese entwickelt und in der Bonner Republik umgesetzt haben. Daran war sogar eine ganze Reihe von Mitgliedern beteiligt. In Hunderten von Vorträgen fand Konsensbildung über die Tragsäulen der deutschen Gesellschaft statt, ohne dabei den Blick in die Welt hinaus zu vernachlässigen. Die Westorientierung fand großen Zuspruch und gilt bis heute. Aber auch die Westorientierung bedeutet nicht Ausblendung der restlichen Welt. Im Gegenteil, die Diskussion globaler Perspektiven und der Entwicklungen in den unterschiedlichsten Regionen unserer Erde gehört fest zum hundertjährigen Erfahrungsschatz der Frankfurter Gesellschaft und wurde auch mit der Erneuerung nach Nationalsozialismus und Zweitem Weltkrieg sofort wieder aufgenommen. Zahlreich sind die Beiträge zu den USA, zu den Ländern des transatlantischen Raumes, zu Asien und Afrika wie auch zur Pazifikregion. In einem langen Strang reihen sich die Vorträge zu Europa und der Zielperspektive seiner Einigung, und zwar seit den 1920er Jahren. Ein großes Thema war in einer Gesellschaft, die mit dem Handel und der Industrie gleich zwei große Teilbereiche der Wirtschaft im

Namen führt, die Weltwirtschaft mit ihren zahlreichen Aspekten. Dazu gehörten ihre Neuordnung im Zweiten Weltkrieg und die zahlreichen Auseinandersetzungen um das Verhältnis der Währungen, um die Finanzindustrie mit ihren Börsen und Banken, um den Strukturwandel der Industrie und den der Arbeitswelt, um die Beziehungen der Tarifparteien und um andere wirtschaftliche Ordnungen, seien es Varianten der Marktwirtschaft oder seien es staatlich gelenkte Wirtschaftsordnungen bis hin zu den Modellen kommunistischer Planwirtschaften.

Zur Wirtschaft und Politik kommt das weite Spektrum der Beiträge mit wissenschaftlichen Themen, seien es der Medizin, Physik, Chemie, Soziologie, Politologie, der Geschichte, Philosophie oder der Theologie. Von der Wissenschaft wenig getrennt, wären noch die Bereiche Kunst und Kultur zu nennen. Mit allen um die 2.000 Vorträge zusammengenommen und in den Kontext ihrer jeweiligen Darbietung gesetzt, ließe sich eine ziemlich umfassende Geschichte des 20. Jahrhunderts schreiben, die dicht an den Typus einer *l'histoire totale à l'histoire globale* heranreichen würde.

Die Gesellschaft reihte sich wieder ein in die Traditionslinie ihrer Gründung und damit in einen viel älteren Strang von Aufklärung und Liberalität, der viel weiter zurückreicht als nur die letzten 100 Jahre, sondern der seine Wurzeln mindestens in der Zeit um 1800 hat. Diesen Strang müssen wir freilegen, um zu verstehen, weshalb die Gesellschaft mitten in unsicherer Zeit und radikalen Umbrüchen gegründet worden ist. Es bleibt anzumerken, dass neben Bildung auch Unterhaltung und ungezwungene Geselligkeit sowie eine gepflegte Gastlichkeit seit jeher zum Wirkungskreis der Gesellschaft gehörten, die sich seit ebenfalls fast hundert Jahren dem Erhalt eines Frankfurter Denkmals mit einer bewegten Geschichte verpflichtet hat. Die Villa Bonn stellt nicht nur ein architektonisches Kleinod dar, sondern ist auch ein steinernes Relikt, das an die Weltoffenheit und Aufgeschlossenheit des Frankfurter Bürgertums in wirtschaftlichen, sozialen und kulturellen Beziehungen erinnert – und zwar sowohl für die Freie Stadtrepublik wie für die spätere preußische Stadt. Damals fanden in den Elitenvereinen bemerkenswerte Emanzipationsprozesse statt, die gleichberechtigte Zusammenkunft von Bürgern unterschiedlicher christlicher Konfession, die Außerachtlassung ständischer Abgrenzung sowie die Integration der jüdischen Minderheit. Die heutige Frankfurter Gesellschaft ist inzwischen noch einen Schritt weitergegangen und hat der neuen Zeit und dem Aufstieg vieler Frauen in die Position von Entscheidungsträgerinnen Rechnung getragen und die Gesellschaft für sie geöffnet. Damit steht einem erfolgreichen Wirken in den nächsten 100 Jahren nichts im Wege.

Abb. 1: Französische Revolution: Déclaration des Droits de l'Homme et du Citoyen. Die Erklärung der Menschen- und Bürgerrechte in einer Darstellung von Jean-Jacques Le Barbie 1789.[1]

I Vor über 200 Jahren: Über Vereine und Gesellschaften[2]

Um 1800 ging ein Zeitalter zu Ende und ein neues brach an. Die Zielsetzungen waren alles andere als gering. Erstmals sollten Vernunft, Einsicht, Toleranz und Liberalität die maßgeblichen Werte einer neuen, einer modernen Gesellschaft bilden. Dabei handelte es sich um Maßstäbe, wie sie Voltaire in seinen Aufsätzen über die alte und neue Zeit skizziert hatte.[3] Doch die Auseinandersetzungen zwischen alten Traditionslinien und sich entfaltender Modernität waren mit der Absicht noch lange nicht entschieden. Was mit dem Appell an die Vernunft, nach mehr Rationalität in den Gesellschaftsbeziehungen, der Benutzung des Verstandes begann, in der Philosophie der Aufklärung und der deutschen Klassik sowie dem Ballhausschwur und der Verabschiedung der Menschenrechte erste Höhepunkte erreichte, schlug binnen weniger Jahre in ein mehr als zwei Jahrzehnte andauerndes, ganz Europa erfassendes Kriegstheater um.

Am Beginn einer neuen Zeit: Menschenrechte und Bildung

Die Französische Revolution, mit ihrem Ruf nach *liberté*, *égalité* und *fraternité* die Zielsetzungen zusammenfassend, gehörte nach der Reformation zu den folgenschwersten Ereignissen der europäischen Geschichte. Die Abschaffung des autokratischen Ständestaats sowie die als großes gesellschaftliches Experiment gestartete Umsetzung grundlegender Werte und Ideen der Aufklärung, wozu insbesondere die Verabschiedung der Menschenrechte zu zählen ist, waren Anlass und Ursache zugleich für radikale gesellschaftliche, politische und wirtschaftliche, letztendlich auch kulturelle Umbrüche in ganz Europa. Sie haben auf der einen Seite zusammen mit den Erträgen der Amerikanischen Revolution unser modernes Demokratieverständnis maßgeblich beeinflusst.[4] Auf der anderen Seite scheiterte sie nach kurzer Zeit als Vernunftprojekt, weil die Beteiligten die selbstgesetzten Grundlagen verließen und für Jahre ein gewaltsames Regime nach innen schufen, gefolgt von einer gewaltigen imperialen Expansion, in deren Verlauf fast ganz Europa mit Kriegen überzogen und besetzt wurde.

Abb. 2: Kaiser Napoleon: Die Krönung in Notre Dame (1804). Napoleon, der sich zuvor selbst gekrönt hat, setzt seiner Gemahlin Joséphine die Krone auf. Rechts von Napoleon sitzt Papst Pius VII. (Gemälde von Jacques-Louis David)[5]

Den Revolutionskriegen folgte ab 1799 das Eroberungsprogramm des im Staatsstreich des 18. Brumaire im achten Revolutionsjahr an die Macht gekommenen Napoleon Bonaparte, der sich fünf Jahre später zum Kaiser der Franzosen küren ließ. Alles in allem handelte es sich um ein diktatorisches Regime mit plebiszitären Elementen. Stütze seiner Macht waren neben der Armee die Modernisierung des Rechtssystems, und zwar sowohl in Frankreich wie in den von Frankreich besetzten oder abhängigen Gebieten. In der Außenpolitik errang er zeitweise die Herrschaft über weite Teile Europas und sammelte dabei weitere Titel und Ruhm ein. Er ließ sich nicht nur Kaiser der Franzosen nennen, sondern auch König von Italien und in den sieben Jahren nach 1806 auch Protektor des Rheinbundes, was für Frankfurt eine gewisse Bedeutung hatte. Wie viele autokratische Herrscher war ihm vor allem das Wohl seiner Familie wichtig, weshalb er in nicht wenigen der von ihm beherrschten Staaten Familienmitglieder und enge Vertraute als Monarchen einsetzte. Das System krankte spätestens nach der Neuordnung Deutschlands an Überdehnung. Insofern war die von Napoleon betriebene Auflösung des Heiligen Römischen Reiches im Jahre 1803 der Anfang vom Ende – und Frankfurt als bedeutendste Stadt des aus dieser Auflösung hervorgegangenen Fürstlichen Primatialstaats Dalbergs und seine Transformation zum Großherzogtum Frankfurt nur vier Jahre später lag mittendrin.

Abb. 3: Schlacht bei Waterloo. Gemälde von William Sadler (1782–1839)[6]

Damit wurde die Neuordnung der Mitte Europas zu einer der wichtigsten politischen Fragen des 19. Jahrhunderts, die jedoch nicht mehr von Frankreich, sondern von dem aus dem tausendjährigen Schlaf des Heiligen Römischen Reichs Deutscher Nation entfesselten Dualismus zwischen Preußen und Habsburg, zusammengebunden im Deutschen Bund und dann getrennt in die beiden Kaiserreiche Deutschland und

Abb. 4: Delegierte des Wiener Kongresses in einem zeitgenössischen Kupferstich von Jean Godefroy nach dem Gemälde von Jean-Baptiste Isabey[7]

1 Arthur Wellesley, First Duke of Wellington, 2 Joaquim Lobo da Silveira, 3 António de Saldanha da Gama, 4 Carl Axel Löwenhielm, 5 Paul-François de Noailles, 6 Klemens Wenzel Lothar von Metternich, 7 Frédéric-Séraphin de La Tour du Pin Gouvernet, 8 Karl Robert von Nesselrode, 9 Pedro de Sousa Holstein, 10 Robert Stewart, 2. Marquess of Londonderry, 11 Emmerich Joseph von Dalberg, 12 Johann von Wessenberg, 13 Andrei Kirillowitsch Rasumowski, 14 Charles Vane, 3rd Marquess of Londonderry, 15 Pedro Gómez Labrador, 16 Richard Trench, 2nd Earl of Clancarty, 17 Nikolaus von Wacken, 18 Friedrich von Gentz, 19 Wilhelm von Humboldt, 20 William Cathcart, First Earl Cathcart, 21 Karl August von Hardenberg, 22 Charles-Maurice de Talleyrand-Périgord, 23 Gustav Ernst von Stackelberg

Österreich, maßgeblich gestaltet wurde. Die Selbstentmachtung des Napoleonischen Reichs als Erbe der Französischen Revolution setzte sich im Feldzug von 1812 gegen Russland fort, in dem sich der zwei Jahrzehnte zuvor begonnene Gewaltausbruch in den russischen Weiten verlor. Die Niederlage führte zur Erschütterung der Herrschaft des französischen Kaisers und ermöglichte die Bildung der großen Allianz und die Einleitung der Befreiungskriege. Erst mit ihnen konnte das napoleonische Imperium als Erbe der Revolution in die Grenzen des ehemaligen Französischen Königreichs zurückgedrängt werden. In der Schlacht bei Waterloo vom 18. Juni 1815 wurde Frankreich vernichtend geschlagen und die militärischen Fähigkeiten des Generals Bonaparte endgültig entzaubert.

Das Europa danach hatte mit dem Europa des Heiligen Römischen Reiches, des Habsburger und Russischen Reiches sowie des Französischen Kolonialreiches und des Britischen Empires nicht mehr allzu viel zu tun – allerdings auch nicht mit den von der Aufklärung bestimmten Idealen, die am Beginn dieses Umbruchs gestanden hatten. Formal gab es zwar nach wie vor fünf Mächte, doch sie durchliefen in der Zeit der Französischen Revolution und ihrer kriegerischen Ereignisse bis zu dem vom Wiener Kongress vermittelten Frieden von 1815 sowie danach innere Umgestaltungs- und Reformprozesse, die ähnliche Potentiale freisetzen sollten, wie sie sich in der französischen Gesellschaft Bahn gebrochen hatten. Das betraf zum einen Maßnahmen zur wirtschaftlichen Deregulierung und Modernisierung nach dem Vorbild Großbritanniens und zum anderen Zugeständnisse an Partizipation, Freiheiten und Konstitution sowie die Öffnung und Erweiterung der Möglichkeiten des Zusammenschlusses und der Entfaltung der publizistischen Öffentlichkeit.[8]

Die Konsequenzen aus den Unwägbarkeiten der von großen Massenbewegungen getragenen Französischen Revolution und den Terrormaßnahmen eines vorgeblich die Mehrheit repräsentierenden Regimes zog damals der Liberalismus, der als staatenübergreifende politische Bewegung entstand. Im Kontext dieser neuen politischen Richtung entstand ein rasch wachsender Katalog an Forderungen zur Erweiterung der demokratischen Rechte, aber auch zur Kontrolle von Regierungsmacht. Dazu gehörten mehrere sich gegenseitig ergänzende Ketten von Freiheiten: Gedanken-, Meinungs-, Rede- und Pressefreiheit, sodann Vereinigungs- und Koalitionsfreiheit und schließlich politische Teilhabe an den Entscheidungen der Exekutive und die Abtrennung der Legislative wie der Judikative, festgeschrieben in einer Konstitution, mit der die Macht der Autokratien eingegrenzt werden sollte.[9]

Abb. 5: Bildung und Vereinigung: Johann Peter Hasenclever: Das Lesekabinett, 1843[10]

Von allen diesen Elementen entwickelte sich die Freiheit zur Gründung von Vereinigungen, also der Verein, zum Motor der Modernisierung im 19. Jahrhundert. Er erfasste als konstitutives Element der bürgerlichen Gesellschaft faktisch alle ihre Bereiche. Bereits um 1800 entstand eine breite Phalanx von Vereinen und modernen Stiftungen, die zur Verbesserung der sozialen und kulturellen Beziehungen gegründet wurden. Sie entstanden als „Versuch", wie der langjährige Vizepräsident der Gesellschaft, Lothar Gall, zum 75-jährigen Jubiläum 1995 schrieb, „im Schoße des lokalen, politisch entmachteten Gemeinwesens eine Gesellschaft besonders angesehener und unabhängiger Mitglieder dieses Gemeinwesens ins Leben zu rufen mit dem erklärten Ziel, die ‚societas civilis', die Bürgergesellschaft von ihrem Kern, der bürgerlichen Elite, her neu zu organisieren."[11] Das Vereinswesen weitete sich kurz nach seiner Entstehung erheblich aus. Thomas Nipperdey hat diese Dynamik einmal treffend zusammengefasst: Aus der „Vereinsbereitschaft der Bürger" sei „eine Art Vereinsleidenschaft geworden" und alle Aktivitäten der Bürger hätten sich seit dieser Zeit mehr oder weniger in Vereinen organisiert.[12]

Es handelt sich dabei um ein europäisches Phänomen, das sich am Beginn des 19. Jahrhunderts auch in Deutschland zu entfalten begann. Die große Welle der Vereinsgründungen habe dabei zugleich eine immer größere Diversifikation erfahren. Am Anfang entstanden in einem ersten großen Schub zahlreiche Konzert- und Gesangvereine, konfessionelle, gelehrte und gesellige Vereine, dazu Wissenschafts- und Kunst- sowie Gewerbevereine. Die Motive für Vereinsgründungen waren vielfältig. Nipperdey fasste sie zu vier Hauptmotiven zusammen: Die freie Zusammenkunft jenseits der Traditionen, ideologische Zwecke, praktische Anliegen und ein Engagement für die „Kunst".[13] In der Tat sind die im Zeichen der Bildung stehenden zahlreichen Vereinsgründungen im Bereich der Kunst, Kultur und Wissenschaft auffallend. Gerade diese Vereine wurden ein zentrales Instrument bei der Suche des Bürgers nach einer eigenen Identität und ein wichtiger Faktor bei der Konstituierung des modernen Bürgertums im 19. Jahrhundert.[14]

Wir finden diese breite Tendenz in vielen Städten Europas und auch in Frankfurt. Damals entstanden die großen Vereine der Stadt im Bereich der Naturwissenschaften, der Kunst und Kultur und auch Vereine, die „politische Bewußtseins- und Gesinnungsbildung, ja politische Demonstration" ermöglichten.[15] Das war wiederum eine Voraussetzung für die im 19. Jahrhundert schrittweise erfolgte Einschränkung der Macht der Monarchien, wie sie durch Konstitutionen nicht möglich gewesen wäre. Denn Vereine waren entscheidend für die Ausbildung politischer Organisationen, die ab dem Vormärz in großer Zahl gegründet wurden, und zwar zuerst als Wahlvereine, später dann als Parteien.

Ebenso hätte sich die Wirtschaft kaum in der Art und Weise entwickeln können, für die Deutschland als Industrienation ab den 1860er Jahren viel Anerkennung in der Welt gefunden hat. Denn das Modell des Vereins stand Pate für die ab der Jahrhundertmitte zahlreich gegründeten Aktiengesellschaften.[16] Am deutlichsten trat diese Seite des Vereinswesens bei den großen Infrastrukturprojekten des 19. Jahrhunderts, dem Eisenbahnbau, zutage, denn der Eisenbahnbau war in der Anfangszeit von Komitee- und Vereinsgründungen auf lokaler Ebene bestimmt. In den 1830er Jahren traten die Bürger zusammen und ini-

Abb. 6: Verein und Aktiengesellschaft: Bahnhof der Taunuseisenbahngesellschaft in Frankfurt um 1850[17]

tiierten etwa in Leipzig, Berlin, Frankfurt am Main, Köln oder Aachen und in vielen anderen deutschen Städten Eisenbahnprojekte. In und mit diesen Eisenbahnvereinen kommunizierten die bürgerlichen Eliten Sinn und Zweck ihrer Anliegen und nutzten dazu das Beziehungsgeflecht der Vereine. Mit diesen Aktivitäten ebneten sie den Weg für konkrete Planungen, sicherten die Finanzierung und erfochten die notwendige staatliche Konzession, was sich in der Regel über die Einbindung der kommunalen Verwaltungen und von dort aus über die Landesparlamente oder sonstige regionale Versammlungen vollzog.

Die im urbanen Kontext lebenden Bürger sammelten in diesen Auseinandersetzungen Erfahrungen, nicht mehr nur als Untertanen mit dem Staat umzugehen. Das war ein maßgeblicher Grund, warum gerade aus dem Bereich der damals noch meist privaten Eisenbahngesellschaften profilierte Politiker hervorgingen. Als die Geschichte prägende Persönlichkeiten wären hier zum Beispiel David Hansemann und Rudolf Camphausen zu nennen, die 1848 der ersten Revolutionsregierung in Deutschland vorstanden und es bis zu preußischen Staatsministern brachten.[18] Bürger schlossen sich auch in Vereinen zusammen, um in ähnlicher Weise wie beim Eisenbahnbau kommunale Projekte zu befördern. Sie gründeten Gasgesellschaften auf der Basis von Aktionärsvereinigungen. Ähnlich belebten sie in vielen Städten den Kulturbereich. Davon zeugen zahlreiche ursprünglich als Vereine gegründete Aktiengesellschaften zum Betreiben von Theatern, Zoologischen oder Botanischen Gärten. Wenn nicht die Kommune direkt einsprang, bildeten Aktienvereine auch eine vorübergehende Lösung für zahlreiche kommunale Infrastrukturprobleme, wozu im 19. Jahrhundert an erster Stelle der Aufbau neuer Systeme für die Kanalisation und für die Wasserversorgung gehörte. Später entstanden auch gemeinnützige Wohnungsbaugesellschaften auf der Grundlage von Aktiengesellschaften. Sie spielten zwischen 1890 und 1914 in vielen Städten eine größere Rolle, bevor auch hier die Kommunen direkt einsprangen.[19]

Abb. 7: Vereine schaffen „Orte" – Museum der Senckenbergischen Naturforschenden Gesellschaft am Eschenheimer Tor, 1820er Jahre[20]

Am Ende des 19. Jahrhunderts gab es schließlich in jeder größeren Stadt Hunderte von Vereinen. Die Vereine waren „ein Medium zur Formung der bürgerlichen Gesellschaft" geworden.[21] Das ist ganz praktisch zu verstehen. Die Vereine hinterließen zahlreiche Einrichtungen wie Vereinshäuser und Versammlungsstätten. Gerade die kulturellen und wissenschaftlichen Vereine sowie die Organisationen im Sozialbereich schufen darüber weit hinausgehend eine nachhaltige Infrastruktur oder erweiterten vorhandene Institutionen in völlig neue Dimensionen. Zu nennen sind hier nicht nur die Gründung von Botanischen und Zoologischen Gärten oder Theatern und Museen, Konzertsälen und Opernhäusern, sondern vor allem Forschungsstätten und wissenschaftliche Institutionen, Beratungsstellen, Einrichtungen der Massen- wie Fachbildung und sogar Akademien und Universitäten. Gerade diese bildeten beeindruckende Monumente bürgerlichen Gemeinsinns.

Abb. 8: Goethe-Universität, 1935[22]

Um 1900 wurde in einer ganzen Reihe von Städten ernsthaft die Zusammenfassung zahlreicher Vereine und Stiftungen zu einer Universität ins Auge gefasst. Diesbezügliche Diskussionen und praktisches Engagement finden sich unter anderen in Köln, Leipzig und Hamburg.[23] Am eindrucksvollsten gelang dies jedoch in Frankfurt, nachdem verschiedene Initiativen mit den sozialen Bestrebungen des Großindustriellen Wilhelm Merton und seinem Institut für Gemeinwohl verbunden wurden.[24] Als direkte Frucht dieser Kooperation verschiedener Kreise wohlhabender und einflussreicher Bürger kann die 1901 gegründete *Akademie für Sozial- und Handelswissenschaften* angesehen werden, die Kenntnisse auf dem Gebiet der sozialen Beziehungen und der Volkswirtschaft verbreiten sollte. Rasch reifte der Gedanke, sie zu einer Universität auszubauen. Neben zahlreichen Stiftern und einer ganzen Reihe von Vereinen waren die politischen Körperschaften, der Magistrat und die Stadtverordnetenversammlung sowie die meisten Parteien an der Universitätsgründung beteiligt.[25] So wuchsen aus der *Akademie für Sozial- und Handelswissenschaften* die infrastrukturellen Voraussetzungen für eine Universität heran, die dank der finanziellen Unterstützung von Merton, der Abklärung schwieriger Rechtsfragen durch seinen Prokurator Henry Oswalt und der Verwaltungsunterstützung durch den Oberbürgermeister Franz Adickes sowie Dutzender von weiteren Stiftern aus dem jüdischen Milieu der Stadt kurz vor dem Ersten Weltkrieg errichtet werden konnte.[26] Sie war ein beeindruckendes Beispiel für die Wirkungsmacht der Netzwerke von Vereinen und Stiftungen.[27] Und genau in dieses Geflecht an Vereinen reichen auch die Traditionslinien der Frankfurter Gesellschaft zurück, und zwar bis ganz an den Anfang ihrer Entwicklung in Frankfurt, und zu diesem Zweck müssen wir uns mit einem weiteren Vereinstypus beschäftigen, der bisher noch nicht erwähnt worden ist, nämlich den Vereinen für die bürgerliche Elite in den deutschen Städten.

Die Umbrüche, die von der Französischen Revolution ausgehend ganz Europa erfassten, fanden ihren Niederschlag auch in der kaiserlichen Reichs- und Handelsstadt Frankfurt, die von den Eruptionen und kriegerischen Ereignissen früh erfasst und als Spielball der großen Mächte gleich einer ganzen Serie von radikalen Richtungswechseln unterworfen wurde. Revolutionsarmeen besetzten die Stadt und beschossen sie. Frankfurt verlor erst sein jüdisches Ghetto, dann mit der Abdankung des Kaisers die Reichsunmittelbarkeit, weshalb sich die Stadt 1806 in dem Kunststaat des ehemaligen Reichskanzlers und Erzbischofs von Mainz Karl Theodor von Dalberg wiederfand. Dessen territorialer Flickenteppich wurde wenig später, im Jahre 1810, zum Großherzogtum Frankfurt aufgewertet. Das hatte alles keinen Bestand. Bereits drei Jahre

Abb. 9/10: Metamorphose der Stadt im 19. Jahrhundert: Merianplan von 1770 und Delkeskampplan von 1864[28]

später eroberten die zur Allianz zusammengeschlossenen Großmächte Russland, Preußen, Habsburg und Großbritannien die Stadt zurück und Frankfurt wurde nach einigem diplomatischen Gerangel zwischen Österreich, Bayern und Preußen wie Hamburg, Bremen und Lübeck in die Autonomie eines selbständigen Stadtstaates des Deutschen Bundes – der Freien Stadt Frankfurt – entlassen.[29]

Äußeres Merkmal dieser Umbruchzeit war die Öffnung der Stadt für das Umland, der Fall der Bastionen mit Festungsgräben hin zum Umbau in eine Garten- und Parkanlage, die im Gegensatz zu den Aktivitäten Dalbergs noch heute Bestand hat. Inneres Merkmal und weniger sichtbar waren die Umorientierung der Bürger und ihr Aufbruch in eine moderne bürgerliche Gesellschaft. Dies kann man an der Teilnahme an der Exekutive wie an der eindrucksvollen Mitsprache bei der Verabschiedung einer neuen Verfassung festmachen, wobei Bürger an die fast hundertjährige Vorgeschichte der Bürgerausschüsse zur Kontrolle der Wahlen und Finanzen anknüpfen konnten.[30] Weitaus gewichtiger

aber war, dass die Bürger wie in allen großen Städten Deutschlands nun Verbindungen eingehen konnten, das heißt begannen, sich in öffentlichen Vereinen zusammenzuschließen. Anders als in den damals bereits seit vielen Jahrzehnten existierenden Geheimgesellschaften der Freimaurerlogen gründeten sich die neuen Vereine in aller Öffentlichkeit.

Am Beginn dieser Entwicklung stand eine große Vereinigung, aus der sich wie aus einem Nucleus das weitere, bereits in den 1820er Jahren viele Dutzend Organisationen umfassende Vereinswesen der Frankfurter Bürgergesellschaft herausgebildet hat. Es handelt sich hierbei um die Casino-Gesellschaft von 1802, deren Zielsetzung und Eigenschaften sich in großer Übereinstimmung bei der fast 120 Jahre später ins Leben gerufenen Frankfurter Gesellschaft für Handel, Industrie und Wissenschaft wiederfinden. Um die Bedeutung dieses Vereins wertzuschätzen, müssen wir etwas ausholen.

In vielen seiner Werke handelt Goethe von der Zielperspektive der allseits „gebildeten" und damit auch, zumindest prinzipiell, zum Wirken in einer breiten Öffentlichkeit befähigten Persönlichkeit. Charakter und Kennzeichen dieses modernen Typs von Bürger ist seine

Weltläufigkeit, sein Interesse an einem weiten Spektrum von Fragen, an allgemeiner Bildung bis hin zu Literatur und Kunst.[31] Gerade darin erblickte Goethe eine geeignete Maßnahme gegen die Vereinseitigungen, die das Berufsleben mit sich bringt. Das war ein gezielter Angriff auf die Werte der in Ständen gegliederten alten Ordnung mit ihrem fein abgestuften System von Privilegien. Es war insbesondere das aufstrebende Handelsbürgertum und Teile des Bildungsbürgertums, die sich sukzessive vom Ständesystem verabschiedeten. Sie setzten in den Städten einen nachhaltigen Aufbruch im kulturellen Bereich durch, der als Ausgangspunkt für den Umbau von Staat und Gesellschaft angesehen werden kann. Der Umbruch vollzog sich unter dem Schlagwort „Bildung" weitaus weniger spektakulär als die Französische Revolution, dafür zwei bis drei Jahrzehnte früher. In wenigen Zeilen fasst Lothar Gall dies folgendermaßen zusammen: „Die Gemeinsamkeit der ‚Gesinnung' sollte vor allem durch Bildung, durch aktive Teilhabe an einer übergreifenden, allgemeinen Kultur, eben an der bürgerlichen Kultur vermittelt werden. Bildung zur Humanität, so lautete das entscheidende Stichwort, und das schloss die Achtung des Menschen als Menschen, das Bekenntnis zum Gedanken prinzipieller Gleichheit aller Menschen unter Betonung der jeweiligen individuellen Vorzüge und Leistungen mit ein."[32] Zuerst erfuhr das Stiftungswesen eine wesentliche Erweiterung in Begründung und Aufgabenstellung. Parallel zu dieser Öffnung der Stiftungen gründeten sich im letzten Drittel des 18. Jahrhunderts Freimaurerlogen, Lesegesellschaften und Geheimbünde, die sich auch rasch in Deutschland ausbreiteten. In Frankfurt nahm die Lesegesellschaft des Buchhändlers Friedrich Eßlinger damals zeitweilig ein „Paar hundert Menschen aus den gebildeten Ständen" für sich ein.[33]

Die Frankfurter Casino-Gesellschaft von 1802

Kurz nach den Lesegesellschaften sammelte sich um 1800 das neue Bürgertum oftmals in einem allgemeinen Verein, über den es nicht selten hieß: Wer immer hier verkehrte, „dem mußte das Selbstverständnis, der

Abb. 11–14 Simon Moritz Freiherr von Bethmann, Georg Brentano und das Gontard'sche Puppenhaus der Tochter von Franz Gontard[34] und Johann Daniel Bager Das Gemäldekabinett des Johann Noe Gogel 1776[35]

städtischen Elite anzugehören, zur lebendigen Erfahrung werden".[36] Dieser Zentralverein trat an die Stelle der für die ständische Gesellschaft typischen Korporationen, also der Patriziergesellschaften, der Kaufmannsvereinigungen, der Bruderschaften und der Zünfte. Der anfangs sehr elitäre Vereinstypus trat auch in Frankfurt ins Leben. An der Spitze der Initiative standen bekannte Bankiers und Kaufleute der Stadt. Unter ihnen befand sich der russische Staatsrat, Bankier und Inhaber eines der ersten Bankhäuser am Platz Simon Moritz von Bethmann. Er vereinigte zahlreiche politische Mandate der städtischen Gremien auf sich, war nobilitiert und nannte eine große Villa am Friedberger Tor sowie eine Kunstsammlung und ein Kunstmuseum sein Eigen. Von ähnlicher Statur war Georg Brentano. Er führte als erfolgreicher Großkaufmann ein großes Handelshaus, in dem das Bankgeschäft eine immer größere Rolle zu spielen begann. Neben einer prächtigen Villa in der Stadt verfügte er noch über ein Landhaus bei Rödelheim mit großem Anwesen, aus dem später der Brentano-Park hervorging. Zu nennen sind ebenfalls Georg Franz Chamot aus einer katholischen Kaufmannsfamilie, Joe Noë Baer-du Fay aus einer reformierten Kaufmannsfamilie sowie die Großkaufleute Constantin Fellner, Johann Philipp Fingerlin, Anton Meyer, J. F. von Riese und Karl Thurneysen. Zu nennen sind weiterhin Johann Noé Gogel und Franz Gontard. Gogel besaß eine große Weinhandlung mit Dependancen in fast allen Hauptstädten Europas. Er erwarb, wie die Brentanos an der Nidda, mitten in den Wirren der napoleonischen Kriege, ein Gut direkt am Main. Dieses ließ er nach Plänen Salins de Montforts zu einem Landsitz mit großem Park ausbauen. Später ging daraus der Sommerhoffpark hervor. Franz Gontard (1759–1829) besaß wie Bethmann ein großes Bankgeschäft und errichtete 1799 vor der Stadt ebenfalls eine von Salins de Montfort geplante, „Gartenhaus" genannte Vorstadtvilla. Er leitete damit die Besiedlung des Gartenareals im Westen der Stadt ein, aus dem später das Frankfurter Westend hervorging.[37]

Neben den Großkaufleuten und Bankiers gehörten auch Mitglieder der politischen Führungsschicht dem Ausschuss an. Es war eine Elite, auf die mit einiger Sicherheit die von Goethe gewünschten Charaktermerkmale eines neuen Bürgertums zutrafen. Die genannten Personen waren zweifelsohne weltgewandt und kunstbeflissen. Sie wollten eine Gesellschaft aufbauen, „die zu jeder Stunde des Tages, sowohl von den Mitgliedern derselben, als auch von denen durch sie eingeführten Fremden besucht, und wo zugleich die neuesten und nützlichsten Zeitschriften gelesen werden" konnten.[38]

Am 30. Oktober 1802 verschickten die elf, die sich zum „Casino-Ausschuß" zusammengeschlossen hatten, einen Statutenentwurf und ein Zirkular, in dem sie erklärten – überzeugt vom Erfolg einer Casino-Gesellschaft –, dass sie schon einmal „am Roßmarkt" ein „Lokal auf zehn aufeinander folgende Jahre" angemietet hatten, und zwar zu der für damalige Verhältnisse erheblichen Summe von 2.000 Gulden.[39] Das hohe Ansehen der Initiatoren verfehlte seine Wirkung nicht. Nur kurze Zeit später konnten am 4. Dezember 1802 ausgewählte Mitglieder zur Zusammenkunft gebeten und die Gründung der Gesellschaft vollzogen werden.[40] Der Zweck bestand im „Genuss gesellschaftlicher Unterhaltung und erlaubter Vergnügungen, desgleichen Erwerbung und Mitteilung gemeinnütziger Kenntnisse durch Vereinigung der verschiedenen gebildeten Stände".[41] Dafür stand ein spezieller Leseraum mit Bibliothek zur Verfügung.[42] Doch meinte „Gebildeter Stand" keineswegs die Anhäufung von Bücherwissen. Es kam eher darauf an, aufgrund erreichter Leistungen und Bewährung in der Fremde sowie sozialer Kompetenz und Mobilität etwas zu sagen zu haben und über politischen Einfluss zu verfügen.

Tabelle 1: Mitglieder der Casino-Gesellschaft (1805)[43]

BERUF	ABSOLUT	PROZENT
Patrizier, Adlige (ohne nähere Angaben)	30	14,15
Offiziere	0	0,00
Hof- und Staatsbeamte	4	1,89
Geistliche, Pfarrer	1	0,47
Mediziner	2	0,94
Advokaten	8	3,77
Ingenieure, Architekten	0	0,00
Professoren, Schul- und Universitätslehrer	2	0,94
Künstler	0	0,00
Bürgerliche Ämter	13	6,13
Bankiers, Partikuliers	17	8,02
Kaufleute, Handelsleute	127	59,91
Fabrikanten	0	0,00
Verleger, Kunst- und Buchhändler, Buchdrucker	4	1,89
Gastwirte, Wein- und Kaffeewirte, Bierbrauer	1	0,47
Landwirte, Ökonomen, Weingärtner	0	0,00
Handwerker und Kleinhändler	0	0,00
Tagelöhner, Gesellen, Dienstpersonal	0	0,00
Ohne Angaben	3	1,42
Summe	**212**	**100,00**

Ziel war über den Bildungsgedanken hinaus, aber aus ihm abgeleitet, eine ständeübergreifende Organisation aufzubauen. Dies bedeutete jedoch keineswegs eine Organisation für jeden. Das verhinderte schon die Begrenzung der Teilnehmerzahl in der sogenannten ersten Klasse auf 150, später 200. Noch stärker wurde die Mitgliedschaft in der zweiten Klasse auf 50 Mitglieder beschränkt. Schwerer wog jedoch der Umstand, dass sie zudem weder bei der Wahl der Direktion noch bei der Gestaltung des Vereinslebens mitentscheiden durften.[45] Mitglied erster Klasse konnte nur ein Frankfurter Bürger oder Bürgersohn werden, der zudem mindestens 20 Jahre alt sein musste. Weiterhin sorgten Beiträge, die eine wirtschaftliche Saturiertheit voraussetzten, für

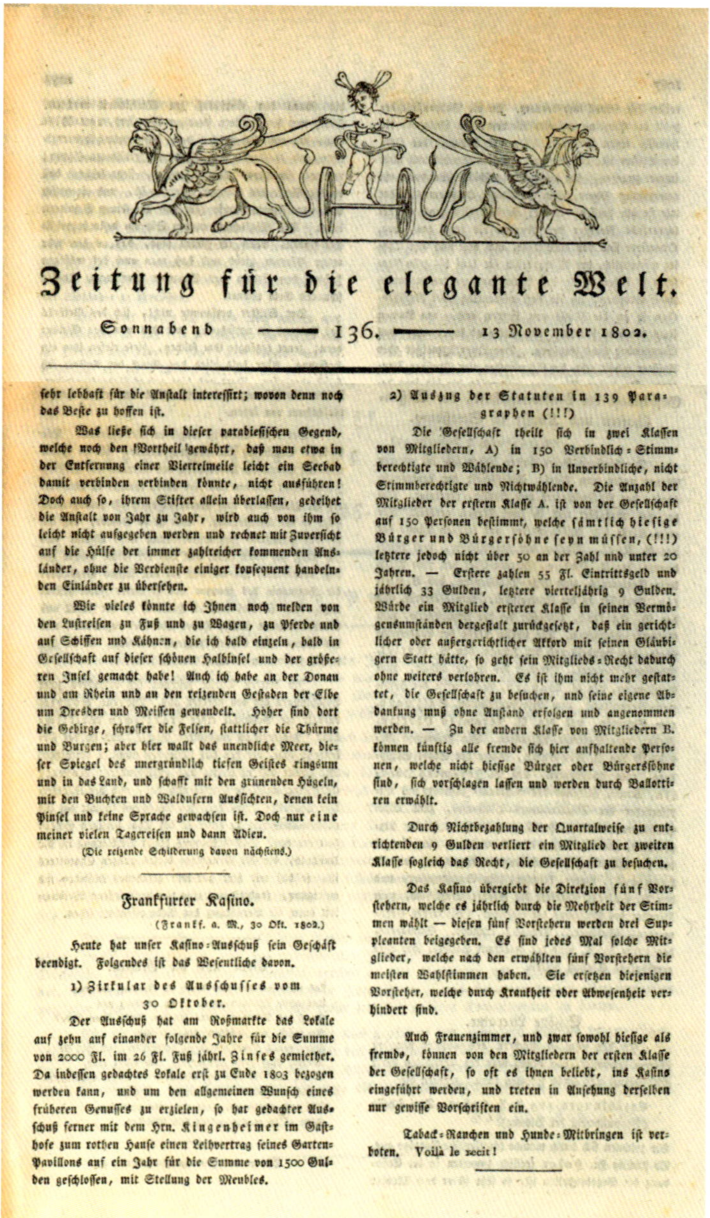

Zeitung für die elegante Welt.

Sonnabend — 136. — 13 November 1802.

sehr lebhaft für die Anstalt interessirt; wovon denn noch das Beste zu hoffen ist.

Was ließe sich in dieser paradiesischen Gegend, welche noch den Vortheil gewährt, daß man etwa in der Entfernung einer Viertelmeile leicht ein Seebad damit verbinden verbinden könnte, nicht ausführen! Doch auch so, ihrem Stifter allein überlassen, gedeihet die Anstalt von Jahr zu Jahr, wird auch von ihm so leicht nicht aufgegeben werden und rechnet mit Zuversicht auf die Hülfe der immer zahlreicher kommenden Ausländer, ohne die Verdienste einiger konsequent handelnden Einländer zu übersehen.

Wie vieles könnte ich Ihnen noch melden von den Lustreisen zu Fuß und zu Wagen, zu Pferde und auf Schiffen und Kähnen, die ich bald einzeln, bald in Gesellschaft auf dieser schönen Halbinsel und der größeren Insel gemacht habe! Auch ich habe an der Donau und am Rhein und an den reizenden Gestaden der Elbe um Dresden und Meissen gewandelt. Höher sind dort die Gebirge, schroffer die Felsen, stattlicher die Thürme und Burgen; aber hier wallt das unendliche Meer, dieser Spiegel des unergründlich tiefen Geistes ringsum und in das Land, und schafft mit den grünenden Hügeln, mit den Buchten und Waldufern Aussichten, denen kein Pinsel und keine Sprache gewachsen ist. Doch nur eine meiner vielen Tagereisen und dann Adieu.

(Die reizende Schilderung davon nächstens.)

Frankfurter Kasino.

(Frankf. a. M., 30 Okt. 1802.)

Heute hat unser Kasino-Ausschuß sein Geschäft beendigt. Folgendes ist das Wesentliche davon.

1) Zirkular des Ausschusses vom 30 Oktober.

Der Ausschuß hat am Roßmarkte das Lokale auf zehn auf einander folgende Jahre für die Summe von 2000 Fl. im 26 Fl. Fuß jährl. Zinses gemiethet. Da indessen gedachtes Lokale erst zu Ende 1803 bezogen werden kann, und um den allgemeinen Wunsch eines früheren Genusses zu erzielen, so hat gedachter Ausschuß ferner mit dem Hrn. Kingenheimer im Gasthofe zum rothen Hause einen Leihvertrag seines Garten-Pavillons auf ein Jahr für die Summe von 1500 Gulden geschlossen, mit Stellung der Meubles.

2) Auszug der Statuten in 139 Paragraphen (!!!)

Die Gesellschaft theilt sich in zwei Klassen von Mitgliedern, A) in 150 Verbindlich-Stimmberechtigte und Wählende; B) in Unverbindliche, nicht Stimmberechtigte und Nichtwählende. Die Anzahl der Mitglieder der erstern Klasse A. ist von der Gesellschaft auf 150 Personen bestimmt, welche sämtlich hiesige Bürger und Bürgersöhne seyn müssen, (!!!) letztere jedoch nicht über 50 an der Zahl und unter 20 Jahren. — Erstere zahlen 55 Fl. Eintrittsgeld und jährlich 33 Gulden, letztere vierteljährig 9 Gulden. Würde ein Mitglied ersterer Klasse in seinen Vermögensumständen dergestalt zurückgesetzt, daß ein gerichtlicher oder außergerichtlicher Akkord mit seinen Gläubigern Statt hätte, so geht sein Mitglieds-Recht dadurch ohne weiters verlohren. Es ist ihm nicht mehr gestattet, die Gesellschaft zu besuchen, und seine eigene Abdankung muß ohne Anstand erfolgen und angenommen werden. — Zu der andern Klasse von Mitgliedern B. können künftig alle fremde sich hier aufhaltende Personen, welche nicht hiesige Bürger oder Bürgerssöhne sind, sich vorschlagen lassen und werden durch Ballottiren erwählt.

Durch Nichtbezahlung der Quartalweise zu entrichtenden 9 Gulden verliert ein Mitglied der zweiten Klasse sogleich das Recht, die Gesellschaft zu besuchen.

Das Kasino übergiebt die Direkzion fünf Vorstehern, welche es jährlich durch die Mehrheit der Stimmen wählt — diesen fünf Vorstehern werden drei Supleanten beigegeben. Es sind jedes Mal solche Mitglieder, welche nach den erwählten fünf Vorstehern die meisten Wahlstimmen haben. Sie ersetzen diejenigen Vorsteher, welche durch Krankheit oder Abwesenheit verhindert sind.

Auch Frauenzimmer, und zwar sowohl hiesige als fremde, können von den Mitgliedern der ersten Klasse der Gesellschaft, so oft es ihnen beliebt, ins Kasino eingeführt werden, und treten in Ansehung derselben nur gewisse Vorschriften ein.

Taback-Rauchen und Hunde-Mitbringen ist verboten. Voilà le recit!

Abb. 15: Erste Notiz zur Gründung der Casino-Gesellschaft, aus: Zeitung für die elegante Welt Nr. 136 vom 13. November 1802 (Fotomontage)[44]

einen sozial ventilierten Zugang. Damit dann wiederum nicht einfach Wohlhabenheit allein das Kriterium der Teilnahme bildete, mussten zur Sicherheit Neuzugänge zudem von einem Mitglied bestätigt beziehungsweise vorgeschlagen werden.[46] Dass dies ernst genommen wurde, dokumentiert eine Mitgliederliste wenige Jahre nach der Gründung, die einen aufschlussreichen Einblick in die soziale Zusammensetzung dieser Gesellschaft ermöglicht. Von den 212 Mitgliedern gehörten nicht weniger als 75 Prozent zu den angesehensten Kaufleuten, Bankiers und Verlegern der Stadt. Exklusiv für sie galt ein besonderer Ausschlussgrund, denn im Falle eines „notorische(n), außergerichtliche(n) Accord(s) mit seinen Gläubigern" habe umgehend der Verlust der Mitgliedschaft zu erfolgen.[47] Die Frankfurter Gesellschaft hat dies später, in Anbetracht der viel krisenhafter verlaufenden Entwicklung im 20. Jahrhundert nicht mehr ganz so streng genommen.

Zu den zahlreichen Kaufleuten und Bankiers gesellten sich 30 Patrizier und Adelige, 21 Juristen, die zumeist in führenden Stellen in der städtischen Verwaltung tätig waren. Offiziere sowie Hof- und Staatsbeamte fehlten aufgrund des spezifischen Charakters Frankfurts als reichsunmittelbare Handelsstadt, die mit den administrativen Strukturen der damaligen Residenz in Wien kaum etwas zu tun hatte, fast vollständig. Das sollte sich mit ihrer Funktion als Sitz des Bundestages des Deutschen Bundes nur zehn Jahre später ändern.[49] Doch auch ohne Gesandte versammelte sich hier wirtschaftlicher und politischer Einfluss. Das demonstriert der Tatbestand, dass nur zwölf der über zweihundert aufgeführten Mitglieder nicht in der Höchstbesteuertenliste von 1810 aufgeführt sind. Über die Hälfte errang in den folgenden Jahren ein politisches Mandat oder hatte bereits eines inne. Aus ihren Reihen gingen nicht weniger als 29 Ratsmitglieder hervor und 60 Mitglieder gehörten später der Gesetzgebenden Versammlung an. Auf der anderen Seite fand kein einziger der in den politischen Gremien der Stadt stark vertretenen Handwerker den Weg in die Gesellschaft. Um Erweiterung bemühte sich der Verein nach 1815 bezeichnenderweise nur bei Mitgliedern des Bundestages, also den Repräsentanten der 35 Staaten und vier freien Städte.[50]

Abb. 16: Sitz der Casino-Gesellschaft am Roßmarkt[48]

Einen Eindruck von der Exklusivität liefert ebenfalls der Ort, an dem sich die Mitglieder versammelten. Das Haus mit der Adresse Roßmarkt 10, in dem das Casino ab 1804 zahlreiche Räume gemietet hatte, befand sich im Besitz des „Tapezirs" Ludwig Daniel Philipp Rumpf. Dieser war kein unbeschriebenes Blatt. Er war einer der reichsten Handwerker Frankfurts und zudem gut vernetzt, wozu unter anderem seine Stellung als Major der Bürgerwehr und Mitglied des Quartiervorstands beitrug. Doch es waren nicht allein die alten korporativen Bindungen, die ihn zu einer einflussreichen Person im damaligen Frankfurt machten. Er wurde als erster Handwerker in die Loge „Zur Einigkeit" aufgenommen. Rumpf beteiligte sich nach der von Napoleon erzwungenen Niederlegung der Frankfurter Festungsbastionen in enger Kooperation mit seinen beiden Logenbrüdern, den Stadtbaumeistern Johann Georg Christian und Johann Friedrich Christian Hess maßgeblich an der Gestaltung des neuen Frankfurts mit seinen großzügigen Wallanlagen und den zahlreichen Villen im klassizistischen Stil. Er hat es dabei zu einigem Reichtum gebracht.[51] Bei dem Haus handelte sich um ein Eckhaus mit zwei Etagen, einem Mansardenstock und einem Hintergebäude. Der

Wert der Immobilie wurde um 1840 im Brandversicherungsregister mit 88.000 Gulden veranschlagt, was nach heutigem Wert mehrere Millionen Euro betragen würde. Die Gesellschaft mietete insgesamt drei Salons, fünf Zimmer, eine Küche, zwei Mansarden und ein Portierzimmer. Sie entrichtete dafür in den späten 1840er Jahren die stattliche Summe von 3.400 Gulden im Jahr. Das war fast das Doppelte des Mietzinses, der bei der Gründung gezahlt worden war. Es handelte sich um einen der höchsten Mietbeträge im damaligen Frankfurt überhaupt. Im selben Haus residierten noch die bereits oben erwähnte Lesegesellschaft Eßlingers und eine Gesellschaft des Abendzirkels, die sich beide mit weitaus bescheideneren Räumlichkeiten begnügten.[52]

Die Casino-Gesellschaft unterstützte – trotz ihres elitären Charakters und ihrer strikten Abgrenzung nach unten – emanzipative Entwicklungen. Analog zum Wandel im geselligen Verkehr der führenden kaufmännischen Familien untereinander wurde eine deutliche Bresche in das System der ständischen Ungleichheiten geschlagen. Es ist bemerkenswert, wie hier Wirtschafts- und Bildungsbürger sowie Patrizier – also erster und zweiter Stand – zusammentrafen. Weiterhin setzte sich der Kreis der Initiatoren zur Gründung von Anfang an aus Bürgern unterschiedlicher Konfessionen zusammen. Das Casino organisierte nicht nur Vertreter des dominanten Glaubensbekenntnisses der Lutheraner, sondern bezog mit den Reformierten und Katholiken alle christlichen Glaubensgemeinschaften ein, was damals noch vor der rechtlichen Gleichstellung aller christlichen Konfessionen keine Selbstverständlichkeit gewesen war.[53] Das ging noch weiter. Wenn sich in den ersten beiden Jahrzehnten unter der Mitgliedschaft keine Juden befanden, so wurden in den dreißiger Jahren doch als Erstes jüdische Bankiers einbezogen. Das war lange vor ihrer politischen Gleichstellung, die ab den 1850er Jahren in Schritten erfolgte und ihren Abschluss erst 1864 in umfassenden Reformen der Verwaltungs- und politischen Struktur der Stadt fand. Lange vor der allgemeinen Emanzipation vollzog sich also die gesellschaftliche Anerkennung der Juden im Frankfurter Casino. Der gewollte Zutritt zum Casino bildete einen ersten Schritt zum generellen Aufstieg dieser jahrhundertealten Gruppe der Frankfurter Bürger in die städtische Elite.

Als erste Juden fanden die fünf Rothschilds Aufnahme in der Gesellschaft, also die Söhne des Gründers des Bankhauses M. A. Rothschild, das mit eigenen Bankhäusern Dependancen in Paris, London, Wien und Neapel weniger eine Frankfurter Einrichtung als vielmehr eine europäische Institution darstellte.[54] Mit dem Aufstieg jüdischer Bürger in die Frankfurter Elite folgten dann immer mehr jüdische Mitglieder nach, von denen später Leopold Sonnemann, Wilhelm Merton oder Ludwig Heilbrunn eine besondere Rolle für die Stadt spielten. Zu den zahlreichen jüdischen Bürgern in der städtischen Elite in den letzten beiden Jahrzehnten der Freien Stadt und den Anfängen der Provinzstadt in Preußen zählten führende Repräsentanten der beiden großen politischen Lager, nach 1870 etwa der bereits erwähnte Zeitungsverleger Leopold Sonnemann für die Demokraten oder der Bankier Mayer Carl Rothschild für die Nationalliberalen.

In diesem Zusammenhang lautet ein wichtiger Befund der sozialgeschichtlichen Untersuchung des Frankfurter Bürgertums zur sozialen Breite dieser neuen Elite: „In der sich neu formierenden Elite spielten auch Mitglieder des jüdischen Gemeindevorstands wie der Kaufmann Ignatz Creizenach, die Ärzte Ignatz Ellissen und Moses Salomon Fuld sowie der Kaufmann Adolph Hayum Strauss" eine wichtige Rolle. Sie beteiligten sich seit den fünfziger Jahren neben dem Gemeindevorstand am Vereinswesen, gehörten entweder der Loge *Zum Frankfurter Adler* oder *Zur Morgenröte* an und nutzten die Möglichkeiten eines politischen Engagements in den Gremien der Stadt. Strauss wurde 1870 als ehrenamtlicher Stadtrat in den Magistrat berufen. Noch ein Jahr zuvor hatte er die Errichtung eines Denkmals für die September-Gefallenen in der Revolution 1848 unterstützt. Dieser rasche Aufstieg von Vertretern des jüdischen Bürgertums bis in die Spitzen der bürgerlichen Elite und ihre Anerkennung als Repräsentanten der gesamten Bürgerschaft ist nicht zu erklären ohne den jahrzehntelangen Emanzipations- und Integrationsprozess in den Vereinen.[55] Das ist mit einzubeziehen und ein Ort, in dem sich dies besonders intensiv vollzog, war die Casino-Gesellschaft. Weder das Gesetz von 1864 noch die Bestätigung der formalen Gleichstellung durch die preußische Gemeindeverfassung von

1867 hätten es alleine vermocht, den Juden auch Ansehen und Reputation zuteilwerden zu lassen. Beides war jedoch Voraussetzung für den Aufstieg in die bürgerliche Elite.[56]

Das war im Vergleich zu vielen Territorialstaaten ein geradezu umgekehrter Weg, denn dort, wie etwa in Preußen, vollzog sich die rechtliche Gleichstellung viel früher, dafür verzögerte sich die gesellschaftliche Anerkennung oftmals bis in das 20. Jahrhundert hinein. Das führte etwa in Preußen dazu, dass den Juden Beamtenstellen oder Lehrstühle an Universitäten vorenthalten wurden. Zudem war dies ein wichtiger Grund, weshalb bei Diskussion und Gründung der Frankfurter Stiftungsuniversität bewusst auf eine theologische Fakultät verzichtet worden war, um der Emanzipation auch die Anerkennung der Verdienste und Leistungen von Juden durch Stellen folgen zu lassen. Es war dies mit der Ausrichtung auf die Sozialwissenschaften ein besonderes Anliegen von Wilhelm Merton, auch wenn er selbst die Konsequenzen aus den Defiziten in Bezug auf die gesellschaftliche Anerkennung der Juden gezogen hatte und Ende der 1890er Jahre zum protestantischen Glauben konvertiert war.[57] Das gelang auch bis zu den Gegenmaßnahmen, die die Nationalsozialisten ergriffen, als sie an die Macht gelangt waren. Damit zurück zum Casino.

In der Gesellschaft dominierte zwar von Anfang an das Handelsbürgertum, aber Adel und Bildungsbürger konnten hinzutreten, wenn sie es zu etwas gebracht hatten. Insofern war das Ziel einer ständeübergreifenden Organisation erfüllt.[58] Das fand auch der Zeitgenosse Anton Kirchner, Pfarrer der Heiliggeistkirche, in seinen 15 Jahre nach der Gründung viel gelesenen Ansichten von Frankfurt: Im Sinne „ächter Humanität" sind „hier (...) die Kasten nicht getrennt" und „trifft das Verwandte leicht zusammen".[59] Tatsächlich heißt es in den Statuten, „dass aller (...) aus der Verschiedenheit des Standes und Ranges entstehen könnende Zwang bei dieser Anstalt nicht stattfinden dürfe".[60] An die Stelle des Standes trat die individuelle Leistung, allein sie sollte künftig den Zugang zu dem Verein und damit zur sich neu formierenden städtischen Führungsschicht eröffnen. Das hat Lothar Gall in seinem Festschriftbeitrag vor 25 Jahren erinnert und explizit hervorgehoben: „Es

Abb. 17: Die fünf Rothschilds: Anselm Mayer Rothschild, Karl von Rothschild, Salomon von Rothschild, Nathan Mayer Rothschild und Baron James von Rothschild[62]

waren dies die entscheidenden Legitimationskriterien der neuen bürgerlichen Elite, deren Angehörige nur noch sehr begrenzt auf Herkunft, altes Geld oder gar auf die bis dahin weithin herrschenden Grundsätze adlig-patrizischer Ahnenprobe pochen konnten."[61]

Neben der Bildung und der ständeübergreifenden Organisation sollten die gesellige Unterhaltung und das Spiel sowie Festveranstaltungen und Bälle nicht zu kurz kommen.[63] Deswegen war der Zutritt von Frauen von Anfang an erwünscht, was in einem besonderen Passus in den Statuten hervorgehoben wurde: „Auch Frauenzimmer, und zwar sowohl hiesige als fremde, können von den Mitgliedern der ersten Klasse der Gesellschaft, so oft es ihnen beliebt, ins Kasino eingeführt werden, und treten in Ansehung derselben nur gewisse Vorschriften ein."[64] Wenn auch von einer Mitgliedschaft keine Rede sein konnte, so ging es doch auch nicht ohne sie. Es wurde diesbezüglich nicht nur an die unabdingbaren Tanzpartnerinnen gedacht, sondern, wie in vielen damaligen Salons üblich, an Gesprächspartnerinnen und Ratgeberinnen, was zweifelsohne auf weibliche Persönlichkeiten der Zeit wie Jeanette Wohl, Clothilde Koch, Maria

Abb. 18: Ansicht des bürgerlichen Frankfurts um 1840 mit promenierenden Bürgern am Mainquai[67]

Abb. 19: Sitzung der Nationalversammlung in der Paulskirche 1848[68]

Belli-Gontard oder Marie Brentano zugetroffen hat.[65] Zu den durchgehenden Angeboten gehörte schließlich noch eine Restauration von „beste(r) Qualität".[66]

Die Emanzipationsprozesse, die sich innerhalb der Gesellschaft vollzogen, waren nicht einmal die spektakulärsten Vorgänge. In den späten 1840er Jahren wurde die Gesellschaft sehr direkt in das Geschehen der Revolution von 1848 eingebunden, indem das erwähnte Lokal am Roßmarkt, unweit der Paulskirche, als Versammlungsstätte für die mächtigste Abgeordnetenfraktion des ersten deutschen Parlaments diente. Es handelte sich dabei um die bis zu 200 Abgeordnete umfassende Fraktion der gemäßigten Liberalen. Für sie gründete sich sogar extra eine „Gesellschaft im Casino".[69] Das hatte seinen Sinn, denn zwischen beiden Organisationen bestanden enge Verbindungen, und zwar vor allem in den politischen Überzeugungen einer reformorientierten aber freiheitlichen Gesinnung. Unter den Abgeordneten, die im Casino ein und aus gingen, befanden sich so bekannte Politiker wie die

Historiker Johann Gustav Droysen, Friedrich Christoph Dahlmann und Max Duncker, der Dichter Ernst Moritz Arndt, der bekannte Germanist Jakob Grimm sowie der spätere Minister Heinrich von Gagern und der Verleger Friedrich Daniel Bassermann.[70]

Diese Fraktion votierte damals für einen kleindeutschen Bundesstaat mit Erbkaisertum, der nicht wie in der Französischen Revolution aus der Souveränität des Volkes, sondern aus einer Vereinbarung mit der Staatsspitze der preußischen Macht hervorgehen sollte. Gemäßigte Reformen mit liberalem Anspruch und von begrenztem Umfang sowie unter weitgehender Wahrung der gegebenen politischen Machtstrukturen, das war nach allem, was wir wissen, auch das politische Programm der Mehrheit der Frankfurter Casinomitglieder gewesen, denen, wie bereits erwähnt, eine ganze Reihe von Ratsmitgliedern mit eher gemäßigt liberalen Vorstellungen angehört hatten. Die Revolution hielt die deutsche Öffentlichkeit zwei Jahre in Atem. Aber sie ging ohne Staatsumsturz vorüber, erreichte ihre Ziele nur zu einem geringen Teil und blieb auch in Frankfurt vorerst ohne politische Konsequenzen. So konnte auch die Casino-Gesellschaft bald wieder zur Normalität zurückkehren. Doch nur für kurze Zeit.

Die wechselvolle Geschichte des Casinos

In den fünfziger Jahren geriet die Gesellschaft zum ersten Mal in eine Krise, weil sie den rasch wachsenden Ansprüchen des gehobenen Bürgertums nicht ebenso rasch folgte. Der Besuch des Casinos zog zunehmend Kritik auf sich, denn in dem Lokal, so wurde von einem Teil der Mitglieder bemängelt, könnten nicht mehr „diejenigen Annehmlichkeiten geboten werden, welche den jetzigen Anforderungen entsprechen".[71] Aus diesem Grund entschloss sich die Direktion, nachdem Verbesserungsvorschläge von den Mitgliedern offenbar abgelehnt worden waren, den Mietvertrag in dem Rumpfeschen Hause nicht mehr zu erneuern, und legte 1857 abrupt die Geschäfte nieder. Ihr letztes Rundschreiben teilte kurz und bündig mit: „In Gemäßheit des Beschlusses der

General-Versammlung der Casino-Gesellschaft hat die unterzeichnete Direction die auf den 31. August d. J. (1857; R.R.) festgesetzte Auflösung der Gesellschaft vollzogen und deren Liquidation bewerkstelligt."[72]

Doch entgegen den Erwartungen endete damit die Geschichte der Gesellschaft noch lange nicht. „In richtiger Erkenntnis, das in langen Jahren erreichte nicht untergehen zu lassen, faßte (..) ein Stamm der alten Mitglieder sofort den Entschluss, das Casino neu aufleben zu lassen und bezog noch im selben Jahre neue Räumlichkeiten im Hauckschen Hause Gr. Gallusgasse 21."[73] Mit diesen einfachen Maßnahmen gelang es, die damals bereits ein halbes Jahrhundert alte Organisation fortleben zu lassen. Wie wenig sich der Charakter der Gesellschaft in dem bis jetzt skizzierten Abschnitt der Jahrzehnte bis 1866 trotz Vormärz, Revolution, Auflösung und Neugründung geändert hatte, lässt sich aus der Zusammensetzung der Mitgliederliste von 1865 nachvollziehen, die in großer Nähe zu den Familiennamen in den Verzeichnissen von 1802, 1817 oder 1843 steht, und auch die soziale Zusammensetzung wies keine nennenswerten Veränderungen auf.[74]

Abb. 20: Zum König von Preußen / Deutscher Hof / Zum Prinzen von Arkadien Große Bockenheimerstr. 9, Postkarte Prinz von Arkadien 1908[75]

In gewisser Hinsicht handelt es sich dabei um eine soziale Momentaufnahme kurz vor dem Ende der Freien Stadt.[76] Da diese jedoch kurz darauf ihr Ende fand und gewaltsam in den preußischen Staat eingegliedert wurde, geriet die Casino-Gesellschaft bereits Ende der 1860er Jahre erneut unter Druck. So trennte sich eine Neue Casino-Gesellschaft ab, die ab dem Jahre 1869 in der Großen Bockenheimerstr. 9 tagte. Die Adresse hatte einen ähnlichen Symbolgehalt wie der Roßmarkt 10 und wie das Lokal der alten Casino-Gesellschaft verweist sie ebenfalls auf eine politische Fraktion in der 1848er Revolution. Das damals in der Großen Bockenheimerstraße gelegene Gasthaus, das vor den revolutionären Ereignissen „Zum König von Preußen" hieß, war in den Tagen der Konstitution der Nationalversammlung patriotisch und in deutlicher Distanz zu Preußen in „Deutscher Hof" umbenannt worden. Es diente sodann einer Gruppe von entschieden linksstehenden, demokratisch gesinnten und bis zu 40 Abgeordneten um Robert Blum und Karl Vogt als Tagungsstätte. Auch in diesem Fall wurde der Name der Gaststätte zum Namen einer politischen Fraktion, die zusammen mit dem Klub Donnersberg die radikale Linke bildete.[77] Es ist davon auszugehen, dass das Präsidium der sich 1869 in der Neuen Casino-Gesellschaft sammelnden Frankfurter Bürger das Lokal mit seiner radikaldemokratischen Tradition mit Bedacht gewählt hatte. Darauf deutet auch hin, dass sie in ihren politischen Aktivitäten an das Programm der einst dort ansässigen linken Abgeordneten der Paulskirchenversammlung anknüpften, und das hatte mit dem gemäßigten Liberalismus der alten Casino-Gesellschaft nicht mehr allzu viel zu tun.

Abb. 21: Einmarsch der Preußen 1866[78]

Frankfurt wird preußisch

Abb. 22/23: Leopold Sonnemann und Obelisk auf dem Frankfurter Hauptfriedhof zur Erinnerung an die Gefallenen im Septemberaufstand von 1848[80]

Es fragt sich natürlich, wie es zu einem derartigen politischen Schwenk in Teilen der Elite der Stadt gekommen war. Eine Rolle spielte zweifellos die Annexion der Freien Stadt Frankfurt durch Preußen im Jahre 1867. Wie darauf reagiert werden sollte, war unter den Bürgern umstritten. Für viele lag es nahe, sich in die von Preußen diktierten Rahmenbedingungen zu fügen und im Gegenzug die neuen Möglichkeiten, etwa den Zugang zum Markt des Norddeutschen Bundes, zur Entfaltung der eigenen wirtschaftlichen Dynamik zu nutzen. Doch für eine bedeutende Minderheit war die ungeliebte „Verpreußung" eher noch Ansporn, den bereits in den Jahrzehnten zuvor begonnenen Kampf gegen Preußen als den Hort der politischen Reaktion in Deutschland fortzusetzen. Dieser Dissens in der Elite beförderte die Herausbildung von gleich drei größeren politischen Vereinigungen, die ersten nach 1848.[79] Der linke, entschieden antipreußisch gesinnte Flügel der liberalen Bewegung hatte sich im *Demokratischen Verein* organisiert. Treibender Motor des Demokratischen Vereins waren Leopold Sonnemann und der Kreis der Mitarbeiter um die von ihm herausgegebene *Frankfurter Zeitung*. Den Demokraten trat kurz darauf der auf das Ziel eines kleindeutschen Nationalstaats unter preußischer Führung orientierte, mehr gemäßigt-liberal eingestellte *Nationalliberale Verein* entgegen, dessen politische Führung von dem Arzt und Publizisten Johann Georg Varrentrapp übernommen wurde.

Leopold Sonnemann war der Sohn orthodoxer jüdischer Eltern, die infolge antisemitischer Unruhen das Frankenland verlassen hatten und 1840 nach Offenbach verzogen waren. Sein Vater, Meyer Sonnemann, hatte eine kleine Weberei und stieg mit dem Umzug auf den

Tuchhandel um. Sein Sohn begann bei ihm nach der Realschule eine Kaufmannslehre. Doch den geistigen Horizont erweiterte nicht das Geschäft, sondern die Revolution 1848/49 und die Ereignisse um die Frankfurter Nationalversammlung. Vier Jahre später musste er das Geschäft des Vaters übernehmen, das er zu einem Bankgeschäft umbaute. Er engagierte sich erfolgreich auf dem internationalen Finanzmarkt. Das gab ihm materielle Sicherheit und Unabhängigkeit, so dass er sich wieder der Politik und den ihn besonders interessierenden sozialen Beziehungen zuwenden konnte. Als Hebel seiner wirtschaftlichen und politischen Interessen trat er einerseits 1855 der jüdischen Freimaurerloge *Zur aufgehenden Morgenröte* in Frankfurt am Main bei und gründete andererseits die *Frankfurter Handelszeitung*, aus der später die *Frankfurter Zeitung* hervorging, die sich rasch zu einem anerkannten Organ der Demokraten etablierte. Seine Kritik an der politischen Reaktion Preußens und sein offenes Eintreten für eine Radikalisierung der liberalen Bewegung bis hin zu einer Neuauflage der Revolution verursachte nicht nur die „Drohnotenaffäre", in der Preußen und Österreich Frankfurt mit militärischer Besetzung bedrohten, sondern zwangen ihn dann auch nach dem Einmarsch der Preußen 1866 zur Flucht nach Stuttgart. Er konnte jedoch schon 1867 wieder nach Frankfurt zurückkehren. Sonnemanns politisches Programm ging von einem Bündnis von Bürgern und Arbeitern aus, weshalb er sich schon 1863 an führender Stelle daran beteiligte, den *Vereinstag der deutschen Arbeitervereine* aus der Taufe zu heben – und wenig später die linksradikale *Deutsche Volkspartei*, für die er von 1871 bis 1884 im Reichstag saß, die preußische Regierung attackierte und Verbote der *Frankfurter Zeitung* in Kauf nahm. Sonnemann hat im Kaiserreich als Vorsteher der Stadtverordnetenversammlung Frankfurt maßgeblich mit gestaltet. Dazu gehörten der Eiserne Steg, der Palmengarten und die Senckenbergischen und Rothschildschen Bibliotheken, aber dann vor allem der Bau des Hauptbahnhofs und der Oper. Davon abgesehen gab es noch zwei Projekte, die nachhaltig die wirtschaftliche und kulturelle Basis der Stadt erweiterten. 1891 initiierte er die *Internationale Elektrotechnische Ausstellung*, auf die u. a. die erfolgreiche Gründung eines Siemens-Schuckert-Werkes zurückgeht, dessen Leiter Curt von Preuschen später der erste Präsident der Frankfurter Gesellschaft nach dem Krieg werden sollte. Kurz vor der Jahrhundertwende gründete er 1899 zusammen mit Ludwig Justi, dem Direktor des *Städelschen Kunstinstituts*, den *Städelschen Museumsverein*.[81]

Aus einem ganz anderen Holz war Georg Varrentrapp geschnitzt. Nach dem Studium der Medizin folgte er seinem Vater im Amt als Chefarzt am *Hospital zum Heiligen Geist* in Frankfurt nach. Während Sonnemann die 1848er Revolution als Beobachter verfolgte, beteiligte sich Varrentrapp als Mitglied des Vorparlaments direkt daran. Er war zudem in der Frankfurter Vereinswelt stark präsent und stieg rasch zum Direktor der *Senckenbergischen Naturforschenden Gesellschaft* auf. Zugleich war er lange Zeit Vorsitzender des *Ärztevereins* und des *Pestalozzivereins*. Was für Sonnemann das Feld der Wirtschaft war, bildete für Varrentrapp die Frage der Hygiene und des Gesundheitsschutzes. Dazu gehörten u. a. Maßnahmen zum Schutz gegen ansteckende Krankheiten, Impfung, die Wasserversorgung und eine geordnete Abwasserbeseitigung, eine Reform des öffentlichen Badewesens, hygienische Verbesserungen der Schlachthäuser oder der Gefängnisse.

Davon war auch sein politisches Engagement in der Stadtverordnetenversammlung geprägt, in der er als treibende Kraft bei der vergleichsweise frühen Einführung der zentralen Trinkwasserversorgung und der Kanalisation in Frankfurt in Erscheinung trat. Sonnemann und Varrentrapp verband das große Interesse an der sozialen Frage und hier insbesondere die Hygiene von Arbeiterwohnungen. Nachdem er sein Amt niedergelegt hatte, wirkte er noch für die Einrichtung von Ferienkolonien für Schulkinder, welche allgemeine Verbreitung gefunden haben.[82]

Die politische Spaltung des Frankfurter Bürgertums reproduzierte sich damit in der Spaltung der Casino-Gesellschaft und beide entfalteten in den nächsten Jahren recht unterschiedliche Aktivitäten. Während die eher konservativ-liberal ausgerichteten Mitglieder des nationalliberalen Vereins und des alten Casinos die sogenannte Magistratspartei bildeten, den neuen Oberbürgermeister stellten, wie dann auch alle folgenden Oberbürgermeister bis zum politischen Wechsel unter Ludwig Landmann im Jahre 1924, und die Zusammenarbeit mit der konservativen preußischen Staatsverwaltung suchten, beteiligten sich viele Mitglieder der Neuen (1857 neu gegründeten) Casino-Gesellschaft in den Jahren zwischen 1869 und 1872 an den von zahlreichen öffentlichen Auftritten begleiteten Sammlungen zur Errichtung eines Denkmals für die Septembergefallenen von 1848 auf dem Frankfurter Hauptfriedhof. Der sechs Meter hohe Obelisk aus rotem Sandstein war ohne Zweifel ein erstes Denkmal im öffentlichen Raum zur Erinnerung an die Revolution von 1848, die 1873 ihr 25-jähriges Jubiläum beging.[83] Das hieß nicht, dass es nicht nach wie vor ein weites Spektrum an Übereinstimmung gegeben hätte, die wiederum die Basis für eine vielfach pragmatisch konnotierte Zusammenarbeit zum Ausbau der Stadt und der urbanen bürgerlichen Lebenswelt bildete. Denn auch wenn es Unterschiede in der Konsequenz der Verfolgung liberaler Ziele gab, waren es doch, wie Gall in den früheren Festschriften geschrieben hatte, „durch und durch bürgerliche Parteien, ihre Vertreter stammten aus dem gleichen gesellschaftlichen Milieu, und in vielen Grundanschauungen stimmten sie weitgehend miteinander überein, sei es mit Blick auf die Politik und die Aufgaben eines bürgerlichen Gemeinwesens, sei es hinsichtlich der sozialen Ordnung und der Bedeutung und Rolle der Kultur."[84]

Im Unterschied zu der sich ausdifferenzierenden politischen Vereinswelt gelang es dem Casino allerdings, die Separierung wieder rückgängig zu machen. Die Grundlage dafür bildete ein nur vier Jahre nach der Spaltung von Seiten der alten Gesellschaft verabschiedetes neues Statut. Darin hielt die Gesellschaft an dem bereits 1802 formulierten Bildungsanspruch fest: „Zweck der Casino-Gesellschaft ist die gesellige Unterhaltung der Mitglieder durch mündlichen Gedanken-Austausch" und dazu gehörte unverzichtbar die „Lectüre".[85] Die Bekräftigung des Prinzips der gemeinsamen aktiven Teilnahme am öffentlichen Diskurs und an der schichtenübergreifenden allgemeinen, eben der bürgerlichen Kultur bildete die Grundlage für die Wiedervereinigung.

Im Gegensatz zu früher konnten nun auch Nicht-Frankfurter Vollmitglieder werden. Als Konsequenz der Wiedervereinigung begann kurz darauf die Suche nach neuen, den gewandelten gesellschaftlichen Ansprüchen mehr Rechnung tragenden Räumlichkeiten[86], die man 1876 in der Kaiserstr. 19 fand. Ein Plan dieser sich über zwei Etagen erstreckenden Räumlichkeiten enthält nicht weniger als drei Spielzimmer und zwei Billardzimmer, aber auch drei „Conversationszimmer", zwei Lesezimmer, zwei Salons und einen großen Saal. Daneben existierten noch sieben weitere kleine Zimmer für „Office", Garderobe und die Casino-Diener. In der Kaiserstr. 19 blieb die Casino-Gesellschaft bis 1894. Sie durchlebte hier Anfang der achtziger Jahre ihre dritte Krise und die Abspaltung des *Clubs*.

Insgesamt hatte sich die Zeit seit der Gründung der Gesellschaft sehr verändert. Aus der zersplitterten Vielstaaterei, die kurz vor der Neuordnung durch Napoleon stand, war eine deutsche Nation herausgewachsen, die mehr von den preußischen Traditionen als von habsburgischen Charakterzügen geprägt war. Viele politische Gegensätze der Gründerzeit, die zugleich für Frankfurt eine Eingliederungszeit gewesen war, hatten sich abgeschliffen. Mit der gelungenen Integration und den wirtschaftlichen Erfolgen, die gerade Frankfurt erlebte, hatten sich nicht wenige Gründe zur Opposition und damit die einheitsstiftenden Elemente für das spezifische Frankfurter linksliberale Milieu relativiert. An die Stelle des viele Jahrzehnte gültigen politischen Dualismus von Demokraten und konservativen Liberalen, den es einheitsstiftend zu überbrücken galt, war in Wilhelminischer Zeit eine Vielfalt an spezifischen Gruppeninteressen, Themen und Projekten getreten, und damit relativierte sich auch die Bedeutung eines zentralen Vereins, von dem nun gleich mehrere nebeneinander entstanden.

Dazu gehörte auch der *Club* als abgespaltener Teil der Casino-Gesellschaft. Über den *Club*, der bis 1903 bestanden hat, ist wenig bekannt. Seit 1883 wurde er im Adressbuch der Stadt als in der Großen Bockenheimerstr. 9 ansässig verzeichnet. Die Bedeutung dieser Adresse für die *Neue Casino-Gesellschaft* rund einundeinhalb Jahrzehnte zuvor ist schon vorgestellt worden. Doch von der politischen Implikation der Adresse dürfte in dieser Zeit nicht mehr allzu viel vorhanden gewesen sein. Zu oft hatte der Name des dort ansässigen Gasthauses gewechselt. Er wandelte sich von *Deutscher Hof* zu *Harmonie*, dann *Zum Prinzen von Arkadien* und schließlich, viele Jahre nach dem Verlust der

Selbständigkeit, *Zur Stadt Frankfurt*, wobei die vorgesehene Ergänzung „freien" auf den Einwand der unter preußischer Aufsicht stehenden städtischen Behörden geopfert werden musste. Es tagte dort neben dem *Club* ein Frankfurter Verein namens *Wasserkolleg*, und später hielt der *Sommer- und Winterverein* dort seine Bälle ab.

Dieselbe Adresse trägt auch ein „Münzhumpen", über den im Zusammenhang mit dem „Traditionssilber" der Frankfurter Gesellschaft im Jahresbericht von 1989 berichtet wurde. Die Gravur, die sich im Deckelinnern befindet, steht sowohl im engen Zusammenhang mit der Gründung des *Clubs* als auch mit einer gänzlich anderen politischen Ausrichtung.[87] Denn der Humpen wurde in enger Übereinstimmung mit der Reichseinigungspolitik Bismarcks gestiftet und tendierte damit eher zu den politischen Positionen, wie sie von der alten Casino-Gesellschaft vertreten worden waren. Die Gründung des *Clubs* scheint deshalb auf wiederauflebende politische Konflikte zwischen links- und rechtsliberal gesinnten Mitgliedern zurückzuführen zu sein. Diesmal waren wohl die politisch zum rechten Flügel der Liberalen gehörenden Mitglieder ausgezogen. Sie hinterließen vermutlich im Bestand der viele Jahre zuvor wiedervereinigten *Neuen Casino-Gesellschaft* eine größere Lücke. Jedenfalls lud diese ihre Mitglieder kurz nach der Entstehung des *Clubs* am 14. Januar 1884 zu einer außerordentlichen Mitgliederversammlung ein. Dort wurde ein neues Statut verabschiedet, dessen einzige Änderung in der Erhöhung der Mitgliedsbeiträge bei gleichzeitiger drastischer Senkung des Eintrittsgeldes bestand.[88] Offenbar galt es, einen größeren finanziellen Verlust wettzumachen, und gleichzeitig wollte man wohl – ganz entgegen den früheren Gewohnheiten der Gesellschaft – neue Mitglieder werben. Die Abspaltung fällt zudem in die Zeit der erwähnten generellen Umgruppierung des Frankfurter Vereinslebens und der Gründung einer ganzen Reihe weiterer Gesellschaften. So bestand von 1880 bis 1891 ein zweiter *Club* am Börsenplatz und ab 1885 die *Casino-Gesellschaft Union* in der Großen Eschenheimerstr. 41, die vor allem katholische Mitglieder aufnahm. Erwähnenswert sind auch die beiden Clubs der *Freimauerlogen Frankfurter Adler* (1890) und *Zur aufgehenden Morgenröte* (1888–1896) sowie das *Bürger-Casino* (1899–

1913). Zusammen mit einem bereits 1870 gegründeten dritten Club, der am Theaterplatz 12 ansässig war, und dem 1872 gegründeten *Frankfurter Club* hatten sich also eine ganze Palette von ähnlichen Einrichtungen für das gesellige Zusammenleben des gehobenen Frankfurter Bürgertums etabliert. Doch nur der *Club* in der Großen Bockenheimerstr. 9 stand in einer direkten Kontinuität zur *Casino-Gesellschaft*. Tatsächlich lassen sich eine ganze Reihe von Namen auf dem überlieferten Silberbesteck dieser Gesellschaft auf einer Mitgliederliste der Casino-Gesellschaft von 1865 ausfindig machen. Allesamt stammten sie aus bekannten Großkaufmanns-, Industriellen- und Bankiersfamilien wie den Bethmanns, Bolongaros, Goldschmidts, Grunelius, Harniers, Haucks, von Holzhausens, Meisters, Metzlers, Mumm von Schwarzensteins oder Neufvilles und Passavants.

Gemeinsame Namen der Mitgliederliste der Casino-Gesellschaft von 1865 und des Clubs von 1883.

Lujo Bernus, Simon Moritz Freiherr von Bethmann, Alfred Bolongaro-Crevenna, Carl Bonn, Franz und Friedrich Borgnis, Philipp Carl Donner, William G. Drory, A. von Goldschmidt-Rothschild, Ferdinand Graubner, Carl Grunelius, Max von Guaita, Eduard von Harnier, Alexander Hauck, Georg Freiherr von Holzhausen, Carl Kessler, Carl Klotz, Wilhelm Manskopf, Wilhelm Meister, Carl Metzler, Carl Müller, Albert Mumm von Schwarzenstein, Hermann Nestle, Julius Nestle, Richard Nestle, Gustav Adolph von Neufville, Hermann Passavant, Rudolf Pfefferkorn.[89]

In den folgenden Jahren wechselte der *Club* mehrmals die Lokalität, siedelte in die Neue Mainzerstr. 82 über, anschließend in die Goethestr. 23 und zog am Ende in ein Haus am Opernplatz 8. Die *Neue Casino-Gesellschaft* war dagegen 1895 in die Taunusstr. 1 gezogen und hatte dort am 13. Dezember 1902 mit einem aufwendigen Essen ihr hundertjähriges Bestehen gefeiert. Es gab „Holländische Austern, Fasanenragout mit Gänseleber, Wildschweinsrücken nach Jägerart garnirt, Kalbsrücken garnirt, Salat, Compot, Cordons mit Markschnitten, Rumreis, Cabinetpudding, Käse, Sellerie, Obst".[90]

Club und *Casino* fusionierten schließlich kurze Zeit später zum *Casino-Club* und mieteten von der *Diskonto-Gesellschaft* (dem Vorläufer der Deutschen Bank) eine Wohnung in der Junghofstraße 1. Das genaue Datum dieser Fusion ist nicht bekannt.[91] Über die Ziele hieß es in der Satzung kurz und bündig: „Zweck des Vereins ist die gesellige Unterhaltung der Mitglieder."[92] Was darunter verstanden wurde, können wir aus einem überlieferten Protocoll-Buch entnehmen. Es gehörte dazu die Unterhaltung eines Lokals mit Restaurationsbetrieb und Lesezimmer sowie anderer Räumlichkeiten, in denen Billard oder Karten gespielt werden konnte, und ein größerer Raum für gemeinsame gesellige Aktivitäten.[93] Die dürren Notizen deuten unmissverständlich auf der stattgefundenen Schwund an Relevanz. In der Satzung des *Casino-Clubs* hieß es nun nur noch lapidar: „Zweck des Vereins ist die gesellige Unterhaltung der Mitglieder". Der Bildungsgedanke mit seinen Ansprüchen und inhärenten gesellschaftlichen Utopien war aus dem Vereinszweck gestrichen. Im Lesezimmer fand man noch Zeitungen und Börsennachrichten, im Übrigen aber dominierte der Zeitvertreib. Und vor allem: Angesichts der zahlreichen Konkurrenten war der Gedanke längst unrealistisch geworden, dass sich hier alles versammele, was in der Stadt zählte, und dass sich im Schoß des *Clubs* ein auf das ganze Gemeinwesen ausstrahlender „esprit de corps" bilden könne. Es war ein Verein unter vielen.

Es lag mit der Gesellschaft zwar eine sehr lange Kontinuitätslinie vor, aber der Wandel der Zeit hatte unübersehbar seine Spuren hinterlassen. Der *Casino-Club* war nur noch in Anspruch und Namen mit der *Casino-Gesellschaft* von 1802 vergleichbar. In dieser hatte sich das Interesse der Frankfurter Elite konzentriert und repräsentativ siedelte sie an prominenter Stelle an einem zentralen Platz der Stadt. Sie füllte ein ganzes Haus und mit 600 Mitgliedern erfasste sie die gesamte Elite. Sie besetzte diese Funktion im Frankfurter Vereinswesen konkurrenzlos. Das war 100 Jahre später nicht mehr der Fall. Der *Casino-Club* war nur noch ein Schatten der einstigen Casino-Gesellschaft. Es gelang ihm nicht mehr alle Entscheidungsträger in der Politik oder in der Wirtschaft zum Gespräch und Austausch der Gedanken und Meinungen zu versammeln. Insofern waren die Entscheidungsträger der Stadt für eine größere Krise der Gesellschaft schlecht vorbereitet. Diese kam jedoch nur wenige Jahre nach der notdürftig wiederhergestellten Vereinigung demokratisch und konservativ gesinnter Frankfurter Bürger im *Casino-Club*.

II Vor 100 Jahren – Eine Gründung in Zeiten von Instabilität und Chaos

Die Anfänge der Gesellschaft für Handel, Industrie und Wissenschaft reichen wie die der Casino-Gesellschaft in eine Zeit zurück, die von Krieg und großen gesellschaftlichen Umbrüchen gekennzeichnet waren. Wie in der Zeit um 1800 ging auch im Gründungsjahr 1919 ein Zeitalter zu Ende und brach ein neues an. Gründete sich das Casino im Schatten des Untergangs des Heiligen Römischen Reiches Deutscher Nation, so vollzog sich der Aufbau der Frankfurter Gesellschaft für Handel, Industrie und Wissenschaft kurz nach dem Ende des Wilhelminischen Kaiserreichs und in den Untergangswirbeln der „größten Katastrophe des 20. Jahrhunderts" (Mommsen).

Die Niederlage

Die erste Initiative zur Neubelebung der vom Humanismus und Aufklärung getriebenen Idee eines einzigen großen Zentralvereins, in dem sich die Entscheidungsträger sammeln, wurde in Frankfurt rund um die sich abzeichnende Niederlage im Sommer 1918 ergriffen, nachdem die deutsche Frühjahrsoffensive gescheitert war. Damals spitzte sich die militärische Lage dramatisch zu und die Annahme eines bevorstehenden Zusammenbruchs der Fronten lag auf der Hand. Die Westfront geriet nach vier Jahren mit der „Hunderttageoffensive" der vereinigten militärischen Kräfte Frankreichs, Großbritanniens und der USA in Bewegung und die Alliierten brachen bei Amiens durch die deutsche Front. Der Beginn der Offensive am 8. August 1918 ging nach einem Wort des obersten Quartiermeisters und nach Hindenburg zweitwichtigsten Mannes in der Obersten Heeresleitung, General Erich Ludendorff, als „Schwarzer Tag des deutschen Heeres" in die Geschichte ein.[1] Die alliierten Kräfte zwangen die deutschen Truppen schon nach kurzer Zeit zum Rückzug auf breiter Front, weil sie im Gegensatz zu den Mittelmächten auf große Reserven an Kriegsmaterial und Truppen zurückgreifen konnten, die die USA seit ihrem Kriegseintritt im Frühjahr 1917 in einer logistischen Meisterleistung nach Frankreich verschifft und mit Hilfe der französischen Bahnen bis an die Front gebracht hatten.[2] Damit war die Überlegenheit von Tag zu Tag gewachsen.[3] Die Vorteile, die sich das Reich noch im Herbst 1917 und Frühjahr 1918 mit dem Sieg über das Zarenreich und über das revolutionäre Russland, dokumentiert im Diktatfrieden von Brest-Litowsk, erzwungen hatte, waren innerhalb weniger Wochen ergebnislos zerronnen, und zwar auch deshalb, weil aufgrund der umfangreichen Besetzungen weiter Teile des ehemaligen Zarenreichs nicht genügend Truppen für den Krieg im Westen freigemacht werden konnten.[4]

Abb. 1 (linke Seite): Durchbruch der Alliierten bei Amiens am 8. August 1918: 8th August 1918. Gemälde des australischen Kriegsmalers Will Longstaff. Abb. 2 (rechte Seite): Deutsche Gefangene nach der Schlacht[5]

Auch im Innern brachen nach vier Jahren Entbehrung und Mangelversorgung weiter Teile der Bevölkerung die Stützen weg. Es gab seit Januar deutliche Anzeichen für eine Aufkündigung des Burgfriedens unter den organisierten Arbeitern. Auch in der Frankfurter Metallindustrie drehte sich die Stimmung. Die erste Initiative zur Gründung einer Gesellschaft, die erneut in etwa die Funktion der ehemaligen Frankfurter Casino-Gesellschaft übernehmen sollte, ist vor dem Hintergrund dieses gewaltigen Panoramas von Chaos und Untergang zu sehen. Sie erfolgte nicht in der Ruhe und Behaglichkeit einer in Plüschsesseln ruhenden Altherrenrunde, die sich darauf verständigte, in Zukunft als „Club" von Herren zu firmieren, wie dies unter Umständen für den ja bereits vorhandenen *Casino-Club* für diese Zeit gesagt werden kann. Für einen solchen Rückzugsort gab es im Sommer 1918 jedoch keinen Anlass.

Der Frankfurter Justizrat Ludwig Heilbrunn und die Deutsche Gesellschaft von 1914

Es war der Frankfurter Justizrat Dr. jur. Ludwig Heilbrunn, der in dieser Zeit die Initiative zu einer „stände- und berufsübergreifenden" Gesellschaft ergriff. Heilbrunn gehörte damals als wichtigster Infrastrukturplaner zum Magistrat der Stadt. Er hatte sowohl unter Oberbürgermeister Franz Adickes gewirkt und für ihn die Umsetzung der Planungen für den gigantischen Ausbau des Frankfurter Ostens zu einer großen Industrielandschaft mit direkten Wasserstraßenanschlüssen bis zum Schwarzen Meer und zum Atlantik übernommen. Statt der Vollendung dieser Vision musste er sich unter Oberbürgermeister Georg Voigt jedoch mit den Notwendigkeiten zum Überleben der Frankfurter in der Kriegszeit auseinandersetzen, also den Mangel verwalten, der durch die Blockade der Alliierten auch die Stadt Frankfurt ergriffen hatte. Die Situation war im preußischen Frankfurt besonders prekär, weil es wegen der zentralistischen Umstellung auf die Kriegswirtschaft von seinem traditionell agrarischen Hinterland in Hessen und Bayern weitgehend abgeschnitten wurde. Das war eine Aufgabe, welche die kommunale Verwaltung alleine nicht stemmen konnte. Deshalb haben sich auch viele Industrielle und wohlhabende Frankfurter daran beteiligt. Kein Geringerer als Wilhelm Merton hat sich in seinen letzten beiden Lebensjahren neben seiner Expertise für die Rohstoffversorgung des Reichs intensiv dieser Aufgabe gewidmet, nachdem er die Gründung der Universität bis zu ihrer Eröffnung in den ersten Kriegstagen alleine zu Ende geführt hatte, weil Franz Adickes aufgrund seiner Erkrankung und dem dadurch bedingten Ausscheiden

Abb. 3: Der Kommunalpolitiker Justizrat Dr. Ludwig Heilbrunn 1870–1951, Gemälde von Jacob Nußbaum[6]

aus dem Amt im Jahre 1912 dazu nicht mehr in der Lage gewesen war. Als Merton 1916 starb, haben seine beiden Söhne Alfred und Richard seine Stelle eingenommen.[7] Beide wurden auch Mitglieder der Frankfurter Gesellschaft.

Heilbrunn war auch sonst kein unbeschriebenes Blatt. Von 1910 bis 1928 gehörte er in der Stadtverordnetenversammlung erst der Fraktion der *Freisinnigen Volkspartei* und ab 1918 derjenigen der *Deutschen Demokratischen Partei* (DDP) an. Von 1915 bis 1918 saß er darüber hinaus als Vertreter Frankfurts im Preußischen Abgeordnetenhaus in Berlin. Von 1919 bis 1921 vertrat er die DDP in der Verfassungsgebenden Preußischen Landesversammlung, die von den Sozialdemokraten dominiert war und die dann auch die Landesregierung in Preußen stellten, und zwar bis 1933. Darüber hinaus gehörte er von 1919 bis 1933 zum Vorstand der Anwaltskammer Frankfurt. Heilbrunn wurde Ehrenbürger der Universität Frankfurt und erhielt die Ehrendoktorwürde in Politikwissenschaften. Er musste 1939 nach England emigrieren und kehrte erst 1950, kurz vor seinem Tode, wieder in die Bundesrepublik zurück. Die Anwaltskammer Frankfurt am Main ernannte ihn nach 1945 zum Ehrenmitglied. Er förderte die Frankfurter Bibliophile Gesellschaft und war selbst ein bedeutender Sammler von Kunst und Francofurtensien. Neben juristischen und volkswirtschaftlichen Fachbüchern veröffentlichte er mehrere Schriften zur Frankfurter Geschichte, unter anderem zur Gründung der Frankfurter Universität oder über die Rolle Frankfurts im Sezessionskrieg der USA in den 1860er Jahren.[8]

Dieser Heilbrunn verfasste also im Sommer 1918, nachdem er und seine Kollegen im Preußischen Abgeordnetenhaus von Hindenburg persönlich von der bevorstehenden Niederlage informiert worden waren, eine Denkschrift, in der er, wie sein Sohn Rudolf später schrieb, für eine Vereinigung nach dem Vorbild der „Berliner Gesellschaft von 1914" eintrat, deren Mitglied er in seiner Zeit als Vertreter der Stadt im Preußischen Abgeordnetenhaus gewesen war. Er war der festen Überzeugung, in Frankfurt müsse eine ähnliche Vereinigung gegründet werden. Rudolf Heilbrunn meinte damit die „Deutsche Gesellschaft 1914". Das war eine ausgesprochen politische Vereinigung, die am 28. November 1915 in Berlin aus einer Zusammenkunft hervorgegangen war, zu der sich gemäßigte Vertreter unterschiedlicher Weltanschauungen zur offenen Diskussion getroffen hatten, um den „Geist von 1914", also den in der Burgfriedenspolitik zutage getretenen klassenübergreifenden Patriotismus zu bewahren. Ein Jahr zuvor, also beim Kriegsausbruch im August 1914, waren die politischen Differenzen zwischen Konservativen, Liberalen und Sozialdemokraten scheinbar in den Hintergrund gerückt. Die Initiatoren der Zusammenkunft 1915 hielten eine Erneuerung dieses euphorischen „Augusterlebnisses" für notwendig, weil sich der Krieg damals für alle erkennbar nicht so entwickelte, wie man sich das in den Anfangstagen erhofft hatte.

Das war der äußere Anlass für Vertreter unterschiedlicher Ansichten und Persönlichkeiten aus ganz unterschiedlichen Lebenskreisen gewesen, unter Betonung gleicher Ideale ungezwungen zusammenzukommen. Danach wollten wiederum Reichskanzler Theobald von Bethmann Hollweg und seine Regierungsmitglieder Wilhelm Solf, damals Staatssekretär im Reichskolonialamt, sowie Gottlieb von Jagow, Staatssekretär im Auswärtigen Amt, die politische Atmosphäre dieses Treffens gleichsam in einer Organisation einfangen. Sie fanden für dieses Vorhaben breite Unterstützung bei Persönlichkeiten aus Industrie und Kultur.

Im Ergebnis gründeten schließlich der Publizist Karl Gustav Vollmoeller mit Bezug auf den Aufruf „An die Kulturwelt", auch bekannt als „Manifest der 93" vom September 1914, gemeinsam mit dem Literaten Richard Dehmel und beide in enger Absprache mit den Industriellen Walther Rathenau (AEG) und Robert Bosch (Bosch) am 28. November 1915 diesen Berliner Zentralverein, der in vielerlei Hinsicht an die ersten großen Vereine erinnert, die mehr als 100 Jahre zuvor in ähnlich prekärer Lage gegründet worden waren.[9] Harry Graf Kessler erwähnt diesen Vorgang in seiner Biographie über Rathenau: Er „beteiligt(e) sich an den Klub-Gründungen, die den ‚Burgfrieden' durch gesellschaftliche Fühlung zwischen Vertretern verschiedener politischer Richtungen befestigen sollten: insbesondere an der von Carl Vollmöller ins Leben gerufenen Deutschen Gesellschaft 1914".[10] Als großer Mäzen erwies sich dabei der Industrielle Robert Bosch. Dieser sorgte für repräsentative Räume im

Pringsheimschen Palais in Berlin, das er „für einen geringen Mietzins zur Verfügung stellte", und er ließ es sich auch nicht nehmen, „die Ausstattung der Räume" zu stiften.[11]

Wilhelm Solf, der dem Verein wenig später als erster und einziger Präsident vorstand, fasste den Zweck der Gesellschaft wie folgt zusammen: „Sie solle Angehörigen verschiedener Schichten und auch gerade Wortführern von Gegensätzen die Möglichkeit zur Aussprache von Mensch zu Mensch bieten".[12] Solf rief im Sinne Johann Gottlieb Fichtes zur Veredelung der Vaterlandsliebe zur Hülle des Ewigen auf. Gleichzeitig pries er die Individualität jeder einzelnen Persönlichkeit und das Wirken des freien Mannes. Er zitierte den Freiherrn vom Stein, indem er erklärte, die Schwäche der preußischen Monarchie gegen ihre Nachbarstaaten müsse durch moralische und intellektuelle Kräfte ausgeglichen werden. Man könnte auch sagen, durch Voluntarismus.

Von keinem Geringeren als Theodor Heuss erfahren wir weitere Einzelheiten, die verblüffend an den Geist der vier Jahre später gegründeten *Frankfurter Gesellschaft für Handel, Industrie und Wissenschaft* erinnern: „Deutschland kannte nicht den politischen Club der angelsächsischen Welt, hier sollte er nachgebildet werden, doch nicht in einem ausschließenden, sondern in einem umfassenden Sinne: Der Konservative und Sozialdemokrat, der Industrielle und Gelehrte, der Künstler und Beamte, der Grundbesitzer und Gewerkschaftsführer, sofern sie aus der Fachenge und Interessenverwicklung herausstrebten und in ihrer Persönlichkeit einen gewissen Rang darstellten, mochten sich hier begegnen, frei gelöst. Vorausgesetzt war die vaterländische Grundhaltung, die dem Partner auch bei unterschiedlicher Programmatik zuzubilligen war."[13]

Die lange Reihe an Persönlichkeiten, die sich in der von Rudolf Heilbrunn „Berliner Gesellschaft" genannten Vereinigung versammelten, war beeindruckend. Um nur einige zu nennen, trat in der Deutschen Gesellschaft von 1914 der Hamburger Reeder Abert Ballin, Eigner der größten Reederei der Welt und durch die Kriegsniederlage wenig später in den Ruin und Suizid getrieben, neben die genannten Industriellen Robert Bosch und Walther Rathenau. Von den Banken kamen Hjalmar

Schacht und Franz von Mendelssohn. Aus der Politik kam seitens der Regierungskreise der kurz darauf zum Reichskanzler ernannte Georg von Hertling. Unter den beigetretenen Parteipolitikern befanden sich unter anderen Matthias Erzberger vom Zentrum, der später von rechtsradikalen Mitgliedern der *Organisation Consul* ermordet wurde, dann Albert Südekum von den Sozialdemokraten und Siegfried von Kardorff von den Freikonservativen.

Von den die öffentliche Meinung prägenden Medienunternehmen listete die Gesellschaft das oberste Segment mit Vertretern wie Rudolf Mosse und Alfred Hugenberg sowie Louis-Ferdinand Ullstein als Mitglieder auf und konnte in der Gruppe der Publizisten und Schriftsteller sehr viele aufführen, die damals Rang und Namen hatten, so Richard Dehmel, Maximilian Harden, Gerhart Hauptmann, Thomas Theodor Heine, Hugo von Hofmannsthal oder Frank Wedekind sowie Thomas Mann. Die bildende Kunst war mit den Malern Lovis Corinth, Max Liebermann und Max Slevogt prominent vertreten. Dazu kamen der Komponist Richard Strauss und der Theaterregisseur Max Reinhardt. Es war eine Gesellschaft, die Kompetenzen in den Bereichen Industrie, Banken, Politik, Wissenschaft und Kunst vereinigte.

Das gibt einen Eindruck von dem, was Ludwig Heilbrunn als Vorbild für Frankfurt ausgesucht hatte, und es wird sofort deutlich, dass diesem Maßstab keiner der bestehenden Elitenvereine und auch nicht der Casino-Club genügen konnte, und zwar sowohl programmatisch wie auch in Bezug auf die auf viele verschiedene Vereinigungen verteilten Mitgliedschaften. Das waren die äußeren Gründe, warum Heilbrunn in Frankfurt seine Denkschrift zur Gründung einer Gesellschaft ähnlich der in Berlin schrieb.[14]

Extraausgabe. Sonnabend, den 9. November 1918.

Vorwärts

Berliner Volksblatt.

Zentralorgan der sozialdemokratischen Partei Deutschlands.

Generalstreik!

Der Arbeiter- und Soldatenrat von Berlin hat den Generalstreik beschlossen. Alle Betriebe stehen still. Die notwendige Versorgung der Bevölkerung wird aufrecht erhalten.

Ein großer Teil der Garnison hat sich in geschlossenen Truppenkörpern mit Maschinengewehren und Geschützen dem Arbeiter- und Soldatenrat zur Verfügung gestellt.

Die Bewegung wird gemeinschaftlich geleitet von der Sozialdemokratischen Partei Dentschlands und der Unabhängigen sozialdemokratischen Partei Dentschlands.

Arbeiter, Soldaten, sorgt für Aufrechterhaltung der Ruhe und Ordnung.

Es lebe die soziale Republik!

Der Arbeiter- und Soldatenrat.

Abb. 4–6: Niederlage[15] – Abdankung des Kaisers: Letzte Felduniform Kaiser Wilhelms II.[16] – Novemberrevolution: Aufruf des Vorwärts zum Generalstreik, 9. November 1918[17]

Abb. 7: Revolutionäre Demonstranten am 9. November 1918 in Berlin, Unter den Linden[18]

Novemberrevolution und ein neues Deutschland auf unsicherem Fundament

Mit seinem Vorschlag kam er allerdings erst einmal nicht zum Zug, denn kurz danach überschlugen sich die Ereignisse: Regierungswechsel, Parlamentsreform, zusammenbrechende Fronten, Ringen um einen Waffenstillstand, Novemberrevolution und Abdankung des Kaisers. Eine Gesellschaft, die den Patriotismus der Augusttage erneuern wollte, hatte sich erübrigt. Es drängten sich rasch andere Probleme in den Vordergrund. Sie betrafen die innere Konstitution der deutschen Gesellschaft, die durch die Umstände in eine rasante Transformation getrieben wurde. Denn es begann mit dem Waffenstillstand vom 11. November ab Dezember 1918 die Demobilisierung unter chaotischen Bedingungen, und das zehn Millionen zählende Heer traumatisierter Soldaten strömte zurück ins Reich. Ihre Wege kreuzten sich nicht selten mit der sich einer Welle gleich von Norden nach Süden ausbreitenden Rätebewegung, deren Macht allerdings bereits unter maßgeblicher Beteiligung gemäßigter Sozialdemokraten auf dem Rätekongress in Berlin Mitte Dezember gebrochen worden war, und zwar genau in dem Gebäude des Preußischen Abgeordnetenhauses, in dem noch kurz zuvor Ludwig Heilbrunn die Stadt Frankfurt vertreten hatte. An führender Stelle waren daran Friedrich Ebert, der spätere Reichspräsident, und Paul Hirsch als Mitglieder des Rates der Volksbeauftragten auf Reichsebene und für Preußen beteiligt. Dieser als provisorische Regierung fungierende Rat war am 10. November auf der Zusammenkunft der 3.000 Arbeiter- und Soldatenräte im Zirkus Busch in Berlin eingesetzt worden.

Abb. 8: Reichskongress der Arbeiter- und Soldatenräte im preußischen Abgeordnetenhaus in Berlin vom 16. bis 21. Dezember 1918 während der Eröffnungsrede des Vollzugsratsmitglieds und Vertreters der Revolutionären Obleute, Richard Müller[19]

Statt für eine Räterepublik nach sowjetischem Vorbild entschied sich die Mehrheit der Räte im Dezember dafür, einer parlamentarisch-demokratischen Republik den Vorzug zu geben und die Wahl zu einer Nationalversammlung einzuleiten.[20] Diese fand am 19. Januar 1919 statt und stand noch ganz unter dem Eindruck des „Spartakusaufstandes", der vom 5. bis 12. Januar in Berlin gewütet hatte. Erstmals standen dabei Sozialdemokraten auf beiden Seiten und hatten mit Gustav Noske als Volksbeauftragtem für Heer und Marine die politische und militärische Verantwortung für die Kämpfe und ihre Niederschlagung.[21] Sie waren mit weit über hundert Toten so heftig, dass es die gewählten Abgeordneten noch bei der Konstituierung der verfassungsgebenden Versammlung vorzogen, zur Beratung über die Verfassung von Berlin nach Weimar ausgeflogen zu werden. Das ist der Grund, warum die erste Republik auf deutschem Boden noch heute nach der Stadt der deutschen Klassik benannt wird.[22]

Abb. 9: Was wir verlieren sollen! Plakat von 1919 gegen den Versailler Vertrcg[23]

Thomas Mann erklärte, dass die Demokratie – anders als ihre Gegner behaupteten – zur deutschen Kultur und Tradition besser passe als Wilhelminismus und „sentimentaler Obskurantismus". Insbesondere das freundliche und bescheidene öffentliche Auftreten des Reichspräsidenten Friedrich Ebert habe ihn davon überzeugt, dass Demokratie eine deutschere Sache sei als „imperiale Gala-Oper". Absicht der Rede war, vor allem die studentische Jugend zu ermuntern, ihren Widerstand gegen die Republik aufzugeben. Auch wenn die Rede im nationalkonservativen Denken verankert war, unterstrich Thomas Mann mit ihr sein Engagement gegen völkisch-antisemitische Umtriebe und für die Humanität, für „deutsche Menschlichkeit".[24]

Abb. 10: Thomas Manns „Von Deutscher Republik"[25]

Doch kam Deutschland mit dem Wechsel von der Monarchie zu einer Republik nach dem Vorbild Frankreichs und der USA, mit der die Abgeordneten weit über die Verfassung der Nationalversammlung von 1848 hinausgegangen waren, die ja nur eine konstitutionelle Monarchie inaugurieren wollte, noch lange nicht zur Ruhe. Dem standen die Lasten des Friedensvertrages mit den Siegermächten entgegen, den Deutschland am 28. Juni 1919 nach ultimativer Aufforderung unter Protest im Spiegelsaal von Versailles unterzeichnet hatte.[26] Der Vertrag sah Gebietsabtretungen von einem Fünftel der früheren Territorien vor, (den wirtschaftlich leicht zu verschmerzenden) Verlust des gesamten Kolonialreiches, eine sehr weitgehende Entmilitarisierung und Reparationszahlungen in anfangs unbestimmter Höhe. Die auferlegten Härten des Vertrags, die einzig von den USA nicht mitgetragen worden waren, trugen nicht dazu bei, die gerade in der Anfangszeit in großen Teilen der Elite verbreitete Skepsis gegenüber der neuen Republik abzubauen. Im Gegenteil, sie verfestigte sich in weiten Kreisen des konservctiven bürgerlichen Lagers, das sich in der rechtsliberalen monarchistischen *Deutschen Volkspartei* (DVP) oder der noch weiter rechts stehenden konservativen *Deutschnationalen Volkspartei* (DNVP) sammelte, bis zur Ablehnung der Republik und Verachtung der „Erfüllungspolitiker" aus den Reihen des Zentrums, der DDP und der SPD. Es handelte sich hier um eine politische Haltung, der Thomas Mann in seinen „Betrachtungen eines Unpolitischen", die am Ende des Krieges erschienen waren, zu einer nachhaltigen Popularität verholfen hatte. Bei dem Werk, von dem Mann später ausdrücklich Abstand nahm, handelte es sich um eine geistesgeschichtlich-historische Collage, mit der ein deutscher Sonderweg konstruiert und ein „Deutschtum" begründet wurde, das mit den demokratischen Grundsätzen Frankreichs, Englands und der USA unvereinbar sei. Das waren Ideen, die sich in den Kreisen der „konservativen Revolution" – also Hans Freyer, Stefan George, Hugo von Hofmannsthal, die Brüder Ernst und Friedrich Georg Jünger, Ludwig Klages, für eine Zeit Thomas Mann, Arthur Moeller van den Bruck und dessen Juniklub, Ernst Niekisch, Martin Niemöller, Ernst von Salomon, Carl Schmitt, Othmar Spann, Oswald Spengler und neben anderen mehr noch Hans Zehrer und der Tat-Kreis – großer Beliebtheit erfreuten und die fünfzehn Jahre später den Weg der konservativen Teile der Elite in das Lager der nationalsozialistischen Bewegung ideologisch begleiteten. Weniger Beachtung fand seine vier Jahre später am 13. Oktober 1922 in Berlin gehaltene Rede „Von deutscher Republik", in der er ein öffentliches Bekenntnis zur Demokratie und zur Weimarer Republik ablegte.[27] Wir werden auf diese Hypothek auf der ersten deutschen Demokratie zurückkommen.

Aber nicht nur die Lasten des Versailler Vertrags übten eine nachhaltige Wirkung auf die inneren Auseinandersetzungen aus, sondern auch die gerade angedeuteten Brüche in den politischen Lagern. Das Parteiensystem der Weimarer Republik war keineswegs eine einfache Fortsetzung der sechs großen Parteien des Kaiserreichs, das in der Hauptsache aus zwei liberalen und zwei konservativen Parteien, dem Zentrum und der Sozialdemokratie bestand. Die Liberalen fanden wie im Kaiserreich nicht zu neuer Einheit. Aber insbesondere die Spaltung der deutschen Sozialdemokratie, die bereits im Jahre 1917 begonnen hatte, als die SPD erst in eine Mehrheitsfraktion und eine Fraktion der Unabhängigen zerfiel, der dann mit der MSPD und USPD selbständige Parteien folgten, entfaltete eine nachhaltige Wirkung. Es blieb nicht bei den beiden sozialdemokratischen Parteien. Die mit der Spaltung freigesetzte politische Dynamik führte in kurzer Zeit zu einer dezidiert linksradikalen Partei, die sich in wenigen Monaten immer enger am Vorbild der Bolschewiki in Russland orientierte, was dazu führte, dass am 31. Dezember 1918 Teile der USPD die Kommunistische Partei Deutschlands (KPD) gründeten. Das wäre ohne Belang geblieben – es handelte sich lediglich um eine kleine Gruppe von Anhängern, deren führende Persönlichkeiten Rosa Luxemburg und Karl Liebknecht nur Tage später im Gefolge der Kämpfe des Spartakusaufstandes verhaftet und ermordet wurden –, wenn es dieser schwachen politischen Kraft nicht gelungen wäre, innerhalb weniger Monate, den größten Teil der Mitglieder der USPD zu sich herüberzuziehen und damit zu einer nicht unbedeutenden politischen Kraft in der Weimarer Republik heranzuwachsen. Die Unerhörtheit dieses Vorgangs wird erst richtig deutlich, wenn berücksichtigt wird, dass der radikale Flügel der deutschen Arbeiterbewegung letztmals in den 1870er Jahren in Form von Anarchisten und Radikalsozialisten aktiv gewesen war, der Repression durch das Sozialistengesetz nicht standhielt und zu großen Teilen in die USA emigrierte. Ihnen konträr gegenüber sammelten sich Anhänger eines autoritären Staats, sei es als erneuerte Monarchie, als Militärdiktatur oder eines noch schemenhaften völkischen Staats. Beide Seiten setzten die junge Republik unter Druck, engten ihren Spielraum ein und bildeten bis in den Untergang hinein eine schwere Hypothek für die erste deutsche Demokratie.

Abb. 11–13: Barrikade während des Spartakusaufstandes 12. Januar 1919[28], Kapp-Putsch mit anschließendem Generalstreik vom 13. bis 17. März 1920[29] und Aufstand der Roten Ruhrarmee 17. März bis 12. April 1920: Reichswehr mit gefallenen Rotarmisten am Bahndamm von Möllen bei Duisburg[30]

Ganz auf das Ziel einer Räterepublik nach dem Vorbild der Sowjetunion fixiert und die Entscheidung des Reichsrätekongresses missachtend, hatte die KPD, kaum gegründet, gleich im Januar 1919 mit dem erwähnten „Spartakusaufstand" in Berlin für Furore gesorgt. Prominentesten Aufstand gegen die Republik von rechts bildete ein Jahr später im März 1920 der Kapp-Lüttwitz-Putsch. Er scheiterte am größten Generalstreik der deutschen Geschichte, der vom 13. bis 17. März 1920 dauerte. Bemerkenswert ist die erfolgreiche Massenmobilisierung, mit der ein Militärputsch verhindert wurde. Die völlige Lahmlegung der öffentlichen Versorgung nahm den Putschisten den Wind aus den Segeln und die Möglichkeit zu regieren. Auf diese Weise wurde die Aufgabe der Putschisten erzwungen.[31]

Doch mit der Niederschlagung des Putsches war die Krise noch nicht bewältigt. Die KPD, die sich beim Streik anfangs zurückgehalten hatte, weil ehemalige, mittlerweile verfeindete sozialdemokratische Genossen dazu aufgerufen hatten, versuchten die aufgewühlte politische Stimmung zu nutzen, um in den Industrierevieren Sachsens, Thüringens und des Ruhrgebiets den Streik zu einem Aufstand eskalieren zu lassen. Insbesondere im Ruhrgebiet entstand die sogenannte „Rote Ruhrarmee", die zeitweise bis zu 50.000 bewaffnete und kriegserfahrene Arbeiter mobilisierte.[32] Erneut ließen Sozialdemokraten auf ehemalige Sozialdemokraten schießen. Damals verlor die SPD aufgrund der blutigen Kämpfe bei den nächsten Wahlen dramatisch an Zustimmung. Alle diese Unruhen scheiterten.

Allerdings trat dies erst im Rückblick klar zutage. Für die Zeitgenossen war der Ausgang der Kämpfe um die Republik nicht so eindeutig. Es gab überdies noch weitere destabilisierende Faktoren. Die Republik war noch längere Zeit keineswegs gefestigt. Die Furcht vor Ausweitung und Verfestigung der Revolution hielt für viele Mitglieder der deutschen Elite noch mehrere Jahre lang an und die aufgewühlte Zeit hatte zu außergewöhnlichen politischen Entscheidungen und Koalitionen geführt, wie sie sich im Einzelfall bereits während des Kriegs in der Deutschen Gesellschaft 1914 angedeutet hatten, in der über Parteigrenzen hinweg seit einigen Jahren Persönlichkeiten zusammen kamen, um sich über die große Krise auszutauschen. Das setzte sich nun in den Tagen der Revolution und der Instabilität der Republik direkt fort. Auf der einen Seite ist hier das sogenannte „Stinnes-Legien Abkommen" zu nennen, eine politische Vereinbarung zwischen dem Verhandlungsführer der Arbeitgeber in der Zentralarbeitsgemeinschaft, dem Schwerindustriellen Hugo Stinnes, und dem Verhandlungsführer der Arbeitnehmer, Carl Legien, zugleich Vorsitzender der homogen mit Sozialdemokraten besetzten Generalkommission der Deutschen Gewerkschaften als höchstem Gremium der 1919 fünf Millionen Gewerkschaftsmitglieder. Auf der anderen Seite kam es im Ebert-Groener Pakt zur Vereinbarung zwischen konservativer militärischer Führung, der Wilhelm Groener vorstand – damals oberster Befehlshaber der sich in Auflösung befindlichen Reichswehr – mit der Parteispitze der MSPD, also dem kompromissbereiten Kreis um Friedrich Ebert, der wenig später zum ersten Präsidenten der Weimarer Republik gewählt wurde. Mit beiden Koalitionen konnte das politische System so weit stabilisiert werden, dass die Republik die Tage ihrer Gründung überdauerte und Deutschland in der Zeit von 1919 bis 1923 nicht in verschiedene Teile auseinanderbrach.[33]

Stabilität verlieh letztendlich jedoch vor allem das politische Bündnis aus der linksliberalen Deutschen Demokratischen Partei (DDP), dem katholischen Zentrum und der MSPD, die sich wenig später mit Resten der USPD, die nicht zur KPD gegangen waren, zur SPD (wieder)vereinigte. Diese drei Parteien bildeten die Weimarer Koalition. Ihr gelang es, gegen die die Republik verneinenden Kräfte von links und rechts Tritt zu fassen, die Revolution zu befrieden, die drohende Spaltung des Landes zu verhindern sowie auch der Hyperinflation von 1923 Herr zu werden. Letzteres glückte mit Hilfe der USA, die den Versailler Vertrag nicht mitgetragen hatte und mit Deutschland 1921 einen Separatfrieden schloss. Nun bot sie ihre Unterstützung für eine vorläufige Regelung der Reparationsfrage an, die auf der Londoner Konferenz von 1924 zustande kam. Das Abkommen sah erstmals vor, eine absolute Höhe der Reparationen festzuschreiben, und es wurden im sogenannten Dawes-Plan Lösungsvorschläge unterbreitet, wie die jährlich fällig werdenden Ratenzahlungen der Reparationen geschultert werden könnten.[34]

Die Besonderheiten Frankfurts: Liberalität und Aufgeschlossenheit für soziale Konsensbildung

Auch in Frankfurt wurde um die Entscheidung, Räterepublik nach sowjetischem Vorbild oder parlamentarisch-demokratische Republik gerungen. Das Bürgertum der Stadt erlebte einen tiefen Schock, der nach dem weltoffenen 19. Jahrhundert noch lange im Bewusstsein haften blieb. Der eskalierende Parteienkampf, das Auftauchen radikaler Massenbewegungen, wie der völkischen am rechten und der kommunistischen am linken Rand des Parteienspektrums, führten zu einer tiefen Verunsicherung über die zukünftige Stellung des Bürgertums in den sozialen Beziehungen und es herrschte große Unsicherheit darüber, ob die politische Situation stabilisiert werden könne, ja ob die bürgerliche Gesellschaft diese Krise überhaupt überstehen würde.

Der 1916 verstorbene Frankfurter Konzernlenker Wilhelm Merton hatte eine derartige Krise bereits am Ende des 19. Jahrhunderts befürchtet. Das war einer der entscheidenden Gründe gewesen, weshalb er ab 1890, als der Aufbau der Metallgesellschaft zu einem weltweit agierenden Konzern abgeschlossen war, mit dem Aufbau eines zweiten „Konzerns" begonnen hatte, dessen Kern das *Institut für Gemeinwohl* bildete. Dieses Institut erweiterte er bald um zahlreiche weitere Vereinigungen und Einrichtungen wie das *Soziale Museum* oder die *Centrale für private Fürsorge*. Mit diesem Engagement versuchte Merton Ordnung in den Wildwuchs der zahlreichen Institutionen und Initiativen der auf Stiftungen und Vereinen begründeten privaten Wohlfahrt im Bereich der Armenhilfe und Sozialfürsorge auf der einen Seite und den Lebensbedingungen der Arbeiter auf der anderen zu bringen. Er entwickelte „soziale Reformvorstellungen, die über die patriarchalische Betriebsverfassungen im Kaiserreich weit hinausgingen und moderne Elemente wie Schutz der Arbeitskraft, Tarifverträge und andere Schlichtungsinstanzen enthielten. Vor allem aber ging es immer wieder um Rat und um Erschließung der vorhandenen Ressourcen und um professionelle Behandlung der Klientel sowie die wissenschaftliche Durchdringung der Leiden der

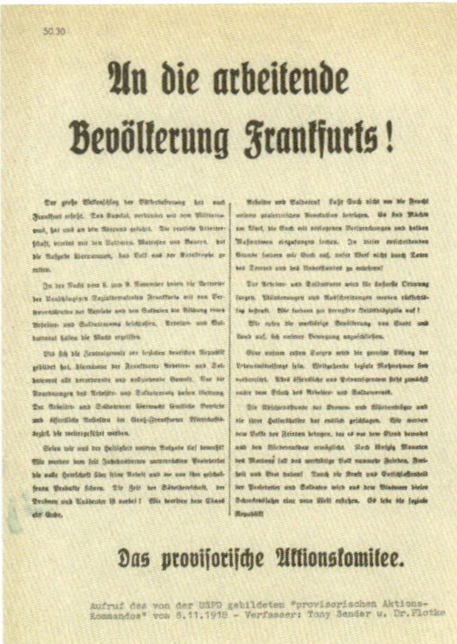

5030

An die arbeitende Bevölkerung Frankfurts!

[illegible]

Das provisorische Aktionskomitee.

Aufruf des von der USPD gebildeten "provisorischen Aktions-Kommandos" vom 8.11.1918 - Verfasser: Tony Sender u. Dr. Plotke

Abb. 14–16: An die arbeitende Bevölkerung Frankfurts![35] – „Die Deutsche Sozialistische Revolution grüsst Euch. Die alten Gewalten sind durch die Revolution des schaffenden Volkes gestürzt. Künftig seid Ihr Herr der Geschicke"[36] – Maschinengewehrposten sichert den Zugang zum Hauptquartier des Soldatenrates vor dem Hauptportal des Frankfurter Hofes[37]

sozialen Unterschichten auf den Feldern Arbeit, Wohnen, Gesundheit, Erziehung und Selbsthilfe sowie Linderung der materiellen Not."[40]

Der Gedanke eines nachhaltigen Beitrags zur Lösung der sozialen Frage und der Verbesserung der Lebenssituationen der Armen und der Arbeiter bildete für ihn auch den zentralen Grund für seine Vorschläge zur Gründung einer *Akademie für Sozial- und Handelswissenschaften* und mit ihr für den zentralen Beitrag, den er zur Gründung der Frankfurter Universität geleistet hatte, indem er nicht nur für die materielle und organisatorische Fundierung sorgte, sondern auch darauf drängte, dass sie neben den Naturwissenschaften besonders ein Ort der modernen Sozialwissenschaften werden solle.[41] Dass er sich damit durchsetzte, zeigt bereits der Umstand, dass das *Institut für Gemeinwohl* nicht nur eine der größten Einrichtungen dieser Art in Deutschland war, sondern Merton auch durchsetzte, ihm den gesamten Westflügel des 1907 errichteten Vorlesungsgebäudes der Akademie und dann der Universität, für sein Institut zu reservieren.

Die Gesellschaft für Handel, Industrie und Wissenschaft ist ihm auf dieses Feld gefolgt, indem ihr erster Präsident, Karl Kotzenberg, einen Lehrstuhl für Soziologie stiftete, der mit dem jüdischen Gelehrten Franz Oppenheimer besetzt wurde. Wie so viele musste Oppenheimer nach 1933 emigrieren

Abb. 17: Wilhelm Merton. Reproduktion eines Gemäldes von Julius Hülsen, gemalt von Heinz Saalig (Ausschnitt) 1954[38]

Mit seinen sozialpolitischen Bestrebungen genoss der Frankfurter Konzernlenker Wilhelm Merton weit über Frankfurt hinaus hohes Ansehen: „Wilhelm Merton gehörte zu der Zahl der großen wirtschaftlichen Schöpfer des neuen Deutschland. Auch abgesehen von einer ungewöhnlichen Tüchtigkeit, die ihn dazu befähigte, den deutschen Metallhandel durch günstige Regelung seiner überseeischen Interessen in neue Bahnen zu lenken, war er eine Persönlichkeit von bestechender Originalität. Der Flug seiner Phantasie kannte keine Grenzen. Mochten aber seine geschäftlichen Pläne, wenn er über sie sprach, manchmal auch noch so abenteuerlich erscheinen, in der Durchführung blieb er von einem unerschütterlichen Realismus. Merton war einer der Philanthropen großen Stils, die Deutschland in jenem Zeitabschnitt hervorgebracht hat."[39]

und verstarb 1943 in den USA. Kein Geringerer als Ludwig Erhard, beteiligt an der Wiederbegründung der Gesellschaft nach 1945, hat ihm in nur wenigen Sätzen ein Denkmal gesetzt: „Ich denke auch noch mit Wehmut und Trauer an den Abschied. Er hatte Tränen in den Augen, als er sagte: ‚Nun muß ich mein Vaterland verlassen.' Denn er fühlte sich als Deutscher. Er verkörperte im reinsten und edelsten Sinne deutschen Geist und deutsche Kultur. Seinem Andenken sei darum für heute und immerdar Dank und Ehre!"[42]

Abb. 18: Oberbürgermeister Voigt fügt sich dem Matrosenführer Stickelmann, Karikatur von Lino Salini, 1919.[44] Die Karikatur erschien auch als: Stickelmann befiehlt Oberbürgermeister Voigt die rote Fahne auf dem Römer aufzuziehen[45]

Die gedachten und institutionalisierten Maßnahmen zur Stärkung der inneren Konstitution der bürgerlichen Gesellschaft erschienen der Krisenzeit von Krieg und Revolution nicht standzuhalten. Auch die Annäherung zwischen Liberalen und Sozialdemokratie, die gerade in Frankfurt bereits vor dem Ersten Weltkrieg einiges an Zusammenarbeit bewirkt hatte – wofür neben dem Namen Merton auch andere Persönlichkeiten wie Heinrich Rößler oder Charles Hallgarten standen –, drohte bereits im ersten Anlauf der Novemberrevolution in der Stadt mit ihrem sprichwörtlich liberalen Klima zu scheitern.[43] Bereits im Januar und März 1918 war es in den Metallbetrieben in Frankfurt zu Protesten und Streiks gekommen. Im Sommer – als Heilbrunn seine Denkschrift unterbreitete – folgten Versammlungen und Resolutionen, in denen eine grundsätzliche Reform der Verfassung des Kaiserreichs gefordert wurde. Als Folge der Novemberrevolution tagte schließlich der Magistrat in Frankfurt einige Wochen lang unter den Bajonetten des Arbeiter- und Soldatenrats.

Ein Rätesystem konnte in Frankfurt zwar ebenso wenig wie auf nationaler Ebene durchgesetzt werden, aber die politischen Auseinandersetzungen darum trugen doch dazu bei, dass es zu einer deutlichen Verschiebung in der politischen Ausrichtung der städtischen Gremien kam. Insofern verursachte die Novemberrevolution von 1918 doch einen tiefgreifenden Wandel und verhalf auch in Frankfurt einem neuen politischen Bündnis zum Durchbruch. Hatten die liberalen Parteien in den vier Jahrzehnten vor dem Krieg immer über eine komfortable Mehrheit in den politischen Gremien der Stadt, also dem Magistrat sowie der Stadtverordnetenversammlung verfügt, so führte nun kein Weg mehr an der Beteiligung der Sozialdemokratie vorbei und kurz danach auch zur Beteiligung des Zentrums, das es im Kaiserreich in Frankfurt noch gar nicht gegeben hatte.

Das zeigte sich deutlich bei den Frankfurter Wahlergebnissen zu Nationalversammlung und Reichstag sowie zum Landtag und den beiden Kommunalwahlen zwischen Januar 1919 und Oktober 1924. Gab es anfangs bei der Wahl zur Nationalversammlung in Frankfurt noch eine kleine absolute Mehrheit von MSPD (45,6 Prozent) und USPD (4,5 Prozent), so sah dies bei der folgenden Reichstagswahl nur wenige Monate später – nach dem Putschversuch und den folgenden kriegerischen Auseinandersetzungen – bereits anders aus. Die Mehrheit der beiden Arbeiterparteien zerrann unter dem Eindruck der blutigen Kämpfe im vormaligen Reich in kurzer Zeit. Es gab danach nie mehr eine Mehrheit für die Arbeiterparteien links von der bürgerlichen Demokratie. Neu war für Frankfurt, dass es nach 1919 mit den Deutschnationalen und dem Zentrum zwei weitere Parteien gab, die im Kaiserreich nicht in der Frankfurter Stadtverordnetenversammlung präsent gewesen waren. Beim Zentrum, das im Gegensatz zu den Deutschnationalen die Weimarer Republik mittrug, spielte Friedrich Dessauer eine wichtige Rolle, der sich später auch in der Gesellschaft einen Namen machte.[46]

Dennoch kam es in der langen Linie zu einem Linksrutsch, und zwar von den einst den Magistrat für ein halbes Jahrhundert dominierenden Nationalliberalen hin zu einem Bündnis aus Sozialdemokratie und Linksliberalen und dann, ab 1924 zu einer um das Zentrum und die DVP erweiterten Koalition, die ziemlich genau der Konstellation entsprach, die auch in der Republik insgesamt den Ton angab. Doch im

Gegensatz zur Republik galt dies nicht von Anfang an, sondern SPD und DDP besaßen anfangs alleine eine komfortable Mehrheit von 72,7 Prozent. Also drei Viertel der Wähler wählten in der Wahl vom 2. März 1919 eine sozial-liberal ausgerichtete Stadtregierung und damit gelang es, den zu den Linksliberalen gewechselten Georg Voigt im Amt zu bestätigen. Aber die Mehrheit der republikfreundlichen Kräfte war nach den Zumutungen der prekären Zeit bis 1924 auf 46,1 geschrumpft und bedurfte deshalb des Zuspruchs der anfangs monarchistischen DVP, um mit dem Zentrum auf eine Mehrheit von 54,2 Prozent zu kommen. Damit gelang es den vier Parteien in der Wahl vom 2. Oktober 1924 als Nachfolger Voigts den ebenfalls linksliberalen Ludwig Landmann als Oberbürgermeister durchzusetzen. Nach beiden Wahlen wurden zugleich die Sozialdemokraten in die Kommunalpolitik eingebunden und als Zeichen dafür der Arbeitersekretär des Gewerkschaftskartells Eduard Gräf zum Bürgermeister gewählt. Das war vor dem Hintergrund der fast ein halbes Jahrhundert dauernden politischen Isolierung der SPD ein durchaus bedeutender Vorgang und zeigt, wie dramatisch die Umbrüche damals waren.[47] Gleichzeitig gelang es, die radikalen Kräfte sowohl auf der rechten wie linken Seite außen vor zu lassen und eine klare Mehrheit für einen republiktreuen und auf den Ausbau der Demokratie bedachten Magistrat einzurichten, der sich neben der wirtschaftlichen Entfaltung der Stadt auch dem in der Weimarer Verfassung verankerten Ausbau der sozialen Systeme verschrieb.

Das war in groben Zügen die Zeit, in der die Frankfurter Gesellschaft entstand. Sie unterschied sich gravierend von den Bedingungen, unter denen die Deutsche Gesellschaft 1914 entstanden war. Es ist deutlich geworden: Die neue Zeit erforderte neue Antworten. Revolution und Versuche eines radikalen Systemwechsels sowie Stabilisierung in einer demokratischen Republik, in der sich Liberale und Sozialdemokraten bemühten, Ruhe und eine reformierte soziale Ordnung zu etablieren, waren also die Rahmenbedingungen unter denen im Sommer 1919, ziemlich genau ein Jahr nach dem Vorstoß von Ludwig Heilbrunn, erneut ein Kreis von Frankfurtern die Initiative ergriff, um zur politischen Stabilisierung des bürgerlichen Lebensmilieus beizutragen.

Karl Kotzenberg und die Gründung der Frankfurter Gesellschaft für Handel, Industrie und Wissenschaft

Damals, am 22. August 1919, also wenige Monate nach Kriegsende, Revolution und Republikgründung sowie nur wenige Wochen nach den blutigen Kämpfen in Berlin, also mitten in der bis dahin tiefsten Krise der bürgerlichen Gesellschaft in Deutschland, trafen sich die beiden Bankiers Simon Moritz Baron von Bethmann und Oscar Oppenheimer, der Medizinprofessor Carl von Noorden sowie der Vizepräsident der Handelskammer Karl Kotzenberg und gründeten zusammen mit Ludwig Heilbrunn ein Komitee. Alle fünf standen, abgesehen von Kotzenberg, politisch gesehen eher rechts vom gerade bestätigten linksliberalen Oberbürgermeister und gingen in einem ersten Schritt auf die wenige Wochen zuvor etablierte neue linksliberal und sozialdemokratisch geprägte Stadtregierung zu. Das war der erste Sprung in die neue Zeit.

Was lässt sich zu den Mitgliedern dieses Komitees sagen? Fangen wir mit Karl Kotzenberg, dem späteren ersten Präsidenten der Gesellschaft, an. Kotzenberg verfügte über ein weit verzweigtes Netzwerk an Kontakten und war eng mit dem gesellschaftlichen Leben der Stadt verflochten. Er wurde am 1. April 1866 in der damals gerade noch Freien Stadt Frankfurt am Main geboren. Sein Vater ermöglichte ihm eine gründliche kaufmännische Ausbildung, die, wie damals üblich, zum größten Teil im Ausland stattfand, so etwa in St. Etienne, Madrid und New York. Nach Abschluss der Kaufmannslehre trat er als „Reisender", das heißt als Handelsvertreter für Seidentextilien, in die traditionsreiche Frankfurter Firma Gebrüder Passavant ein, wie es sein Vater 40 Jahre vor ihm auch getan hatte, und wurde Anfang der 1890er Jahre in noch recht jungen Jahren ihr Teilhaber.

Die Geschäfte gingen ihm gut von der Hand und deshalb, bald wohlhabend, standen ihm die Türen des Gesellschaftslebens der Stadt offen, umso mehr, weil er sich als großzügiger Stifter und Mäzen einen Namen machte, wobei ihm das Kapital seines Schwiegervaters, des Bankiers Jean Andreae, sehr zustattenkam.[48] Er förderte vor und nach dem Krieg zahlreiche Museen, Stiftungen, Vereine und Künstler, „wirkte",

Abb. 19–21: Konsul Karl Kotzenberg (1866–1940)[50] – Die Villa von Karl Kotzenberg. Die „Kotzenburg" in der Viktoriaallee – heute Senckenberganlage 26[51] – Das Grab von Anna und Karl Kotzenberg auf dem Hauptfriedhof in Frankfurt am Main. Aufnahme vom 1. August 2016[52]

wie Sabine Hock und Andreas Hansert in ihren Beiträgen zu Kotzenberg hervorheben, „in der Administration des Städelschen Kunstinstituts, im Vorstand des Physikalischen Vereins und im Verwaltungsausschuss des Freien Deutschen Hochstifts". Dem Ausschuss für Volksvorlesungen ermöglichte er den Kauf des Hauses des Kaufmännischen Vereins, aus dem später das Volksbildungsheim am Eschenheimer Turm hervorging. Er hat auch die Gründung der Frankfurter Universität unterstützt und ihr den ersten Lehrstuhl für Soziologie gestiftet, der wie erwähnt an Franz Oppenheimer vergeben wurde. Er erfüllte damit zugleich ein Anliegen Wilhelm Mertons, dessen weitsichtiges Engagement für die Universität insbesondere diesen Zweig der Wissenschaften betraf. Seine Reputation verhalf ihm auch zum Amt des Vorsitzenden des 1909 gegründeten Reit- und Fahrclubs und so traf er sich nicht selten zu informellen Gesprächen vor den Toren der Stadt auf dem Rücken eines seiner Pferde.[49]

Nach dem Ersten Weltkrieg verdiente sich Kotzenberg große Meriten beim Wiederaufbau der durch den Krieg abgebrochenen Außenhandelsverbindungen, hatte die Ehre, als ehrenamtlicher Mitarbeiter im Reichswirtschaftsrat tätig zu werden, und führte in diesem Zusammenhang im Rahmen der *Deutsch-Französischen Handelskommission* schwierige Gespräche zwischen Siegern und Besiegten. Er gründete in Frankfurt darüber hinaus die *Deutsch-Türkische Handelskammer* und hatte es auch hier mit dem Neuaufbau eines Staates zu tun, der aus der von den Siegermächten übriggelassenen Konkursmasse des Osmanischen Reiches hervorging. Kotzenberg vertrat die *Deutsche Demokratische Partei* zudem von 1919 bis 1928 in der Stadtverordnetenversammlung. Zugleich galt sein besonderes Augenmerk als Vizepräsident der Industrie- und Handelskammer der Wiederbelebung der Frankfurter Messe und dem zivilen Flugverkehr, was ihn später mit dem Oberbürgermeister und Parteikollegen Ludwig Landmann sehr eng verband, der sich mit dem Bau des Flughafens Rebstock wegweisend um den Anschluss Frankfurts an dieses neue Medium des Verkehrs eingesetzt hatte. Kotzenberg saß in zahlreichen Kommissionen für den Luftverkehr und wurde später für seine Verdienste um die Fliegerei von der Technischen Hochschule Darmstadt mit der Ehrendoktorwürde ausgezeichnet. Die

Leidenschaft für die Fliegerei entdeckte er bei den Andreaes. Sowohl der Großvater seiner Frau wie auch sein Schwiegervater, also Jean Andreae-Passavant wie auch Johann Valentin Oscar gen. Jean Andreae teilten die Begeisterung für die aufkommende Fliegerei und saßen im Vorstand des Frankfurter Vereins für Luftschifffahrt.[53]

Für Frankfurt ging es dabei um nicht weniger als ein Substitut für die von Oberbürgermeister Franz Adickes projektierten und gescheiterten Pläne, Frankfurt zu einem Knoten der Binnenschifffahrt in Europa auszubauen. Mit einigen kriegsbedingten Umwegen waren Kotzenberg und Landmann viel weitsichtiger und erfolgreicher als Adickes, der mit dem einzigen von ihm initiierten Verkehrsinfrastrukturprojekt erfolglos blieb und dabei auch noch den Ausbau der Eisenbahninfrastruktur vernachlässigt hatte. So fehlte ein Konzept für die Verkehrsbedürfnisse einer in die Fläche wachsenden Stadt. Erfolgreiche Varianten hatte Berlin bereits ein halbes Jahrhundert zuvor entwickelt und bereits 1880 eine Stadt- und Ringbahn fertiggestellt, die nicht nur den Radialverkehr bediente, sondern auch den Querverkehr zwischen den Stadtteilen.[54]

Auch hatte er keine Vorstellung von den Mobilitätspotentialen des Automobils, trotz der Automobilfabriken in und vor der Stadt. Das war ein weiteres Feld, auf dem Landmann mit Unterstützung von Kotzenberg „Weichen stellte", indem er dem Beitritt der Stadt zum Verein HAFRABA zum Bau von Autobahnen, der am 6. November 1926 in der Geschlechterstube des Frankfurter Rathauses gegründet worden war, schon eine Woche später, am 15. November 1926, zustimmte. Im Februar 1927 fand eine entscheidende Sitzung dieses Vereins, in der über den Verlauf der Autobahnlinie Hamburg – Frankfurt – Basel gesprochen wurde, in der Villa Bonn statt, dem damaligen wie heutigen Sitz der Frankfurter Gesellschaft.[55] Zu den Planungen des Vereins gehörte insbesondere auch das Projekt einer kreuzungsfreien Verbindung zweier zentraler Strecken von Nord nach Süd und von West nach Ost. Das daraus hervorgegangene Frankfurter Kreuz ist später genauso wie der Flughafen schnell als ein neues Identitätsmerkmal der Stadt anerkannt worden.[56]

Obwohl bereits in schweren wirtschaftlichen Nöten, engagierte sich Kotzenberg Ende der 1920er Jahre noch für die Berufung des Völkerkundlers Leo Frobenius, der Jahre zuvor zusammen mit Oswald Spengler, einem wichtigen Ideengeber der konservativen Revolution, das Institut für Kulturmorphologie gegründet hatte. Diese Einrichtung, heute Frobenius-Institut, wurde 1925 mit ihren umfangreichen Sammlungen von der Stadt Frankfurt erworben. 1932 gelang dann die von Kotzenberg unterstützte Honorarprofessur von Frobenius an der Frankfurter Universität, der 1934 in der NS-Zeit die Leitung des Völkermuseums übernahm.[57] Sein eigener wirtschaftlicher Erfolg endete hingegen abrupt Ende der zwanziger Jahre. Er hatte 1921 zwangsweise Gebr. Passavant verlassen, weil das Unternehmen liquidiert wurde, und übernahm die Import- und Exportfirma M. Andreae & Co. aus der Familie seiner Frau. Diese geriet jedoch kurz darauf in die Turbulenzen der Weltwirtschaftskrise und musste Konkurs anmelden. Kotzenbergs Nachlass im Institut für Stadtgeschichte enthält beklemmende Zeugnisse über die persönlichen Schwierigkeiten, die für Kotzenberg daraus resultierten. Er verlor sein gesamtes Vermögen und es verblieb ihm „nur noch eine knapp bemessene Ehrenrente, die ihm die Stadt Frankfurt, die Handelskammer und die Universität zukommen ließen".[58] Danach wurde es still um den Initiator vieler Projekte und Einrichtungen, zumal er nach 1933 als Demokrat in scharfen Gegensatz zu den nationalsozialistischen Machthabern geriet.

Bei diesem Sturz aus einer hochgeachteten gesellschaftlichen Stellung schmerzte ihn am meisten der Verlust seines Hauses an der Senckenberganlage, in direkter Nachbarschaft der Universität. Er hatte sich die Villa am Beginn des Jahrhunderts von dem Architekten Ludwig Neher nach dem Vorbild der Wartburg bauen lassen. Der Volksmund machte daraus wegen der Türmchen und romanischen Bögen in Anspielung auf seinen Namen schnell die „Kotzenburg". Die Innenausstattung überließ er Künstlern und Kunsthandwerkern, weil der Ort für ihn ein Gesamtkunstwerk bilden sollte – allerdings nach dem Zeitgeschmack eines Wagnerianers.[59] Das Haus, das der Architekt Hans Reimann in Unkenntnis seiner historischen Bezüge „das scheußlichste Haus von Frankfurt" nannte, fiel 1944 dem Bombenkrieg zum Opfer.[60]

Abb. 22: Das 1924 fertiggestellte Institut für Sozialforschung von Franz Roeckle, das im Krieg zerstört wurde[61]

„Das 1924 fertiggestellte Institut für Sozialforschung sollte sein letzter bedeutender Bau für jüdische Auftraggeber werden. Roeckle war auf zweifache Weise in die theoretischen und praktischen Bemühungen Frankfurts zur Lösung sozialer Probleme involviert: Mit dem Bau des Frankfurter Instituts für Sozialforschung konzipierte er eine neuartige gesellschaftswissenschaftliche Forschungsstätte; kurz danach zeichnete er im Umkreis des Neuen Frankfurt unter Ernst May für einige grosse Siedlungen des sozialen Wohnungsbaus verantwortlich. Neben der Westend-Synagoge und dem Institut für Sozialforschung bildete insbesondere die zwischen 1927 und 1930 errichtete Siedlung Riedhof West (Heimatsiedlung) eine wesentliche Station seines Werks."[62]

An seiner Stelle errichtete die Universität dann den Neubau für das Institut für Sozialforschung, dessen Gebäude auf dem Campus in Bockenheim ebenfalls zerstört worden war. Das hatte, auch wenn die Entscheidungsträger davon vermutlich keine Kenntnis hatten, einen symbolträchtigen Bezug. Denn es war Kotzenberg gewesen, der führende Mitglieder der „Frankfurter Schule", die das Institut hervorbrachte, als Mitglieder für die Gesellschaft geworben hatte, darunter den Gründer Karl Grünberg, Friedrich Pollock, auf den wir noch mehrmals zurückkommen werden, und Max Horkheimer, der mit Theodor W. Adorno die Sozialphilosophie der Schule prägte. Diese trafen in der Gesellschaft mit Alfred und Richard Merton, den Kindern Wilhelm Mertons zusammen, die das Institut für Gemeinwohl verwalteten, dessen programmatischer Auftrag nicht allzuweit von den Forschungszielen des Instituts für Sozialforschung entfernt lag. Die Personenkreise der drei dicht beieinanderliegenden Orte kamen in der Gesellschaft zusammen und genau das war die Idee der Initiative von Kotzenberg und Voigt und der anderen. Kotzenberg hat Zerstörung und Neubau nicht mehr erlebt. Verarmt starb der Frankfurter Mäzen am 20. Oktober 1940. Er hatte jedoch dafür gesorgt, dass er nicht ganz in Vergessenheit geriet, indem er sich mit seiner Grabstätte selbst ein Denkmal gesetzt hat. Es erinnert an seine besseren Zeiten, als er machtvoll viele Dinge für die Stadt und ihre Bürger in Bewegung gesetzt hatte.[63]

Abb. 23: Oberbürgermeister Georg Voigt (1866–1927)[64]

Es war Kotzenberg, der auf seinen Parteifreund Georg Voigt zuging. Voigt, Sohn eines Hotelbesitzers, studierte in den 1880er Jahren Jura in Breslau, Berlin und Königsberg.[65] Er sammelte danach berufliche Erfahrungen als besoldeter Stadtrat beim Magistrat von Danzig, bevor 1899 sein Aufstieg als Bürgermeister in Rixdorf und Oberbürgermeister von Barmen begann. Barmen bildete wiederum das Sprungbrett für seine Kandidatur um die Nachfolge des erblindeten Franz Adickes in Frankfurt. Er gehörte damals dem linken Flügel der Nationalliberalen Partei an. Nach der Novemberrevolution und der Neuordnung der Parteien trat er 1918 wie Kotzenberg der DDP bei. In seine Frankfurter

Amtszeit von 1912 bis 1924 fielen drei große Herausforderungen, in denen er sein Können unter Beweis stellen musste. Das waren erstens die kritische Versorgungslage der Bevölkerung während des Ersten Weltkrieges, zweitens die revolutionären Unruhen in Frankfurt im November 1918 und sodann der Verlust des Stiftungsvermögens der Universität in der Inflation von 1923. In diesem Zusammenhang setzte er sich dafür ein, die Stadt in die Pflicht zu nehmen, damit die Universität erhalten blieb. Dabei wurde er von der sozialdemokratischen Regierung in Preußen maßgeblich unterstützt, wofür allerdings im Gegenzug der Einrichtung einer *Akademie der Arbeit* zugestimmt werden musste, an der künftig Gewerkschaftsfunktionäre ausgebildet werden sollten. Sie ist tatsächlich 1921 eingerichtet worden und existiert noch heute unter dem Namen *Europäische Akademie der Arbeit* in der Universität Frankfurt am Main und auch diese Gründung ist eng mit der Gesellschaft für Handel, Industrie und Wissenschaft verknüpft, denn Konzeption und Leitung gingen auf Professor Hugo Sinzheimer zurück, „ein eifriges und viel über diese Probleme diskutierendes Mitglied unserer Gesellschaft", der Deutschland nach 1933 ebenfalls verlassen musste. Heinrich Cobet hat ihn später in seinem Exil in Minervalaan in Amsterdam besucht und in seinem Vortrag zum 50-jährigen Jubiläum der Gesellschaft auf diese Zeit zurückblickend gesagt: „Ich erinnere mich deutlich an diese Unterhaltung in einer für Hugo Sinzheimer wie für unser Land tragischen Situation."[66]

Voigt gelang es als Verwaltungsfachmann, die Stadt und die städtischen Betriebe erfolgreich durch alle Krisen der Kriegs- und Nachkriegsjahre zu lotsen. Es fehlten ihm jedoch überzeugende Konzepte für die Entwicklung der Stadt nach dem Krieg sowie die Entschlossenheit, neue Aufgaben anzupacken, um die in der Revolution zutage getretenen Spannungen abzubauen, und das ging nur mit Sozialreformen in einer völlig neuen Dimension. Ihm misslang deshalb nach den Kommunalwahlen vom 2. Oktober 1924 eine Wiederwahl im Stadtparlament, nachdem seine zwölfjährige Amtszeit abgelaufen war. Die Wahl selbst entschied sein Wirtschaftsdezernent und Parteifreund Ludwig Landmann für sich. Voigt konnte sich rasch trösten. Nur sechs Wochen später glückte ihm die Wahl zum Oberbürgermeister von Marburg, wo er seine drei letzten Lebensjahre verbrachte. Es blieben seine Verdienste um die Erhaltung der Frankfurter Universität, weshalb ihm kurz vor seiner Abwahl die Universität am 24. März 1924 die Ehrendoktorwürde verlieh. Zur Verabschiedung erhielt er zudem am 6. Dezember 1924 die Silberne Ehrenplakette der Stadt Frankfurt am Main.[67]

Abb. 24: Vision vom fertigen Industriegebiet Ost in Verbindung mit dem Bau des Frankfurter Osthafens. Frankfurter Wirtschaftswerbung von 1914 mit einer Fotomontage des gedachten Ausbaus und mit der ursprünglich geplanten Brücke über Hafenausfahrt und Main[68]

Eine bleibende Erinnerung sind dazu seine Verdienste um die Gründung der Gesellschaft und hier stand er wiederum in einem engen, nicht nur dienstlichen Kontakt mit Ludwig Heilbrunn, der mit dem Abschluss des Versailler Vertrages und der damit verbundenen Festigung der neuen Staatenwelt in Osteuropa dem Scheitern des größten Projekts seiner Laufbahn und überhaupt der Stadt Frankfurt im 19. und frühen 20. Jahrhundert ins Auge blicken musste. Mit den zahlreichen Grenzziehungen und Absonderungen rückte der mit dem Industriegebiet Ost und seinem Osthafen eng verbundene Bau des Rhein-Main-Donaukanals in weite Ferne und damit auch die projektierten Verkehrs- und Handelsräume im Süden wie im Norden. Der Osthafen erreichte nie die ihm zugedachte Bedeutung, die noch 1912 bei der Einweihung des Hafens so enthusiastisch gefeiert worden war. Die

Stadt musste sich umorientieren, worüber sich auch Kotzenberg, aber weniger Voigt im Klaren waren. Schritte in diese Richtung gelangen erst dem Nachfolger Voigts, Ludwig Landmann.

Abb. 25: Bankhaus Gebr. Bethmann[69]

Alle drei kamen bei einer projektierten Gesellschaft, die den Handel und die Industrie gleichermaßen einschließen sollte, um das Bankgewerbe nicht herum und mit den Banken nicht um den Vorsteher des seit 1748 bestehenden Bankhauses Gebr. Bethmann, Simon Moritz Freiherr von Bethmann. Die Firma Gebrüder Bethmann konzertrierte sich im 18. Jahrhundert auf den Handel mit Kolonialwaren, Textilien und Farben und hielt bis in die zweite Hälfte des 19. Jahrhunderts am Warenhandel fest. Doch fanden die beiden Kaufleute, die das Unternehmen führten, schon zur Mitte des 18. Jahrhunderts im Anleihehandel ein zweites Standbein. Die große Innovation, die von den Gebrüdern Bethmann auf dem Finanzmarkt etabliert wurde, war die Partialobligation, also die Aufteilung einer Anleihe in Einzelschuldverschreibungen. Auf diese Weise konnten große Summen an Staaten geliehen werden, die das Vermögen eines einzelnen Geldgebers bei Weitem überstiegen. Rasch stieg das Bankhaus zum ersten Institut vor Ort auf, eine Stellung, die erst von M.A. Rothschild Söhne in Frage gestellt wurde, und von denen dann Gebr. Bethmann nach und nach auf diesem Markt beiseitegedrängt wurden. Das war einer der Gründe, weshalb sich das mittlerweile hundertjährige Bankhaus ab der Mitte des 19. Jahrhunderts zunehmend auf Industrieanleihen konzentrierte und mit der Finanzierung von Eisenbahnen neue Maßstäbe setzte. Selbstredend beteiligte sich das Bankhaus damals auch an der Gründung der Frankfurter Bank, der ersten Aktienbank in Frankfurt. Überaus erfolgreich agierte das Bankhaus auch im Bereich der Vermögensverwaltung und nannte unter seinen Kunden Kaiser und selbst den Papst. Nach dem Ersten Weltkrieg standen erneut Umbrüche an, so die Fortentwicklung des Bankhauses von einer Spezialbank für Wertpapieremissionen und Vermögensverwaltung zu einer allgemeinen Geschäftsbank. Das war die Zeit, in der Simon Moritz Freiherr von Bethmann zusammen mit den vier anderen die Frankfurter Gesellschaft aus der Taufe hob.

Simon Moritz Freiherr von Bethmann, der mit Maximiliane Gräfin Schimmelpenninck verheiratet war, der Erbin von Schloss Schönstadt im Landkreis Marburg-Biedenkopf in Hessen, führte das Bankhaus – durch den Ersten Weltkrieg bedingt – in unsicheren Zeiten, in denen Reputation, Tradition und eine fast 200-jährige Zugehörigkeit zur Elite oder besser führenden Familien der Stadt keine Garantie mehr auf die Zukunft gaben.[70] Selbstredend war er Mitglied zahlreicher Wirtschaftsgremien. Dazu gehörte die Präsidentschaft der Frankfurter Börse, der Vorsitz im Aufsichtsrat der Frankfurter Bank, die Position eines stellvertretenden Landesobmanns der Banken in Hessen, eine Mitgliedschaft im Vorstand der Privatbankiers in Hessen und im Regierungsbezirk Berlin sowie eine Mitgliedschaft in der Wirtschaftskammer Hessen.[71] Aber diese Positionen gewährten in einer Zeit, in der Geschäftsfelder wegbrachen und neue erst etabliert werden mussten, in der sich Erfolge mit Misserfolgen paarten, nur noch bedingt Schutz vor Verlusten im Geschäft. Umso wichtiger wurde der umfangreiche Grundbesitz der Familie in weiten Teilen der

Stadt. Er diente als Sicherheit für das zunehmend unberechenbar werdende Bankgeschäft und half über manche kritische Phase hinweg.

Seine politische Heimat war der nationale Liberalismus mit großer Sympathie auch für die Freikonservativen. Mit Kotzenberg verband ihn deshalb nicht die politische Gesinnung, aber die Mitgliedschaft im Reit- und Fahrverein und damit die Vorliebe für den Reitsport.[72] Im Gegensatz zu Kotzenberg hatte es Bethmann darüber hinaus auch die militärische Seite des Vereins angetan und er nahm als Reserveoffizier der Kavallerie gerne an militärischen Übungen teil, wie ihn überhaupt die Welt des Militärs anzog.

Abb. 26: Prof. Carl von Noorden[76]

Mit Bethmann kam wirtschaftliches Gewicht in die Gruppe der Initiatoren, das von dem Bankier und Kaufmann Oscar Franklin Oppenheimer noch erhöht wurde.[73] Am 11. Juli 1868 in Frankfurt als Sohn des Kursmaklers Moritz Oppenheimer und Johanna Rothschild Oppenheimers geboren, absolvierte er nach der Schule eine Banklehre und firmierte ab 1896 als Teilhaber der Bankfirma seines Bruders Lincoln Menny Oppenheimer in Frankfurt am Main. Kurz vor Ausbruch des Ersten Weltkriegs stieg er 1913 zum Seniorchef auf und musste das Unternehmen durch schwierige Zeiten führen. Oppenheimer gehörte 1919 zu den Beratern der deutschen Delegation bei den Verhandlungen um den Versailler Vertrag, so wie auch Richard Merton, ein anderes Mitglied der Gesellschaft. Schon ein Jahr zuvor trat er der *Industrie- und Handelskammer Frankfurt-Hanau* bei. In den Wahlen des Börsenvorstandes im Jahre 1926 wurde Oscar Franklin Oppenheimer zum Vorsitzenden der Abteilung Wertpapierbörse gewählt und damit gleichzeitig zum Vorsitzenden des Gesamtbörsenvorstandes, eine Position, die auch Bethmann innegehabt hatte. Sein Stellvertreter war Otto Hauck, ebenfalls Mitglied der Gesellschaft.[74] Er wirkte zudem ganz ähnlich wie Bethmann als Mitglied des *Zentralausschusses der Reichsbank* und des *Zentralverbandes des Deutschen Bank- und Bankiersgewerbes* mit Sitz in Berlin. Er saß im Aufsichtsrat wichtiger Banken, so der *Frankfurter Bank*, der *Frankfurter Hypothekenbank* oder der *Rheinisch-Westfälischen Bodencreditbank*. 1926 erhielt er die Ehrenbürgerwürde der Stadt Frankfurt, die ihn nicht vor antisemitischer Verfolgung schützte. Es blieb Oscar Franklin Oppenheimer nicht erspart, Deutschland nach der nationalsozialistischen Machtergreifung verlassen zu müssen. Er emigrierte nach London, wo er am 22. Januar 1945 kurz vor Kriegsende verstarb.[75]

Zu den Initiatoren gehörte weiterhin Carl Harko Johannes Hermann von Noorden, auch schlicht Carl von Noorden. Er war Internist und Diabetologe und dabei Mediziner in kommunalen Diensten und gleichzeitig Direktor einer Privatklinik. Er wurde am 13. September 1858 in Bonn geboren und erlebte wie Oppenheimer mit seinem Tod am 26. Oktober 1944 in Wien das Ende des Zweiten Weltkriegs nicht mehr. Carl war der Sohn des Historikers Carl von Noorden und dessen in England geborener Ehefrau Elizabeth Fanny Lavino. In seiner Schulausbildung an wechselnden Orten spiegelt sich der akademische Lauf seines Vaters mit Professuren in Bonn, Greifswald, Marburg und Tübingen. Nach dem Abitur zog es ihn nicht zu den historischen Fächern seines Vaters, sondern zur Jurisprudenz, Philosophie und Mathematik, an denen er sich erprobte, aber dann doch den Weg zu einem Chemie- und Medizinstudium einschlug und sich auf Stoffwechselerkrankungen spezialisierte. Es folgten die Promotion und Approbation und wechselnde Stationen im Physiologischen Institut in Kiel, an der Universität Magdeburg und an der Medizinischen Klinik in Gießen. Dort habilitierte er sich am 30. September 1885 für das Fach Innere Medizin mit dem Thema „Über Albuminurie bei gesunden Menschen" und übernahm eine Privatdozentur. Noch im selben Jahr heiratete er Agnes Binz (1863–1917), die Tochter des Medizinhistorikers Carl Binz. Zur Familiengründung kam passend der Ruf an die Charité in Berlin, wo er ein viel rezipiertes Handbuch der Pathologie des Stoffwechsels schrieb. Doch es hielt ihn nicht in der Hauptstadt und nicht in der Beamtenlaufbahn. Er wagte zusammen mit dem Frankfurter Arzt Eduard Lampé die Gründung eines Unternehmens, der Privatklinik für Zuckerkranke und diätetische Kuren. Sie etablierten die Einrichtung im Frankfurter Stadtteil Sachsenhausen. Daraus ging das heutige Krankenhaus Sachsenhausen hervor. Da ihm die Stellung eines Unternehmers alleine aber zu unsicher erschien, bemühte er sich zusätzlich um eine Anstellung als Chefarzt für Innere Medizin am Städtischen Krankenhaus in Frankfurt. Als er und sein Kompagnon sich einigermaßen etabliert hatten, erhielt er 1906 einen Ruf an die Universität Wien als Ordinarius für Innere Medizin, dem er glaubte folgen zu müssen. Doch gab er den Lehrstuhl bereits 1913 wieder auf, um sich ganz seiner Frankfurter Privatklinik und seinem Forschungsthema zu widmen. Es war deshalb kein Zufall, dass er nach der Entdeckung des Insulins und seiner synthetischen Herstellung durch die Kanadier Frederick Banting und Charles Herbert Best im Jahre 1921 einer der ersten Mediziner war, die Insulin in Deutschland als erfolgreiche Behandlung zur Bekämpfung der Diabetes einsetzten.[77] In dieser Position beteiligte er sich als Gründer an der Etablierung der Gesellschaft für Handel, Industrie und Wissenschaft. Er blieb bis 1930, verließ erneut Frankfurt mitten in der Krise, um eine Stellung an den *Wiener Städtischen Krankenanstalten* (Krankenhaus Lainz) anzunehmen, wo er bis zu seinem Tod arbeitete und lehrte.[78]

Von allen Genannten war es Kotzenberg, der erneut die Initiative ergriff. „Es handelt sich", erläuterte er in einem Einladungsschreiben an den Oberbürgermeiser Voigt im August 1919, „um einen Zusammenschluss der für das Frankfurter Wirtschaftsleben maßgebenden Kreise vereint mit den führenden Herren der Wissenschaft".[79] Damit stand er inmitten der Krisenzeit im Mittelpunkt des Geschehens und wirkte als Vermittler und Administrator „im Auftrag verschiedener führender Herren aus dem Frankfurter Wirtschaftsleben". Wenig später verschickte er aus seiner Villa in der Viktoria-Allee Einladungen zu „einer Besprechung", die am „12. September 1919 in den Räumen des Zentralverbandes des Deutschen Grosshandels (...) stattfinden" sollte, und zwar „nachmittags 3 ½ Uhr". Er benutzte hierzu die gleichen Worte wie in seinem Schreiben an Voigt. Dem Kreis gehe es, „um einen Zusammenschluss der für das Frankfurter Wirtschaftsleben maßgebenden Kreise vereint mit den führenden Herren der Wissenschaft".[80]

Nur wenige Tage später folgten weitere Briefe an Interessierte, diesmal aus seinem Büro in seiner Firma Gebrüder Passavant am Roßmarkt 11, und er bat nun einen größeren Kreis „aus Handel, Industrie und Wissenschaft" zu einer Zusammenkunft im kleinen Festsaal des renommierten Frankfurter Hofes, in dem noch wenige Wochen zuvor der Frankfurter Arbeiter- und Soldatenrat sein Quartier aufgeschlagen und mit Maschinengewehren gesichert hatte. Kotzenberg war sich sicher, dass „weiteste Kreise (...) im Interesse unserer Vaterstadt den dringlichsten Wunsch (hegen) einen Treffpunkt zu schaffen, an dem im freien Verkehr persönliche, wirtschaftliche und wissenschaftliche Zusammenkünfte stattfinden können". Das war ganz so wie beinahe 120 Jahre zuvor die Casino-Gesellschaft ihre Notwendigkeit begründet hatte.[81] Bereits im Oktober hatte sich das Vorhaben weiter konkretisiert. Es ging nun nicht mehr nur um eine vage Absicht, sondern definitiv hatte sich der beständig erweiterte Kreis bereits entschieden, „die Frankfurter Gesellschaft für Handel, Industrie u. Wissenschaft ins Leben zu rufen".[82] Damit waren die Würfel gefallen. Doch Kotzenberg fehlte noch ein Aspekt und so setzte er in einem Schreiben an den Magistrat nach: „Frankfurt, der Mittelpunkt des süddeutschen Wirtschaftslebens, und dazu berufen, auch der internationale Treffpunkt für Handel, Industrie u. Wissenschaft zu werden, wird durch die Frankfurter Gesellschaft für Handel, Industrie und Wissenschaft auch den gesellschaftlichen Mittelpunkt schaffen, um alle Glieder des Frankfurter, des deutschen und des internationalen Erwerbslebens zu vereinigen, Aussprachen zu ermöglichen, neue Verbindungen anzuknüpfen und alte zu befestigen."[83] Das schien ihm von zentraler Bedeutung, um dem drohenden Zerfall der bürgerlichen Ordnung entgegenzuwirken. Auffallend ist dabei eine Analogie in Wortwahl und Syntax zur Rede des ersten preußischen Oberbürgermeisters Daniel Heinrich Mumm, später Mumm von Schwarzenstein, die er anlässlich der notwendigen Umorientierung der Stadt im Jahre 1867 vor der Stadtverordnetenversammlung hielt. Damals führte er unter anderem aus: „Frankfurt hat alle Ursache, sich ernstlich zu rühren und in richtiger Erfassung der Lage und der gebotenen Mittel zu streben, einer der Zentralpunkte jenes großen Wel- und Verkehrslebens zu werden, das durch die Anreize, welches es dem Vermögenden bietet, fähig ist, die Vorteile der Freizügigkeit in umfassender und nachhaltiger Weise der Stadt zuzuwenden."[84]

Es sind darüber hinaus drei Dinge, die in den verschiecenen Schreiben zum Vorschein kommen: 1. Der Mut, in der Zeit größter Depression, den Blick nach vorne in die Zukunft zu richten. 2. Der Bezug zur Wissenschaft und mit ihm zu Aufklärung und Rationalität – also das Gegenteil des Irrationalismus, dem sich damals die politische Rechte in der völkischen Bewegung zuwendete. Ganz deutlich nahmen Kotzenberg und Voigt den Bereich der Wissenschaft als Teil des gesellschaftlichen Lebens mit auf und erwiesen damit denjenigen ihre Referenz, die nur wenige Jahre zuvor die jahrhundertelangen kulturellen Bestrebungen der Stadt in einer Universität zusammengefasst hatten und ganz im Gegensatz zu den Hamburgern nicht davor zurückgeschreckt waren, auch die materiellen Mittel und infrastrukturellen Grundlagen dafür bereitzustellen.[85] 3. Zeichnet sich der Vorstoß durch seinen Anspruch auf Internationalität aus, mit der man nach nationalistischen Verblendungen im Krieg wieder an den weltoffenen Geist des Frankfurter Bürgertums, der Freien Stadt mit ihren wirtschaftlichen Verflechtungen in den Weiten des transatlantischen Raums anknüpfen wollte.[86] Damit ging die Frankfurter Gründung weit über den engen Rahmen der Nation hinaus, der bei der Gründung der *Deutschen Gesellschaft 1914* das Maß gewesen war. Sie organisierte sich lokal als „Frankfurter Gesellschaft", vom Ansinnen aber international und handelte damit nach einer sehr modernen Devise: „Think globally act locally".[87]

Für die Bewohner einer Stadt in einem Land, das gerade nach einem vierjährigen Inferno, das in ganz Europa gewütet hatte, vollständig besiegt worden war, das gerade erfahren hatte, welche Landesteile nicht mehr zum Reich gehören sollten, dem alles untersagt wurde, was auch nur annähernd die Fähigkeit eines militärischen Wiedererstarkens ermöglichen könnte, und dass an die Sieger mehrere Generationen lang Schadenersatz in unbekannter Höhe leisten sollte, klingen die Absichten ziemlich mutig und ihrer Zeit voraus. Doch Kotzenberg mit seinen internationalen Erfahrungen war ein Mann, dem dies zuzutrauen war, der dies ja auch bereits praktizierte, und er war damit in Frankfurt bei Weitem nicht alleine.

Ein Who is who der Frankfurter Gesellschaft

Abb. 27: Der Rat der Götter. Gemälde von Hermann Gröber (1865–1935). Vom Rath im Sessel sitzend.

Die einflussreichsten Persönlichkeiten im Aufsichtsrat der 1926 gegründeten IG Farben AG. Sie wurden von den Mitarbeitern „Der Rat der Götter" genannt. Stehend v.l.n.r.: Arthur von Weinberg (Farbwerke Leopold Cassella & Co.), (* 11. August 1860 in Frankfurt am Main; † 20. März 1943 in Theresienstadt); Carl Müller (Badische Anilin und Soda Fabrik Aktiengesellschaft), (* 28. August 1857 in Kaiserslautern; † 23. August 1931 in München); Edmund ter Meer (Chemische Fabriken vorm. Weiler-ter Meer AG), (* 31. Juli 1852 in Krefeld; † 5. November 1931 in Krefeld-Uerdingen); Adolf Haeuser (Farbwerke vorm. Meister Lucius & Brüning AG), (* 26. November 1857 in Weilburg; † 13. März 1938 in Frankfurt am Main); Franz Oppenheim (Actien-Gesellschaft für Anilin-Fabrication), (* 13. Juli 1852 in Charlottenburg; † 13. Februar 1929 in Kairo/Ägypten). Sitzend v.l.n.r.: Theodor Plieninger (Chemische Fabrik Griesheim-Elektron AG), (* 10. April 1856 Stuttgart;

† 13. Januar 1930 Frankfurt am Main); Ernst von Simson (Actien-Gesellschaft für Anilin-Fabrication), (* 7. April 1876 in Berlin; † 7. Dezember 1941 in Oxford); Carl Bosch, Vorstandsvorsitzender (Badische Anilin und Soda Fabrik Aktiengesellschcft), (* 27. August 1874 in Köln; † 26. April 1940 in Heidelberg); Walther vom Rath (Farbwerke vorm. Meister Lucius & Brüning AG), (* 11. September 1857 in Amsterdam; † 2. Februar 1940 in Kronberg im Taunus); Wilhelm Ferdinand Kalle (Chemische Fabrik Kalle & Co.), (* 19. Februar 1870 in Biebrich am Rhein; † 7. September 1954 in Tutzing); Carl von Weinberg (Farbwerke Leopold Cassella & Co.), (* 14. September 1861 in Frankfurt am Main; † 14. März 1943 bei Florenz); Carl Duisberg, Aufsichtsratsvorsitzender (Farbenfabriken vorm. Friedrich Bayer & Co. AG), (* 29. September 1861 in Barmen; † 19. März 1935 in Leverkusen)[88]

Es dauerte noch etwas, bis sich der Kreis der Interessierten gefestigt hatte, dann aber ging es rasch. Im Dezember wurde bereits zur ersten Mitgliederversammlung eingeladen und am 29. Dezember 1919 in den Räumen der Rathschen Villa am Untermainkai 56, dem ersten Sitz der Gesellschaft, die Gründung vollzogen, die Satzung verabschiedet und die Organe der Gesellschaft gewählt.

GROSSER RAT DER GESELLSCHAFT FÜR HANDEL, INDUSTRIE UND WISSENSCHAFT IM JAHRE 1919[89]:

1. Karl Kotzenberg, 2. Dr. Fritz Rössler, 3. Kommerzienrat Simon Bamberger, 4. Richard Merton, 5. Oscar Oppenheimer, 6. Hans von Passavant. 7. Direktor Dr. Mankiewicz, 8. Direktor Alfred von Heyden, 9. Louis Koch, 10. Generaldirektor H. Landsberg, 11. Baurat Dr. Ing. h. c. Wilhelm Köster, 12. Moritz Freiherr von Bethmann, 13. Dr. Paul Stern, 14. Direktor Ludwig Deutsch, 15. Geheimrat Wilhelm von Opel, 16. Paul Hirsch, 17. Professor Dr. Max Pagenstecher, 18. Moritz Oppenheim, 19. Geheimrat Prof. Dr. Richard Wachsmuth, 20. Geheimrat Prof. Dr. Carl von Noorden, 21. Justizrat Dr. Ludwig Heilbrunn, 22. Geheimrat Prof. Dr. Gustav Spiess, 23. Professor Dr. Georg Swarzenski, 24. Kommerzienrat Adolf Haeffner, 25. Justizrat Dr. Alexander Berg

Zu den Organen gehörte als Erstes der oberste Souverän der Gesellschaft, die Mitgliederversammlung. Ihr oblag die Wahl des Großen Ausschusses, der 1919 erstmals gewählt wurde und aus 25 Personen bestand.[90] Ihm gehörten vier Kaufleute, drei Fabrikanten, vier Bankiers, fünf Direktoren großer Firmen, fünf Professoren und vier Justizräte an.[91] Alle fünf Initiatoren wurden gewählt, nur Oberbürgermeister Georg Voigt hatte sich nicht zur Wahl gestellt, so dass als Vertreter der städtischen Verwaltung nur Ludwig Heilbrunn im Ausschuss vertreten war. Die Wirtschaft hat deutlich den Bereich Politik, Wissenschaft und Kunst überflügelt, weil von Letzteren nur Georg Swarzenski vom Städel, die Mediziner Carl von Noorden und Gustav Spiess sowie der Physiker Richard Wachsmuth und der Rechtsgelehrte Max Pagenstecher für die Universität vertreten waren. Dafür waren die bedeutendsten Unternehmen namentlich repräsentiert: Gebr. Passavant (Karl Kotzenberg), Samt- und Seidengroßhandel Passavant (Hans von Passavant), Degussa (Fritz Rössler), Metallgesellschaft (Richard Merton und Alexander Berg), L. M. Oppenheimer (Oscar Oppenheimer), Bankhaus Bamberger (Simon Bamberger[92]), Gebr. Bethmann (Simon Moritz von Bethmann), Opel (Wilhelm von Opel), N. M. Oppenheim Nachf. (Moritz Oppenheim), Hirsch & Comp. (Paul Hirsch), Voigt & Haeffner (Adolf Haeffner), Frankfurter Maschinenbau AG (Wilhelm Köster), Deutsche Bank (Paul Stern) – alles in allem ein nicht unbedeutendes wirtschaftliches Gewicht allein in dieser kleinen Gruppe von 25 Personen oder 20 Prozent der Mitglieder im Jahr der Entstehung 1919.

Der Große Ausschuss wählte aus seiner Mitte für drei Jahre den Vorstand, der sich aus dem Präsidenten, dem Schriftführer, dem Kassierer und ihren Stellvertretern sowie sieben Beisitzern zusammensetzte. Der erste Vorstand bestand aus dem Initiator, Kaufmann und Handelskammervizepräsidenten Karl Kotzenberg als Präsident, sodann Baurat Dr. Ing. e.h. Wilhelm Köster, dem Bankier Simon Moritz Freiherr von Bethmann, den beiden Kaufleuten Oscar Oppenheimer und Hans von Passavant sowie als Vertreter der Universität ihr Rektor Professor Dr. Richard Wachsmuth und dem Generaldirektor des Städel Professor Dr. Georg Swarzenski. Von diesen haben wir Wilhelm Köster, Hans von Passavant, Georg Swarzenski und Richard Wachsmuth noch nicht näher vorgestellt. Mit Köster kam neben dem Kaufmann Kotzenberg und dem Bankier Bethmann erstmals ein Fabrikant in die Führungsgruppe der Gesellschaft.

Abb. 28: Die Frankfurter Maschinenbau Aktiengesellschaft vorm. Pokorny und Wittekind: Lastwagen Donar der FMAG[93]

Der als Baurat bei dem renommierten Unternehmen Pokorny & Wittekind einsteigende E. Wilhelm Köster stieg dort schnell mit seinen Erfindungen im Bereich der Drucklufttechnik auf und mit ihm entwickelte sich die Fabrik um 1900 zu einem Unternehmen von Weltruf. Sie ging 1913 an die Börse und firmierte seitdem unter dem Namen Frankfurter Maschinenbau AG.[94] Die Produkte, einst nur Dampfmaschinen, wurden vielfältiger. Es kamen Kompressoren und sogar Lastkraftwagen hinzu, bis zur Gründung der Gesellschaft eine große Anlage in der Solmsstraße entstanden war, die den Vergleich mit den Adlerwerken von Heinrich Kleyer nicht zu scheuen brauchte.[95] Köster selbst erlangte mit seinen unternehmerischen Erfolgen den Dr. Ing. honoris causa und saß mit einiger Berechtigung im Vorstand der Gesellschaft.

Einen völlig anderen Charakter und Typus des Entscheidungsträgers repräsentierte Hans von Passavant, ein aus einer bekannten Frankfurter Familie stammender Kaufmann, der sich kurz darauf als regionaler Politiker profilierte, um zunehmend sein Leben ganz dem Konservativismus der *Deutschen Nationalen Volkspartei* zu verschreiben und später dem Nationalsozialismus bis in die tiefsten Abgründe seiner völkischen Ideologie zu folgen. Die Passavants bildeten eine traditionsreiche Frankfurter Familie, die im 18. Jahrhundert als hugenottische Flüchtlinge in die Stadt kamen, während sich andere Zweige der Familie in Basel und Genf niederließen. Sie stammten aus der Burg und dem Dorf Passavant-la-Rochère, das im Département Haute-Saône lag. In Anspielung auf dessen Namen hatte sich die Familie ein Motto gegeben und in ihrem Wappen festgehalten: *Passe avant le meilleur*, was in etwa „dem Besseren gehört die Zukunft" bedeutet. Der Frankfurter Zweig der Familie brachte bedeutende Kaufleute und Bankiers aber auch Künstler und Wissenschaftler hervor. Zu nennen sind auch Friedrich Ernst Passavant (1824–1909) und sein Sohn Hermann Passavant (1864–1940), ein Elektroingenieur und Frankfurter Stadtrat, die zusammen Gebrüder Passavant aus der Taufe gehoben und das Unternehmen bereits in der Freien Stadt Frankfurt am Main zu einer bedeutenden Seiden- und Textilgroßhandlung weiterentwickelt hatten. Leider mussten sie das Unternehmen, dem Vater und Sohn Kotzenberg ihren gesellschaftlichen Aufstieg zu nicht unwesentlichen Teilen zu verdanken hatten, 1921 liquidieren, weshalb Kotzenberg ausscheiden musste und sich dem Bankgeschäft seines Schwiegervaters Jean Andreae annahm.

Diesen Passavants entstammte auch Hans von Passavant. Sein Großvater Philipp Hermann Passavant (1819–1889) hatte als Geheimer Kommerzienrat die Grundlage für den Aufstieg der Familie gelegt. Den führte sein Sohn Samuel Philipp Richard von Passavant (1852–1923), ebenfalls Geheimer Kommerzienrat und Ehrenpräsident der Handelskammer Frankfurt am Main, fort und schaffte es bis 1906 in den preußischen Adelsstand. Dessen Sohn wiederum Julius Emanuel Hans von Passavant (1890–1953) schien Vater und Großvater zu folgen, absolvierte von 1910 bis 1914 eine kaufmännische Lehre in der väterlichen Samt- und Seidenwarengroßhandlung, unternahm kurz von dem Krieg eine längere Südamerikareise und stieg dann als Teilhaber und Geschäftsführer in das Unternehmen seines Vaters ein. In diesem Zusammenhang gehörte er in den 1920er Jahren auch dem Beirat der *Nassauischen Sparkasse* und dem Verwaltungsrat der *Nassauischen Landesversicherungsbank* in Wiesbaden an. Doch auch dieses Unternehmen schaffte es nicht, unter den neuen Bedingungen die lange Traditionslinie fortzusetzen. 1928 musste das Geschäft aufgegeben werden. Hans von Passavant war darauf vorbereitet. Er hatte sich längst einer zweiten Profession hingegeben, der des Politikers. Krieg und Revolution hatten ihn zu den Konservativen getrieben und veranlasst, sich bei der DNVP zu engagieren. Er tat dies mit Erfolg, saß für sie von 1921 bis 1925 als Abgeordneter im Nassauischen Kommunallandtag des preußischen Regierungsbezirks Wiesbaden bzw. des Provinziallandtages der preußischen Provinz Hessen-Nassau für den Stadtkreis Frankfurt und war dort Mitglied des Finanz- und Rechnungsprüfungsausschusses.

Zwischen 1926 und 1933 gibt es einen Bruch in der Biographie von Hans von Passavant. Er nahm nach 1933 eine Tätigkeit im Verwaltungsamt des Reichsnährstandes in Berlin auf und unterstand damit dem „Reichsbauernführer" und Reichsminister für Ernährung und Landwirtschaft Richard Walther Darré, der eigentlich 1895 als Ricardo Walther Oscar Darré in Belgrano bei Buenos Aires in Argentinien geboren worden war. Was trieb einen konservativen Textilhändler in ein Amt, das eng mit der Landwirtschaft verbunden war? Die Antwort ist einfach und bedrückend, die nationalsozialistische Ideologie und verinnerlichte Positionen der konservativen Revolution.

Nur wenige Jahre nachdem er den Kaufmann wie einen alten Mantel abgelegt und auch seine parlamentarische Karriere für die DNVP beendet hatte, drehte Hans von Passavant zusammen mit Walter Ruttmann, Ernst Th. Bruger, Rolf von Sonjevski-Jamrowski einen Film, der direkt an Ideen von Oswald Spengler anknüpfte und in Bildern umsetzte, was die Propaganda der Nazis an Ideologie aufzubieten hatte.[96] Der Film von 32 Minuten Länge, der am 23. November 1933 in die Kinos kam, gehört zu den Ikonen der nationalsozialistischen Propaganda. Andere Filme mit ähnlicher Ausrichtung folgten.

Der Film handelt von Bauern in den Jahren vor und nach 1933. Dabei werden für die Zeit in der Weimarer Republik vor allem die Härten gezeigt, der Verkauf vieler Bauernwirtschaften, der erzwungene Umzug in die Stadt. Dann kommt die Umkehr mit der siegreichen Übernahme der Macht durch die Nationalsozialisten. Die letzten Episoden zeigen eine Erneuerung des Landlebens, neue Bauernhöfe werden gebaut, Katzen und Hunde leben in Harmonie, und immer wieder Hakenkreuzfahnen und marschierende Hitlerjugend. Dieser Schluss erinnert nicht zufällig an Leni Riefenstahls späteren Film „Triumph des Willens" und an Fritz Hipplers „Der ewige Jude", an denen der Hans von Passavant begleitende Regisseur Walter Ruttmann ebenfalls beteiligt war.[97] „Blut und Boden" gehört zu den zentralen Schlagworten der nationalsozialistischen Ideologie. Die Ausgestaltung des Doppel-Terminus geht zu einem bedeutenden Teil auf die Schriften Walther Darrés zurück. Seine Vorstellungen von einer Blut-und-Boden-Ideologie wurden vor allem von Adolf Hitler, Heinrich Himmler und Baldur von Schirach aufgenommen und bestimmten seit 1933 ganz offiziell die nationalsozialistische Agrarpolitik. Darré betrieb die Umsetzung seines Siedlungs- und Ausleskonzepts als Leiter des Reichsamts für Agrarpolitik, als Reichsbauernführer, als Reichsminister für Ernährung und Landwirtschaft sowie als Leiter des Rasse- und Siedlungshauptamtes der SS, deren Vorstellungswelt er nachhaltig prägte und zu den Verbrechen des Nationalsozialismus in erheblichem Umfang beitrug.[98] Das Gründungsmitglied der Gesellschaft Hans von Passavant nahm seit ungefähr 1926 an diesem Weg in den Abgrund teil.

Abb. 29/30: Hans von Passavants „Blut und Boden – Grundlagen zum neuen Reich".[99] Am 13. Dezember 1937 sprach Richard Walther Darré während einer Großkundgebung des faschistischen Reichsnährstandes in Goslar[100]

Der Film begründete seine Karriere im Amt von Darré. Ab Juli 1935 firmierte er als Unterabteilungsleiter im Stabsamt des Reichsbauernführers. Wenige Monate später ist er kommissarischer Sachbearbeiter und später Referent in den Abteilungen Film bzw. Allgemeine Aufklärung. Im Juni 1939 wird er als Oberleutnant der Landwehr zur Wehrmacht eingezogen und mit Kriegsbeginn zum Hauptmann (Rittmeister) der Landwehr und 1942 schließlich zum Major der Landwehr befördert. Er verstarb acht Jahre nach Kriegsende in russischer Kriegsgefangenschaft in Brandenburg an der Havel. Adenauers Reise nach Moskau im Jahre 1955 kam zu spät. Aber es ist nicht wahrscheinlich, dass der Kanzler es vermocht hätte, dem wegen schwerer Kriegsverbrechen einbehaltenen von Passavant, wie den 10.000 anderen verbliebenen Kriegsgefangenen, einen Weg nach Hause gegen Aufnahme der diplomatischen Beziehungen zu bahnen.[101] Dreißig Jahre zuvor hatte er mit Köster, dem linksliberalen Kotzenberg und auch dem Präsidenten der Frankfurter Universität, Richard Wachsmuth, zusammen in der Villa vom Rath gesessen und versucht, Orientierung in der aufgewühlten

Zeit zu finden. Er hat im Gegensatz zu Thomas Mann die Chance zur Versöhnung mit der Republik nicht genutzt. Das Beispiel Hans von Passavant zeigt auf der anderen Seite, wie weitgespannt das Spektrum der politischen Positionen und Meinungen in der Frankfurter Gesellschaft war und das galt nicht nur für die politischen Überzeugungen. Es galt ebenso, wie beabsichtigt, auch für die verschiedenen Bereiche, aus denen die Persönlichkeiten kamen. Dafür standen Richard Wachsmuth und Georg Swarzenski.

Abb. 31/32: Richard Wachsmuth Mitte der 1890er Jahre in Rostock.[102] Der Neubau der wissenschaftlichen Institute der Senckenbergischen Stiftung an der Viktoria-Allee[103]

Aus einem ganz anderen Holz als Hans von Passavant war der in Marburg geborene Physiker und Universitätspräsident, Professor Richard Wachsmuth (1868–1941), geschnitzt. Mit ihm hatte erstmals explizit ein Mann der Wissenschaft und der fünf Jahre zuvor gegründeten Universität eine führende Position in der Gesellschaft eingenommen. Als Sohn einer Gelehrtenfamilie legte er 1887 sein Abitur an der Thomasschule in Leipzig ab und studierte anschließend Physik in Heidelberg, Berlin und Leipzig und schloss das Studium mit einer Promotion über Probleme der Wärmeleitung ab. Es folgte die Habilitation in Göttingen, nach der er mehrere Jahre als Extraordinarius für Physik an der Universität Rostock lehrte. Von dort zog es ihn über Berlin und die Preußische Kriegsakademie nach Frankfurt, und zwar als Dozent beim Physikalischen Verein, der gerade an die Viktoria-Allee in den neuen Gebäudekomplex aus Sternwarte, naturhistorischem Museum, Bibliothek und Akademie der Sozial- und Handelswissenschaften eingezogen war. Der Physikalische Verein bereitete sich damals bereits auf seine zukünftige Rolle als Fachbereich einer Universität vor. Aus diesem Grund war vorauseilend erheblich in die Infrastruktur der Frankfurter Forschungseinrichtungen im Bereich der Natur- wie der Wirtschafts- und Sozialwissenschaften investiert worden. Kotzenberg hatte faktisch zeitgleich seine Villa in Steinwurfweite bauen lassen und demonstrierte auf diese Weise seine Verbundenheit mit den Universitätsplänen. 1908 übernahm Wachsmuth eine Professur für Experimentalphysik an der Akademie, die eigentlich für Studiengänge im Bereich der Wirt-

Abb. 33/34: Kunsthistoriker und Städeldirektor Professor Georg Swarzenski[107] und Vincent van Gogh, Porträt des Dr. Gachet[108]

schafts- und Sozialwissenschaften zuständig war und anfangs die Naturwissenschaften gar nicht berücksichtigt hatte. Dennoch wurde er für die Jahre 1913 und 1914 deren letzter Rektor. Konsequent wurde er am 16. August 1914 durch den preußischen Kultusminister zum Gründungsrektor der Universität zu Frankfurt am Main berufen. Wachsmuth lehrte zwar noch bis 1932 Experimentalphysik, doch nahm er nicht mehr aktiv an dem damaligen Paradigmenwechsel in der Physik teil. Dies übernahmen 1921 Otto Stern und Walther Gerlach, die erheblich zur Entwicklung der Quantentheorie beitrugen, was Stern dann auch den Nobelpreis eintrug.[104] Wachsmuth war weiterhin Präsident der Polytechnischen Gesellschaft, und zwar bis 1936. Er legte dieses Amt wegen der Gleichschaltung der Gesellschaft nieder und ging damit auf Distanz zum Nationalsozialismus.[105] Die Ehre eines Senators nahm er allerdings wenige Monate vor seinem Tod von der ebenfalls gleichgeschalteten Universität 1939 an.[106]

Neben Wachsmuth gab es eine weitere Persönlichkeit, die sich nicht nur der Wissenschaft verschrieben hatte, sondern diese auch noch mit der Kunst vereinigte, Georg Swarzenski. Es handelte sich bei dem 1876 in Dresden Geborenen um eine Persönlichkeit, die das kulturelle und kulturpolitische Leben in Frankfurt am Main und seinen Museen über die lange Zeitspanne von drei Jahrzehnten geprägt hat. Er begann von 1896 bis 1901 mit einem Studium der Rechtswissenschaft in Heidelberg, setzte dieses mit einem Studium der Kunstwissenschaft an der Humboldt-Universität in Berlin und wieder in Heidelberg fort und schloss beides mit einer Promotion ab. Er wirkte kurz als wissenschaftlicher Mitarbeiter an verschiedenen Berliner Museen, um sich 1903 an das Kunsthistorische Institut in Florenz zu begeben, nahm die Stellung eines Assistenten an und habilitierte sich rechtzeitig, um zwischen 1907 und 1909 jeweils die Nachfolge von Heinrich Weizsäcker und Ludwig Justi am *Städelschen Kunstinstitut* in Verbindung mit der *Städtischen Galerie* und der *Städtischen Skulpturensammlung* im Liebieghaus in Frankfurt am Main zu übernehmen. Als Höhepunkt seiner Karriere kann die Berufung zum Generaldirektor der Frankfurter Museen im Jahre 1928 angesehen werden. Das Glück endete fünf Jahr später, als er 1933 wegen seines jüdischen Glaubens aller städtischen Ämter enthoben wurde. Dem Beirat des *Städelschen Kunstinstituts* und dem *Städelschen Museumsverein* war es zu verdanken, dass er noch bis 1938 Leiter des *Städelschen Kunstinstituts* bleiben konnte. Danach folgten Flucht und Emigration in die Vereinigten Staaten sowie die Aufnahme von Vorlesungen am *Institute for Advanced Studies* in Princeton, New Jersey, an dem auch Albert Einstein und viele Emigranten aus ganz Europa wirkten. Neben den Vorlesungen, die er bis 1949 hielt, füllte er noch eine Kuratorenstelle am

Museum of Fine Arts in Boston aus. Zudem schrieb er für die *Frankfurter Zeitung*.[109]

Mit finanzieller Förderung des speziell für das Städel gegründeten *Städelschen Museumsvereins*, wofür sich besonders Leopold Sonnemann stark gemacht hatte, und der Stadt konnte Swarzenski sein Ziel verfolgen, die von der Tradition bestimmten Sammlungen des Kunstmuseums um die Moderne Kunst, also damals den französischen Impressionismus und europäischen Expressionismus, etwa Franz Marc und Max Beckmann, zu erweitern. Mit Letzterem verband ihn eine enge Freundschaft. Durch Hilfe des Frankfurter Stadtrats und Kunstförderers Viktor Mössinger konnte Swarzenski 1912 Vincent van Goghs *Porträt des Dr. Gachet* erwerben. In der Ausstellung präsentierte Swarzenski alte und neue Kunst nebeneinander, um die Einheit der Kunst aller Epochen den Besuchern vor Augen zu führen.[110] Dem machten die Nationalsozialisten noch 1933 ein Ende. Mit behördlichem Nachdruck wurde veranlasst, als „entartet" eingestufte Kunstwerke aus der Ausstellung zu entfernen. Bei der später folgenden Aktion „Entartete Kunst" von 1937 wurden 77 Gemälde, 399 Graphiken und drei Skulpturen beschlagnahmt, fast ausschließlich Werke, die in seiner Amtszeit erworben werden konnten.[111] Der Gewalt gegen die Kultur folgte Gewalt gegen die Kulturschaffenden. Dazu heißt es in dem Buch von Konstanze Crüwell: „Am 22. Januar 1938 verhafteten bewaffnete Gestapo-Männer Swarzenski in dessen Wohnung und brachten ihn zu einem Verhör in das Gestapo-Hauptquartier. Ihm wurde das Verfassen eines Artikels in der Frankfurter Zeitung vom 9. Dezember 1937, in dem auf das kurz zuvor beschlagnahmte Porträt des Dr. Gachet Bezug genommen worden war, vorgeworfen. Tatsächlich hatte Benno Reifenberg (ebenfalls seit Langem Mitglied der Gesellschaft; RR) den Artikel geschrieben. Swarzenski kam noch in derselben Nacht wieder frei. Neben dem Vorwurf, er habe den Artikel zu verantworten, konnte er auch den Verdacht entkräften, er habe Van Gogh als Modell für das Gemälde gedient."[112] Den kurzen Aufschub vor weiterer Verfolgung nutzte Swarzenski zur Flucht in die Vereinigten Staaten.

Abb. 35: Die Brüder Arthur und Carl von Weinberg beim Morgenritt auf dem Gestüt Waldfried in Frankfurt. Arthur von Weinberg (links), (* 11. August 1860 in Frankfurt am Main; † 20. März 1943 in Theresienstadt), Carl von Weinberg (rechts), (* 14. September 1861 in Frankfurt am Main; † 14. März 1943 bei Florenz)[113]

In den folgenden Jahren bis 1932 rückten noch der Industrielle Dr. Arthur von Weinberg und Heinrich Simon, Herausgeber der Frankfurter Zeitung, in den Vorstand nach. Ein kurzes Gastspiel im Vorstand, das jedoch wenig Spuren hinterließ, gab auch der Bankier Dr. Friedrich Karl Freiherr von Wendland. Fünfzehn Jahre jünger als Simon und auch nicht zur Emigration gezwungen, fiel er als Rittmeister und Major am vorletzten Tag des Jahres 1941 bei Militschkino in Russland.[114]

Arthur von Weinberg wurde nur wenige Monate nach Karl Kotzenberg in Frankfurt als Sohn einer assimilierten jüdischen Industriellenfamilie geboren und evangelisch getauft.[115] Er machte sich als Teilhaber der Cassella Farbwerke Mainkur sowie Aufsichts- und Verwaltungsratsmitglied der IG Farbenindustrie AG einen weit über Frankfurt hinausreichenden Namen, wovon ein Kranz von Ehrungen und Titeln zeugt, der mit dem Geheimen Regierungsrat beginnt und über die Ehrendoktorwürden in der Philosophie, Medizin und auch den Ingenieurs- und technischen Wissenschaften bis hin zu Ehrenbürgerschaften und -mitgliedschaften von Fechenheim, Frankfurt und der Universität reicht. Außerdem konnte er sich Träger der Silbernen Ehrenplakette der Stadt Frankfurt am Main, der Goethe-Medaille des Reichspräsidenten und des Großkreuzes des Ordens der Italienischen Krone nennen. Ein Teil der Ehrungen und wirtschaftlichen Erfolge gab er als bedeutender Mäzen und Stifter für wissenschaftliche und kulturelle Einrichtungen an die Bürger der Stadt Frankfurt zurück und er benutzte seinen Reichtum auch für ein umfangreiches soziales und gesellschaftliches Engagement.

Er hatte ab 1877 Physik, Chemie, Mathematik und Altphilologie in München studiert, sich 1882 bei Adolf von Baeyer auf dem Gebiet der Analytischen Chemie der Farbstoffe promoviert. Danach trat er in die genannten Farbwerke Cassella in Fechenheim ein. Sie waren von seinem Onkel Leo Gans aufgebaut worden. Ihre Wurzeln reichten aber viel weiter zurück, denn der Name kam von einem Handelsunternehmen, das Leopold Cassella (also ein Jude aus Kassel) 1798 in der Frankfurter Judengasse gegründet und das er Caßel & Reiß genannt hatte. Ende der 1820er Jahre nahm Cassella in Ermangelung von Erben Ludwig Aaron Gans als Teilhaber in sein Unternehmen auf und gab der Companie den Namen Leopold Cassella & Co. Als Geschäftszweig hatte sich der florierende Handel mit Farbstoffen durchgesetzt. Das ging einige Jahrzehnte gut. Doch dann kam in den 1860er Jahren der Boom mit den Anilinfarben. Vorreiter waren in der Region Meister, Lucius & Brüning, aus denen die Farbwerke Hoechst hervorgingen. Die Söhne von Gans, Friedrich (Fritz) und Leo, sprangen auf diesen Zug auf und erweiterten 1870 das Handelsunternehmen um eine Teerfarbenfabrik, die sie wie die Gründer von Hoechst außerhalb der Stadt Frankfurt an der Mainkur in Fechenheim am Main aufbauten. Mit von der Partie waren ihr Schwager Bernhard Weinberg und der Chemiker August Leonhardt. Daraus ging die Frankfurter Anilinfarbenfabrik von Gans und Leonhardt hervor, ein Name, der später – zu den Ursprüngen zurückkehrend – zu Cassella Farbwerke vereinfacht wurde. Dieses Unternehmen übernahm Arthur von Weinberg zusammen mit seinem Bruder Carl in den 1880er Jahren und machte es bis 1900 zum weltgrößten Hersteller von synthetischen Farbstoffen.[116] Aufgrund dieser Verdienste wurde er ganz ähnlich wie die Passavants 1908 in den Adelsstand erhoben.

Den Ersten Weltkrieg bestritt Weinberg als Major der Reserve und übernahm im Jahre 1916 die Leitung des Referats Chemie im preußischen Kriegsministerium, so wie sein Unternehmenskollege Merton das Referat Metalle übernommen hatte. Noch 1918 war Weinberg an der Gründung der Deutschen Gesellschaft für Schädlingsbekämpfung (DEGESCH) beteiligt.[117] Nach Kriegsende kehrte er hochgeehrt in seine Fabrik zurück, beteiligte sich 1925 an der Gründung der IG Farben, in der die Cassella aufging, und wurde in den Aufsichts- und Verwaltungsrat der IG Farbenindustrie AG berufen, also Teil des „Rats der Götter" bzw. des damals größten Unternehmens in Deutschland (vgl. Abb. S. 99). Damit hatte er mit 65 Jahren zweifellos seinen Zenit erreicht. Wenige Jahre später zerrann ihm der Erfolg unter den Händen. Er geriet in die Fänge der Nationalsozialisten, die ab 1934 in dem Parteiblatt „Der Stürmer" gegen ihn agitierten.[118] Wenig später musste Weinberg seine Ehrenämter aufgeben und aus den Gremien der IG Farbenindustrie ausscheiden. Auch die Stadtverwaltung unter dem NS-Oberbürgermeister Friedrich Krebs hielt sich an Arthur von Weinberg schadlos. So wurde er im November 1938 gezwungen, seine Villa *Haus Buchenrode* in Niederrad weit unter Wert an die Stadt zu verkaufen. Das traf die Familie doppelt, da der Verkaufserlös gleich wieder an die Finanzkasse zurücküberwiesen werden musste. Grund war die nach dem Pogrom vom 9. November 1938 erlassene Verordnung über als Sühneleistung der Juden vom 12. November 1938 obliegenden Vermögensabgaben. Weinberg hatte den Machthabern nichts entgegenzusetzen und zog sich zu seiner Tochter auf Schloss Pähl am Ammersee zurück. Doch vier Jahre später holte ihn der Rassenkrieg gegen die Juden wieder ein. Er, der deutsche Protestant und Patriot, wurde am 2. Juni 1942 verhaftet und in das KZ Theresienstadt verschleppt. Dort starb er im Alter von 82 Jahren nach einer Gallenblasenoperation am 20. März 1943. Seine Asche wurde, damit nichts von ihm blieb, wie die von andern Häftlingen, in die Eger geschüttet.[119] Wir werden auf diese Zeit zurückkommen.

Abb. 36/37: Der Herausgeber der Frankfurter Zeitung, Dr. Heinrich Simon, vor 1916 – auf einer Fotografie von Jacob Hilsdorf[120] und Max Beckmann: Portrait of Heinrich Simon, 1927 and 1947. Mr. M. R. Pomice New York, © VG Bild-Kunst, Bonn 2015[121]

Ein ähnliches Schicksal ereilte auch den Journalisten und Herausgeber der Frankfurter Zeitung, Heinrich Viktor Simon (1880–1941). Rund 20 Jahre nach Weinberg als Sohn des Bankiers Felix Simon geboren, und auch nicht in Frankfurt, sondern in Berlin. Sein Vater war im Bankgeschäft J. Simon Witwe & Söhne, aus der die Ostdeutsche Bank in Königsberg hervorging, tätig. Sie gehörte dem Geheimen Rat Moritz Simon, der mit Therese Sonnemann verheiratet war, dem einzigen Kind von Leopold Sonnemann, des weithin bekannten Gründers und Herausgebers der *Frankfurter Zeitung* und Mäzen des Städelschen Museumsvereins, von dem Swarzenski so viel gewonnen hatte.

Simon nahm ein Studium der Philosophie, Nationalökonomie und Kunst- und Literaturgeschichte auf, das er in Berlin, Freiburg i. Br. und Erlangen absolvierte und wo er am Ende über Novalis promovierte, eine Arbeit, die er unter dem Titel *Der magische Idealismus* publizierte. Das befähigte ihn, in die Societäts-Druckerei seines Großvaters einzutreten und gleichzeitig im Feuilleton der Frankfurter Zeitung mitzuarbeiten. Acht Jahre nach dem Tod des Großvaters und politischen Leuchtturms des linken Liberalismus in Deutschland erhielt er 1910 Prokura, übernahm die Leitung der Redaktionskonferenz und teilte sich die Führung des Unternehmens zusammen mit seinem Bruder Kurt, der den kaufmännischen Part übernahm. Er fand schnell Anerkennung für seine journalistischen Beiträge wie für die Leitung des Unternehmens. Grundlage dafür war ein weitgespanntes Netz an Kontakten mit zahlreichen maßgeblichen Intellektuellen der Republik. Darunter befanden sich Max Beckmann, der ihn auch porträtierte, und der Schriftsteller Otto Erich Hartleben. Seine Leidenschaft gehörte jedoch mehr noch als Malerei und Literatur dem modernen Musikleben. Das verband ihn mit Theodor W. Adorno, dessen Berufung zum Leiter des Frankfurter Musikstudios er sehr förderte. Simon setzte sich für eine politische Lösung der Judenfrage ein, die er im Zionismus erblickte, und zog damit die Kritik der Rechten und Antisemiten auf sich. Das rächte sich 1933. Als getaufter Jude musste er aus der Redaktionskonferenz der FZ ausscheiden und wenig später über Paris nach Tel Aviv fliehen. Von dort zog es ihn 1939 weiter nach Washington, wo er sich mit Musikunterricht finanziell über Wasser hielt. 1941 fiel er dort einem Gewaltverbrechen zum Opfer.[122] Dem ersten Vorstand der Frankfurter Gesellschaft gehörten also Persönlichkeiten von Rang und Namen an, und zwar sowohl im Bereich der Wirtschaft und Politik als auch in den Sparten von Kunst und Wissenschaft.

Auf der ersten Sitzung des Großen Ausschusses am 14. Januar 1920 wurden mehrere Kommissionen eingesetzt. Es handelte sich dabei um die Finanzkommission, die von Oppenheimer und Bethmann geleitet wurde, der zugleich die Einführungskommission betreute, die über die Aufnahme neuer Mitglieder beriet, während Karl Kotzenberg der Bau- und Hauseinrichtungskommission vorsaß. An der Spitze der Hausverwaltungskommission und der Wirtschaftskommission standen einerseits Hans von Passavant und andererseits Professor Carl von Noorden. Am wichtigsten von diesen Kommissionen wurde aber in den folgenden Jahren die Literarische Kommission, die die Bereiche Literatur, Kunst, Vorträge, Bibliothek und Musik verwaltete und der zuerst Paul Hirsch, später Georg Swarzenski vorstand.[123] Beide waren eine äußerst glückliche Wahl, die bei Georg Swarzenski auf der Hand lag. Weniger bekannt ist Leben und Werk von Paul Hirsch, den wir deshalb etwas genauer vorstellen müssen. Wie viele seiner Mitwirkenden in der Gesellschaft wurde er 1881 als Sohn einer wohlhabenden Industriellenfamilie geboren, die ihre Wurzeln einerseits in Ober-Ingelheim und andererseits in Offenbach hatte. Sein Vater war Inhaber der Firma Hirsch & Co. und im Eisengroßhandel aktiv und sie war einer der größten ihrer Art in Deutschland. Das war für Paul Hirsch Erbe und Verpflichtung zugleich. Damit sein Leben nicht allein davon bestimmt wurde, erhielt er – ganz im Sinne der deutschen Klassik und der humanistischen Bildungsideale – eine fundierte private musikalische Ausbildung an der Violine. Sie schlug tatsächlich an. Bereits im Alter von 19 Jahren begann er mit dem systematischen Aufbau einer Musikbibliothek, die in wenigen Jahren zu einer nach wissenschaftlichen und bibliophilen Kriterien größten ihrer Art heranwuchs und die Hirsch bis 1935 der Öffentlichkeit zur Verfügung stellte. Er zog damit Wissenschaftler und Musiker aus ganz Europa an. In der privaten Bibliothek fanden auch Tagungen statt und über 400 Hauskonzerte, für die Hirsch einen eigenen Konzertsaal einrichten ließ. Aus dem Bestand seiner Bibliothek ließ er zudem seltene Werke nachdrucken. Die Bibliothek genoss aufgrund ihrer bibliophilen Kostbarkeiten großes Ansehen in der wissenschaftlichen Welt. Dieses Frankfurter Attraktionszentrum erlosch jedoch mit der Machtergreifung der Nationalsozialisten. Hirsch bemühte sich noch um die Gründung des Jüdischen Kulturbundes Rhein-Main/Frankfurt am Main, schloss den öffentlichen Zugang zu seiner Bibliothek und traf Vorbereitungen, seinen Wohnsitz und die Musikbibliothek nach Cambridge zu verlegen, was ihm trotz des Widerstandes des Oberbürgermeisters zum größten Teil gelang. Krebs wollte die Bibliothek beschlagnahmen und ließ sie deswegen in das „Verzeichnis der national wertvollen Kunstwerke" eintragen. Wenn Hirsch auch den bedeutendsten Teil der Sammlung nach England überführen konnte, wurde ein Teil von der Stadt beschlagnahmt. Doch auch dieser konnte nach schwierigen Verhandlungen zwischen britischer und deutscher Regierung schließlich nach Cambridge ausgeführt werden.

Hirsch trug seinen Spitznamen „Eisenhirsch" zu Recht. Seine Bibliothek verkaufte er später an das British Museum und sie steht dort seitdem der wissenschaftlichen Öffentlichkeit als „Paul Hirsch Collection" zur Verfügung. Wir werden auf Paul Hirsch in den dunklen Jahren der NS-Herrschaft zurückkommen. Bis dahin aber gehörte er nicht nur als Eisengroßhändler zu den bemerkenswerten Persönlichkeiten der Gesellschaft und war ein Mensch, der das kulturelle Leben der Stadt enorm bereicherte.[124] Durch das von Hirsch und Swarzenski konzipierte und organisierte Vortragsprogramm entwickelte sich die Gesellschaft rasch zum kulturellen Anziehungspunkt der Stadt. Vier Wochen später konnte am 13. Februar 1920 der Prozess der Gründung mit dem Eintrag in das Vereinsregister abgeschlossen werden.

Der Verein der Entscheidungsträger gab sich mit Bezug auf die in den Schreiben von Kotzenberg und Voigt genannten Adressaten ganz konsequent den Namen Frankfurter Gesellschaft für Handel, Industrie und Wissenschaft. Damit unterschied er sich deutlich von bisher gebräuchlichen Namen für ähnliche Vereine wie Casino-Gesellschaft, Casinoclub oder einfach nur Club. Die Frankfurter Gesellschaft hat sich mit Absicht davon abgehoben und keinen Namen gegeben, aus dem hervorgeht, dass es sein Ziel sei, lediglich Männern zum geselligen Beisammensein einen organisatorischen Rahmen zu geben, also einen Herrenclub zu gründen. Sie heißt seit 100 Jahren Frankfurter Gesellschaft für Handel, Industrie und Wissenschaft und hat damit die Richtung vorgegeben, aus welchen Bereichen die Entscheidungsträger vor allem kommen sollten. Die Initiatoren und ersten Mitglieder reflektieren damit in der Krisenzeit eines verlorenen Kriegs eine alte und zwei neuere zentrale, wenn nicht sogar die wichtigsten Traditionslinien der Stadt: die Handelsstadt, ihren erfolgreichen Anschluss an den Prozess der Industrialisierung im letzten Drittel des 19. Jahrhunderts und die von den Bürgern selbst geschaffene Universität, in der kurz vor dem Ersten Weltkrieg die zahlreichen, als Wissenschaftsvereine oder -stiftungen begründeten und seit Längerem bestehenden Forschungsinstitutionen zusammengefasst worden waren. Dabei handelte es sich gewissermaßen um den für Frankfurt spezifischen Zusammenhang von Wirtschaft und Kultur.

Auffallend ist dabei, dass die Entscheidungsträger im Bereich der Politik nicht im Namen repräsentiert sind. Auch wenn die Politik im Namen der Deutschen Gesellschaft ebenfalls nicht vorkommt, ist der Bereich doch in dem allgemeinen Adjektiv „Deutsch" als Sammelbegriff einschließend enthalten und spielt ja dann auch in der Mitgliedschaft eine wichtige Rolle. Es lassen sich dazu zwei Überlegungen anstellen. Zum einen wurde der Aspekt der Überparteilichkeit vielleicht noch stärker betont als in der *Deutschen Gesellschaft 1914*. Zum anderen aber spielt wohl eine Rolle, dass sich Frankfurt im Gegensatz zu Berlin nie als ein politisches Zentrum verstand und es dies auch nur in jeweils sehr spezifischer Hinsicht als Wahl- und Krönungsort, Sitz des Bundestags des Deutschen Bundes, Tagungsort der ersten deutschen Nationalversammlung oder als ein Zentrum des Linksliberalismus gewesen war. In allgemeiner Hinsicht aber konnte Frankfurt Berlin nicht das Wasser reichen. In der Stadt gab es keine vergleichbare Ansammlung von Politikern, die im Rang und Namen mit der in der Hauptstadt konzentrierten politischen Elite hätte mithalten können. So hat man diesen Bereich mit Absicht nicht betont.

Der Name ist die eine Sache, eine andere, wie mit der Beschränkung auf Wirtschaft und Wissenschaft umgegangen worden ist. Aus der Praxis geht deutlich hervor, dass man den Namen ein- und nicht ausschließend begriffen hat. Wen also hat die Gesellschaft tatsächlich aufnehmen wollen? Recht eindeutig hatte sich die Gesellschaft den Auftrag gegeben, die Entscheidungsträger der bisherigen Ordnung unter Einschluss der Repräsentanten der neuen Ordnung zu sammeln, um dem Zerfall der bürgerlichen Ordnung entgegenzuwirken, und zwar parteipolitisch übergreifend – wie dies im Angesicht des Kriegsausbruchs in Berlin mit der *Deutschen Gesellschaft 1914* gelungen war.

Man wollte dies nicht dem Zufall überlassen. Klar hielten die Statuten fest: Um Mitglied zu werden, bedurfte es einer schriftlichen Aufforderung durch den Vorstand. Insofern lag es nahe, gleich zu Beginn einen systematischen Plan zur Mitgliederwerbung zu erstellen. Die Rekrutierung von Mitgliedern begann unmittelbar vor und nach der Gründung am 29. Dezember 1919 und zog sich in der ersten Etappe bis zur Aufnahme in das Vereinsregister am 13. Februar 1920. Man verließ sich dabei jedoch nicht auf die informellen persönlichen Netzwerke, sondern ging systematisch vor. Der erste Schritt bestand in der Festlegung von Richtlinien über die Aufnahme von Mitgliedern. Dazu gehörten erstens „eine gewisse leitende Stellung in Handel, Industrie und Banken" oder zweitens „die ordentlichen und ausserordentlichen Professoren und Privatdozenten einer Universität oder Hochschule" oder drittens, „in der Verwaltung leitende Stellungen ein(zu)nehmen".[125] Ursprünglich waren auch die Direktoren der Gymnasien, der Realgymnasien, der Ober-Realschulen und der Oberlyzeen vorgesehen. Auch Privatgelehrte und ansässige Offiziere der Höheren Heeresverwaltung sollten Berücksichtigung finden. Aber im Verlauf der Diskussion in der ersten Sitzung des Großen Ausschusses wurden die Kriterien eng gefasst. In der Elitenforschung spricht man hier klassisch vom Positionsansatz, der hier im Gegensatz zum Akteursansatz verfolgt wurde.

Aber es zeigt sich auch, dass die Mitglieder des Großen Ausschusses bereits in dieser Etappe beabsichtigten, weit über die im Namen genannten Bereiche hinaus zu sammeln. So wurden neben den Wirtschaftskapitänen aus Handel und Industrie auch der Finanzsektor in den Blick genommen sowie die Vertretungen der Handwerker. Weiterhin zeigen die Listen, dass neben den Professoren der Universität natürlich auch die Vorsteher der Ämter, der zentralen Einrichtungen (Gerichte, Krankenhäuser, Oper und Theater) gezielt beworben wurden. Man ging also von Anfang an weit über die Namensfestsetzung hinaus.

In den Rekrutierungslisten wurde im Gegensatz zum Namen um die politischen Gremien der Stadt natürlich kein Bogen gemacht und selbstverständlich sah man in den Magistratsmitgliedern oder den Abgeordneten der Stadtverordnetenversammlung ein Feld für die Einwerbung von Mitgliedern. Insofern waren auch hier alle ranghohen Entscheidungsträger gelistet und sind systematisch angefragt worden, genauso wie führende Repräsentanten der Parteien, vor allem der Liberalen und auch der Sozialdemokratie. In der Konsequenz finden sich dann auch alle Größen dieses Bereichs zusammen in der Gesellschaft. Dazu gehörten natürlich Ludwig Landmann, Eduard Gräf oder Georg

Voigt. In dem Plan zur Mitgliederwerbung finden sich weiterhin die Direktoren der großen Krankenhäuser, der Oberlandesgerichtspräsident und der Oberstaatsanwalt, die Professoren der Universität, die Direktoren der hiesigen öffentlichen Bibliotheken, des Kunstgewerblichen Museums, des Senckenberg-Instituts und des Palmengartens sowie des Zoologischen Gartens. Wichtig war im Ergebnis weiterhin, alle Mitglieder sollten sich ohne Hochmut, ohne Vorbehalte gegen Fremde und Juden versammeln. Toleranz war selbstverständlich und „wir wollten nicht nur deutsch, sondern europäisch denken", schrieb Fritz Mertens in seinem Vortrag zum 30. Jubiläum der Gesellschaft 1949 und bezog dies auch auf die Gründung von 1919.[126]

Ebenso wie bei der *Casino-Gesellschaft von 1802* und der *Deutschen Gesellschaft 1914* stand auch bei der *Gesellschaft für Handel, Industrie und Wissenschaft* von Anfang an der Bildungsgedanke im Vordergrund. Genau diese Idee – allerdings modern gewendet – wird im ersten Statut zum Zweck der Gesellschaft erklärt, nämlich die „Förderung der Beziehungen zwischen Handel, Industrie und Wissenschaft".[127] Noch deutlicher wird es, wenn das auf „Wirtschaft und Wissenschaft" verkürzt wird. In gewisser Weise fand also, bei allen Unterschieden im Einzelnen, wie dem organisatorischen Aufbau, der Mitgliederzusammensetzung und den konkreten Aktivitäten, eine Neubelebung und Betonung des alten Bildungsgedankens statt, wie ihn die bürgerliche Bewegung zu Beginn des 19. Jahrhunderts formuliert hatte, wie er noch lange Zeit von der *Casino-Gesellschaft* tradiert worden war, im *Casino-Club* aber nur noch als ein Schatten der ursprünglichen Bedeutung vorkam. Die Erneuerung des Bildungsgedankens und die Einsicht in die Erfordernisse der Zeitumstände schied die Frankfurter Gesellschaft vom *Casino-Club*, der von dem langen Strang der Entwicklung des bürgerlichen Zentralvereins übrig geblieben war. Die Casino-Club-Mitglieder und ihr Vorstand zeigten kein erkennbares Interesse an den Herausforderungen der Zeit, sondern sorgten sich in diesen kritischen Tagen in erster Linie um den eigenen Bestand. 15 Jahre nach der Fusion von *Casino-Gesellschaft* und *Club* zum *Casino-Club* beschloss der Vorstand am 22. Januar 1919, „sich nach einem passenden Club-Locale in einem Hause, welches Restaurationsbetrieb hat, umzusehen, da in absehbarer Zeit, das jetzige Local geräumt werden muß".[128] Die neuen Räumlichkeiten in der Savignystr. 3 bestanden aus zwölf Zimmern, die laut Beschluss des Vorstandes vom 9. Januar 1921 vom Architekten Lutz für 192.000 Mark hergerichtet wurden.[129] Das war also die zentrale Sorge in der Zeit von Kriegsende und Revolution. Noch deutlicher traten die Unterschiede wenige Jahre später zutage. Mit einem „Bridge-Turnier" hatte der Vorstand des Clubs am 7. September 1927 das langjährige Mitglied Walther vom Rath, Vorstandsvorsitzender der Hoechst AG, eines Weltunternehmens, geehrt. Das wurde zum Anlass genommen, noch einmal definitiv zu erklären, dass man im Wunsch, am Kartenspiel unter allen Umständen festhalten zu wollen, die entscheidende Trennlinie zur *Frankfuirter Gesellschaft für Handel, Industrie und Wissenschaft* sehe, und man verweigerte aufgrund dieser Vorbehalte die Zustimmung zur Zusammenlegung beider Vereine.[130] Die Gesellschaft hatte bereits auf der Sitzung des Großen Ausschusses vom 5. November 1920 ausdrücklich erklärt: „Von einer Seite wird angeregt, dass in der Gesellschaft das Kartenspiel erlaubt sein soll. Dieser Antrag wird abgelehnt."[131] Die Entscheidungsträger hatten andere Vorstellungen und Ziele, als zu spielen.

In der Weltwirtschaftskrise von 1929 geriet der *Casino-Club* dann auch nicht ohne Grund in seine letzte Krise, verlor erst seine Lokalität, konnte sich dann nicht zu einer Lösung der Raumfrage durchringen, schätzte sich dabei selbst nicht ohne Grund als unzeitgemäß ein und überlegte, ob es nicht angezeigt sei, sich dem *Rennklub* anzuschließen, dem sowieso die Hälfte der Mitglieder angehöre.[132] Auch wenn viele Mitglieder noch 1929 dafür eintraten, dass die „Eigenart und Tradition" bewahrt „bleiben müsse", und ein Mitglied „auf das hundertjährige Bestehen des Clubs" hinwies und meinte, „es bestände kein Grund zur Auflösung, weil eben die Stimmung flau sei". Trotz alledem endete seine Zeit.[133] 1929 beschloss eine letzte Generalversammlung die Auflösung des Clubs, den mit dem „Rennclub" zu vereinigen eine Mehrheit ablehnte.[134]

Das hieß aber nicht, dass die Kontakte zum Club abrissen. Wem dort die Herrenclubatmosphäre nicht ausreichte, der wechselte mit und nach der Gründung der Gesellschaft für Handel, Industrie und Wissenschaft zu dieser oder engagierte sich in beiden Vereinen. Dabei handelte es sich immerhin um ein halbes Hundert Personen, und das waren rund 40 Prozent der anfänglichen Mitgliedschaft, die aber rasch wuchs und in kurzer Zeit den Teil der Casino-Club-Mitglieder auf unter zehn Prozent fallen ließ. Dennoch, sie brachten eine Gewohnheit mit, nämlich von der Gesellschaft als ihrem „Club" zu sprechen. Das hat bis in jüngere Zeit den Anschein erweckt, bei der Gesellschaft habe es sich einfach um einen Herrenclub gehandelt. Dagegen sprechen jedoch Programm, Name und die Absicht, in erster Linie die Elite zu sammeln, und zwar nicht zum Kartenspiel, sondern zum Gedankenaustausch. Heinrich Cobet hat dieses Ziel, das sich vor allem in den Vorträgen erfüllt hat, vor 50 Jahren sehr schön zum Ausdruck gebracht: „Diese Vorträge, die Unterhaltungen im Hause, die Diskussionen über Zeitfragen sind für unsere Gesellschaft sehr wesentlich. Ihr Ziel ist gegenseitige Informierung und Orientierung, keineswegs Indoktrinierung. Die Vorträge sollen aufklären und erklären, sie sollen gegensätzliche Meinungen zum Ausdruck bringen und eben dadurch zu Verstehen und Verständigung beitragen. Sie sollen vor allem die durch Beruf und Stellung einseitig gebildete Sicht der Welt lockern, unseren Blick erweitern und uns helfen, unser Tun in einen größeren Zusammenhang einzuordnen."[135] Hier scheint es wieder durch, das Bildungsideal der deutschen Klassik, wie es bereits bei der Gründung der Casino-Gesellschaft 1802 eine große Rolle gespielt hat.

Bei der Gesellschaft sollten eben nicht einfach Bücher und Zeitungen ausgelegt werden, sondern es ging vor allem um Vortragsveranstaltungen, die über die neuesten Erkenntnisse und aktuellen Vorgänge in den Bereichen Wirtschaft, Politik, Wissenschaft und Kunst informieren sollten. „Die besten Männer sollten gebeten werden, dies hier in Frankfurt zu tun."[136] Die Organisatoren – einer der Ersten, dem die Planung der Vorträge anvertraut wurde, war der Städeldirektor Professor Georg Swarzenski – legten viel Wert darauf, die jeweils direkt Verantwortlichen für Innovationen im wirtschaftlichen, politischen oder kulturellen Bereich zu gewinnen. Die Vorträge sollten in einen geselligen Rahmen eingebunden und „mit diesen Anregungen sollte dann auch eine einfache Geselligkeit bei einem guten Tropfen und einem guten Essen verbunden sein".[137] So wurde bereits auf der ersten Vorstandssitzung vom Freiherrn von Bethmann „Porzellan" angeboten.[138] Das Konzept, einen gesellschaftlichen Treffpunkt mit regelmäßigen Vortragsveranstaltungen bei angemessener Umgebung zu etablieren, fand rasch Beifall. „Art und Umfang der persönlichen Begegnungen, die unter Hunderten von Herren bei zahllosen Gelegenheiten und, wie Sie sich denken können, oft unter schwierigen Verhältnissen in einem halben Jahrhundert hier stattgefunden haben, kann kein Chronist darstellen", schrieb Heinrich Cobet in seinem Jubiläumsbeitrag zum 50. Jahrestag der Gesellschaft.[139] Insofern hat das Urteil Lothar Galls über die Gesellschaft, das er vor zehn Jahren fällte, noch immer Gültigkeit: „Sie war neu, aber berief sich doch, in einer ähnlichen Umbruchsituation ins Leben tretend, auf den Geist der alten Casino-Gesellschaft von 1802, wenngleich indirekt und sozusagen stillschweigend. Auch hier stand nun wieder die Idee des geistigen Austauschs, der Gemeingeistbildung über die mittlerweile neu befestigten Berufs- und „Standes"-schranken hinweg, ganz im Zentrum. Als eines der Ziele der Gesellschaft wurde bezeichnet, „eine Orientierungshilfe zur Klärung und Erweiterung des eigenen Standorts zu finden". Auch hier war die Rede von gesellschaftlicher Erneuerung über das Zusammenwirken und die Vereinigung der führenden Kräfte aus den verschiedenen Lebensbereichen. Und auch hier sah man in der Verwirklichung der Prinzipien der Rechts- und Chancengleichheit und der Betonung des Leistungsgedankens den einzigen Weg, die Gesellschaft von ihren Verkrustungen zu befreien und zu einem neuen Aufbruch zu führen."[140] „Die Vereinigung, Siesmayerstraße ist ja aus der 1919 bewußt gewordenen Differenziertheit und aus dem Wunsch, die Isoliertheit der einzelnen Gruppen zu überwinden, entstanden. Sie wurde getragen von dem Willen zur Verständigung auf der Grundlage der gewachsenen Bürgerkultur des alten Frankfurt. Die innere Geschichte unserer Vereinigung zeigt Glanz und Elend dieser Bemühungen, zeigt Stärke und Schwäche dieser Bürgerkultur."[141] Darauf werden wir zurückkommen. Aber erst einmal überwog der Erfolg. Das Konzept ging auf, wie die rasch anwachsenden Mitgliederzahlen eindrucksvoll belegen:

Die Mitgliederentwicklung von 1919 bis 2019

Jahr		**Jahr**		**Jahr**		**Jahr**		**Jahr**	
1919	*120*	**1939**	*317*	**1961**	*444*	**1981**	*520*	**2001**	*583*
1920	*200*	**1940**	*317*	**1962**	*429*	**1982**	*539*	**2002**	*587*
1921	*275*	**1941**	*329*	**1963**	*421*	**1983**	*528*	**2003**	*573*
1922	*350*	**1942**	*332*	**1964**	*406*	**1984**	*530*	**2004**	*595*
1923	*425*	**1943 bis**	–	**1965**	*410*	**1985**	*532*	**2005**	*594*
1924	*500*	**1946***	–	**1966**	*414*	**1986**	*535*	**2006**	*602*
1925	*526*	**1947**	*213*	**1967**	*406*	**1987**	*557*	**2007**	*601*
1926	*569*	**1948**	*366*	**1968**	*403*	**1988**	*584*	**2008**	*605*
1927	*556*	**1949**	*371*	**1969**	*402*	**1989**	*589*	**2009**	*603*
1928	*543*	**1950**	*377*	**1970**	*392*	**1990**	*587*	**2010**	*604*
1929	*526*	**1951**	*414*	**1971**	*388*	**1991**	*581*	**2011**	*601*
1930	*495*	**1952**	*410*	**1972**	*379*	**1992**	*598*	**2012**	*589*
1931	*480*	**1953**	*412*	**1973**	*387*	**1993**	*599*	**2013**	*577*
1932*	–	**1954**	*414*	**1974**	*413*	**1994**	*575*	**2014**	*588*
1933	*371*	**1955**	*430*	**1975**	*441*	**1995**	*588*	**2015**	*590*
1934	*313*	**1956**	*424*	**1976**	*490*	**1996**	*600*	**2016**	*595*
1935	*230*	**1957**	*438*	**1977**	*500*	**1997**	*582*	**2017**	*602*
1936	*191*	**1958**	*428*	**1978**	*511*	**1998**	*574*	**2018**	*595*
1937	*268*	**1959**	*445*	**1979**	*529*	**1999**	*577*	**2019**	
1938	*305*	**1960**	*442*	**1980**	*530*	**2000**	*587*	**2020**	

* Für die Jahre 1932 und 1943–1946 liegen keine Angaben vor.

Nach der Gründung stieg die Mitgliederzahl bis zum 13. Februar 1920 rasch auf 120 Personen an.[142] Zur Unterstützung waren die Beiträge vom Dezember 1919 bis zum Februar 1920 bewusst niedrig gehalten worden. Trotz zahlreicher Austritte in den folgenden Krisenjahren gelang es der Gesellschaft, bis weit über 500 Personen zu gewinnen. Der Höhepunkt wurde im Jahre 1926 mit 569 Mitgliedern erreicht und erst Ende der achtziger Jahre überschritten. Das Konzept ging nicht nur in quantitativer Hinsicht auf. Zu den Mitgliedern der Gesellschaft gehörten neben prominenten Angehörigen der bekannten Kaufmanns- und Bankiersfamilien und nicht wenigen Fabrikanten ebenso Professoren der gerade erst gegründeten Stiftungsuniversität. Es waren am Anfang noch nicht viele, wurden dann aber immer mehr in den nächsten Jahren. Sie versammelte zudem unterschiedslos Mitglieder der protestantischen, reformierten, katholischen und jüdischen Gemeinden. Ebenso fanden sich maßgebliche Politiker der Stadt ein, wie die beiden Oberbürgermeister seit 1918, Georg Voigt und Ludwig Landmann, dazu zahlreiche Repräsentanten der Verwaltung und Gerichte und führende Persönlichkeiten der sozialdemokratischen Arbeiterbewegung wie Otto Zielowski, der noch 15 Jahre zuvor über die Millionärswirtschaft auf dem Frankfurter Rathaus gewettert hatte, oder Eduard Gräf, der wohl wie kein Zweiter mit dem sozialen Elend in der Stadt vertraut war. Dies war ein ganz wesentlicher Aspekt und stellt wohl eine weitere Besonderheit der *Frankfurter Gesellschaft für Handel, Industrie und Wissenschaft* dar. Es gelang ihr, unmittelbar nach der Novemberrevolution die führenden Repräsentanten des gemäßigten Flügels der Arbeiterbewegung mit der Elite des gehobenen Bürgertums zusammenzuführen, die in Teilen den Umsturz der Verhältnisse noch nicht verarbeitet hatte und von einer Gegenrevolution mit konservativer Statur träumte. Hans von Passavant war da nicht der Einzige. All dies in einer Gesellschaft zu vereinen, „da steht in jedem Falle die Einsicht", so Cobet im Rückblick auf diese Zeit, „we agree that we disagree. Wir sind uns klar, daß wir nicht in allen Dingen gleicher Meinung sind. Eben diese Meinungsverschiedenheiten, deren wir uns voll bewußt sind, wollen wir ertragen und in Ruhe miteinander austragen, ohne uns gegenseitig zu verletzen. Diese Bemerkung möge zur Charakterisierung unserer Beziehungen untereinander für Vergangenheit und Zukunft erlaubt sein."[143] Das entsprach ziemlich genau dem, was Theodor Heuss als Essenz der *Deutschen Gesellschaft 1914* zusammengefasst hatte: „Der Konservative und Sozialdemokrat, der Industrielle und Gelehrte, der Künstler und Beamte, der Grundbesitzer und Gewerkschaftsführer, sofern sie aus der Fachenge und Interessenverwicklung herausstrebten und in ihrer Persönlichkeit einen gewissen Rang darstellten, mochten sich hier begegnen, frei gelöst. Vorausgesetzt war die vaterländische Grundhaltung, die dem Partner auch bei unterschiedlicher Programmatik zuzubilligen war."[144] Dem ist zur geglückten Gründung der Frankfurter Gesellschaft nicht mehr viel hinzuzufügen. Es bleibt die Frage, wie sie diesen weiten und großzügigen Ansatz tatsächlich ausgefüllt hat.

III Die Zwischenkriegszeit – eine Blütezeit

Die Gesellschaft überstand die Krisen der Weimarer Republik, die Zeit der Instabilität und teilte die Blütezeit der Weimarer Republik in den Jahren von 1924 bis 1928 in den vielfältigsten Beziehungen, bevor Staat und Gesellschaft erneut in eine tiefgreifende Krise gerieten und die Demokratie unterging. Dabei hatte sich die Gesellschaft in den Jahren von 1920 bis 1930 lange Zeit bewährt. Doch am Ende der Republik geriet auch sie in die Krise und wurde – nicht untypisch für die Zeit – in eine tragische innere Auseinandersetzung gerissen, über die im anschließenden Kapitel ausführlich berichtet wird. Die Vorgänge ab 1930 sind in ihrer Bedeutung und Dimension erst richtig zu verstehen, indem die gegensätzliche Praxis der ersten zehn Jahren ausführlich erläutert wird. Diese waren eine eindrucksvolle Bestätigung der Richtigkeit des Ansatzes von Justizrat Dr. jur. Ludwig Heilbrunn und des Vizepräsidenten der Handelskammer, Karl Kotzenberg, sowie der anderen an der grundsätzlichen Ausrichtung dieses Vereins Beteiligten.

Wer versammelte sich in der Frankfurter Gesellschaft unmittelbar nach Krieg und Revolution? Ein Blick auf die Mitglieder von den Anfängen bis 1930, dem Jahr, aus dem das letzte Mitgliederverzeichnis vor der Zeit des Nationalsozialismus stammt, zeigt, dass es auch in Bezug auf die sehr weitreichenden Zielvorstellungen der Gründungsphase tatsächlich gelungen war, die führenden Repräsentanten aus den entsprechenden Bereichen der Stadt, erst in der Villa des Industriellen Walter vom Rath am Untermainkai 56 zu versammeln und dann in der des Bankiers Wilhelm Bonn in der Siesmayerstraße, der in den 1870er Jahren mit Investitionen in den amerikanischen Eisenbahnbau zu großem Reichtum gelangt war. Wir finden, dem damaligen Charakter der Stadt entsprechend, einen überproportionalen Anteil von ebendiesen Bankiers und Kaufleuten, die auch die zentralen Vorstandspositionen innehatten und diese nur ausnahmsweise mit einem Industriellen wie Arthur von Weinberg oder Walther vom Rath teilten. Ansonsten standen mit Moritz von Bethmann, Karl Kotzenberg, Simon Bamberger und Oscar F. Oppenheimer ausgeprägte Kaufleute und Bankiers der Gesellschaft vor. Lediglich als Stellvertreter und Beisitzer tauchen dann auch noch Verleger, Kommunalbeamte und die Herren der Wissenschaft auf: Heinrich Simon, Ludwig Heilbrunn, Carl von Noorden, Georg Swarzenski und Richard Wachsmuth – alles Namen, die auch in der Gründungsphase bereits eine zentrale Rolle gespielt hatten.

Bemerkenswert ist der breite Zugang, den in dieser Anfangszeit die Chemie-, Metall- und Automobilindustrie der Region bei der Gesellschaft gefunden hatte. Zu dieser Gruppe gehörten zum Beispiel Carl und Otto Dyckerhoff, Inhaber eines großen Zementwerks in Wiesbaden-Amöneburg, Wilhelm Heinrich Heraeus, Inhaber der Platinschmelze W. C. Heraeus GmbH in Hanau, Wilhelm Ferdinand Kalle, Teilhaber der chemischen Fabrik Kalle & Co. in Wiesbaden-Biebrich, Georg Kränzlein, Wilhelm von Meister und Georg von Schnitzler von der Hoechst AG in Höchst und dann Leo Gans, Arthur und Carl von Weinberg, Inhaber der Farbwerke Cassella in Fechenheim, sowie zeitweilig auch Wilhelm von Opel, Inhaber der Opelwerke in Rüsselsheim, die in dieser Zeit an General Motors verkauft wurden.

Erfolgreich war auch das Werben im Bereich der Wissenschaft. Weit über den Bereich der Professoren der jungen Universität hinausgehend finden sich zahlreiche Leiter von Kliniken und auch die leitenden Präsidenten und Oberpräsidenten der Gerichte, von denen die 89 Geheim-, Sanitäts- oder Justizräte Zeugnis ablegen. Zu nennen sind auch Entscheidungsträger in den kulturellen Einrichtungen, von denen mit dem Städel nur eines unter vielen genannt sei. Nicht weniger als 214 der 495 Mitglieder trugen 1930 einen akademischen Titel und davon waren wiederum 173 Professoren oder Inhaber eines vergleichbaren Ratstitels. Gegenüber den Anfängen und der Gruppe der Initiatoren ist also eine deutliche Zunahme der Wissenschaftler sowohl der Universität wie in anderen Einrichtungen zu verzeichnen. Gerade in der Medizin, aber auch in der Jurisprudenz sammelte sich bedeutender Sachverstand, der nicht nur die reine Forschung und Theorie betraf, sondern auch seine praktische Anwendung zum Beispiel in den Kliniken oder vor Gericht.

Die Betrachtung der Mitglieder liefert jedoch nur einen ersten Eindruck. Wie beabsichtigt, war die Rekrutierung der Entscheidungsträger aus möglichst vielen Wirkungsbereichen überaus erfolgreich. Und so finden wir die unterschiedlichsten Kreise und mit ihnen ein weites Spektrum von Betätigungsfeldern, also sowohl theoretische Kompetenz wie auch weitreichendes Erfahrungswissen.

Über alle Parteigrenzen hinweg

Es war richtig, in der Zeit der Krise und des drohenden Zerfalls von Staat und Gesellschaft unmittelbar nach dem Ersten Weltkrieg eine übergreifende Organisation zu schaffen, in der sich die Entscheidungsträger der damaligen Zeit sammelten, um unter Respektierung der unterschiedlichen, ja oft gegensätzlichen politischen und ideologischen Einschätzungen zusammenzukommen und zu einem weiten Spektrum an Einzelfragen und einzelnen Aspekten das Gespräch zu suchen. Das „Gespräch suchen" muss dabei in einem umfassenden Sinn verstanden werden. Es ging nicht in erster Linie um zwangloses Plaudern und nicht allein um ein gegenseitiges Kennenlernen über die beruflichen und politischen Sphären hinweg oder um Männergespräche an der Bar oder vor dem Kamin, sondern um den Austausch der Ideen und Argumente der unterschiedlichen Richtungen, und zwar von der Ideenwelt der Sozialdemokraten über die verschiedenen Richtungen des Liberalismus und konfessionell geprägter Einstellungen zur Republik von Seiten der Katholiken und Juden bis hin zu den Einschätzungen und Überzeugungen konservativer Kreise in ihren verschiedenen Spielarten und Schattierungen. In der Mitgliedschaft spiegelt sich dann auch das weite Panorama dieser politischen Absicht und der gelebten Praxis dieses Ansatzes.

Es gab eigentlich nur zwei Richtungen, die kaum Berücksichtigung in der Gesellschaft fanden. Dabei handelte es sich zum einen um den rechtsradikalen Flügel der 1917 als Sammlungsbewegung entstandenen und dann in der Revolution zu großen Teilen in die völkische Bewegung übergegangenen, anfangs Hindenburg-Partei genannten Deutschen Vaterlandspartei, also dem Reservoir, aus dem dann die NSDAP ihre Mitglieder fischte.[1] Ähnlich verhielt es sich mit der Kommunistischen Partei Deutschlands (KPD). Auch der linksradikale Flügel der politischen Arbeiterbewegung, die aus der USPD hervorgegangene KPD, fand keinen direkten Widerhall in der Frankfurter Gesellschaft. Die NSDAP fand in Frankfurt noch bis Ende der 1920er Jahre wenig Zuspruch und war 1929 in der Stadtverordnetenversammlung lediglich mit vier von 84 Mandaten vertreten. Allerdings waren die Übergänge vom rechten Rand der DNVP zum Rechtsradikalismus fließend und vereinzelte Sympathien von Mitgliedern der Gesellschaft können nicht ausgeschlossen werden, wie das bereits vorgestellte Beispiel Hans von Passavants gezeigt hat.

Es gibt auch noch eine andere prominente Person mit starken Bezügen nach Frankfurt, die in vielfacher Hinsicht eine geradezu verhängnisvolle Rolle gespielt hat, die weit über die Blut-und-Boden-Romantik von Hans von Passavant hinausging. Die Rede ist von dem Schwiegersohn von Franz Adickes, Alfred Hugenberg. Hugenberg war der politisch und medial mächtigste Zeitungsverleger der Weimarer Republik. Er gilt als einer der bedeutendsten Wegbereiter des Nationalsozialismus. Mit seinem Medienkonzern, der in der Weimarer Republik die Hälfte der deutschen Presse kontrollierte, trug er mit nationalistischer und auch antisemitischer Propaganda nicht unwesentlich zum Aufstieg der rechtsradikalen Parteien am und zum Ende der Weimarer Republik bei. Er übernahm die Funktion des Türöffners für den Durchbruch der nationalsozialistischen Bewegung zur Macht, als er am 31. Januar 1933 als Vorsitzender der *Deutschnationalen Volkspartei* (DNVP) die Kanzlerschaft Hitlers, mit ihm selbst als Wirtschaftsminister, ermöglichte. Es war dies kein zufälliger und singulärer Akt.

Abb. 1/2: Alfred Ernst Christian Alexander Hugenberg (1865–1951) war ein deutscher Montan-, Rüstungs- und Medienunternehmer, Politiker (DNVP) und in den ersten Monaten nach Hitlers Machtergreifung noch Minister für Wirtschaft, Landwirtschaft und Ernährung in dessen erstem Kabinett.[2] Wahlplakat 1933: Hugenberg, Papen und Seldte[3]

Hugenbergs Weg zum verhängnisvollen „Steigbügelhalter" verlief mehrgleisig. Einerseits errang er Positionen in der Schwerindustrie des Ruhrgebiets. Das Entreebillet erhielt er 1900 als Dreingabe seiner Heirat mit der Tochter des damaligen Frankfurter Oberbürgermeisters Franz Adickes, einer Cousine zweiten Grades. Als Mitglied der Familie Adickes half ihm die enge Freundschaft seines Schwiegervaters mit Wilhelm Merton sehr. Letzterer verhalf ihm zu einer Position in der Frankfurter *Berg- und Metallbank* seines Sohnes Richard Merton, einem damals noch neuen Unternehmen im Konzern der Metallgesellschaft. Von dort aus gelang ihm bis 1908 der Aufstieg in den Vorstand dieses Unternehmens. Nur ein Jahr später übernahm er bereits den Vorsitz des Direktoriums des Finanzwesens der *Friedrich Krupp AG* in Essen und fand rasch Eingang in wichtige Verbände der deutschen Schwerindustrie, wie den Bergbauverein und den Zechenverband sowie den *Reichsverband der Deutschen Industrie* und den Ausschuss Deutscher Arbeitgeberverbände. Adickes konnte stolz sein, einen derart agilen Schwiegersohn bekommen zu haben, der binnen weniger Jahre über mehr Einfluss im Reich verfügte als er selbst. Sein Lebenslauf bis dahin dürfte dem nationalliberalen Adickes auch bekannt gewesen sein. Auch viele in der Gesellschaft kannten ihn mehr oder weniger persönlich. Er hatte 1888 in Straßburg ein Studium der Volkswirtschaft mit einer Promotion über das Thema *Innere Colonisation im Nordwesten Deutschlands* abgeschlossen.[4] Wenige Jahre später übernahm er 1894 in Posen eine leitende Funktion in der Ansiedlungskommission. Diese sollte deutsche Familien zum Umzug in die Provinz Posen bewegen, um das Verhältnis zwischen deutscher und polnischer Bevölkerung zugunsten der deutschstämmigen zu verschieben. In diesem Kontext gründete Hugenberg gemeinsam mit dem Kolonialenthusiasten Carl Peters 1891 den *Allgemeinen Deutschen Verband*, der sich ab 1894 *Alldeutscher Verband* nannte.

Der Krieg bot ihm die unerwartete Chance, seinen Einfluss auf die deutsche Meinungsbildung um ein Vielfaches zu steigern. Der Scherl-Konzern, einer der großen Nachrichtenagenturen und Zeitungsverlage im Kaiserreich, geriet zu Beginn des Ersten Weltkriegs in wirtschaftliche Nöte. Schwerindustrie und Regierung ermunterten Alfred Hugenberg im Jahre 1916 – also mitten im Krieg –, sich bei der Übernahme des Scherlschen Zeitungsimperiums zu engagieren.[5] Dieser zögerte nicht und kaufte mit Unterstützung der preußischen Regierung den Konzern, der später durch zahlreiche Zukäufe und die Gründung weiterer Unternehmungen im medialen Bereich zum größten Medienunternehmen dieser Art in Deutschland heranwuchs.

Hugenberg optimierte dabei gleich den Verkauf von Nachrichten, indem er fertige Matern an Zeitungskleinverlage liefern ließ, die in den Provinzdruckereien nur noch nachgedruckt werden mussten. Die meisten Provinzblätter, die sich auf diesem Weg Redakteure sparten, bezogen wenig später auch ihre Kolumnen aus Hugenbergs Werkstätten. Der Kundenstamm wuchs in den zwanziger Jahren auf 1.600 deutsche Zeitungen an, von deutschnationalen Blättern bis liberal-konservativen. Hugenbergs Konzern beschäftigte zu diesem Zweck bis zu 2.000

Mitarbeiter alleine damit, Nachrichten auszuwählen, zu formulieren und zu kommentieren. Ein weiteres Betätigungsfeld bildeten Unternehmen der Filmwirtschaft. Wozu 1927 der Kauf der *Universum Film AG* (Ufa) gehörte, die er mit Hilfe der Deutschen Bank sanierte.

Seine Medienmacht und seine prominente Stellung in der deutschen Schwerindustrie bildeten eine ideale Plattform für den Sprung in die Politik. Von dort aus arbeitete er sich auch noch zum einflussreichsten Politiker der Deutschnationalen empor. Ausgangspunkt bildete hier sein Engagement im *Alldeutschen Verband*, der am rechten Rand des deutschen Parteien- und Verbandsspektrums angesiedelt war. Diese Position baute er in der Revolution 1918 aus und beteiligte sich an der Gründung der DNVP, einer Sammelorganisation für rechte Kreise der Nationalliberalen und der Konservativen, deren Ziele vor allem darin bestanden, die Weimarer Republik zu beseitigen und die Monarchie wieder einzuführen, um den Besonderheiten des mit den Ideen der Französischen Revolution unverträglichen Deutschlands, wie dies Thomas Mann in seinen „Bekenntnissen eines Unpolitischen" dargelegt und dann widerrufen hatte, gerecht zu werden. Kurz vor dem Beginn der Niedergangsphase der Weimarer Republik finden wir Hugenberg schließlich als Parteivorsitzenden dieser von ihm mitbegründeten DNVP.

Hugenberg wie von Passavant sind Beispiele für die Durchlässigkeit von Politik und Ideologie am rechten Rand der Konservativen. Das Bild wandelte sich nach 1930 rasend schnell. Binnen weniger Monate entfaltete sich der Nationalsozialismus zu einer großen politischen Kraft, während die republikanischen Parteien im gleichen Maße an Macht und Überzeugungskraft einbüßten, und mit ihrem Verfall nahm auch die Distanz zu den Völkischen ab – die Zeit der „Märzgefallenen" brach an. 1933 waren die Nationalsozialisten die Entscheidungsträger, nicht nur in Frankfurt, überall in Deutschland.

Hugenberg wurde nie Mitglied der Frankfurter Gesellschaft, aber er war mit dem Frankfurter Milieu gut vernetzt und über die DNVP war Hugenberg natürlich auch den Weinbergs und Bethmanns kein Unbekannter. Weiterhin repräsentierte Hugenberg ein politisches Verhalten gegenüber dem Aufstieg des Nationalsozialismus, das auch unter den konservativen Mitgliedern der Gesellschaft nicht unbekannt war. Wir werden im Kapitel IV darauf zurückkommen.

Ähnliche Tendenzen lassen sich auch am linken Rand des in der Frankfurter Gesellschaft vertretenen politischen Spektrums beobachten. Es gab kein Mitglied, das die politische Position der KPD repräsentiert hätte. Von der USPD finden sich allerdings prominente Mitglieder in der Gesellschaft, so Bruno Asch, der spätere Kämmerer Ludwig Landmanns, und auch Prof. Dr. Carl Grünberg oder Friedrich Pollock dürften der USPD näher gestanden haben als der SPD – solange die Abspaltung aus den letzten beiden Kriegsjahren noch existierte. Dieser linke Rand der Gesellschaft war jedoch ebenso durchlässig zur extremen Linken wie der rechte Rand zur extremen Rechten.

Die politische und ideologische Spannweite von weit links bis weit nach rechts ist bemerkenswert. Dabei handelte es sich nicht nur um Meinungen von Mitgliedern, sondern um Mitgliedermeinungen in profunden Positionen. Es versammelten sich in der Gesellschaft nicht wenige Magistratsmitglieder. Dazu gehörten der in der Zeit des Krieges und der Revolution von der Freisinnigen Volkspartei zur Deutschen Demokratischen Partei übergewechselte Oberbürgermeister Georg Voigt und sein Stadtplaner Ludwig Heilbrunn. Erklärte Anhänger der neuen Republik und der Demokratie waren Ludwig Landmann von der DDP und Eduard Gräf von der SPD. Auch der Kämmerer von Landmann, Bruno Asch, war wie erwähnt Mitglied der Gesellschaft und wie Gräf auch Mitglied der SPD. Viele Mitglieder wirkten auch in der Stadtverordnetenversammlung. Bekannt ist das Engagement von Karl Kotzenberg für die DDP. Genauso kann auch der Redakteur Sally Goldschmidt angeführt werden, der ebenfalls wie der Bankier Otto Hirsch für die DDP im Frankfurter Parlament saß. Für das Zentrum sind Friedrich Dessauer und August Kercher zu nennen und für die Deutsche Volkspartei (DVP) war Richard Merton ein prominentes Beispiel. Für den Flügel der Konservativen, deren politische Heimat die *Deutschnationale Volkspartei* geworden war, kann Oberlandesgerichtsrat Ernst

Wagner angeführt werden.[6] Das sind nur wenige Beispiele aus der Zeit am Ende der 1920er Jahre.

Die Gesellschaft und das weite Feld der Wissenschaft

Doch der Blick auf die politischen Strömungen wäre viel zu eng gefasst, wenn man es dabei beließe. Man wird der Gesellschaft nicht gerecht, wenn nicht das weite Feld der Wissenschaft hinzugedacht wird, und zwar in allen seinen Bereichen und Segmenten, angefangen von den Wirtschafts- und Sozialwissenschaften, den philosophischen und historischen Feldern der Erkenntnisse, über die zahlreichen modernen Naturwissenschaften, die Mathematik und Logik bis hin zu den theologischen Wissenschaften, erst der christlichen und jüdischen und dann aller Religionen in der Welt. Und auch das wäre noch zu kurz gegriffen, käme nicht noch das weite Feld der Kultur und der Künste hinzu – also eine Spannweite, die von dem Afrikaforscher Leo Frobenius bis zu dem bereits erwähnten Eisenhändler und Musikwissenschaftler Paul Hirsch reichte, um nur zwei besonders herausragende Mitglieder in der Zeit zwischen 1920 und 1930 zu nennen.

Nachdem Frobenius ohne Abiturabschluss eine Kaufmannslehre in Bremen absolviert hatte, volontierte er an den völkerkundlichen Museen in Bremen, Basel und Leipzig und wandte sich als Autodidakt dann ganz der Völkerkunde zu. Ähnlich wie Hirsch musikalische Schriftstücke zu einer einzigartigen Sammlung zusammenführte, gründete Frobenius 1898 in München sein Afrika-Archiv, das er um 1920 zusammen mit Oswald Spengler zu einem Institut für Kulturmorphologie ausbaute.

Mitte der 1920er Jahre übersiedelte Frobenius nach Frankfurt, wurde 1932 Honorarprofessor an der Universität Frankfurt und durfte ab 1935 drei Jahre vor seinem Tod das Völkerkundemuseum leiten. In dieser Zeit war er auch Mitglied der Frankfurter Gesellschaft. Sein Ziel war es, die von Oswald Spengler entwickelte Theorie einer „Kulturmorphologie" in einem Institut anhand seiner gesammelten Unterlagen zu Afrika zu erforschen. Die Grundlagen hatte Spengler entwickelt. In sei-

Abb. 3/4: Institutsleiter: Leo Frobenius im Jahr 1924, gemalt von seinem Bruder Hermann Frobenius[7] und sein Ideengeber Oswald Spengler, Skizze von Rudolf Großmann im *Simplicissimus*, 1922[8]

nem Hauptwerk *Der Untergang des Abendlandes* hatte dieser sich zwei Jahre zuvor gegen eine lineare Geschichtsschreibung ausgesprochen, die die Geschichte der Menschheit nur als eine Geschichte des Fortschritts auffasst. An ihre Stelle setzte er eine Zyklentheorie, nach der immer wieder neue Kulturen entstehen, eine Blütezeit erleben und sich durch eine Phase des Verfalls in einem Zeitraum von ca. 1.000 Jahren vollenden und untergehen. So sahen auch beide die „Kultur des Abendlandes" im Untergang begriffen.[9] Der Befund resultierte aus einem Vergleich des europäisch-nordamerikanischen Abendlandes unter kulturmorphologischen Gesichtspunkten mit sieben anderen Hochkulturen. Im Ergebnis entwarf Spengler das Panorama einer sich in immer wiederkehrenden Kreisläufen entwickelnden Geschichte. Er nahm dabei auch Bezug auf die Erfahrungen der Zeit vor und während des Ersten Weltkrieges und lieferte eine Scheinerklärung für die Umbrüche der Zeit. Methodisch setzt er die historische Formenwelt von Jahrtausenden miteinander in Beziehung und entwickelt daraus ein metaphysisch verwurzeltes System, welches den Anspruch erhob, die gesamte höhere Kulturgeschichte zu erklären. Mehr noch, in seiner vielbeachteten Schrift

Der Untergang des Abendlandes wird nach Auffassung Spenglers erstmals der Versuch unternommen, Geschichte vorauszubestimmen. Seiner Meinung nach firmiert dabei „Untergang" als notwendiger Abschluss einer vorausgehenden Blüte- und anschließender längerer Abstiegszeit. Seiner Ansicht zufolge sei dies immer auch eine Zeit der Personenherrschaften und Diktaturen, mit denen der Untergang verzögert werde.

Frobenius stand mit einem Vordenker aus dem Kreis der konservativen Revolution in enger Tuchfühlung, und das meinte bei Spengler nicht nur eine ideologische Beziehung, sondern durchaus auch eine handfeste, gegen die junge Republik gerichtete politische Praxis. Im Krisenjahr 1923 nahm Spengler an Vorbereitungen rechtsgerichteter Kreise teil, um die Reichsregierung unter Gustav Stresemann – ganz im Sinne seiner theoretischen Befunde – durch ein autoritär regierendes „Direktorium" zu ersetzen.[10]

Gerade diesbezüglich hat Thomas Mann sich mit Spengler auseinandergesetzt und sich von ihm scharf distanziert: „Wir wollen unsere Meinung über Spenglers Werk hier einschalten; es ist der Ort dazu. Sein ‚Untergang' ist das Erzeugnis enormer Potenz und Willenskraft, wissenschaftsvoll und gesichtereich, ein intellektualer Roman von hoher Unterhaltungskraft und nicht allein durch seine musikalische Kompositionsart an Schopenhauers ‚Welt als Wille und Vorstellung' erinnernd. Damit ist das Buch sehr hoch gestellt. Gleichwohl haben wir unsere demokratische Meinung darüber, finden seine Haltung falsch, anmaßend und ‚bequem' bis zur äußersten Inhumanität. Es läge anders, wenn diese Haltung Ironie bärge, wie wir anfänglich glaubten; wenn seine Prophezeiung polemisches Mittel der Abwehr bedeutete. Wirklich kann man eine Sache wie die ‚Zivilisation', nach Spengler der biologisch-unvermeidliche Endzustand jeder Kultur und nun auch der ‚abendländischen', ja prophezeien – nicht damit sie kommt, sondern damit sie *nicht* kommt, vorbeugenderweise also, im Sinne geistiger Beschwörung; und so, dachte ich, verhalte es sich hier. Als ich aber erfuhr, daß dieser Mann seine Verkalkungs-Prophetie stockernst und positiv genommen haben wolle und die Jugend in ihrem Sinn unterweise, das heißt sie anhalte, an Dinge der Kultur, der Kunst, der Dichtung und Bildung nur ja nicht ihr Herz und ihre Leidenschaft zu verschwenden, sondern sich an das zu halten, was einzig Zukunft sei und was man wollen müsse, um überhaupt noch irgend etwas wollen zu können, nämlich an den Mechanismus, die Technik, die Wirtschaft oder allenfalls noch die Politik; als ich gewahr wurde, daß er tatsächlich dem Willen und der Sehnsucht des Menschen die kalte ‚naturgesetzliche' Teufelsfaust entgegenballt, – da wandte ich mich ab von so viel Feindlichkeit und habe sein Buch mir aus den Augen getan, um das Schädliche, Tödliche nicht bewundern zu müssen."[11]

Eine derartige Distanzierung ist von Frobenius nicht bekannt. Es ist aber zu vermuten, dass er mit der wertkonservativen Ideenwelt Spenglers im Kopf an den Aufbau seines Instituts ging. Ganz im Sinne von Spenglers Lehre vom Kreislauf der Kulturen bzw. dem Auf- und Abstieg der großen Reiche führte auch Frobenius in seiner Abhandlung über den *Ursprung der afrikanischen Kultur* die von ihm zusammengetragenen Bilder, Erzählungen und Artefakte zu einer Kulturkreislehre zusammen. Er teilte damit den Fortschrittspessimismus Spenglers.

Sein Augenmerk richtete sich damals jedoch weniger auf die Zukunft der deutschen Demokratie als auf Afrika. Von 1904 bis 1935 unternahm er verschiedene Forschungsexpeditionen nach Togo, Tunesien, Sambia sowie in den Sudan, den Kongo und Äthiopien. Besonderes Interesse brachte er den gerade entdeckten Felsbildern in der Sahara entgegen, die er als wichtige Quelle für die Rekonstruktion der afrikanischen Geschichte ansah.

Als einer der ersten Europäer erkannte Frobenius die Geschichtlichkeit der afrikanischen Kulturen, die man noch nach ihm gern als „geschichtslos" bezeichnete, und er anerkannte gleichzeitig ihre prinzipielle Gleichwertigkeit. So wurde er, wie das Frobenius-Institut festhält, „zu einem Kronzeugen der ‚Négritude', deren Protagonisten um die Wiedergewinnung eines kulturellen Selbstbewusstseins der Afrikaner bemüht waren".[12] Dieser Verdienst bleibt, auch wenn die zeitgenössisch von ihm mitgetragene Kulturkreislehre mit Reichen von rund 1.000 Jahren Dauer missbraucht wurde, das „Tausendjährige Reich" eines Österreichers aus Braunau zu fundieren.[13]

Hat uns die Ideenwelt des Mitglieds der Frankfurter Gesellschaft, des Ethnologen Leo Frobenius, eher in die ideologischen Welten der konservativen und autoritären Erneuerung der Gesellschaft geführt, so gibt es gleich eine ganze Gruppe von Mitgliedern, die kaum weniger intensiv an der Ausgestaltung eines Arsenals von neuen Ideen gearbeitet hatten, die eher in der Tradition der Aufklärung und der Französischen Revolution zu Emanzipation, Egalité und Befreiung führen sollten, und zwar unter dem ausdrücklichen Einschluss einer sozialen Angleichung. Sie stellten die Frage nach den Gründen des Zerfalls der Sozialdemokratie und zu diesem Zweck gründeten sie einen Verein zur Errichtung eines Instituts für Sozialforschung. Das war 1922, also in etwa zeitgleich mit der Ankunft von Leo Frobenius und seinem Institut für Kulturmorphologie.

Abb. 5–7: Felix Weil, George Grosz malte seinen Freund in Berliner Tagen im Jahr 1926[14], Friedrich Pollock[15] und Carl Grünberg[16]

Von dieser Gruppe waren oder wurden gleich drei auch Mitglieder der Frankfurter Gesellschaft und ohne Frage, es waren die wichtigsten sowohl als Initiatoren wie als Ausgestalter dieser Forschungseinrichtung mit weitreichenden Ergebnissen. Alle drei investierten entweder erhebliche Geldmittel oder einen erheblichen Teil ihrer Zeit und ihrer Forschungsarbeit in die Aufklärung eines zentralen Phänomens der historischen Erschütterung, die Deutschland zwar besonders heftig getroffen hatte, die aber keineswegs auf dieses Land beschränkt war. Es handelte sich hierbei um Felix Weil, Sohn des Getreidehändlers Hermann Weil, der mit dem Import von argentinischem Weizen große Reichtümer erworben hatte, dann um Friedrich

Pollock, einen Unternehmersohn, der sich für den Marxismus interessierte, schließlich Carl Grünberg, den Vater des Austromarxismus und mit dem Sozialdemokraten und Marxismustheoretiker Rudolf Hilferding als prominentestem Schüler, und schließlich ab den späten 1920er Jahren auch um Max Horkheimer, den Mitbegründer der weltweit bekannten Frankfurter Schule der Soziologie, die aus dem *Institut für Sozialforschung* hervorgegangen ist. Weiterhin ist noch Richard Sorge zu nennen, der zwar nie ein Mitglied der Gesellschaft gewesen war, dafür aber eine der schillerndsten Persönlichkeiten aus den Anfangstagen des Instituts, dann der kommunistischen Weltbewegung und des russischen Militärgeheimdienstes, der als „Spion Stalins" erheblich dazu beitrug, im Zweiten Weltkrieg eine Wende zugunsten der Alliierten einzuleiten.

Alles hat einen Anfang und der des *Instituts für Sozialforschung* ist abgesehen von organisatorischen Vorbereitungen auf den Mai 1923 zu setzen, als es um die Klärung der Ziele und Themen dieses Instituts ging, und zwar auf der später „Erste Marxistische Arbeitswoche" genannten Konferenz, zu der sich ein eindrucksvoller Kreis von Persönlichkeiten traf, die sich ebenso weit links verorteten wie Hugenberg, Spengler, Frobenius und von Passavant rechts. Von der Konferenz ist ein Bild der Teilnehmer überliefert, das von einigem historischen Interesse ist.

Felix Weil – auf dem Bild stehend 2. v. r. und ganz im Hintergrund und von jüdischer Abstammung – trat in Frankfurt zusammen mit seinem Vater, dem Multimillionär Hermann Weil nicht nur als Stifter und großzügiger Mäzen in Erscheinung, sondern engagierte sich genauso intensiv für das Thema der marxistischen Orthodoxie und den Streit der damaligen Schulen des Marxismus. Er hatte sich mit einem Studium der Nationalökonomie in Tübingen und in Frankfurt am Main auch einige Kompetenz dazu erworben. Die konservativen Schwaben wollten ihn wegen seines radikalen politischen Engagements nicht promovieren, weshalb er an der Frankfurter Universität eine Dissertation über das Thema Sozialisierung ablegte, sich also treu blieb.[18] Entsprechend seiner Forschungsinteressen suchte und fand er Kontakt zu marxistischen Theoretikern, so unter anderen zu Karl Korsch – auf dem Bild: sitzend,

Abb. 8: Erste Marxistische Arbeitswoche vom 20. Mai bis 28. Mai 1923 in Geraberg in Thüringen[17]

Stehend von links nach rechts: Hede Massing, Friedrich Pollock, Eduard Ludwig Alexander, Konstantin Zetkin, Georg Lukács, Julian Gumperz, Richard Sorge, Karl Alexander (Kind), Felix Weil, unbekannt; sitzend: Karl August Wittfogel, Rose Wittfogel, unbekannt, Christiane Sorge, Karl Korsch, Hedda Korsch, Käthe Weil, Margarete Lissauer, Bela Fogarasi und Gertrude Alexander.

5. v. links –, einem Erneuerer der marxistischen Philosophie und Theorie in der ersten Hälfte des 20. Jahrhunderts, der heute in einem Zug mit Georg Lukács, Ernst Bloch und Antonio Gramsci genannt wird. Korsch durchlebte zwischen 1919 und 1923 dramatisch zu nennende Monate. Er gehörte zu den Mitbegründern des Arbeiter- und Soldatenrats in Meiningen und war anschließend zeitweise Mitglied der Sozialisierungskommission für den Kohlenbergbau in Berlin. Im Juni des Jahres 1919 schloss er sich der USPD an und gehörte hier bald zu deren linkem Flügel, der sich 1920 auf dem Parteitag in Halle für den Zusammenschluss mit der KPD aussprach. Neben der aufreibenden politischen Praxis dieser Tage, habilitierte er sich nebenbei im Oktober 1919 über

Recht und Rechtsschutz im englischen Zivilprozeß und wurde zunächst Privatdozent in Jena, dort dann Ende August 1923 gegen den Willen von Fakultät und Universitätsleitung zunächst zum außerordentlichen und ab 1. Oktober 1920 dann zum persönlichen ordentlichen Professor für Zivil-, Prozess- und Arbeitsrecht berufen. Er war 1923 sogar für einige Wochen Justizminister in einer rot-roten Koalition in Thüringen, die von Ebert persönlich abgesetzt wurde, der damit Korsch in den Untergrund und zum linken Flügel der KPD trieb. Von dieser wiederum wurde er ausgeschlossen, als er ab 1925 die Stalinisierung der KPdSU und der KPD zu kritisieren begann.[19] Zwei Jahre zuvor, inmitten der turbulenten Tage des Jahres 1923 hatten sich Korsch und Weil kennen- und schätzen gelernt. Korsch regte an, mit einigen wichtigen Vertretern des radikalen Flügels der Marxisten zusammenzukommen und sich Zeit zu nehmen, um grundsätzlich über die theoretischen Probleme des Marxismus im 20. Jahrhundert zu diskutieren. Daraus entwickelte sich eine acht Tage dauernde Tagung, die im Mai in Geraberg in Thüringen stattfand und wie erwähnt als Erste Marxistische Arbeitswoche in die Annalen des Instituts für Sozialforschung einging. Als Organisatoren verpflichteten Weil und Korsch den Kommunisten Richard Sorge – auf dem Bild: stehend, 4. v. links, neben Felix Weil –, einen nicht weniger schillernden Marxisten wie Korsch es selbst war.

Er war nach Frankfurt gekommen, weil sein Doktorvater Kurt Gerlach als Gründungsdirektor für das geplante Institut für Sozialforschung vorgesehen war und Sorge in Vorbereitung darauf eine Assistentenstelle bekam. Aus diesem Grund trat er auch der *Gesellschaft für Sozialforschung*, dem formellen Verein für die Gründung des *Instituts für Sozialforschung*, bei und bekam auch gleich von Weil den Auftrag, die Organisation der Tagung vorzubereiten. Die Aussicht, als Assistent Gerlachs eine wichtige Stellung in dem geplanten Institut einzunehmen, erfüllte sich allerdings nicht, da Gerlach vorzeitig seiner Diabetis erlag und die Gründung dann in die Hände von Carl Grünberg gelegt wurde.[20]

Sorge ging 1924 nach Moskau und entwickelte sich dort zu einem vielseitigen Schreiber für die Sache des Sozialismus und scheute sich auch nicht, Mitarbeiter des sowjetischen Militärgeheimdienstes (GRU) zu werden. Er war vor und während des Zweiten Weltkriegs in geheimer Mission in China und Japan tätig und beschaffte Stalin wertvolle Informationen zum Verhalten Japans nach dem Angriff Deutschlands auf die Sowjetunion, weshalb Stalin sibirische Eliteeinheiten abziehen und sie im Dezember in die Abwehrschlacht um Moskau werfen konnte.

Damit zurück zur Tagung, die Sorge sehr effizient vorbereitet hatte.[21] Die Konferenz fand über Pfingsten vom 20. bis zum 28. Mai 1923 in Geraberg in Thüringen statt. Tagungsort war ein Bahnhofshotel, das von einem Kommunisten geführt wurde. Zu den Teilnehmern gehörten neben Felix Weil und Richard Sorge namhafte Marxisten und Kommunisten wie Georg Lukács, Karl August Wittfogel oder Bela Fogarasi. Neben den Frauen der Beteiligten nahm noch eine weitere Person daran teil – das spätere Mitglied der Frankfurter Gesellschaft, Friedrich Pollock. Er saß im Mai 1923 an einem abgeschiedenen Ort in Thüringen mit einer Gruppe zusammen, die ein Rätedeutschland trotz der Entscheidungen von 1918 in einer ähnlichen greifbaren Nähe wähnten wie Spengler sein „Direktorium". Das gibt einen Eindruck vom Ausmaß der Erschütterungen und der Krisenhaftigkeit, die die bürgerliche Lebenswelt in dieser Zeit erfahren hatte. Pollock stammte wie Weil aus einer wohlhabenden bürgerlichen Familie. Sein Vater war Inhaber einer Lederfabrik in Freiburg i. Br. Die jüdische Familie war zum christlichen Glauben konvertiert und der Sohn absolvierte eine Ausbildung im Finanzgeschäft. Noch nicht endgültig entschieden, wie es beruflich mit ihm weitergehen sollte, traf er in Frankfurt Max Horkheimer, wie er ein Unternehmersohn aus dem Schwäbischen, der sich gerade von seinen unternehmerischen Verpflichtungen frei gemacht hatte und ein Studium in Frankfurt absolvierte und z. B. Seminare beim Mitglied der Frankfurter Gesellschaft Franz Oppenheimer belegte. Unter seinem Einfluss begann Pollock ebenfalls ein Studium in den Fächern Wirtschaft, Soziologie und Philosophie an der Universität Frankfurt am Main. 1923 wurde er mit einer Arbeit über die ökonomische Theorie von Marx etwa zeitgleich wie Weil promoviert. Insofern kann man ihn als bestens präpariert für die ta-

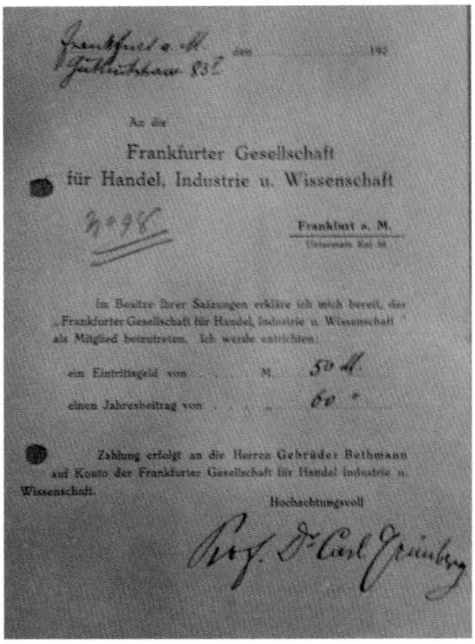

den 192

An die

Frankfurter Gesellschaft
für Handel, Industrie u. Wissenschaft

Frankfurt a. M.
Untermain Kai 20

Im Besitze Ihrer Satzungen erkläre ich mich bereit, der „Frankfurter Gesellschaft für Handel, Industrie u. Wissenschaft" als Mitglied beizutreten. Ich werde entrichten:

ein Eintrittsgeld von . . . . M. 50

einen Jahresbeitrag von 60

Zahlung erfolgt an die Herren Gebrüder Bethmann auf Konto der Frankfurter Gesellschaft für Handel Industrie u. Wissenschaft.

Hochachtungsvoll

Prof. Dr. Carl Grünberg

Abb. 9: Aufnahmebescheinigung für Prof. Dr. Carl Grünberg o. Dat. (1924)[24]

gelangen Auseinandersetzungen in Geraberg ansehen.[22]

Die Arbeitswoche war das erste Theorieseminar des gerade per Erlass des preußischen Bildungsministeriums vom 3. Februar 1923 an der Universität Frankfurt zugelassenen Instituts für Sozialforschung. Das Ziel der Konferenz bestand darin, die Unterschiede in der Auslegung des Werkes von Karl Marx zu identifizieren und in der theoretischen Auseinandersetzung zu überwinden. Insofern ging es um die Bewertung der Zugänge zur Marxistischen Theorie und die Konsequenzen für die Interpretation der Gesellschaft und gegebenenfalls praktischen politischen Arbeit. Inhaltlich waren bei der Arbeitswoche drei Themen vorgesehen. Eduard Ludwig Alexander sollte den ersten Teil „Über die Behandlungsarten des gegenwärtigen Krisenproblems" einleiten. Daran anschließend folgten Vorträge zur „Methodenfrage" von Korsch und Lukács. Als Drittes war ein Block mit dem Titel „Organisatorische Fragen der marxistischen Forschung" vorgesehen, den Fogarasi einleitete.[23] Über den Ertrag ist wenig bekannt, aber er fiel wohl positiv aus, denn wenige Monate später wurde das Institut offiziell gegründet.

Vater und Sohn Weil stifteten einen Teil ihres Vermögens für die Gründung des *Instituts für Sozialforschung*, so wie der „Eisenhirsch" einen Teil der Gewinne seiner Eisengroßhandlung in den Aufbau einer privaten Musikbibliothek fließen ließ, die er der Öffentlichkeit zugänglich machte. Leo Frobenius steckte das Geld von Unterstützern in seine Afrikasammlung. Die Weils investierten in die Ergründung einer Idee, die in den Revolutionszeiten in aller Munde war, doch offensichtlich zu geradezu konträren Praktiken des angestrebten politischen Umgangs führte. Zu den unmittelbaren Nutznießern des *Instituts für Sozialforschung* gehörten die Mitglieder der Frankfurter Gesellschaft Carl

Grünberg und Friedrich Pollock sowie ab 1930 auch Max Horkheimer – vom Selbstverständnis her damals allesamt Marxisten. Was hatte es mit der Stiftung von Felix Weil auf sich, deren erster Direktor der Austromarxist Prof. Dr. Carl Grünberg wurde? Seine Biographie gibt recht klar Auskunft darüber, was Weil und Pollock mit dem Institut am Anfang vorhatten.

Carl Grünberg (1861–1940), der einer deutsch-jüdischen Familie aus Czernowitz entstammte, studierte Nationalökonomie und Jura unter anderen bei Lorenz von Stein, Georg Friedrich Knapp und Gustav Schmoller in Wien und Straßburg. Er schloss sein Studium mit einer Promotion ab, die ihm den Zugang zu einer beruflichen Laufbahn als Staatsrechtler oder Soziologen gleichermaßen ermöglicht hätte, zog aber die Stellung als juristischer Berater vor. Dass er sich damit nicht von der Wissenschaft verabschiedet hatte, zeigt seine Beteiligung an der Gründung der *Zeitschrift für Social- und Wirthschaftsgeschichte* im Jahre 1893. Ihr folgte Jahre später eine Schriftenreihe *Studien zur Sozial-, Wirtschafts- und Verwaltungsgeschichte*. Kurz darauf habilitierte er sich im Fach Politische Ökonomie. Nun tauschte er den Juristenrock gegen eine Stellung als Privatdozent ein. Es dauerte 18 Jahre, bis es ihm gegen massiven Widerstand der Fakultät gelang, den Lehrstuhl für Wirtschaftsgeschichte zu erhalten. Immerhin war dies einem Marxisten in der Habsburger Monarchie überhaupt möglich. Seine Forschungs- und Lehrtätigkeit war überaus erfolgreich. Zu seinen Schülern gehörten später bekannte Marxisten wie Max und Friedrich Adler, Otto Bauer, Rudolf Hilferding und Karl Renner, der nach 1918 mehrmals Staatskanzler in der österreichischen Republik geworden ist. Dies brachte ihm den Ruf eines „Vaters des Austromarxismus" ein. Dazu trug auch sein von 1911 bis 1930 erschienenes *Archiv für die Geschichte des Sozialismus und der Arbeiterbewegung* bei. Es war also kein Unbekannter, der 1923 auf den von der *Gesellschaft für Sozialforschung* gestifteten Lehrstuhl für wirtschaftliche Staatswissenschaften berufen wurde und faktisch zeitgleich ebenfalls auf Wunsch des Stifters Felix Weil 1924 zum Gründungsdirektor des gerade etablierten *Instituts für Sozialforschung* an der Universität Frankfurt ernannt wurde.[25] Im gleichen Jahr trat er

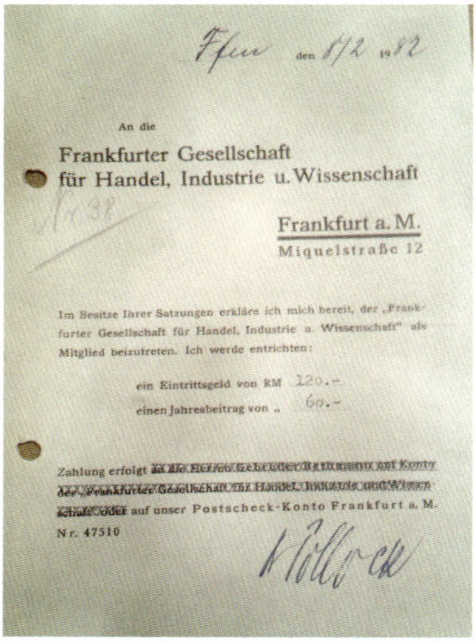

den 19

An die

Frankfurter Gesellschaft
für Handel, Industrie u. Wissenschaft

Frankfurt a. M.
Miquelstraße 12

Im Besitze Ihrer Satzungen erkläre ich mich bereit, der „Frankfurter Gesellschaft für Handel, Industrie u. Wissenschaft" als Mitglied beizutreten. Ich werde entrichten:

ein Eintrittsgeld von RM 120.-
einen Jahresbeitrag von „ 60.-

Zahlung erfolgt ~~an die Herren Gebrüder Bethmann auf Konto der „Frankfurter Gesellschaft für Handel, Industrie und Wissenschaft" oder~~ auf unser Postscheck-Konto Frankfurt a. M. Nr. 47510

Abb. 10: Beitragsbescheinigung für Dr. Friedrich Pollock[27]

der Frankfurter Gesellschaft bei. Nach Wiggershaus wie nach Korte muss man die Ausrichtung des Instituts als „orthodox-marxistisch" bezeichnen. Dazu passt die Vernetzung des Frankfurter Instituts mit dem *Marx-Engels-Institut* in Moskau, an der Richard Sorge beteiligt gewesen sein dürfte, der sich ja 1924 nach Moskau abgesetzt hatte, zusammen mit seiner Frau in das Hotel Lux einzog und die zwölf Jahre später einsetzenden Stalinschen Verfolgungen überlebte, der viele aus Deutschland emigrierte Kommunisten zum Opfer fielen.[26]

Von Frankfurt aus gab Grünberg auch weiter sein *Archiv für die Geschichte des Sozialismus und der Arbeiterbewegung* heraus, und das war wiederum der Schlüssel zum Verständnis der Aktivitäten des Instituts und auch der Gründe, welche Stifter und Universität sowie die Stadt Frankfurt, die von einer linksliberal-sozialdemokratischen Koalition regiert wurde, an den von Grünberg geleiteten Forschungsansätzen hatten. Das von Grünberg herausgegebene Archiv, in dem alle Richtungen des Marxismus in Form von Abhandlungen Eingang fanden, passte sehr gut zu der ersten gemeinsamen Aktivität der Initiatoren, aus der letztendlich das Institut überhaupt erst an Kontur gewonnen hatte. Es ist also auch am linken Rand des gesellschaftspolitischen Spektrums, das schon in der ersten Mitgliedschaft breit entfaltet war, zu sehen, wie fließend die Übergänge von gemäßigten Sozialdemokraten, orthodoxen Marxisten und politischem Radikalismus auf der linken Seite waren.

Das gilt auch für das Mitglied der Frankfurter Gesellschaft Friedrich Pollock. Vier Jahre nach der Tagung reiste er in die Sowjetunion und sammelte Unterlagen für seine Studie, die er dem zehnten Jahrestag der Oktoberrevolution widmen wollte. Es ist gut möglich, dass er für diese Reise auch die Kontakte von Richard Sorge nutzte. Wichtiger waren allerdings die Verbindungen zum Marx-Engels-Archiv und seinem

Leiter David Riazanov, dem Pollock ausführlich dankte. Der Ertrag erschien 1929 unter dem Titel *Die planwirtschaftlichen Versuche in der Sowjetunion*, als neben der Arbeit von Maurice Dobb „erste(r), von nichtbolschewistischer Seite unternommener Versuch, wenigstens die allgemeine russische Wirtschaftsgeschichte der letzten zehn Jahre wissenschaftlich darzustellen".[28] War Frankfurt damit ein Zentrum der Marxismusforschung? Nicht unbedingt. Die Entwicklung bekam in der Zeit, als Pollock seinen Bericht aus der Sowjetunion fertiggestellt hatte, eine scharfe Wendung, in der die Bezüge auf den orthodoxen Marxismus abrissen und neue Ausrichtungen an ihre Stelle traten. Das hatte zwei Gründe: Zum einen erlitt der einflussreiche Grünberg im Januar 1928 einen schweren Schlaganfall und zum anderen kam das Institut politisch in Bedrängnis, als die allgemeine Zustimmung zur Weimarer Republik in einer Serie von Wahlen kollabierte, sich der Aufstieg der nationalsozialistischen Bewegung zur Macht vollzog und die Mitglieder nicht nur wegen ihrer politischen Überzeugung, sondern auch wegen ihrer rassistischen Zu- und Einordnung durch die Profiteure der Machtverschiebung in Bedrängnis gerieten. Grünberg trat aufgrund der Folgen des Schlaganfalls 1929 von der Leitung des Institutes zurück. Eine Zeitlang hat Pollock das Institut organisatorisch weitergeführt und übergab 1931 die Leitung an den von Felix Weil für die Nachfolge vorgesehenen Max Horkheimer, den Pollock wiederum seit vielen Jahren gut kannte und mit dem er befreundet war.[29]

Horkheimer war der Sohn einer jüdischen Fabrikantenfamilie im schwäbischen Zuffenhausen. Sein Vater besaß eine Kunstwollefabrik. Seine Mutter war eine geborene Lauchheimer aus Esslingen. Er konnte kein Abitur ablegen, weil er mit 15 Jahren als Lehrling in die Fabrik seines Vaters eintreten musste. In dieser Zeit lernte er Friedrich Pollock kennen, ebenfalls Sohn eines Stuttgarter Fabrikanten, mit dem ihn eine lebenslange Freundschaft verbinden sollte. Sein Aufstieg zum Juniorchef im väterlichen Unternehmen schützte ihn anfangs vor der Einberufung, die ihn erst 1917 erreichte. In den Tagen der Revolution und ihren Nachwehen holte er das Abitur nach und studierte ab 1919 in München, Frankfurt am Main und Freiburg Philosophie. Das Studium

Abb. 11–13: Max Horkheimer mit Theodor W. Adorno, 1964[30], erste Ausgabe der Zeitschrift für Sozialforschung[31], und die (Wieder)Aufnahmebescheinigung für Prof. Dr. Max Horkheimer von 1954[32]

Zeitschrift

für

Sozialforschung

Herausgegeben vom

INSTITUT FÜR SOZIALFORSCHUNG FRANKFURT/M.

SONDERDRUCK

Jahrgang I 1932 Doppelheft 1/2

VERLAG VON C. L. HIRSCHFELD / LEIPZIG

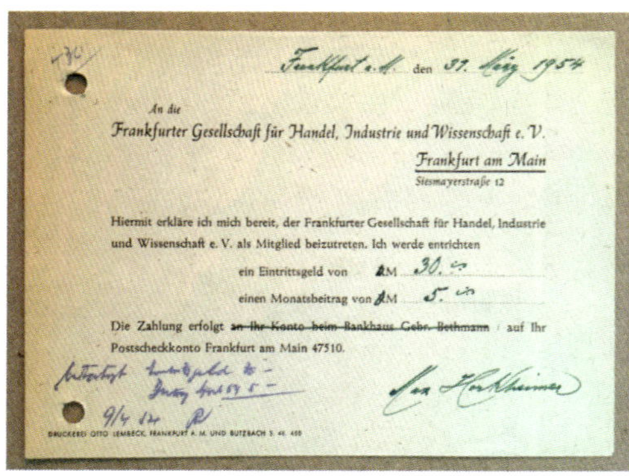

Frankfurt a. M. den 31. März 1954

An die
Frankfurter Gesellschaft für Handel, Industrie und Wissenschaft e. V.
Frankfurt am Main
Siesmayerstraße 12

Hiermit erkläre ich mich bereit, der Frankfurter Gesellschaft für Handel, Industrie und Wissenschaft e. V. als Mitglied beizutreten. Ich werde entrichten

ein Eintrittsgeld von DM 30.–

einen Monatsbeitrag von DM 5.–

Die Zahlung erfolgt ~~an Ihr Konto beim Bankhaus Gebr. Bethmann~~ / auf Ihr Postscheckkonto Frankfurt am Main 47510.

Max Horkheimer

9/4 54

DRUCKEREI OTTO LEMBECK, FRANKFURT A. M. UND BUTZBACH 5. 49. 400

schloss er 1922 mit einer Promotion bei Hans Cornelius in Frankfurt ab, der seit 1910 an der *Akademie für Sozial- und Handelswissenschaften* gelehrt hatte und 1914 als erster Ordinarius für Philosophie an die neu gegründete Universität in Frankfurt am Main berufen worden war. Horkheimer bestand mit summa cum laude und konnte sich bereits drei Jahre später ebenfalls bei Cornelius habilitieren, der wiederum drei Jahre später emeritiert wurde und dem Paul Tillich nachfolgte.

Nach der Habilitation heiratete er die frühere Privatsekretärin seines Vaters, Rose „Maidon" Christine Riekher, die zum Teil auch seine Korrespondenz mit der Gesellschaft führte. 1930 bekam er von der Universität Frankfurt den Ruf auf den von Felix Weil gestifteten Lehrstuhl für Sozialphilosophie an der Philosophischen Fakultät. Ein Jahr später trat er sein Amt als Direktor des unter Carl Grünberg gegründeten *Instituts für Sozialforschung* an. In seiner programmatischen Antrittsrede „Zur gegenwärtigen Lage der Sozialphilosophie und die Aufgaben eines Instituts für Sozialforschung" fasste er die Grundlagen einer materialistischen Sozialtheorie zusammen und begründete die Notwendigkeit von Interdisziplinarität bei der Erforschung der gegenwärtigen Gesellschaft. Zusammen mit dem Aufsatz „Traditionelle und kritische Theorie" von 1931 bildet die Antrittsrede einen Grundstein der Kritischen Theorie, die später als „Frankfurter Schule" bekannt wurde. Etwa zur gleichen Zeit sprach Horkheimer auch in der Frankfurter Gesellschaft in der Villa Bonn, was nicht im Vortragsverzeichnis aufgeführt ist. Aber in dem Schriftverkehr zu Horkheimers 65. Geburtstag heißt es dazu: „Sie haben bereits vor fast dreißig Jahren, im Jahre 1931, zum ersten Mal in unserer Gesellschaft gesprochen." Gemeint war ein Diskussionsabend am 6. Mai mit den Professoren Ludwig Seitz, Josef Heimberger und Paul Tillich, bei dem es um den Paragraphen 218 des Strafgesetzbuches und die öffentliche Diskussion darum ging.[33]

Mit Horkheimer sollte das Institut eine andere Schwerpunktsetzung verfolgen. In der Rede, die er am 24. Januar 1931 bei der Übernahme der Institutsleitung hielt, betonte er, „dass der heutige Stand der Erkenntnis eine fortwährende Durchdringung von Philosophie und Einzelwissenschaften verlange, um den Zusammenhang zwischen dem wirtschaftlichen Leben der Gesellschaft, der psychischen Entwicklung der Individuen und den Veränderungen im kulturellen Bereich darzustellen". Programmatisch forderte er die interdisziplinäre Zusammenarbeit der Fachwissenschaften aus Soziologie, Volkswirtschaft, Geschichte und Psychologie, die sich in philosophischer Reflexion an den Fragestellungen einer Sozialphilosophie als Gesellschaftstheorie orientieren sollte.[34] An die Stelle des *Archivs für die Geschichte des Sozialismus und der Arbeiterbewegung* trat gleichzeitig die *Zeitschrift für Sozialforschung*. „Der erste Jahrgang (1932) erschien im Verlag C. L. Hirschfeld in Leipzig. Nach der Schließung des Instituts durch die Nationalsozialisten erschienen in der Emigration die Jahrgänge 2 bis 7 (1933–1938) bei Librairie Felix Alcan in Paris und die beiden letzten Jahrgänge 8 und 9 (1939/40 und 1941/42) unter dem englischen Titel *Studies in Philosophy and Social Science* im Eigenverlag in New York City. Im Vorwort des ersten Heftes nennt Horkheimer „die Theorie der gegenwärtigen Gesellschaft" und ihres geschichtlichen und zukünftigen Verlaufs als das „vereinigende Prinzip" der veröffentlichten „theoretischen Abhandlungen über philosophische, psychologische, ökonomische, soziologische Probleme".[35]

Auf der Website des heutigen Instituts heißt es zu dieser Wende in der inhaltlichen Ausrichtung: „Das 1923 gegründete Institut für Sozialforschung begreift sich als Ort kritischer Gesellschaftstheorie. Anfänglich ein Institut für die Theorie und Geschichte des Sozialismus und der Arbeiterbewegung, wandelte sich die inhaltliche Ausrichtung unter der Leitung von Max Horkheimer zu einem Programm, um das sich Intellektuelle wie Theodor W. Adorno, Walter Benjamin, Erich Fromm, Otto Kirchheimer, Leo Löwenthal, Herbert Marcuse, Franz Neumann, Friedrich Pollock und andere versammelten und das später als ‚Kritische Theorie der Frankfurter Schule' bezeichnet wurde."[36]

Der Ausgestaltung der Kritischen Theorie in Frankfurt machte jedoch die politische Entwicklung erst einmal einen Strich durch die Rechnung. Mit dem Aufstieg der Nationalsozialisten in den Wahlen von 1930 bis 1933 bereitete sich das Institut spätestens 1932 auf eine Emigration vor, eröffnete eine Dependance in Genf und konnte die Substanz des Instituts unter Mithilfe des Völkerbundes und der *International*

Labour Organisation erst nach Genf und von dort in die USA expedieren.[37] Rechtzeitig vor der Schließung des Instituts am 13. März 1933 gingen Pollock und Horkheimer schließlich ins Exil, und zwar ebenfalls erst nach Genf, anschließend nach London und Paris und endgültig dann nach New York in die USA. 1938 folgte ihnen Adorno. Horkheimer und Pollock fanden Aufnahme an der Columbia University, an der sie mit Hilfe amerikanischer Kollegen das *Institut für Sozialforschung* als *Institute for Social Research* fortführen konnten. 1941 übersiedelte Horkheimer an die Westküste nach Pacific Palisades bei Los Angeles und wurde direkter Nachbar von Thomas Mann. Sein Mitarbeiter Adorno folgte ihm wenig später nach. In dieser Zeit entstand in dem milden Klima Kaliforniens die zutiefst pessimistische Schrift *Eclipse of Reason*, die 1947 in den USA publiziert wurde. Eine deutsche Ausgabe erschien einmalig unter dem Titel *Dialektik der Aufklärung* in einem Verlag in Amsterdam. Vier Jahre nach Kriegsende kehrte Horkheimer an die Universität Frankfurt zurück, weil er erneut einen Ruf auf den Doppellehrstuhl für Philosophie und Soziologie erhalten hatte. „Er wollte Möglichkeiten zu praktischer Einflussnahme auf historische Entwicklungen nutzen, und in Deutschland sah er einen Schauplatz wichtiger Weichenstellungen."[38] 1950 konnte das *Institut für Sozialforschung* unter seiner Leitung mit Adorno als stellvertretendem Direktor und mit Friedrich Pollock als seinem persönlichen Assistenten wieder eröffnet werden. Ein weiteres Jahr später wurde er zum Rektor der Universität gewählt.[39]

Die sich von Grünberg über Horkheimer und Adorno zur Frankfurter Schule der Sozialforschung entwickelnde Richtung in der Sozialwissenschaft, die aus dem Institut hervorging, war jedoch alles andere als eine homogene Gruppe. Die Unterschiede und Gegensätze zwischen Horkheimer und Adorno sind bekannt und können in dem umfassenden Werk von Rolf Wiggershaus oder der Studie von Martin Jay umfassend erschlossen werden.[40] Doch nicht nur zwischen den beiden Direktoren Horkheimer und Adorno lagen zum Teil tiefe Gräben, sondern auch zu anderen Mitarbeitern, die dazu führten, dass theoretische Ansprüche und praktische Forschung nicht immer zusammenkamen. Darauf werden wir später zurückkommen.[41]

Das bisher Beschriebene ist nur ein kleiner Ausschnitt aus den wissenschaftlichen Kompetenzen, die sich in der Gesellschaft versammelten. Der Gesellschaft gehörten Ende der 1920er Jahre nicht weniger als 67 Professoren an – zum größten Teil von der Frankfurter Universität –, von denen wir im Laufe der weiteren Ausführungen noch einige vorstellen werden.

Den Professoren der Abteilung Wissenschaft standen außerordentliche Schwergewichte der Wirtschaft gegenüber. Es genügt einige Namen zu nennen, um einen Eindruck davon zu bekommen, dass hier Wirtschaftsgrößen versammelt waren, deren Einfluss weit über Frankfurt und die Region hinausreichte. Es ist die Chemieindustrie, die neben dem traditionellen Bankgewerbe eine viel größere Rolle spielt als noch vor dem Krieg. Allein von dem größten Betrieb der Region, der Farbwerke Hoechst AG, sind mehrere Wirtschaftslenker in führenden Positionen auch Mitglied der Frankfurter Gesellschaft. Es handelt sich hierbei um Walter vom Rath, der dem Aufsichtsrat der Farbwerke, vormals Meister, Lucius und Brüning, vorsaß. In seiner Person vereinigten sich ein Jurist, ein Naturwissenschaftler und ein großer Unternehmer. Er saß bereits seit 1890 im Aufsichtsrat des Unternehmens, übernahm zwölf Jahre später den Vorsitz und konnte also diesbezüglich 1930 sein 40-jähriges Jubiläum feiern. Seit 1926 war er auch erster stellvertretender Vorsitzender des Aufsichtsrats der IG Farben, die von Carl Bosch und Hermann Schmitz 1925 aus der Taufe gehoben worden waren. In dem von dem Architekten Poelzig 1932 errichteten Bau für die Konzernzentrale saß also Walter vom Rath zusammen mit Carl Duisberg dem „Rat der Götter" vor und fällte bis 1940 Entscheidungen, die erst fast 100.000 Mitarbeiter, dann fast 200.000 Mitarbeiter und überhaupt mehr oder weniger die gesamte Wirtschaft betrafen.[42] Dazu gehörte 1937 auch die Entscheidung, sich von allen Nichtariern im Konzern zu trennen, und das waren allein im Aufsichtsrat rund ein Drittel der Mitglieder.

Von den Farbwerken Hoechst war auch Paul Duden (1868–1954) im Vorstand der IG Farben und Mitglied der Gesellschaft. Duden war ein Sohn des Sprachforschers Konrad Duden und seiner Frau Adeline. Er studierte Chemie in Halle, Marburg und in Würzburg. Seine Promotion legte er an der Universität Jena ab, wurde dort Privatdozent, außerordentlicher Professor und einer der profiliertesten Vertreter der Organischen Chemie seiner Zeit. Das interessierte auch die Farbwerke, die ihn 1905 zum Leiter des Azofarbenbetriebes machten. Von dieser Position stieg er zum Leiter des Zentrallaboratoriums auf und entwickelte zahlreiche wesentliche und neue Verfahren der Acetylenchemie. Sein Mandat als Mitglied des Vorstandes und Leiter der Betriebsgemeinschaft Mittelrhein trat er 1925 an, zog sich zwar nach sieben Jahren ins Privatleben zurück, blieb aber noch in den Verbänden der Chemieindustrie aktiv und war nach Helmut Maier einer der „wichtigsten Protagonisten der Gleichschaltungspolitik in den chemischen Vereinen".[43]

Aus der Finanzwirtschaft wurden schon eine ganze Reihe von Personen vorgestellt, die in den Anfängen der Gesellschaft aktiv gewesen waren. Allen voran hatte sich Moritz von Bethmann von Anfang daran beteiligt. Natürlich gehören seitens der Wirtschaft auch die in diesem Zeitraum maßgeblichen Präsidenten der Industrie- und Handelskammer zur Gesellschaft. Das war zweifelsohne Otto Hauck. In der Familienfirma Georg Hauck & Sohn herangewachsen und schließlich deren Inhaber, wurde Otto Hauck 1915 zum Vizepräsidenten der Industrie- und Handelskammer Frankfurt gewählt. In der Zeit seines Wirkens bei der Gesellschaft wurde er anschließend von 1921 bis 1933 zum Präsidenten der Kammer gewählt. Sein Amt stellte ihn damals vor große Herausforderungen. Es genügt, die Jahre der Inflation und der sechs Jahre später folgenden Wirtschaftskrise zu nennen. Er hat all dies mit Umsicht und Geschick nicht nur für Frankfurt, sondern für den gesamten rhein-mainischen Wirtschaftsraum bewältigt. Der Dank war seine Absetzung durch das NS-Regime und die Ersetzung durch Carl Heinrich

Abb. 14: Otto Hauck, Ölgemälde von unbekannter Hand vor 1922[44]

August Lüer, der auch in der Gesellschaft zum Vertreter der völkischen und rassistischen Partei avancierte.

Abb. 15: Bild in den Frankfurter Nachrichten vom 4. Mai 1930 zum 75. Geburtstag von Bernhard Salomon[46]

Haucks Ansehen reichte als anerkannter Vertreter seines Faches weit über die Region hinaus. Er war Mitglied des Börsenausschusses beim Reichsamt des Innern, Mitglied im Deutschen Industrie- und Handelstag, und auch dem Vorstand der Frankfurter Wertpapierbörse gehörte er über drei Jahrzehnte hinweg, von 1900 bis 1933, an. Als bleibender Verdienst gelang ihm wie erwähnt der organisatorische Zusammenschluss aller Handelskammern des Rhein-Main-Gebietes zu einer einheitlichen Interessenvertretung. Er setzte damit einen wichtigen Pfeiler der Politik Ludwig Landmanns zum nachhaltigen Erfolg der Wirtschaft eines bedeutenden Wirtschaftsraums in Deutschland um. Seine Aufsichtsratsmandate waren dementsprechend vielfältig und es reicht, mit der Frankfurter Bank, der Metallgesellschaft, der Frankfurter Hypotheken-Bank die wichtigsten zu nennen. Hauck war, wie viele Wirtschaftsgrößen der Stadt auch ein großer Förderer der Universität gewesen und gehörte lange Zeit dem Kuratorium der Universität Frankfurt an.[45]

Auch Prof. Dr. Bernhard Salomon (1855–1942) ist als eine der Wirtschaftsgrößen hier zu erwähnen. Bernhard Salomon war von Hause aus ein deutscher Elektroingenieur und leitete von 1900 bis 1933 als Generaldirektor die Elektrizitäts-AG vormals W. Lahmeyer & Co. (EAG) in Frankfurt am Main. Er studierte Elektrotechnik an der Polytechnischen Schule Aachen, übernahm eine Dozentur für Maschinen-Ingenieurwesen an der TH Aachen und erlangte 1889 den Titel eines Professors. Doch Lehre und Forschung genügten ihm nicht. Er ging 1891 in die Wirtschaft und suchte eine Anstellung bei der W. Lahmeyer AG in Frankfurt am Main, die sich gerade im Umbruch befand und kurz darauf in Form der Elektrizitäts AG (EAG) neu aufstellte. Es dauerte nur neun Jahre, bis es Salomon zum Generaldirektor der EAG geschafft hatte. Er behielt diesen Posten mehr als drei Jahrzehnte und baute das Frankfurter Traditionsunternehmen zu einem der bedeutendsten der stromerzeugenden Unternehmen in Deutschland, Österreich und der Schweiz um. Salomon war außerdem Vizepräsident der Industrie- und Handelskammer Frankfurt und Hanau, Mitglied des Verwaltungsrats der Deutschen Reichspost und verschiedener anderer Verbände und Ausschüsse. Wegen seiner großen Verdienste um die Frankfurter Elektroindustrie wurde er mit einer Ehrendoktorwürde (Dr.-Ing. E. h.) ausgezeichnet. Der Sturz aus dieser Welt war kurz und heftig. 1933 stand ihm seine jüdische Herkunft plötzlich wie eine Mauer im Weg. Weder sein hohes Alter noch seine Verdienste schützten ihn vor der antisemitischen Ideologie des Nationalsozialismus. Die Ausgrenzung ging bis zum bitteren Ende. 1940 mussten Bernhard Salomon und seine Frau die Dienstvilla im Westend verlassen. Am 8. Juni 1942 folgte die Vorladung seiner Frau zur Gestapo und Verschleppung in das Konzentrationslager Ravensbrück, wo sie im September ermordet wurde. Auch er kam der Einweisung in das KZ Theresienstadt im Alter von 87 Jahren nur mit seinem Tod am 26. Juli 1942 zuvor. Noch zehn Jahre zuvor hatte er zu den einflussreichsten Persönlichkeiten von Stadt und Region gehört und den Glanz seines Erfolges der Gesellschaft geliehen.[47]

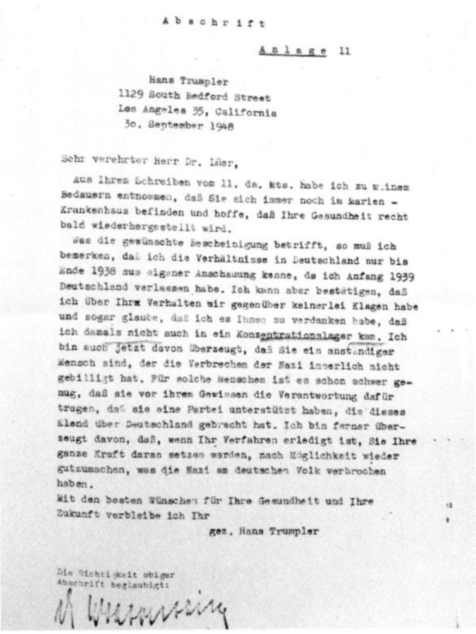

A b s c h r i f t

Anlage 11

Hans Trumpler
1129 South Bedford Street
Los Angeles 35, California
30. September 1948

Sehr verehrter Herr Dr. Lüer,

Aus Ihrem Schreiben vom 11. ds. Mts. habe ich zu meinem Bedauern entnommen, daß Sie sich immer noch im Marien - Krankenhaus befinden und hoffe, daß Ihre Gesundheit recht bald wiederhergestellt wird.

Was die gewünschte Bescheinigung betrifft, so muß ich bemerken, daß ich die Verhältnisse in Deutschland nur bis Ende 1938 aus eigener Anschauung kenne, da ich Anfang 1939 Deutschland verlassen habe. Ich kann aber bestätigen, daß ich über Ihrm Verhalten mir gegenüber keinerlei Klagen habe und sogar glaube, daß ich es Ihnen zu verdanken habe, daß ich damals nicht auch in ein Konzentrationslager kam. Ich bin auch jetzt davon überzeugt, daß Sie ein anständiger Mensch sind, der die Verbrechen der Nazi innerlich nicht gebilligt hat. Für solche Menschen ist es schon schwer genug, daß sie vor ihrem Gewissen die Verantwortung dafür tragen, daß sie eine Partei unterstützt haben, die dieses Elend über Deutschland gebracht hat. Ich bin ferner überzeugt davon, daß, wenn Ihr Verfahren erledigt ist, Sie Ihre ganze Kraft daran setzen werden, nach Möglichkeit wieder gutzumachen, was die Nazi am deutschen Volk verbrochen haben.

Mit den besten Wünschen für Ihre Gesundheit und Ihre Zukunft verbleibe ich Ihr

gez. Hans Trumpler

Die Richtigkeit obiger Abschrift beglaubigt:

Abb. 16/17: Prof. Dr. Hans Trumpler, Geschäftsleitender Syndikus der Handelskammer bzw. der späteren Industrie- und Handelskammer Ffm. von 1915 bis 1933[48] und Schreiben von Hans Trumpler an den ehemaligen nationalsozialistischen Handelskammerpräsidenten Carl Lüer vom 30. September 1948[49]

Manche ähnliche Biographien gingen glimpflicher aus. Dafür kann das Beispiel von Prof. Dr. Hans, eigentlich Johannes Bernhard Heinrich Trumpler angeführt werden. Geboren und aufgewachsen in der Familie eines Installateurs und Eichmeisters in Frankenthal in der Pfalz legte er sein Abitur 1894 in München ab. Es folgte ein Studium der Rechts- und Staatswissenschaften an den Universitäten München, Berlin und Würzburg, das er mit einer Promotion über ein Thema der Wirtschaftswissenschaften abschloss. Nach einem weiteren Staatsexamen und einem Referendariat nahm er ab 1903 eine Stelle als wissenschaftlicher Hilfsarbeiter bei der Kammer der Kaufmannschaft Berlin an. Zwei Jahre später wurde er Syndikus der Handelskammer Frankfurt am Main und erweiterte dies im Wintersemester 1907/08 um eine Dozentur für Wirtschaftspolitik an der *Akademie für Sozial- und Handelswissenschaften*, die 1915 zu einer Professur an der Universität führte. Anfänglich zum Krieg einberufen, erwirkt die Handelskammer seine Freistellung vom Militär. Gleichzeitig befördert sie ihn zum geschäftsleitenden Syndikus und alleinigen Hauptgeschäftsführer der Handelskammer Frankfurt am Main, um die schwierigen rechtlichen und organisatorischen Fragen der Kriegswirtschaft einschließlich der „Sicherstellung der Volksernährung" zu stemmen.

Nach dem Krieg begann Trumpler sich politisch zu betätigen, und zwar auf der Seite der Demokratie und der Republik. Er stellte sich auf der Liste der DDP als Stadtverordneter zur Wahl und saß dann von 1919 bis 1924 und noch einmal von 1929 bis 1930 im Frankfurter Stadtparlament. Fast zeitgleich wurde er auch in den Nassauischen Kommunallandtag gewählt. Energisch nutzte Trumpler die neuen Gegebenheiten und legte zum Beginn der Republik im Juli 1919 einen Organisationsplan „Die Handelskammer und ihre Einrichtungen" vor, mit dem Ziel, die Kammerorganisation zu modernisieren. In Weiterführung dieser Bemühungen war es auch seine Überzeugung, dass der Stadt Frankfurt ebenfalls eine Modernisierung gut zu Gesicht stehen würde, weshalb er sich mit Erfolg um ein Stadtratsmandat bemühte. In der Zeit der Weimarer Republik entwickelte Trumpler Ideen, die wirtschaftlichen Interessen der Region im Gesamten zu vertreten. Er fand offene Ohren bei dem damaligen Wirtschaftsdezernenten des Frankfurter Magistrats, Stadtrat Ludwig Landmann. Es war deshalb nur konsequent, dass er dessen Wahl zum Oberbürgermeister unterstützte. Beide zusammen entwickelten Zukunftspläne für die Entwicklung der Region und legten diese 1924 in der Denkschrift „Der Rhein-Mainische Städtekranz mit seiner Zentrale Frankfurt am Main im Südwestdeutschen Wirtschaftsgebiet" nieder. Hierzu zählte die Neugründung der Frankfurter Messe, der Flugplatz Rebstock, die Großmarkthalle, das Autobahnprojekt Hafraba und das Denken in einer Großregion, die das gesamte Rhein-Main-Gebiet und den Taunus beinhalte. Trumpler setzte zur Verbreitung der gemeinsamen Entwicklungspläne auch den Rundfunk als Möglichkeit der Öffentlichkeitsarbeit ein.[50] 1931 schied Trumpler aus allen politischen Ämtern und Mandaten aus, um gegen den autoritären Kurs im Reich zu protestieren. Auch benötigte er in der Krise mehr Zeit, den Interessen der Region gerecht zu werden.

Nach der nationalsozialistischen „Machtergreifung" wurde Trumpler im Oktober 1933 vom IHK-Hauptgeschäftsführer zum einfachen Syndikus degradiert und bis 1937 ganz aus dem Amt gedrängt. Grund war seine jüdische Ehefrau. Aufgrund dessen wurde er 1937 im Zuge der verschärften Rassenpolitik auf Weisung aus Berlin zwangsweise pensioniert. Anfang 1939 emigrierte er über England in die USA, wo er sich mit finanzwissenschaftlichen Publikationen durchschlug. Er kehrte nicht nach Deutschland zurück, sondern zog es vor, fern der Heimat zu leben und dort 1955 zu sterben.[51] Zuvor hatte er 1948 seinem NS-Nachfolger im Amt noch die Meinung gegeigt, die es wert ist, hier wiedergegeben zu werden:

Hans Trumpler
1129 South Bedford Street
Los Angeles 35, California
30. September 1948
Sehr geehrter Herr Dr. Lüer,

Aus Ihrem Schreiben vom 11. ds. Monats habe ich zu meinem Bedauern entnommen, daß Sie sich immer noch im Marien-Krankenhaus befinden und hoffe, daß Ihre Gesundheit recht bald wiederhergestellt wird.

Was die gewünschte Bescheinigung betrifft, so muß ich bemerken, daß ich die Verhältnisse in Deutschland nur bis Ende 1938 aus eigener Anschauung kenne, da ich Anfang 1939 Deutschland verlassen habe. Ich kann aber bestätigen, daß ich über Ihr Verhalten mir gegenüber keinerlei Klagen habe und sogar glaube, daß ich es Ihnen zu verdanken habe, daß ich damals nicht auch in ein Konzentrationslager kam. Ich bin auch jetzt davon überzeugt, daß Sie ein anständiger Mensch sind, der die Verbrechen der Nazis innerlich nicht gebilligt hat. Für solche Menschen ist es schon schwer genug, daß sie eine Partei unterstützt haben, die dieses Elend über Deutschland gebracht hat. Ich bin ferner überzeugt davon, daß, wenn Ihr Verfahren erledigt ist, Sie Ihre ganze Kraft daran setzen werden, nach Möglichkeit wieder gutzumachen, was die Nazi am deutschen Volk verbrochen haben.

Mit den besten Wünschen für Ihre Gesundheit und Ihre Zukunft verbleibe ich Ihr

Hans Trumpler [52]

So lernt der Mann vom Manne im Gespräche

In dem bisher Ausgeführten wird deutlich, welche Rolle das Gespräch über die politischen, ideologischen und wissenschaftlichen Disziplinen hinweg in der Frankfurter Gesellschaft bereits in den ersten zehn Jahren ihres Bestehens gespielt hat. Die Mitglieder der Gesellschaft haben dies auch in den frühen 1920er Jahren in einem Leitmotiv und einem prominent über dem Kamin platzierten Symbol zum Ausdruck gebracht, das noch bis vor wenigen Jahren für einige Irritationen gesorgt hat.

Abb. 18: Kamingemälde „Wie die Glut zehrt von der Glut…“ mit einer Schlange, die sich in den Schwanz beißt[53]

„Wie der Brand sich entzündet am Brand / Wie die Glut zehrt von der Glut / So lernt der Mann vom Manne im Gespräch.“ Das Leitmotiv ist in das Bildmotiv einer Eiche, an der sich eine Schlange emporwindet, eingearbeitet. Diese beißt sich auch noch in den eigenen Schwanz. Es handelt sich bei der ausgeprägten Symbolik um einen abgewandelten Vers aus der Edda, genauer Kapitel 8 Des Hohen Lieds, Vers 56: „Brand entbrennt an Brand, bis er zu Ende brennt, / Flamme belebt sich an Flamme./ Der Mann wird durch den Mann der Rede mächtig / Im Verborgnen bleibt er blöde."[54] Es ist also verständlich, dass die Textzeilen ein wenig abgeändert wurden. In der bereinigten Fassung erfreute sich das Motiv rasch großer Beliebtheit, fand sich auf den Einladungen und im Schriftverkehr der Gesellschaft, wurde als Exlibris für die Bibliothek verwendet und es gab sogar zeitweilig Champagnerflaschen, die mit diesem Bild und Spruch verziert waren.

Noch heute findet es bei zahlreichen Gelegenheiten Verwendung, sozusagen als Traditionssymbol der Gesellschaft. Dabei ging das Wissen um die Herkunft dieses Zeichens und dieses Spruches verloren und es gab auch Kritik. Bereits 1957, also vor mehr als 60 Jahren, gab der Architekt Wolf Drevermann zu bedenken: Jeder wisse, dass „die Glut nicht von der Glut zehrt, sondern vom Unverglühten, ich weiß auch, dass der Brand sich nicht am Brand entzündet, sondern ein Brand höchstens Nichtbrennendes entzünden kann und bei uns lernen die Männer nicht nur von Männern, sondern auch von Frauen."[55]

Das ließ ihm keine Ruhe und er versuchte mehr über die mythologische Bedeutung des Kaminbildes in Erfahrung zu bringen. Die Antworten von Sachkundigen, wie etwa dem damaligen Direktor der Deutschen Bibliothek, Professor Hanns Wilhelm Eppelsheimer fielen wenig befriedigend aus. Das Arrangement sei eine merkwürdige Sache. Die Schlange um den Baum erinnere an das Paradies, aber dann müsste es ein Apfelbaum und nicht eine Eiche sein. Auch bestritt Eppelsheimer, dass der Spruch aus der Edda stamme. Er plädierte dafür, ein neues Wappen zu entwerfen, das sich am Namen der Gesellschaft orientieren sollte.[56] Davor aber warnte wiederum Drevermann: „Ich wage auch gar nicht das Experiment, jemanden danach zu fragen, weil ich eine Katastrophe aus Zahnrädern, Geldsäcken und Eulen kommen sehe." Er schlug deshalb dem Vorstand vor, „bei dem von der Schlange umwundenen Eichbaum" zu bleiben, aber „der Spruch sollte fortfallen".[57]

Darüber geriet der Vorgang in Vergessenheit und lebte erst im Zusammenhang mit dem fünfzigjährigen Jubiläum der Gesellschaft von

1970 wieder auf. Heinrich Cobet bemühte sich zusammen mit Werner Wirthle, dem damaligen Präsidenten, um eine profundere Untersuchung der Bestandteile des Wappens, was die beiden immerhin vier Jahre beschäftigte. Die Recherche erbrachte eindeutige Hinweise: Das Symbol war von Karl Kotzenberg aus Anlass der Gründung in Auftrag gegeben worden und findet sich bereits auf einem Entwurf für ein Flaschenetikett aus dem Jahre 1920. Die Eiche, so interpretierte Cobet, stehe wohl für Härte und Dauer, die Schlange sei dagegen aus der griechisch-römischen Mythologie und ein Symbol für Ewigkeit. Es gab auch die Vermutung, dass Kotzenberg, der ein Wagner-Liebhaber war, an die Weltesche Yggdrasill und die Midgardschlange aus der Edda gedacht hatte.[58]

Der Spruch, der das Bildsymbol durchzieht, ist auf jeden Fall aus der Edda, und zwar aus dem „Sittengedicht". Dazu liegen verschiedene Übersetzungen vor. Die von Karl Simrock haben wir schon genannt. Bei Felix Genzmer heißt es etwas milder: Brand brennt vom Brande, / bis entbrannt er ist, / Feuer vom Feuer lebt: / durch Mannes Rede / wird ratklug der Mann, / doch unklug durch Abschließung." Da wir damit mitten in den philologischen Diskussionen um dieses Stück Literatur aus dem Norden sind, liegt es nahe, statt Kotzenbergs Vorliebe für Wagner auf das Gründungsmitglied Carl von Noorden zu verweisen, dessen Vater Sprachwissenschaftler, Germanist und Historiker an der Universität Leipzig gewesen war und der sich ausführlich mit der Edda beschäftigt hatte.[59] Vor noch gar nicht langer Zeit hat sich schließlich noch einmal Professor Klaus von See mit dem Thema beschäftigt und die Frage aufgeworfen, ob die Welt des alten Nordens eine reine Männergesellschaft war.[60] Er kommt zu einer differenzierteren Interpretation, als es die Zeile auf den ersten Blick vermuten lässt.

Wenn es uns auch heute befremdlich erscheinen mag, dass nur der Mann vom Mann im Gespräch lernen soll, woran sich bereits Drevermann stieß, so verweisen Motto und Motiv doch auf ein zentrales Anliegen der Gesellschaft. Allerdings wirkt das Leitmotiv schon lange aus der Zeit gefallen und es fixiert nicht genau, was mit dem Gesprächsuchen eigentlich gemeint ist. Denn das Ziel der Gesellschaft, das Gespräch über Abgrenzungen hinweg zu suchen, ist umfassender gemeint als ein Dialog am Mittagstisch oder an der Bar oder im Rauchzimmer und findet vor allem in der zentralen Aktivität der Gesellschaft ihren Ausdruck, in den Vorträgen.

Die Gesellschaft, die alle maßgeblichen Kräfte der Stadt unabhängig von ihrem beruflichen, konfessionellen und politischen Herkommen sammelte, griff die Bildungsabsicht – wozu das Lernen im Gespräch zweifellos gehört – der fast 120 Jahre vorher gegründeten Casino-Gesellschaft wieder auf und organisierte, um „eine Orientierungshilfe zur Klärung und Erweiterung des eigenen Standorts zu finden", mit großem Aufwand jedes Jahr ein Vortragsprogramm, das wirtschaftliche, politische, wissenschaftliche und kulturelle Aspekte umfasste.[61] In den ersten drei Jahren von 1920 bis 1923 wurden insgesamt 92 Vorträge gehalten. In den acht Jahren von 1924 bis 1932 waren es sogar 248 Vorträge. Bis 1943 stieg die Zahl auf 594 und zum 50-jährigen Jubiläum im Jahre 1970 gab die Gesellschaft das erste gedruckte Verzeichnis der Vorträge heraus. Darin erklärte der damalige Präsident Jens Heinz Peter: „In der wechselvollen Geschichte der Vereinigung spiegelt sich das deutsche Schicksal der letzten 50 Jahre. Nichts kann dies deutlicher zeigen, als die Gesprächs- und Diskussionsthemen von etwa 1.000 Vorträgen in der Zeit von 1920 bis 1970, die das vorliegende Heft in chronologischer Weise aufzeichnet."[62] Seitdem sind weitere fünf Jahrzehnte verflossen, so dass heute für die Jahre von 1920 bis 2019 von einem Bestand von über 2.000 Vorträgen auszugehen ist, von denen die meisten (ab 1955) auch als Tonaufnahmen auf Tonbändern, Tonkassetten oder in digitaler Form auf CDs archiviert wurden. Es handelt sich dabei um einen kulturellen Schatz, der seinesgleichen sucht, zumal nicht nur der Vortrag, sondern auch die Diskussion regelmäßig mit aufgezeichnet worden ist. Die Themen der Vorträge betreffen alle Bereiche der Internationalität und internationalen Beziehungen, des Handels, der Industrie und das gesamte Spektrum der Wissenschaft sowie auch Politik, Kunst und Kultur mit jeweils herausragenden Vertretern des jeweiligen Bereichs.

Abb. 19–22: Wilhelm Groener 1917 mit seiner ersten Frau Helene und Wilhelm Groener (1928)[63], Albert Einstein während eines Vortrags in Wien 1921[64], Franz Oppenheimer: Ölgemälde Franz Oppenheimers von Julie Wolfthorn, die in Theresienstadt am 26.12.1944 ermordet worden ist, Berlin 1935[65]

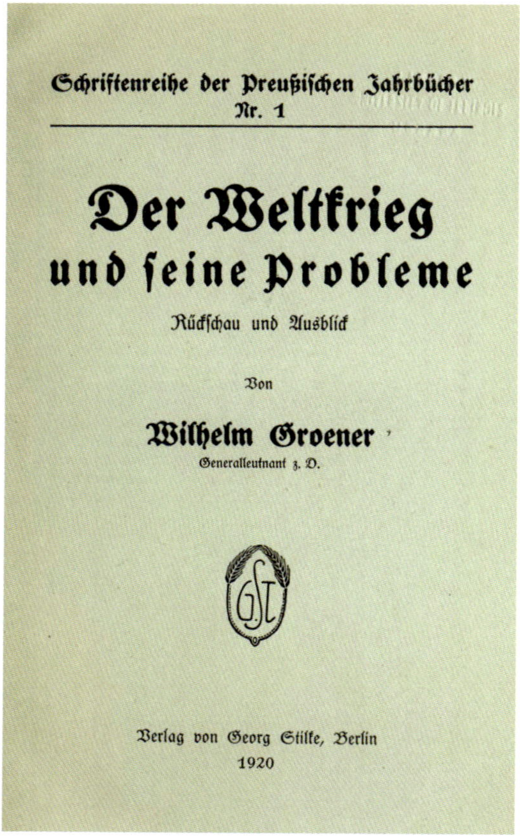
Schriftenreihe der Preußischen Jahrbücher
Nr. 1

Der Weltkrieg und seine Probleme

Rückschau und Ausblick

Von

Wilhelm Groener
Generalleutnant z. D.

Verlag von Georg Stilke, Berlin
1920

Abb. 23: Auszug aus der Schrift von Wilhelm Groener, die auch das Kapitel mit dem gleichnamigen Titel des Vortrags enthält[67]

Über die ersten Vorträge

Den Anfang machten im Jahr 1920 zwölf Personen und der allererste Aufschlag fiel auf Generalleutnant Wilhelm Groener, den wir als eine Zentralfigur in den Turbulenzen unmittelbar nach dem Krieg vorgestellt haben und der in einer Vereinbarung mit dem späteren ersten Präsidenten der Weimarer Republik, Friedrich Ebert, den Weg zur Republik mit bahnte. Er sprach am 13. März über *Politik und Kriegführung*, und das genau an dem Tag, an dem in Berlin der Kapp-Lüttwitz-Putsch von rechts losbrach mit allen Folgewirkungen, über die im Zusammenhang mit der Gesellschaftsgründung berichtet worden ist. Groener war tatsächlich als Privatmann in Frankfurt, denn er hatte am 30. September 1919 gegen den Willen Eberts seinen Abschied genommen. Er kehrte zwar wenige Wochen nach seinem Vortrag wieder in die Politik zurück, aber als Parteiloser unter mehreren Reichskanzlern und vor allem nicht als Reichswehr- sondern als Reichsverkehrsminister bis 1923. Er unterbrach dann noch zweimal seinen Ruhestand. Einmal im Jahre 1928 und diesmal wieder als Reichswehrminister und dann 1931 als Minister des Innern bis 1932, also kurz vor dem Ende der Demokratie. Er machte sich damals bei den Nationalsozialisten unbeliebt, weil er ein zeitweiliges Verbot der SA aussprach.[66]

Der Vortrag, den er in der Gesellschaft hielt, erschien im selben Jahr als gedruckte Broschüre.[68] Auch sein zeitgleich erschienenes Buch *Der Weltkrieg und seine Probleme*, von dem die Broschüre wiederum ein Kapitel bildete, liefert einen Eindruck, worüber Groener im März in Frankfurt gesprochen haben dürfte. In beiden Publikationen zog er seine Schlussfolgerungen aus dem Krieg. Als zentrale These macht er eine große Diskrepanz zwischen Staatsführung und militärischer Führung aus, erhebt den Vorwurf, die Staatsführung habe zu zögerlich agiert, setzt den Krieg dann jedoch in einen großen historischen Kontext und kommt zu dem Schluss, dass Europa und die Welt nur zu einem echten Frieden kommen, wenn der Weltkrieg als solcher „gemeinsam liquidiert" wird. Damit distanziert er sich vom Versailler Vertrag, setzt seine Hoffnung allerdings mehr oder weniger auf den Völkerbund und die friedliche Einigung Europas – vom Konzept des Krieges nach Clausewitz als der Fortsetzung der Politik mit anderen Mitteln wollte der General nichts mehr wissen.

Abb. 24: Hauptangeklagte des Hitler-Ludendorff-Prozesses, 1. April 1924[69]

Damit unterschied sich Wilhelm Groener sehr von seinen ehemaligen Kameraden Paul von Hindenburg und Erich Ludendorff. Der eine wurde 1925 trotzdem Präsident nach Friedrich Ebert. Der andere putschte am 9. November 1923 zusammen mit Hitler, wurde im Gegensatz zu diesem im Prozess um den Aufstandsversuch freigesprochen und saß statt in Festungshaft für die Listenverbindung der verbotenen NSDAP und DVFP als Abgeordneter im Reichstag, während Hitler im Groll mit ihm auf Burg Landsberg am Schreibtisch saß und *Mein Kampf* schrieb.

Von dem Kapp-Putsch und militärischen Dingen unbeeindruckt, folgte am 7. April 1920 Günter von Hirschfeld mit einem Beitrag über „Deutsche Handlungs- und Siedlungsinteressen in Südamerika", als hätte man den Krieg gewonnen und nicht verloren. Auch über andere Teile der Welt wurde berichtet, so im Vortrag des Bankiers Brodsky aus Kiew zusammen mit einem Herrn Ritzel aus Bukarest, die über *Geschäftsbeziehungen mit Rußland* bzw. Rumänien vortrugen. Das war am 5. Mai. Nur drei Tage später folgte ein weiterer Vortrag über *Deutsche Aufgaben und Aussichten in China und Japan* von dem Theologen und Missionswissenschaftler Dr. Johannes Witte (1877–1945) aus Berlin. Wie sein Vater hatte dieser es nach einem Theologiestudium und anschließender Ordination zum Pastor einer kleinen Gemeinde in Zanow in Pommern (heute Sianów) gebracht. Doch wurde ihm die Welt dort zu eng und so wechselte er 1909 in den Dienst des Allgemeinen Evangelisch-Protestantischen Missionsvereins mit Aussicht auf ausgedehnte Studienreisen, die ihn tatsächlich vor und nach dem Krieg immer wieder nach China und Japan führten und ihm das Material zu mehreren Büchern lieferten, die allesamt im Krieg erschienen, also genau in der Zeit, als Deutschlands Verbindungen in diese Weltregion abrissen, nicht zuletzt weil Japan den deutschen Hafen Kiautschou in China in seinen Besitz gebracht hatte.[70] Witte habilitierte sich 1922, übernahm eine Privatdozentur an der Berliner Friedrich-Wilhelms-Universität, wurde 1927 zum außerordentlichen Professor berufen und erlangte 1930 einen Lehrstuhl für Religionsgeschichte und Missionswissenschaft. Seine konservative Weltanschauung bewegte ihn bereits Ende der 1920er Jahre dazu,

Mitglied der NSDAP zu werden. Er profitierte nach der Machtergreifung dann auch eine Zeitlang von der Entlassung unliebsam gewordener Kollegen, bevor per Denunziation bekannt wurde, dass er einem Freimaurerorden angehört hatte. Es folgten 1936 der Ausschluss aus der Partei und der Rücktritt als Dekan des Fachbereichs. Er ließ sich beurlauben und 1939 emeritieren. In dieser Zeit schrieb er eine scharfe Abrechnung mit dem „neuheidnischen" Aspekt der nationalsozialistischen Weltanschauung.[71] Annähernd 20 Jahre zuvor hatte er die Mitglieder der Gesellschaft über das ferne Asien aus der Sicht eines Missionars informiert. Gewissermaßen daran anknüpfend rundete Professor Charles Horowitz aus Frankfurt das Bemühen, einen Rundumblick um die ganze Welt zu erhalten, ab, indem er am 7. Juli in einem Vortrag über *Indische Probleme* berichtete.

Am 24. September 1920 eröffnete Albert Einstein die Herbstsaison mit einem Vortrag über *Die Grundlagen der allgemeinen Relativitätstheorie,* verwies die Mitglieder also auf die Umbrüche der Physik und des naturwissenschaftlichen Weltbildes. Die Themenbereiche wechselten nun in rascher Folge. Graf Bernstorff aus Berlin knüpfte in gewisser Hinsicht an den Vortrag Groeners an und trug zur *Bedeutung des Völkerbundes für den Wiederaufbau* bei, ein nicht näher benannter Herr Linke aus Frankfurt machte sich Gedanken über die *Möglichkeit, die Luftelektrizität technisch zu verwerten,* Katzsch aus Frankfurt sprach über *Die Zukunft unserer Universitäten* und Prof. Dr. Franz Oppenheimer, dessen Lehrstuhl von Kotzenberg gerade geschaffen worden war, informierte über die Bedeutung *Genossenschaftliche(r) Siedlung.* Mit Sanne aus Hamburg und seinen *Eindrücke(n) in Amerika* und Graf Keyserling aus Darmstadt, der über *Seins- und Könnens-Kultur* zur Diskussion anregte, endete das erste Vortragsjahr der Gesellschaft, dem bis heute fast 100 weitere gefolgt sind.

Zweifelsohne ragen aus dem Dutzend von Vorträgen zwei besonders heraus. Das war zum einen der Vortrag Einsteins am 24. September 1920 über die Allgemeine Relativitätstheorie und zum anderen die Ideen, die Franz Oppenheimer am 1. Dezember 1920 als frischgebackener Ordinarius auf dem neugeschaffenen Lehrstuhl für Soziologie zur Diskussion stellte. Beide Vorträge hatten es in sich und führten die Mitglieder der Gesellschaft in Sphären von Wissenschaft und Politik, die weit über Deutschland hinaus von großer Bedeutung waren.

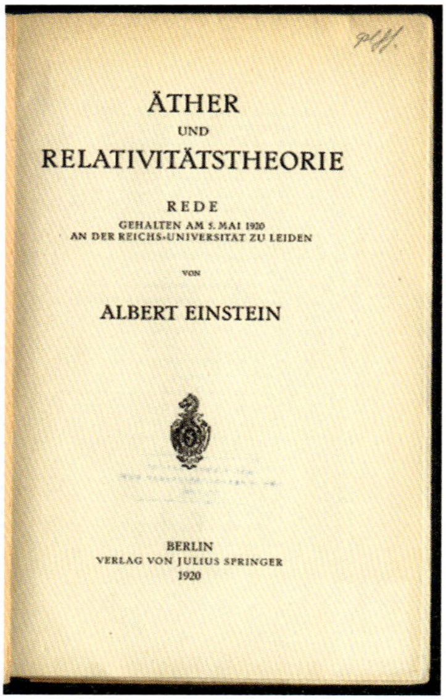

ÄTHER
UND
RELATIVITÄTSTHEORIE

REDE
GEHALTEN AM 5. MAI 1920
AN DER REICHS-UNIVERSITÄT ZU LEIDEN

VON

ALBERT EINSTEIN

BERLIN
VERLAG VON JULIUS SPRINGER
1920

Abb. 25/26: Broschüre von Albert Einstein über Äther und Relativitätstheorie. Rede Einsteins an der Technischen Universität Leiden, die er etwa zur gleichen Zeit wie in Frankfurt hielt,[72] und Albert Einstein um 1920[73]

Nach der speziellen Relativitätstheorie, deren Grundzüge von Einstein 1905 entwickelt worden waren, folgten mitten im Krieg die wesentlichen Teile zur Allgemeinen Relativitätstheorie. Den Kern dieser Theorie hat er am 25. November 1915 vor der Preußischen Akademie der Wissenschaften vorgetragen. Einsteins Allgemeine Relativitätstheorie ist von zahlreichen Tests experimentell bestätigt worden und gilt heute als allgemein anerkannte Gravitationstheorie.[74] Eine der ersten Bestätigungen fiel in das Jahr 1919, also wenige Monate vor seinem Vortrag in Frankfurt, und fand weltweite Beachtung, was von manchen als Beginn seines Weltruhms und Aufstieg in den Olymp der großen universalen

Denker der Menschheit gedeutet wird.[75] Jedenfalls wurden die Beobachtungen im Verlauf einer Sonnenfinsternis in Brasilien im Mai 1919 nach Bekanntgabe der Ergebnisse am 6. November 1919 und ihrer Deutung als spektakuläre Bestätigung von Einsteins Theorie der Gravitation als Raumzeitkrümmung angesehen. Als Einstein am 7. November aufwachte, war er über Nacht zu einer berühmten Persönlichkeit geworden, und zwar zuerst in Großbritannien, wo die *Times* und andere britische Blätter ausführlich über den Bericht der Royal Society und der Royal Astronomical Society zu den Ergebnissen der Expedition zur Sonnenfinsternis an den Golf von Sobral in Brasilien berichteten, die von dem englischen Astronomen Arthur Stanley Eddington angeführt worden war, einem Bewunderer von Albert Einstein. Die Öffentlichkeit war systematisch auf die Bedeutung dieser Sonnenfinsternis und der englischen Expedition dorthin vorbereitet worden. Schon im Januar, als in Berlin der Spartakusaufstand die öffentliche Aufmerksamkeit absorbierte, wurde ausführlich über das Naturereignis und die Hoffnungen der Naturwissenschaften berichtet und regelmäßig die interessierte Öffentlichkeit auf dem Laufenden gehalten.[76] Die Erwartungen waren hoch gesteckt, nachdem der Chefastronom persönlich erklärt hatte: „The present eclipse expedition may for the first time demonstrate the weight of light; or they may confirm Einstein's weird theory of non-Euclidean space; or they may lead to a result of yet more consequence – no deflection."[77] Entsprechend groß wurde die Sensation gehandelt. Sie bestätigte nichts weniger als eine Revolution des bisherigen Weltbildes: „Revolution in Science, New Theory of the Universe – Newtonian Ideas overthrown" titelte die *Times*, nachdem die beiden Wissenschaftsgesellschaften das Ergebnis der Ablenkung des Lichts durch die Masse der Sonne und damit Einsteins Vermutung offiziell bestätigt hatten.[78] Für den Einstein-Biographen Abraham Pais handelte es sich bei dem kurz darauf einsetzenden Presserummel um nichts weniger als die „Heiligsprechung Einsteins", der sich sogar persönlich in der *Times* äußern durfte.[79] Wie sehr es die britischen Gemüter bewegte, dass Lord Newton entthront worden war, zeigt sich unter anderem darin, dass ein Jahr später das House of Commons eine Einstein-Society gründete.

Der ganze Vorgang hatte selbstredend auch eine politische Dimension: Der jüdische Ausnahmephysiker aus dem besiegten Deutschland zog die Aufmerksamkeit trotz des dramatischen Weltgeschehens auf sich. In Deutschland fielen die Entdeckung und die Diskussion darum mitten in die Nachwehen der Novemberrevolution und sie fielen ganz anders aus als in Großbritannien. Denn so versöhnlich zeigte sich ein Teil des deutschen Publikums nicht, das in Dolchstoßlegenden und verratenen Siegen schwelgte. Im Gegensatz zur britischen Presse wurde in den deutschen Blättern erst unaufgeregt über die Sonnenfinsternis und die ihr beigemessene Bedeutung der Verifizierung von Annahmen, die sich aus Einsteins Theorie ergaben, berichtet. An der Berichterstattung änderte sich auch nicht allzu viel, nachdem Freunde Einsteins mit Beiträgen auf die Bedeutung der Ergebnisse hingewiesen hatten.[80] Stattdessen sammelte sich Widerstand gegen die Popularität des „Schweizer Juden". Am 13. Februar 1920 berichtete das *8-Uhr-Abendblatt* in Berlin über „Tumultszenen bei einer Einsteinvorlesung" und unschöne Auftritte eines nicht-akademischen Publikums, weshalb sich Einstein veranlasst sah, auf weitere Vorlesungen zu verzichten.[81] Das steigerte sich bis August zu einer regelrechten Kampagne gegen Einstein. Ein Paul Weyland machte sich, eine alte Kritik des Physikers und Nobelpreisträgers Philipp Lenard anführend, lustig über Einstein. Es wurden Plagiatsvorwürfe erhoben und eine *Arbeitsgemeinschaft deutscher Naturforscher zur Erhaltung reiner Wissenschaft* machte Propaganda gegen den Physiker, dem die Welt damals zu großen Teilen ihre Aufmerksamkeit schenkte.

All das steigerte sich in den späten Augusttagen bis zu einem „Kampf gegen Einstein" bzw. einem „Feldzug gegen die Einsteinsche Relativitätstheorie aber wohl mehr gegen Einstein selbst (…)".[82] Einstein antworte am 27. August seinen Kritikern im *Berliner Tageblatt* und klagte an: dass die Reaktion anders ausgefallen wäre, wenn er „ein Deutschnationaler mit oder ohne Hakenkreuz wäre statt ein Jude von freiheitlicher, internationaler Gesinnung".[83] Es sprangen Einstein aber auch Kollegen bei, so unter anderen Max von Laue, der gerade seine Zelte in Frankfurt abgebrochen hatte und nach Berlin gegangen war. Auch Fachfremde wie Max Reinhardt, Intendant des Deutschen Theaters in Berlin, den wir in Bezug auf die *Deutsche Gesellschaft 1914* schon genannt haben, brach öffentlich eine Lanze für den Physiker und entrüstete sich im *Berliner Tageblatt* „über die alldeutsche Hetze gegen Ihre (Einsteins) hervorragende Persönlichkeit".[84] Tatsächlich bekamen die Gegner Einsteins politische Unterstützung von der DNVP. Zeitungen, die die Allgemeine Relativitätstheorie angriffen, standen dem deutschnationalen Milieu oft nahe und auf der anderen Seite standen Zeitungen, die Einstein unterstützt hatten, meist treu zur Regierung oder denen, die links von dieser standen.[85]

Die Sache ging nach 1920 weiter. Maritta Tkalec hat diesen Werdegang einmal knapp zusammengefasst. Sein Kollege, der Physiker Philipp Lenard, wurde deutlicher: 1922 sah er „Fremdgeist" als Hintergrund der Relativitätstheorie. 1924, dem Jahr seines Eintritts in die NSDAP, schrieb er, „Deutsche Physik" akzeptiere nur solche wissenschaftlichen Erkenntnisse, die auf Experimenten beruhten und den Sinnen zugänglich seien. Solches sei eine „arische Physik oder Physik der nordisch gearteten Menschen", im Gegensatz zur „formal-dogmatischen jüdischen Physik", schrieb der glühende Nationalsozialist Lenard 1936. Berichtete die Presse über Einstein, sah der Nobelpreisträger jüdische Propaganda am Werk und nannte die Journalisten „gut bezahlte jüdische Reklamemacher". Der Physiker Wilhelm Müller erkannte in der Relativitätstheorie „jüdisches Wesen". Karl Braßler, Journalist und Autor beim *Völkischen Beobachter*, unterstellte, Einstein sei einer jener Intellektuellen, die ihren Titel „ihren vorzüglichen Verbindungen oder ihren unergründlich tiefen Geldbeuteln verdanken". Einstein setzte sich öffentlich gegen die Diffamierungen zur Wehr, vor allem aber wurde er politisch aktiver und klarer. Er näherte sich sozialistischen Gedanken an. In einem „Glaubensbekenntnis" schrieb er 1932: „... bin ich leidenschaftlicher Pazifist und Antimilitarist, lehne jeden Nationalismus ab, auch wenn er sich nur als Patriotismus gebärdet".[86]

In Ronald W. Clarks Einstein-Biographie finden sich zahlreiche Hinweise zum Umgang Einsteins mit einer nationalen Identität: „Einstein wurde 1879 in Ulm als deutscher Bürger jüdischer Abstammung geboren. Im Alter von 15 Jahren, noch bevor er nach Zürich kam, um an der

Eidgenössischen Technischen Hochschule zu studieren, gab er seine deutsche Staatsbürgerschaft auf und blieb bis 1901 staatenlos. Am 21. Februar 1901 wurde Einstein Schweizer Staatsbürger. Nach dem Ersten Weltkrieg nahm er wieder die deutsche Staatsbürgerschaft an. Als er 1911 nach Prag zog, um an der dortigen Universität eine Professur anzutreten, musste er, da er automatisch verbeamtet wurde, die österreichisch-ungarische Staatsbürgerschaft annehmen. Da er aber seine hart erkämpfte Schweizer Staatsangehörigkeit nicht verlieren wollte, kam er, nicht zum letzten Mal, in den Genuss der doppelten Staatsbürgerschaft. Als Max Planck und Walther Nernst ihn 1914 nach Berlin holten und er Mitglied der *Preußischen Akademie der Wissenschaften* wurde, erlangte er automatisch die deutsche Staatsbürgerschaft. Nachdem Hitler an die Macht gekommen war und Einstein Deutschland verlassen musste, verlor er die deutsche Staatsbürgerschaft wieder. 1940 wurde er US-amerikanischer Staatsbürger."[87] Ein nicht ganz kleiner Teil der Welt kann ihn und seine Verdienste also für sich vereinnahmen. Auf jeden Fall war er auch einer der Großen Deutschlands, wie auch ein Großer der Schweiz und der USA.

Die Wege Deutschlands und seines größten Intellektuellen trennten sich und Einstein verabschiedete sich 1933 von Berlin nach Princeton. Im Dezember 1932 reiste er nach Pasadena (Kalifornien) und blieb dort. Nach der Machtübernahme des NS-Regimes am 30. Januar 1933 kehrte er im März und April 1933 nur noch einmal nach Europa zurück, um in der deutschen Botschaft in Brüssel seinen Reisepass zurückzugeben.[88] Wir werden darauf zurückkommen.

Der Beginn dieser Trennung fand also um das Jahr 1920 herum statt und in dieser aufgeputschten Situation sowohl der physikalischen Erkenntnisse wie auch des politischen Aufschreis wegen hat Einstein in Frankfurt vorgetragen. Wir sind über den Inhalt des Vortrags anhand eines annähernd zeitgleich gehaltenen Vortrags an der Universität Leiden einigermaßen informiert. Mit der Allgemeinen Relativitätstheorie wird die Wechselwirkung zwischen Materie einerseits sowie Raum und Zeit andererseits beschrieben. Als maßgeblicher Bruch mit dem Newtonschen Weltmodell deutet Einstein die Gravitation als geometrische

Eigenschaft der gekrümmten, vierdimensionalen Raumzeit und löst sich von der Vorstellung, dass es für die Fernwirkung zwischen Körpern eines Mediums, wie sie die Theorie vom Äther zwischen den Himmelskörpern vorsah, bedarf. Darüber handelt der 1920 gehaltene Vortrag in Leiden und eine ähnliche Richtung dürfte er auch in seinen Ausführungen vor der Frankfurter Gesellschaft eingeschlagen haben. Einstein bediente sich zur Beschreibung der gekrümmten Raumzeit der Differentialgeometrie, wie sie zur Mitte des 19. Jahrhunderts etwa von Bernhard Riemann in seinem kurzen Leben entwickelt worden war. Die Allgemeine Relativitätstheorie erweitert die spezielle Relativitätstheorie und vor allem das Newtonsche Gravitationsgesetz, nicht wenige deuten sie auch als Überwindung von Newton.

Wie und warum war Einstein nach Frankfurt gekommen und warum hielt er den Vortrag in der Villa vom Rath am Untermainkai und nicht im Physikalischen Institut der Universität, was doch viel näher gelegen hätte? Es würde zudem naheliegen, Richard Wachsmuth als das Verbindungsglied der Gesellschaft zur Universität und zumal zum Physikalischen Institut als Kontaktperson zu Einstein zu vermuten, da Wachsmuth, der damalige Präsident der Universität, von Hause aus ebenfalls ein Physiker war. Doch Horst Schmidt-Böcking und Karin Reich schätzen Wachsmuth als nicht sonderlich aufgeschlossen für die Umwälzungen in der damaligen Physik ein. Dafür spricht, dass er kein besonderes Interesse an einer dauerhaften Verpflichtung von Max Born, Max von Laue und Otto Stern gezeigt hatte. Max von Laue war dann auch 1920 bereits auf dem Weg nach Berlin, nachdem Bleibeverhandlungen gescheitert waren. Noch mehr als bei von Laue tritt das mangelnde Interesse bei Otto Stern zutage. Dieser hielt sich damals zusammen mit Max Born in Frankfurt am Physikalischen Institut auf. Auch diesen beiden gelang 1922 keine Vertragsverlängerung, obwohl Stern zusammen mit Walther Gerlach ein nach ihnen benanntes wegweisendes Experiment zur Quantenforschung durchgeführt und damit zentrale Aspekte der speziellen Relativitätstheorie von Albert Einstein bestätigt hatte, was Stern später den Nobelpreis eintrug.[89] Mehr noch beklagte sich Max Born in einem Brief an Albert Einstein über

Wachsmuth, dass dieser Stern nicht halten wollte und gesagt haben soll: „Stern hat einen entsetzlichen jüdischen Intellekt."[90] Alle drei mussten nach Berlin weiterziehen. Damit hat es Frankfurt verpasst, ein Zentrum der damaligen neuen Physik zu werden. Es dürften damit Otto Stern oder sein Kollege Max Born gewesen sein, die den Kontakt zu Einstein herstellten und ihn nach Frankfurt geholt haben. Dafür spricht, dass sich Einstein, Otto Stern und Max Born seit vielen Jahren gut kannten und gleich mehrmals im Zuge ihrer akademischen Karrieren persönlich begegnet waren. Weiterhin standen Stern und Born in dieser Zeit in engem Briefkontakt mit Einstein.

Abb. 27: 1920 (v.l.): Otto Stern, Friedrich Paschen, James Franck, Rudolf Ladenburg, Paul Knipping, Niels Bohr, E. Wagner, Otto von Baeyer, Otto Hahn, Georg von Hevesy, Lise Meitner, Wilhelm Westphal, Hans Geiger, Gustav Hertz und Peter Pringsheim in Berlin. Bohr kam 1920 nach Berlin, um die großen Ordinarien zu treffen. Lise Meitner und James Franck nannten die Ordinarien „Bonzen". Diese Bonzen waren u.a. Einstein, Planck, Haber und Nernst. Daher organisierten Meitner und Franck am folgenden Tag ein sogenanntes „bonzenfreies" Treffen, bei dem dieses Bild aufgenommen wurde.[91]

Es gibt auch ein Gruppenfoto aus Berlin, das in einer ungewöhnlichen Dichte Personen zeigt, die 20 Jahre später im Zentrum der internationalen Atomforschung standen. Das Zentrum dieses Kreises bildete wiederum Albert Einstein. Aber es befinden sich auch einige darunter, die kurz zuvor in Frankfurt gewesen waren. Das vermittelt eine Ahnung von dem, was in Frankfurt hätte passieren können. Es gibt einen noch deutlicheren Hinweis auf Max Born oder Otto Stern als Initiatoren der Einladung.

Max Born berichtet im Briefwechsel zudem über die finanziellen Nöte des Instituts. Hilfe erhielt er unter vielen anderen von Wilhelm Eugen Hartmann, dem Gründer von Hartmann & Braun und sowohl als Unternehmer wie als Vorsitzender des Physikalischen Vereins sehr an den Arbeiten des Physikalischen Instituts interessiert. Aber es gab noch andere Mittel der Geldbeschaffung, und eines war das gewaltige Echo, das die Bestätigung der Allgemeinen Relativitätstheorie durch die Messungen bei der Sonnenfinsternis in Brasilien zum Gegenstand hatte. Dazu schreibt Max Born in seinen Erinnerungen: „Wir waren schon in der Inflation, die später so katastrophal werden sollte, aber uns wurde nicht bewusst, was da geschah. Alles war rar und teuer. Physikalische Instrumente waren kaum zu bekommen. So waren meine Gelder schnell erschöpft, und ich musste mich nach Hilfe umsehen. Zu jener Zeit ging eine Welle des Interesses für Einstein und seine Relativitätstheorie um die Welt. Er hatte die Ablenkung des Lichts, das von einem Stern kommt, durch die Sonne vorausgesagt. Einige Expeditionen, darunter eine englische unter der Leitung von Eddington, wurden in tropische Länder entsandt, als eine totale Sonnenfinsternis stattfand und man die Ablenkung beobachten konnte. Nach mühevollen Messungen und langwierigen Berechnungen kam man zu dem Schluss, dass Einstein recht hatte; dies wurde mit großen, sensationsheischenden Überschriften in den Zeitungen veröffentlicht und verursachte enormes Aufsehen in der zivilisierten Welt. Es kam zu einer richtigen Einsteinbegeisterung – jeder wollte wissen, was dahintersteckte. Ich nutzte dies für meine Zwecke, kündigte eine Reihe von Vorlesungen über Einsteins Relativitätstheorie im größten Hörsaal der Universität an und nahm ein paar Mark Eintrittsgeld, das für mein Institut bestimmt war. Die Vorlesungen waren ein ungeheurer Erfolg; der Saal war jedes Mal überfüllt, und eine ansehnliche Summe wurde gesammelt. Meine Freunde aus der Frankfurter Geschäftswelt sagten mir, dass ich ein noch besseres Ergebnis erzielt hätte, wenn ich private Einladungen zu einem Vortrag im teuersten Hotel, in Abendkleidung und mit Cocktails, verschickt und um eine Spende zur Unterstützung unserer Arbeit gebeten hätte. Doch so was lag mir nicht."[92] Hier dürfte ein Zusammenhang zu dem Vortrag in der Villa des Walther vom Rath bestanden haben. Denn eine vergleichbare Bühne mit Abendkleid und Cocktails und mehr konnte auch die Gesellschaft ohne Weiteres liefern und potentielle Geldgeber auch.

Der zweite herausragende Vortrag verlief vermutlich weniger spektakulär, ohne von geringerer Bedeutung zu sein. Am 1. Dezember 1920 referierte das Mitglied Prof. Dr. Franz Oppenheimer über *Genossenschaftliche Siedlung*. Das führt uns in ganz andere Gefilde als die mondäne Physik und mehr zum harten Schwarzbrot der Geschichte der Sozialpolitik. Damit aber auch in das politische Zentrum, um das die Politik in Frankfurt wenige Jahre später kreisen sollte. Einen ersten Baustein, wie sehr das Interesse darauf gerichtet war, haben bereits die Begleitumstände um die Gründung des *Instituts für Sozialforschung* gezeigt. Ein weiterer Baustein findet sich nun in der Person Franz Oppenheimers, des von ihm aufgebauten Soziologischen Instituts und seiner soziologischen Forschungen auf dem Gebiet des menschlichen Zusammenlebens und den von ihm daraus gezogenen politischen Implikationen. Wir werden uns danach noch einem dritten Baustein zuwenden. Dabei handelt es sich um die Verbindung von beiden zur Kommunalpolitik Ludwig Landmanns, die nicht aus der einen oder anderen kleinen Reform im Bereich des Sozialen bestand, sondern sich in einem weithin sichtbaren großflächigen Umbau der Stadt manifestierte, der in seiner Dimension vielleicht nur mit dem Umbau von Paris durch Georges-Eugène Haussmann rund 70 Jahre zuvor zu vergleichen ist.

Abb. 28: Franz Oppenheimer in seinem Frankfurter Büro 1920[93]

Wer also war Franz Oppenheimer und warum war sein Vortrag so wichtig? Nun, er bildete eine Art *missing link* zwischen der Welt der bürgerlichen Sozialreform, wie sie etwa in den liberalen Ansätzen von Hermann Schulze-Delitzsch oder Friedrich Wilhelm Raiffeisen vorlag, zur Welt der sozialdemokratischen Sozialreform, und zwar als Genossenschaftspolitik angefangen bei Ferdinand Lassalle über Eduard Bernstein bis hin zu den Programmen, und bildete neben den Gewerkschaften und der

Partei ein drittes Standbein der Arbeiterbewegung. Franz Oppenheimer war der Sohn des Rabbiners der jüdischen Reformgemeinde Berlin. Nach seinem Studium der Medizin promovierte er 1885 bei Paul Ehrlich, der damals noch in Berlin lehrte.[94] Es folgte eine zehnjährige Tätigkeit als Armenarzt in den sozialen Brennpunkten der Hauptstadt und im Osten der Mark Brandenburg, wo er mit dem Elend der Landarbeiter konfrontiert wurde.[95] Das machte ihn mit einer gewissen Zwangsläufigkeit mit den aktuellen sozialpolitischen Fragestellungen der Zeit vertraut. Ungewöhnlich war allerdings sein damit verbundenes publizistisches Interesse. Er sattelte um auf den Journalismus und nahm eine Stelle als Chefredakteur der *Welt am Montag* an. Das brachte ihn wiederum per Zufall mit Friedrich Naumann in Verbindung, damals der führende Sozialpolitiker der Liberalen.

Aus der Auseinandersetzung mit ihm entstand Oppenheimers erste wissenschaftliche Arbeit *Die Siedlungsgenossenschaft,* also genau zu jenem Thema, über das er ein Vierteljahrhundert später in der Villa vom Rath am Untermainkai gesprochen hat. In den folgenden Jahren zog es Oppenheimer zur Lebensreformbewegung und er kam schnell in Kontakt mit einigen ihrer Hauptvertreter, insbesondere versuchte er – beeinflusst von Henri Saint-Simon, Pierre-Joseph Proudhon, Karl Marx und Theodor Hertzka – seine Ideen zur Siedlungsgenossenschaft auch praktisch umzusetzen. Es ging ihm dabei „um die Abschaffung des privaten Eigentums an Grund und Boden überhaupt. Soziale Reformen, Umgestaltung der Eigentumsverhältnisse, Schaffung von Produktionsgenossenschaften – so sollte die soziale Frage zumindest entschärft werden."[96] In Bezug auf die Lebensreformbewegung interessierte Oppenheimer in erster Linie ihre Offenheit für neue Eigentumsformen und ihre Experimente mit Genossenschaftsmodellen. Er gehörte deshalb ab 1902 auch nicht zufällig zur „Neuen Gemeinschaft" um den Literaten Heinrich Hart und seine Künstlerkolonie in Berlin-Friedrichshagen am Müggelsee. Ein weiteres Engagement in dieser Richtung betraf die Mitarbeit im Ausschuss der „Deutschen Gartenstadtgesellschaft", die um diese Zeit auch mit dem Projekt der Riederwald-Siedlung des *Frankfurter Bau und Sparvereins* in Verbindung stand.[97]

Seine eigenen Genossenschaftsexperimente scheiterten erst einmal. Das war unter Umständen ein Anlass, warum er sich danach zum einen mehr der zionistischen Bewegung zugewandt hatte und zum anderen wieder mehr mit Theorie beschäftigte. Jedenfalls bemühte er sich ab 1908 um eine Habilitation, mit der er seinem Anliegen, ein System der Soziologie zu begründen, Rechnung tragen wollte. Die Habilitation erfolgte 1909, was ihn zu einer Privatdozentur berechtigte, die er bis 1917 in Berlin ausübte und mit einer außerplanmäßigen Professur bis 1919 verlängerte.[98] Von dort aus zog es ihn nach Frankfurt, nachdem von dort der Ruf auf einen von Karl Kotzenberg gestifteten Lehrstuhl für Soziologie und theoretische Nationalökonomie erging. Er behielt die Professur bis zu seiner Emeritierung im Jahre 1929. Damit endete jedoch keineswegs seine berufliche und wissenschaftliche Tätigkeit. Es begann eigentlich nach dem Arzt, dem Alternativökonomen und dem Soziologen nur ein vierter Abschnitt in seinem Leben – der der Ausgrenzung und Zwangsemigration und zugleich der Vollendung seines wissenschaftlichen und politischen Lebenswerkes.

Kurz vor seiner Vorbereitung zur Flucht aus Deutschland verfasste er 1932 noch die utopische Schrift *Sprung über ein Jahrhundert*, weil man seiner Auffassung nach gute Theorien und Theoretiker an ihren Prognosen erkennt. Da wollte er nicht Abseits stehen.[99] Er machte dem Metier auch alle Ehre, sah sowohl atomare Waffen mit gewaltiger Vernichtungskraft, Bildtelefon in jedem Haushalt, lautlose Elektroautos und ein geeintes, grenzenloses Europa voraus. Noch ausstehen eine reduzierte, dezentrale Verwaltung und eine Gesellschaft, die keine Krisen mehr kennt, wenn freie Konkurrenz umfassend verwirklicht wird. Dazu heißt es in dem Roman: „Monopol heißt, Ausschluß der freien Konkurrenz aufgrund einer Übermacht. Wo Konkurrenz besteht bei Vorhandensein von Monopolen, da ist es nicht freie, da ist es gefesselte Konkurrenz. Da zieht der Monopolist am langen Hebelarm, da ist die Waage des Marktes gefälscht, – und das war der Kapitalismus." Man müsse „keine funkelnagelneue Wirtschaftsmaschine aufbauen, wie die Kommunisten faselten, sondern bloß die Konkurrenz von ihrer Hemmung befreien. Und das war, einmal erkannt, sehr einfach. Im Verhältnis zu den Utopien der Weltverbesserer soviel einfacher, wie es einfacher ist, einem geknebelten Menschen die Fesseln abzunehmen, als einen künstlichen Menschen zu fabrizieren."[100] Sein Hauptaugenmerk jedoch galt den freien, selbständigen und genossenschaftlich geeinten Menschen, die ihren Geschäften nachgingen.[101]

Drei Jahre später schloss er sein System der Soziologie, das neun Bände umfasst und an dem er seit 1922 gearbeitet hatte, ab. Der ursprüngliche Titel sollte *Der liberale Sozialismus als System der Soziologie* lauten.[102] In gewisser Hinsicht kann Oppenheimers Lebenswerk als die Einlösung des Versprechens der Universitätsgründer an ihren Mitgründer Wilhelm Merton angesehen werden, die Universität nur zu errichten, wenn ein Fachbereich für die modernen Sozialwissenschaften eingerichtet werde, und zwar aus dem Hauptmotiv Mertons heraus: Theoretische Grundlagen zu schaffen, damit „...unsere Gewerbetreibenden sozial, unsere Sozialpolitiker ökonomisch denken lernen".[103] Mit dem Institut für Soziologie, das Oppenheimer in Frankfurt gegründet hatte, bestanden dementsprechend damals nicht weniger als vier Institute, die in der einen oder anderen Beziehung ihre Forschung um die soziale Frage gruppierten: Das Institut für Gemeinwohl im Westflügel des Universitätsgebäudes, die Akademie der Arbeit vor dem Universitätsgebäude, das Institut für Sozialforschung gegenüber dem Universitätsgebäude und das Institut für Soziologie im Hauptflügel des Universitätsgebäudes. Dieser Komplex, der bis 1932 in jahrzehntelanger Arbeit aufgebaut worden war, wurde in wenigen Tagen von den Nationalsozialisten zerstört.

Oppenheimer war seit März 1933 von Kürzung seiner Ruhebezüge betroffen. Nach der Pogromnacht am 9. November 1938 setzte er sich ins sichere Ausland ab.[104] Die erste Station führte ihn mit der zionistischen Bewegung nach Palästina. Er folgte damit seiner Familie nach und konnte sich auf jahrzehntelange Verbindungen in den Raum verlassen. Otto Warburg hatte im Auftrag der Zionistischen Organisation eine landwirtschaftliche Versuchsstation in Rehovot gegründet, die 1925 eine enge Verbindung mit der biologisch-botanischen Fakultät der

Hebräischen Universität in Jerusalem einging. Franz Oppenheimers jüngerer Sohn Heinz erhielt dort eine Professur. Dorthin zogen auch sein älterer Sohn Ludwig, seine erste Frau und 1938 sowie Anfang 1939 kamen weitere Familienmitglieder in Rehovot an.[105] Oppenheimer selbst versuchte von dort aus nach Japan weiterzureisen. Doch in Tokio angekommen, musste er die Erfahrung machen, dass ihn der Nationalsozialismus, vor dem er nach Palästina geflohen war, wieder eingeholt hatte. Ein Kulturabkommen zwischen Japan und Deutschland vereitelte seinen Lehrauftrag an der Keiō-Universität. Er musste Japan wieder verlassen und reiste 1940 über Shanghai in die USA ein. Dabei unterstützte ihn einer seiner früheren Seminarteilnehmer, Max Horkheimer, obwohl er dessen Seminararbeiten nur mit „gut" und „befriedigend" bewertet hatte.[106] Er schrieb in Kalifornien noch mehrere Bücher und verstarb 1943.

Im Zentrum seines Soziologischen Systems standen bestimmte Typen von Genossenschaften. Er hatte bis 1920 diesbezüglich bereits einige Erfahrung gesammelt. So beteiligte er sich 1893 am Gründungsprozess der *Obstbau-Kommune Eden-Oranienburg* bei Berlin.[107] Später versuchte er sich an einem landwirtschaftlichen Großgut bei Eisenach, das er genossenschaftlich umorganisieren wollte.[108] Er scheiterte damit gründlich und verlor einen erheblichen Teil der Geldsumme, die er in das Projekt investiert hatte. Er ließ dennoch nicht von weiteren Genossenschaftsexperimenten ab, blieb in Kontakt zu den damals zahlreich gegründeten Tolstoi-Kommunen und zur Gartenstadt-Bewegung und in diesem Netzwerk fand er auch Aufmerksamkeit für seine Vorhaben.[109]

Als er nach Frankfurt kam, war er voller neuer Pläne. Denn er sah – ganz im Gegensatz zu Spengler, der den Untergang herbeischrieb – Deutschland nach der Revolution eher in einer hoffnungsvollen Situation und reif für großflächige Genossenschaftsvorhaben. Und das Glück spielte ihm das dafür notwendige Geld in die Taschen. „Bei Gelegenheit einer Reihe von Vorträgen, die ich auf Veranlassung meiner Anhänger in Holland hielt, stellte mir einer von ihnen, Jaakob Christian de Wijs, ein wohlsituierter, aber durchaus nicht reicher Reeder, gleich am ersten Abend unserer Bekanntschaft eine Million Papiermark, damals im Werte von ungefähr 50.000 Goldmark, als Grundstock des erforderlichen Kapitals zur Verfügung."[110]

Das gab ihm den notwendigen finanziellen Freiraum, Genossenschaftsprojekte anzustoßen. Am weitesten gedieh er mit dem Remontedepot in Bärenklau. Dazu schreibt er: „ich wendete mich an den damaligen preußischen Landwirtschaftsminister, den jetzigen Ministerpräsidenten *Otto Braun*, und auf einer Werbeversammlung im Hause meines verehrten Freundes Albert Einstein hat er sich im Jahre 1920 ausdrücklich für ihn eingesetzt."[111] Sein Sohn Ludwig hat dies später bestätigt: „1920/21 gelang es ihm, von der damaligen, sozialistisch beeinflussten Regierung Preussens (Otto Braun) die Zustimmung zum Erwerb der Domäne Bärenklau bei Berlin zu erhalten, um auf ihr seine Idee der allmählichen Ueberführung eines Grossgutsbetriebs in eine genossenschaftliche Anteilswirtschaft zu verwirklichen".[112] Hier gründete Oppenheimer im Jahre 1920 zusammen mit anderen eine Siedlungsgenossenschaft, über die er dann in der Villa Bonn berichtete.

„Das (...) Remontedepot mit seinen Vorwerken (...) war 1832 vom königlichen Kriegsministerium errichtet worden. Remonte (französisch) nannte man ein Pferd, das als Nachwuchs für die Kavallerie vorgesehen war. Beim preußischen Militär des 19. Jahrhunderts wurden diese drei- bis vierjährigen Tiere als Ersatz für ausgediente Pferde der Armee in eigens für diesen Zweck eingerichteten Remontedepots untergebracht, herangezogen und ausgebildet."[113]

In der 1920 gegründeten *Siedlungsgenossenschaft in Bärenklau bei Velten i. M.* wurde der Boden nicht verteilt oder verpachtet, sondern eine genossenschaftliche Produktion aufgezogen und Arbeiter eingestellt. Diese erhielten eine Gewinnbeteiligung am Reinertrag. Weiterhin wurde darauf geachtet, insgesamt eine Besserung der allgemeinen sozialen Lage zu erreichen. Oppenheimer kam es dabei in erster Linie darauf an, mit diesen „Oase(n) inmitten der kapitalistischen Wüste" seine Kritiker mit der erfolgreichen Produktion zu widerlegen, und Bärenklau sollte erst den Anfang bilden. Oppenheimer hatte mit anderen eine *Gemeinnützige Siedlungs-Treuhandgesellschaft m.b.H.* gegründet, die Grundstücksanteile von nicht weniger als 85 ehemaligen preußischen

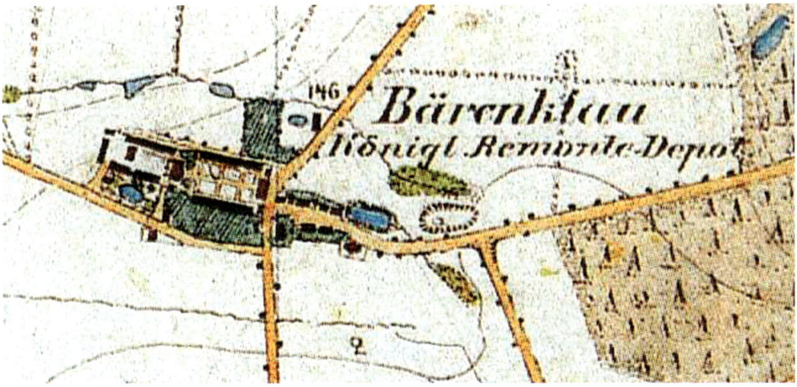

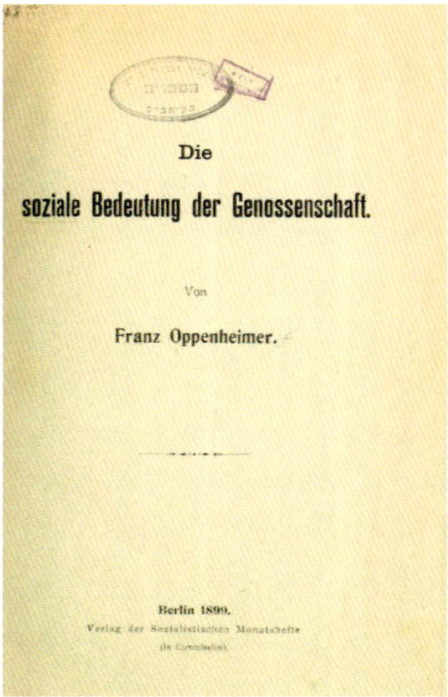

Die

soziale Bedeutung der Genossenschaft.

Von

Franz Oppenheimer.

Berlin 1899.

Verlag der Sozialistischen Monatshefte

(in Commission).

Abb. 29–31: Kgl. Remonte-Depot Bärenklau bei Velten i. M., aus dem 1920 die Siedlungsgenossenschaft Oppernheimers hervorging[114], Musterung der Pferde durch die Remontierungskommission 1904 (Foto: Archiv Heimatverein Bärenklau)[115], Titelblatt der Broschüre von Franz Oppenheimer *Die soziale Bedeutung der Genossenschaft* von 1899[116]

Herrengütern aufkaufte und diese an Obst- und Gemüsebauern weiterverpachtete.

Noch bevor seine Projekte richtig angelaufen waren, hat er darüber Anfang 1920 – sozusagen in Erwartung der Ergebnisse – eine Broschüre geschrieben, in der er seine Vorhaben schilderte und begründete, und dabei dürfte es sich auch um die Inhalte handeln, über die er am Ende des Jahres in der Frankfurter Gesellschaft vortrug. Oppenheimer skizziert darin die Probleme der damaligen Industriewelt, die Armut der Arbeiter, den Angebotsdruck auf dem Arbeitsmarkt durch ständigen Zustrom neuer Arbeitskräfte, die in Konkurrenz mit den etablierten treten, eine Konkurrenz, die keinen großen Spielraum für eine Zunahme der Löhne erlaube. Sein Ziel war es, den Zustrom in die Städte zu reduzieren, indem den Arbeitern und Kleinbauern eine weitaus attraktivere Alternative auf dem Land geboten werde.

Das war für ihn das Programm des „liberalen Sozialismus", dessen erster Ansatz folglich in einer grundlegenden Änderung der Verfügungs- und Eigentumsrechte am Grundbesitz bestand. An die Stelle der großen Güter mit ihren Monopolen an Boden sollte die „Innenkolonisation", die Gestaltung von „Freiland" treten. Das war der Hintergrund für die genossenschaftlichen Siedlungsexperimente im Umland von Berlin. Sie sollten auch zeigen, dass Großproduktion in einer genossenschaftliche Betriebsform möglich sei.[117] Würde das gelingen, würde nach Auffassung Oppenheimers der Weg offenstehen, über derartige Genossenschaften „zu einer freien Wirtschaftsgesellschaft zu gelangen, in der die Abwanderung in die Industriezentren gestoppt, der Angebotszwang des Arbeiters beseitigt und somit das Elend überwunden wäre. Die kapitalistischen Ausbeutungstendenzen wären sodann verschwunden, und die Herrschaft einer einzelnen Klasse wäre endgültig beseitigt."[118]

Wir wissen nicht, wie die Diskussion im Anschluss an den Vortrag verlaufen ist und wir wissen auch nicht, ob er Geldgeber im Kreis der Gesellschaft gefunden hat. Dazu finden sich in den Überlieferungen Oppenheimers keine Anhaltspunkte. Die Resonanz auf seine Vorschläge war auch sonst verhalten. Besonders von Seiten der Sozialdemokratie wurde Oppenheimer nicht gerade mit Lorbeeren überhäuft. Es ist bekannt, dass ihm ausgerechnet sein Kollege und Nachbar an der „Akademie der Arbeit" und späterer SPD-Wirtschaftsminister in Nordrhein-Westfalen, Erik Nölting, vorgehalten hat, dass, wie Blesgen das umschrieben hat, „im Arbeiter des 20. Jahrhunderts wohl kaum noch das Bedürfnis nach einer landwirtschaftlichen bzw. bäuerlichen Existenz aufkommen würde, da die sozialen Probleme nun einmal nicht durch ‚Verbauerung' zu lösen seien".[119] Das war natürlich ein sehr kurzgedachter Einwand, denn das war es nicht, was Oppenheimer vorgeschlagen hatte. Er meinte nicht die Arbeiter in der Stadt, sondern die Arbeiter vom Land, die im Zuge der Urbanisierung millionenfach in die Städte abwanderten. Für einen Landarbeiter lag eine „Verbauerung" durchaus nicht fern.

Reagierte die SPD verhalten, so fand er beim *Internationalen Sozialistischen Kampf-Bund* mehr Aufmerksamkeit, der das Argument einer Milderung der wachsenden Divergenz zwischen Bauern und Arbeitern teilte.[120] Doch es war nicht allein diese kleine politische Gruppierung, bei der Oppenheimer Zuspruch fand. Es gab auch noch die Zionistische Bewegung. Sie erwärmte sich für Oppenheimers Ideen für das konkrete Bedürfnis der angestrebten Besiedlung Palästinas und nahm großen Anteil an seinen praktischen Experimenten, und das nicht nur in Deutschland, sondern auch in dem britischen Mandatsgebiet selbst.

Abb. 32: Franz Oppenheimer (Bildmitte mit weißem Anzug) 1913 in der Siedlungsgenossenschaft Merchawia[121]

Wir hatten erwähnt, dass sich Oppenheimer sehr früh der Zionistischen Bewegung angeschlossen hatte und dort nach Josef Heller die Rolle eines Chefökonomen einnahm und die Beratung galt selbstredend seinen genossenschaftlichen Ideen. Auf dem sechsten Zionistenkongress in Basel im Jahre 1903 richtete die Versammlung erstmals eine Palästinakommission ein, deren Aufgabe es war, sich Gedanken über eine Kolonisation in dieser Region zu machen, und zwar systematisch, im großen Stil und nach Oppenheimers Modellen.[122] Kurz darauf begann der jüdische Nationalfonds Land in Palästina zu erwerben, um darauf die ersten Kibbuzim zu errichten.[123] Auch Oppenheimer beteiligte sich daran und reiste 1910 selbst in den Nahen Osten, um bei der Gründung des Kibbuz Merchawina mit Hand anzulegen.[124]

Sein Einfluss erschöpfte sich jedoch auch nicht als Ideengeber der zionistischen Kolonisation. Sein eigentlicher Apostel war die junge Bundesrepublik nach dem Zweiten Weltkrieg. Denn eine weitaus weitsichtigere Schlussfolgerung als Oppenheimers Kollege von der *Akademie der Arbeit* zog Ludwig Erhard, der bei Oppenheimer promoviert hatte und Seminararbeiten vermutlich nicht nur mit „gut" oder „befriedigend" bestanden hatte wie Horkheimer. Er setzte Oppenheimer durch die politische Konzeption der sozialen Marktwirtschaft ein Denkmal, auch ohne den Gedanken der Siedlungsgenossenschaft: „Wenn in der Richtung Fortschritte erzielt werden, daß wir, sei es auf europäischer oder atlantischer Ebene, über die Enge der Nationalstaaten hinwegfinden, daß wir gemeinsame Märkte schaffen – offene, freie Märkte –, in denen sich die Konkurrenz frei entfalten kann, nicht mehr behindert durch staatliche Manipulationen und nicht durch künstliche Barrieren begrenzt, dann erwächst daraus sicher eine andere Art von Konkurrenz, als sie Oppenheimer aus seiner Sicht historisch und zeitbedingt völlig zu Recht aus dem Großgrundeigentum abgeleitet hat. Weil die Wurzel absolut wahr und wahrhaftig ist, glaube ich, seinem Gebot gefolgt zu sein. Wie sehr Oppenheimer in mir lebt", geht daraus hervor, „daß man sich selbst in der Sprache und im Ausdruck unbewußt wieder begegnet. Franz Oppenheimer, mein geliebter Lehrer (...) hatte das rechte Augenmaß für die Dinge. Solange ich lebe, werde ich (...)

glücklich sein, wenn die Soziale Marktwirtschaft – so vollkommen oder so unvollkommen sie auch sein mag – weiter zeugen wird auch für das Werk, für den geistigen Ansatz der Gedanken und die Lehre von Franz Oppenheimer."[125]

Werner Kruck hat diesen Gedanken aufgegriffen und begründet, warum Oppenheimer als Vordenker der Sozialen Marktwirtschaft angesehen werden kann. Zum einen werden Freiheit und Demokratie bei Oppenheimer von der Emanzipation des wirtschaftenden Menschen ausgehend entwickelt, wie Werner Kruck schreibt. Zum andern strebt der Mensch kraft seiner Vernunft nach Freiheit und freiheitlichen Arbeitsbeziehungen, so dass die erwartbare Modernisierung der Gesellschaft auf diesem Wege vonstattengeht. Sie mündet in einem, dem Kapitalismus seiner Zeit konträren Modell. Eckpunkte darin sind: 1. die (klassen-)monopolfreie Wirtschaft, 2. der Wegfall der Reservearmee und ein höherer Grad an Selbständigkeit in frei zustande gekommenen Kooperationsbeziehungen und 3. erfolgt der Ausgleich aller Einkommen durch freien Wettbewerb.[126]

Erhard legte mit der von Oppenheimer inspirierten Sozialen Marktwirtschaft die Grundlagen, damit ein breites Spektrum an Christlich-sozialen und Sozialliberalen und auch Sozialkonservativen eine Partei formieren konnten, die für mehrere Jahrzehnte den Sozialdemokraten einen erneuten Zugang zu den Schalthebeln der Macht verbaute, indem sie klassenübergreifend Position in der Sozialpolitik bezog und mehr Wähler zu sich zog als die SPD. Erst als die SPD nachzog und im Godesberger Programm Oppenheimer in wichtigen Punkten folgte, also Abstand vom Klassenkampf nahm, auf kritische Distanz zu Marx ging, sich dafür der christlichen Ethik als Element des Sozialismus öffnete und vor allem auf Schichten außerhalb der Industriearbeiter in den großen Fabriken zuging, da wuchs das Vertrauen der Wähler auch außerhalb der engen Milieus der Arbeiter in den städtischen Industrierevieren.

Die Enge der vormaligen Klassenpolitik tritt sehr deutlich in dem zutage, was abschätzig „Verbauerung" genannt wurde. Eine Politik, die den Bauern und auch den Landarbeitern entgegenkam, war in Hessen keineswegs unbekannt. In weiten Teilen der aus den ehemaligen hessischen Staaten hervorgegangenen preußischen Provinzen hatte zwei Jahrzehnte vor Oppenheimers Siedlungsgenossenschaftsexperimenten die sogenannte „Güterschlächterei" stattgefunden. In vielen Fällen waren es bäuerliche Gemeinden, die heruntergekommene Hofgüter oder Vorwerke aufkauften, um die damit verbundenen Äcker, Wiesen und Wälder an Bauern- oder Tagelöhnerfamilien zu verkaufen oder zu verpachten, was vielen Kleinbauern und Tagelöhnern zugutekam. Das eine Variante davon bildende Oppenheimersche Konzept der genossenschaftlichen Führung eines solchen Gutes hätte eigentlich gut zur Genossenschaftspolitik der SPD gepasst und sich sehr gut mit den Konsum-, Milchverwertungs- oder Backgenossenschaften verbinden lassen. Wie erfolgreich das hätte sein können, zeigt das Agieren eines Lehrers in einer kleinen Gemeinde im Spessart, der sich sehr für die Aufteilung eines Hofgutes einsetzte, um mit der Kommunalisierung den Landarmen Pachtland zukommen zu lassen. Er tat dies als Interessenvertreter der „kleinen Leute", wie die Dorfschulchronik festhielt. Damit wurde seine SPD-Mitgliedschaft umschrieben.[127] Eine Offenheit für eine derartige Politik hatte jedoch nur der Revisionist Georg von Vollmar gezeigt, der in den 1890er Jahren für Bayern eine Bauernpolitik in diesem Sinne gefordert hatte und damit an der auf die Industriearbeiter in den Städten ausgerichteten SPD gescheitert war. Er blieb so mit seinen agitatorischen Erfolgen auf dem Lande in Bayern alleine.

Es fehlten der SPD in der Konsequenz die Millionen Wählerstimmen der Landarbeiter und Kleinbauern, die sie mit großem Abstand zur Macht hätten tragen können, sowohl 1919 wie 1949. Damit wird deutlich, was für ein politisches Potential Oppenheimer hier adressiert hatte, und wir sehen, wie blind sein Kollege von der *Akademie der Arbeit* für die Brüche und Umbrüche in der sich destabilisierenden Weimarer Republik gewesen war. Das hatte weitreichende Folgen. Das Land hielten für Jahrzehnte unangefochten die Konservativen besetzt und dann rückten mit der sich immer deutlicher abzeichnenden Agrarkrise ab Mitte der 1920er Jahre die Rechtsradikalen, Völkischen und die NSDAP ein, die in den ländlichen Regionen Hessens und Schleswig-Holsteins ihre ersten Wahlerfolge feiern konnten. Das ist am politischen Werdegang von Hans von Passavant ziemlich deutlich zu sehen.

Die Machtergreifung Hitlers setzte schließlich den Oppenheimerschen Experimenten ein gewaltsames Ende. Seine Treuhandgesellschaft wurde arisiert und genötigt, die Güter nach dem üblichen Verfahren sofort vollständig aufzuteilen, um Siedlerstellen zu schaffen.[128] An die Stelle eines sozialen und emanzipativen Fortschritts trat „Blut und Boden", d. h., es wurde in zwölf Jahren mehr Blut vergossen als in allen Kriegen zuvor und Deutschland war am Ende bis auf den Boden zerstört.

Es hat eine Alternative gegeben und in Frankfurt wurde sie zu einem beträchtlichen Teil realisiert. Denn für die Gesellschaft fügten sich seine Ausführungen damals in die sich abzeichnende politische Einbindung der Arbeiterbewegung in eine großzügige Sozialreform, wie sie Monate später von der Stadtregierung unter Landmann in Angriff genommen wurde. Die Bausteine, die Oppenheimer zeitgleich entwickelt hatte und an den verschiedensten Stellen in Deutschland realisierte, hätten sich gut darin einfügen lassen. Wenn die Mitglieder der SPD und DDP in der Gesellschaft ein Gespür dafür gehabt hätten, dass Gesellschaft und Wirtschaft nicht an der Stadtgrenze oder den benachbarten Industrierevieren aufhörten.

Internationalität – von Frankfurt in die Welt

Wie in dem Vortrag von Albert Einstein bereits angedeutet, zeichnet sich die Frankfurter Gesellschaft durch ein hohes Maß an Internationalität aus und es war in der Gründungsdiskussion ein besonderes Anliegen von Karl Kotzenberg, diesen Punkt zu verinnerlichen. Es war deshalb auch kein Zufall, dass die erste Vortragsserie im Jahr 1920 von Vorträgen über andere Weltregionen bestimmt war, von denen die alte Handelsmetropole praktisch die gesamte Kriegszeit über abgeschnitten gewesen war. Diesen Ansatz hielt die Gesellschaft in der gesamten Zwischenkriegszeit bei.

Internationalität bildete einen deutlichen Schwerpunkt und nicht weniger als 118 von 594 Vorträgen in der Zeit von 1920 bis 1943 dreht sich um die Welt außerhalb Deutschlands, darunter allein 17 um die USA, 15 um England, zehn um Russland und zehn um Frankreich – und dokumentieren damit die programmatische Absicht der Gesellschaft, zur internationalen Verständigung beizutragen. Insbesonde gehören dazu Vorträge über den Ausgleich mit Frankreich oder die Beziehungen zu den USA, zum Beispiel in einem Vortrag über die Politik des New Deal von Roosevelt.

Noch mehr traten jedoch die Themen zu Europa hervor. Die „europäische Frage" zieht sich durch eine große Zahl der Vorträge und durch die Geschichte der Gesellschaft. So sprachen vor 1933 Max Cohen Reuss zur *Wirtschaftlichen Annäherung der europäischen Staaten*, Alejandro Alvarez über *Le Panamericanisme, le Paneuropeanisme et le Panasiatisme, leur influence dans la vie internationale* und Kurt von Mangoldt zum *Nationalen Gedanken und die europäische Bewegung*, wobei immer wieder die Beziehungen zu Frankreich betont wurden. Quasi als Verbindungsglied ist der Vortrag von Richard N. Graf Coudenhove-Kalergi anzusehen, der sich am 8. März 1924 der Europabewegung widmete. Er ist es wert, genauer vorgestellt zu werden.

Coudenhove-Kalergi war der Sohn des Geschäftsträgers des Habsburger Reiches in Japan und dessen japanischer Frau Mitsuko Aoyama, die aus einer wohlhabenden Kaufmannsfamilie stammte. Er kam in Tokio zur Welt. Väterlicherseits hatten die brabantischen Coudenhoves den Adelstitel für die Teilnahme am Kreuzzug 1099 erhalten. Der Name Kalergi stammt von einem byzantinisch-kretischen Adelsgeschlecht. Damit vereinte sich in der Familie bereits ein guter Teil der Welt und auch der Geschichte. Nach Übersiedlung der Familie wuchs er auf Schloss Ronsberg in Böhmen auf, wechselte auf ein Gymnasium in Wien, studierte an der Rudolphina Philosophie und Geschichte und wurde 1916 promoviert.

Der Erste Weltkrieg war für ihn Anlass genug, sich politisch gegen eine Wiederholung zu engagieren, und das hieß für ihn: die

Abb. 33–35: Richard Nikolaus Coudenhove-Kalergi (ca. 1926)[129], Richard Nikolaus Coudenhove-Kalergi[130], Flagge der Paneuropa-Union bei ihrer Gründung 1922[131]

Einigung der Europäer.[132] Vor diesem Hintergrund entwickelte er im Alter von 28 Jahren 1922 die Idee eines „Paneuropa". Die positive Resonanz bestärkte ihn darin, seine Vorstellungen ein Jahr später als Buch vorzulegen und im Jahr darauf die *Paneuropa-Union* ins Leben zu rufen. Als Erster spendete der deutsche Bankier Max M. Warburg. Darüber schreibt Coudenhove-Kalergi in seinen Erinnerungen: „Anfang 1924 erhielten wir einen Anruf von Louis Rothschild: einer seiner Freunde, Max Warburg aus Hamburg, habe meine Schrift gelesen und wolle sich mit uns treffen. Zu meinem Erstaunen bot mir Warburg spontan 60.000 Goldmark an, gedacht für einen Zeitraum von drei Jahren, um die Bewegung anzukurbeln."[133] Um eine regelmäßige Förderung zu leisten, gründete sich kurz eine *Paneuropa-Fördergesellschaft* unter dem Vorsitz von Robert Bosch, deren Unterstützer auch Industrielle aus der Rhein-Main-Region waren. In ihrem Vorstand saßen neben Bosch der Generaldirektor der Deutschen Linoleum-Werke, Richard Heilner, das Aufsichtsratsmitglied der IG Farbenindustrie, Wilhelm Ferdinand Kalle, und Hermann Bücher, Geschäftsführer beim Reichsverband der Deutschen Industrie und späterer AEG-Vorstand. Kanzler Ignaz Seipel stellte Räumlichkeiten in der Wiener Hofburg zur Verfügung.[134]

Das war die Situation, als er im März 1924 den Vortrag in der Frankfurter Gesellschaft hielt, und zwar noch in der Villa vom Rath, aber die Villa Bonn war gerade gekauft worden. Der Vortrag ist wie all die anderen vor 1955 nicht überliefert, deshalb stellt sich die Frage, was er dort vorgetragen haben könnte? Die damaligen Begründungen für seine Bewegung geben deutliche Hinweise.[135] Er hat vermutlich wie in seinem Buch mit einem Bekenntnis zum Ausgleich mit Frankreich begonnen, um sich auf die Gemeinsamkeiten beider Länder zu konzentrieren. Das war mutig angesichts der großen Verbitterung über den Versailler Friedensvertrag und die Ruhrgebietsbesetzung samt des als Ruhrkampf bezeichneten passiven Widerstands. Es deckte sich jedoch tatsächlich ziemlich genau mit den Grundlagen der Außenpolitik Gustav Stresemanns, der seit September 1923 im Amt war und Deutschland aus der schwierigen Zeit der französischen Intervention, des damit verbundenen, von staatlicher Seite angeordneten passiven Widerstandes aller staatlichen und kommunalen Bediensteten herausführte. Der passive Widerstand beinhaltete einen Kanon von drastischen Maßnahmen: die Einstellung der Reparationszahlungen, die Ausrufung eines Generalstreiks, der ähnlich wie 1920 Industrie, Verwaltung und Verkehr lahmlegte. Betriebe und Behörden sollten den Anordnungen der Besatzer keine Folge leisten. Es waren dann vor allem die Bediensteten der Reichsbahn, die den Dienst verweigerten und ihre Arbeitsplätze unter Mitnahme der dienstlichen Unterlagen verließen. Als effizient erwiesen sich auch die Entfernung der Beschriftungen in Bahnhöfen und Stellwerken sowie die Verlegung von Lokomotiven und Wagen in unbesetzte Gebiete. Die Verweigerung hatte eine Schattenseite, die noch lange nachwirkte. Nicht nur den erzwungenen Abbau von Kohle als Ersatz für die Reparationen, sondern auch der „Ruhrkampf" selbst kostete, weil während des passiven Widerstands die Löhne und Gehälter von etwa zwei Millionen Arbeitern und Angestellten vom Staat übernommen wurden. Der Staat machte es sich leicht und druckte mehr Geld, was wie kaum ein anderer Grund die Wirtschaftskrise verstärkte, weil Inflation und gleichermaßen Produktions- und Steuerausfälle den Staatshaushalt außerordentlich belasteten und zur Hyperinflation führten. Der wirtschaftliche Schaden von Ruhrbesetzung und -kampf wurde mit etwa vier bis fünf Milliarden Goldmark beziffert. Die Zerrüttung der Wirtschaft hatten danach alle zu begleichen. Insbesondere die, die auf Spareinlagen für Geschäftszwecke, Investitionen oder den Lebensabend angewiesen waren – eine weitere Hypothek auf die Republik.[136]

Wie überwand Stresemann diese rasch an Fahrt aufnehmende Destabilisierung der Republik mit Aufständen im Herbst in Thüringen, Sachsen, Hamburg und München? Die einfache Antwort war Vernunft, und das verband ihn mit dem „verwegenen" Vorschlag von Coudenhove-Kalergi. Für ihn basierten außenpolitische Überlegungen auf wirtschaftspolitischen Einsichten und es war für ihn eine unumstößliche Tatsache, dass die einzige Deutschland verbliebene Quelle an Macht und Einfluss in den Fähigkeiten einer effizienten und effektiven Wirtschaft bestand. Diese aber benötigte Ruhe zur Entfaltung. Chaos, Aufstände, ausländische Interventionen waren das Gegenteil. Die Reparationsprobleme, die Frage der Ostgrenzen und auch die Rheinlandfrage und sonstige Zumutungen des Versailler Systems konnten nur angegangen werden, wenn sich die Wirtschaft in Ruhe entwickeln konnte. Daraus folgte zwangsläufig: Eine Verbesserung der deutschen Lage konnte nur durch eine Verständigung mit den Westmächten, insbesondere mit Frankreich, erreicht werden, und so begann auch Coudenhove-Kalergi seinen Traum von den *Vereinigten Staaten von Europa*. Beide hatten Glück. Stresemann fand im französischen Außenminister Aristide Briand einen kongenialen Partner und hat darüber in der Gesellschaft am 22. Februar 1926 sowie über den bevorstehenden Beitritt Deutschlands zum Völkerbund vorgetragen. Innerhalb von nur zwei Jahren hatte sich das Blatt für Deutschland in geradezu unglaublicher Weise zum Besseren gewendet.

Es war also durchaus nicht reine Utopie, wenn Coudenhove-Kalergi vor der Gesellschaft erklärte, statt sich weiter anzufeinden, sollten Deutschland und Frankreich besser einen europäischen Staatenbund von Polen bis Portugal initiieren. Das bezeichnete Coudenhove-Kalergi als *Paneuropäische Union* oder auch *Vereinigte Staaten von Europa*. Nur so könne die Halbinsel am Rande Asiens in dem nach dem Krieg neugeordneten System der Weltmächte als ein politischer und wirtschaftlicher Zweckverband einen erneuten Weltkrieg verhindern, indem es den Mächten Panamerika, dem Russischen Bundesreich, dem Britischen Bundesreich und einem aus China und Japan bestehenden Ostasien Paroli bieten könne. Das hieß nicht, dass Coudenhove-Kalergi über den Wassern schwebte. Er war Kind seiner Zeit und vereinnahmte den Rest der Welt, wie es Hugenberg nicht besser hätte formulieren können, indem er Anspruch auf sämtliche europäischen Kolonien und Mandatsgebiete in Afrika, Südamerika und Südostasien erhob, sie ebenfalls dem paneuropäischen Staatenbund zuschlug und riet, sie von den Mitgliedsstaaten gemeinsam „bewirtschaften" zu lassen.[137]

Zu guter Letzt schlug er eine Agenda vor, die mittlerweile durch den Lauf der Geschichte zu einem guten Teil abgearbeitet worden ist: 1. Einberufung einer paneuropäischen Konferenz, 2. Unterzeichnung eines gemeinsamen Schieds- und Garantievertrages, 3. Gründung einer paneuropäischen Zollunion, 4. Konstituierung der Vereinigten Staaten von Europa. Mit Liebe zum Detail hatte er auch eine Flagge entworfen, ein rotes Kreuz auf goldener Sonne vor blauem Hintergrund.

Seiner Organisation schlossen sich nach und nach bedeutende Persönlichkeiten an, von denen auch eine ganze Reihe bei der Frankfurter Gesellschaft vorgetragen haben. Zu nennen wären vor allem Albert Einstein und Thomas Mann, später herausragende Politiker wie Konrad Adenauer, der französische Außenminister und Friedensnobelpreisträger Aristide Briand und viele andere mehr.

Abb. 36: Richard Coudenhove-Kalergi, Gründer und Präsident der Paneuropa-Union, mit seiner Frau Ida Roland[138]

Vom 3. bis 6. Oktober 1926 tagte in Wien der erste Paneuropa-Kongress. Ungefähr 2.000 Delegierte aus 24 Staaten nahmen daran teil. Coudenhove-Kalergi stellte sein politisches Programm vor, in dem er Abbau der Grenzen zwischen den europäischen Staaten und die Schaffung eines europäischen Staatenbundes einforderte. Der Bund sollte auf Gleichberechtigung und Verständigung unter den Völkern beruhen. Dies sah der Initiator als Voraussetzung für Frieden, Freiheit und Wohlstand der Halbinsel am Rande des asiatischen Kontinents an. Seine Anhänger teilten also seinen Ansatz zur übernationalen Vereinigung auf der Grundlage von Freiheit, Frieden, Wohlstand und Kultur, wie sie auch heute Grundlagen der Europäischen Union sind. Es ist weiterhin wichtig, festzuhalten, dass die Paneuropa-Idee in Deutschland ihre wichtigste Basis bei den Parteien der Weimarer Koalition hatte. Es gelang, den Nationalismus zurückzudrängen und für viele den Blick über den Tellerrand zu öffnen – allerdings nur für recht kurze Zeit.

In den 1930er Jahren schrieb Coudenhove-Kalergi in verschiedenen Publikationen gegen den nationalsozialistischen Judenhass im Deutschen Reich an.[139] Er hatte allen Grund dazu. Verena Schöberl hat schon vor Längerem darauf hingewiesen, dass der *Völkische Beobachter* schon 1928 die Paneuropa-Idee für Landesverrat hielt, und die rechtskonservative *Deutsche Allgemeine Zeitung* (DAZ), die damals bereits auf einen anti-republikanischen Kurs eingeschwenkt war, warf der Paneuropa-Bewegung ein Jahr später vor, Deutschland versklaven zu wollen.[140] Mehr noch, für die Nationalsozialisten war Coudenhove-Kalergi ein Mischling und fast noch schlimmer, ein Freimaurer, und die paneuropäische Idee stand in klarem Kontrast zur Rassenlehre Alfred Rosenbergs und völkischem Gedankengut. Coudenhove-Kalergi wurde in allen drei Beziehungen diffamiert und Mitglieder der *Paneuropa-Union* später in Konzentrationslager deportiert.[141]

Dementsprechend wurde die *Paneuropa-Union* im nationalsozialistischen Deutschland verboten. Kurz danach marschierte Deutschland in Österreich ein, und das zwang Coudenhove-Kalergi mit seiner jüdischen Frau, der Schauspielerin Ida Roland, zur Flucht nach Ungarn und von dort in die Schweiz und später in die USA. Dort konnte er als Lecturer an der New York University im Fach Geschichte lehren und erhielt 1944 auch eine Professur.

Der Untergang Deutschlands gab ihm jedoch wieder Auftrieb. Seine Paneuropa-Idee erlebte eine phantastische Wiedergeburt. Kein Geringerer als Winston Churchill hatte dazu beigetragen, als er in seiner berühmten *Züricher Rede* Coudenhove-Kalergis Visionen aufgriff und die Schaffung der „Vereinigten Staaten von Europa" einforderte.[142] Das beflügelte den Referenten von 1924 und er rief erneut eine Bewegung ins Leben, die sich als *Europäische Parlamentarier-Union* (EPU) jetzt in erster Linie um Mitglieder der verschiedenen europäischen Parlamente bemühte. Die eigentliche Initiative aber ging an die Initiatoren der Europa-Bewegung über, von der sich die EPU anfangs distanzierte, deren erster großer Erfolg jedoch der *Haager Europa-Kongress* vom 7. bis 11. Mai 1948 war, auf dem sich die Europa-Bewegung offiziell konstituierte und die Vorbereitung zur Gründung des *Europarats* einleitete.

Auch wenn Coudenhove-Kalergie kurz darauf den Karlspreis für sein Lebenswerk erhielt, so gibt es selten Licht ohne Schatten. Es gab durchaus in seiner Person angelegte Gründe, die seiner Bewegung den großen Erfolg am Ende versagten. Vanessa Conze erblickt einen davon in seinem unangemessenen Habitus, seinem autoritären Führungsstil und seinem übermäßigen Beharren darauf, stets die Zügel selbst in der Hand zu halten. Auch konnten sein Charisma und seine Redekunst nicht darüber hinwegtäuschen, dass sich sein Europa-Konzept vor allem durch Unbestimmtheit auszeichnete, um es bei wechselnden politischen Situationen und vor wechselndem Publikum stets neu anpassen zu können. Weiterhin gab es eine unausgesprochene ideologische Nähe zu Vertretern der *Konservativen Revolution* und ein ambivalentes Verhältnis zur Demokratie. In diesem Licht erscheinen seine Besuche bei Benito Mussolini und die Nähe zu Oswald Spengler in dieser Frage etwas weniger aus der Not geboren, sondern als opportunistischer Versuch, den Niedergang der Bewegung durch ihre Umlenkung in das Fahrwasser des autoritären Staats aufzuhalten.[143] Seine humanitären Überzeugungen, sein Pazifismus, seine Trans- und Internationalität sowie nicht zuletzt seine jüdische Frau haben ihn jedoch davor bewahrt.[144]

Der Weltbürger Albert Einstein, der in Sachen Sozialreform weitgereiste Soziologe Franz Oppenheimer, die Internationalisten vom *Institut für Sozialforschung* und der in globalen Maßstäben denkende Europapolitiker Richard N. Graf Coudenhove-Kalergi bestätigten die Forderung des in Weltmarktsbezügen denkenden Kaufmanns Karl Kotzenberg, der Internationalität einen zentralen Stellenwert in der Arbeit der Frankfurter Gesellschaft einzuräumen. Dies sollte nach vier Jahren erfolgreicher Vortrags- und Bildungsarbeit seinen Ausdruck in einer großzügigeren Bühne finden. Die Suche nach einer angemessenen Umgebung hatte das Ergebnis, eine größere Immobilie zu erwerben, in der sich wie sonst nur noch an wenigen Plätzen der internationale Charakter der Stadt spiegelte.

Die Frankfurter Gesellschaft kauft ein Haus

Abb. 37: Die Villa Bonn: Denkmal der Internationalität der Handels- und Bankenstadt Frankfurt am Main, Aufnahme von 2013[145]

Sowohl für das Bildungsprogramm als auch für ihre anspruchsvollen geselligen Aktivitäten benötigte die Gesellschaft angemessene Räumlichkeiten.[146] Bereits im Jahre 1919 wurde deshalb der Beschluss gefasst, das Haus der Familie vom Rath am Untermainkai 56, also den Gründungsort, zu mieten, und bereits auf der nächsten Sitzung am 8. Februar 1920 wurde ein Mietvertrag mit dem Besitzer Walther vom Rath vorgelegt und man bedingte sich das Vorkaufsrecht für den Kauf der Villa aus.[147] Dort residierte die Gesellschaft in den ersten vier Jahren. Doch wurden die Räumlichkeiten rasch als unzureichend empfunden. Es gab Probleme mit dem Vermieter und insgesamt war die Einrichtung mangelhaft. Im Jahre 1923 begann deshalb – mitten in der Zeit der Inflation – die Suche nach einem neuen Domizil, was nicht auf einhellige Zustimmung der Mitglieder traf. So wurde auf der Mitgliederversammlung vom 20. Oktober 1923 eine erbitterte Diskussion um die Frage der Finanzierung und der Aufbringung der laufenden Verwaltungskosten geführt. Denn trotz solider Finanzierungspläne handelte es sich um ein recht gewagtes Unternehmen. Kurz zuvor hatte die Frankfurter Gesellschaft wegen der hohen Verwaltungskosten mit einer Unterbilanz von 67.000 Mark zu kämpfen. Damals erklärten sich zwar sofort maßgebliche Mitglieder des Vorstandes, also Karl Kotzenberg, Moritz von Bethmann und Oscar Oppenheimer bereit, die Hälfte davon aus eigener Tasche zu bestreiten.[148] Doch reichten die Einnahmen aus den Mitgliedsbeiträgen für die verbliebene andere Hälfte auch nicht, so dass wenig später trotzdem die Mitgliedsbeiträge von 300 auf 600 Mark angehoben werden mussten,[149] worüber seit 1921 diskutiert worden war.

Doch selbst mit dieser Maßnahme stand der Hauskauf immer noch nicht auf einer gesicherten finanziellen Grundlage, weil wegen der Inflation die Jahresbeiträge und Eintrittsgelder immer mehr erhöht werden mussten. Aufgrund der finanziellen Belastungen durch die Zerrüttung der Währung traten zahlreiche Mitglieder aus der Gesellschaft aus beziehungsweise erst gar nicht ein. Die Warnung, die Zeiten seien zu schlecht für einen Hauskauf, waren also nicht von der Hand zu weisen. Dem wurde entgegengehalten, dass die Villa Bonn günstig zu haben sei und man die Last auf den ganzen Verein verteilen könne. Nachdem die beiden Justizräte Dr. Alexander Berg und Dr. Ludwig Heilbrunn verschiedene Finanzierungsmodelle vorgestellt hatten, beschloss die Mitgliederversammlung, das Wagnis trotz der vorgetragenen Bedenken einzugehen und trotz der Krisenzeit die Villa des 1907 verstorbenen Bankiers Wilhelm Bonn in der Miquelstraße 12, heute Siesmayerstraße 12, zu kaufen.[150]

Für das Grundstück mussten 75.000 Dollar und für das Mobiliar noch einmal 20.000 Dollar gezahlt werden.[151] An einer Bezahlung in Mark war aufgrund der galoppierenden Inflation nicht zu denken. Selbst für zwei einfache Handwerkerrechnungen hatte das Bankhaus Bethmann der Gesellschaft am 14. Januar 1924 auf ein Sonderkonto 290 Billionen Mark überwiesen, und zwar mit dem Vermerk, dass sich der Wert auf den 11. Januar beziehe. Für eine Fuhre von drei Tonnen Koks wurden am gleichen Tag 500 Milliarden berechnet.[152]

Zu den Erstzeichnern für den Hauskauf gehörten die Vorstandsmitglieder Karl Kotzenberg, Oscar Oppenheimer und Moritz Freiherr von Bethmann. Dazu kamen die Direktoren Eduard Rothschild und

Alfred Schneider, der Inhaber der Tritonwerke, Alfred Leroi, der Bankdirektor Hermann Witscher, Professor Paul Hirsch und Otto Benzinger. Ein Bankenkonsortium, bestehend aus den Bankhäusern Dreyfuss & Co., Bass & Herz, Otto Hirsch, der Deutschen Bank, der Dresdner Bank, der Effecten- und Wechselbank, und der Inhaber der Farbwerke Cassella, Arthur von Weinberg, brachten das Geld auf. Der Rest der Kaufsumme von 35.000 Dollar sollte nach Vertrag als erste Hypothek in das Grundbuch eingetragen werden.[153]

Mit dem Objekt wurde nicht einfach nur eine Villa, wie es sie viele in dem angrenzenden Westend gab, gekauft. Es handelte sich hierbei um ein Relikt aus einem der wichtigsten Abschnitte der Stadtgeschichte im 19. Jahrhundert. Das Denkmal erinnert an ein Frankfurt, das Zentrum von bedeutenden Wirtschaftsbeziehungen im transatlantischen Raum gewesen war. Frankfurter Investoren hatten damals erheblich dazu beigetragen, den infrastrukturellen Ausbau der USA, namentlich des Eisenbahnwesens, voranzutreiben. Das war genau das berufliche Feld des Erbauers der Villa – Wilhelm Bonn. Die Villa ist Demonstration und Repräsentation seines Erfolgs und Bonn war damit nicht alleine. Er erbaute dieses luxuriöse Haus, nachdem er im November 1885 als wohlhabender Mann aus den Vereinigten Staaten nach Frankfurt zurückgekehrt war. Diese Rückkehr aus Amerika weist auf einen überaus erfolgreichen Strang der Frankfurter Wirtschaftsbeziehungen in der Welt des 19. Jahrhunderts, einen Strang, der über viele Jahrzehnte hinweg außerordentlich ertragreiche Geschäfte ermöglichte, eine Chance, die insbesondere Bankiers aus der jüdischen Gemeinde Frankfurts mit großem Erfolg nutzten.

Am Anfang standen die Frankfurter Rothschilds, die in den späten zwanziger und dreißiger Jahren eine erfolgreiche Repräsentanz in New York errichteten. Die große Stunde der Frankfurter Bankhäuser schlug jedoch, als sie den amerikanischen Bürgerkrieg auf Seiten der Nordstaaten finanziell unterstützten und Frankfurter Bankhäuser mit starken Geschäftsbeziehungen in New York wie Seligmann & Stettheimer, Lazard Speyer-Ellissen, Philipp Nicolaus Schmidt, Karl Pollitz oder M. A. Gruenebaum und, nicht zu vergessen, die Frankfurter Bank am Ende fast 40 Prozent der amerikanischen Staatsanleihen in Höhe von 2,74 Milliarden Dollar hielten.[154] Den Staatsanleihen folgten die noch lukrativeren Investitionen in den amerikanischen Eisenbahnbau. Denn der Bau des gewaltigen Schienennetzes von am Ende über 400.000 Kilometern überforderte den amerikanischen Kapitalmarkt. Der amerikanische Eisenbahnbau lockte viele Investoren und so waren es dann auch nicht allein die Briten, die sich in den USA engagierten.

Aus Deutschland beteiligten sich vor der Reichseinigung vor allem Frankfurter und Hamburger Bankhäuser. Später übernahmen Berlin und die Deutsche Bank eine führende Position.[155] Es gibt deshalb eine ganze Reihe von Frankfurter Namen, die einen ähnlichen Werdegang aufweisen wie der Erbauer des Clubhauses Wilhelm Bonn und ebenfalls wie er als „gemachte Männer" aus Amerika zurückkehrten oder doch der Stadt in der einen oder anderen Form verbunden blieben. In diesem Zusammenhang sind die Namen der Frankfurter Bankiers und Frankfurter Mäzene und Stifter Henry Budge, Jacob Schiff und Charles Hallgarten zu nennen, die in ihrem beruflichen Werdegang wie in ihrem Wirken für Frankfurt ganz erstaunliche Parallelen aufweisen.[156]

Wilhelm Bonn selbst stammte – wie die anderen auch – aus einer jüdischen Familie. Die Besonderheit seiner Abstammung liegt dabei in der Herkunft aus dem sephardischen Zweig des Judentums, also einer orientalisch-jüdischen Familie, die lange Zeit mit den Arabern in Spanien lebte, bis Spaniens Aufbruch in die neue Welt damit verbunden war, sich von den Orientalen und damit auch von den sephardischen Juden zu trennen. Sie durften sich zunächst in Bonn niederlassen, bevor sie wenige Jahre später nach Frankfurt am Main weiterzogen und in der Judengasse Unterkunft fanden. Von den städtischen Behörden bekamen sie den Namen ihres vorherigen Wohnortes verliehen und hießen damit Bonn. Aus der wachsenden Familie gingen mehrere bedeutende Persönlichkeiten hervor – so unter anderen Carl Philipp Bonn, der Inhaber einer Textilgroßhandlung, dessen Name sich in der Mitgliederliste der Casino-Gesellschaft von 1865 findet. Wilhelm Bonn besuchte die jüdische Realschule, das Philanthropin. Danach trat er 1861 im Bankhaus Lazard Speyer-Ellissen eine Ausbildung an. Im Alter von 20 Jahren

Abb. 38–41: Wilhelm Bonn um 1900[157], Charles Hallgarten 1915, Englert & Schlosser, Frankfurt am Main 1915[158], Henry Budge[159], Jakob Heinrich Schiff 1913, Radierung von Hermann Struck[160]

schickte ihn das Unternehmen nach New York, damit er die Besonderheiten des amerikanischen Finanzmarkts kennenlernte, um danach amerikanische Staatsanleihen auf dem deutschen Markt zu verkaufen.

Wilhelm Bonn hatte Erfolg, stieg zum Geschäftsführer der Bank Speyer & Co. auf, die ein Ableger der erwähnten Firma Lazard Speyer-Ellissen war, gründete wenig später das Unternehmen Ruette & Bonn, das sich erfolgreich an der Finanzierung der großen transkontinentalen Eisenbahnstrecken beteiligte. 1876 heirate er Emma Heidelbach, die, ebenfalls in Frankfurt geboren, aus der jüdischen Familie Gans stammte. Wie Hallgarten kehrte er, nachdem seine Frau gestorben war, nach Frankfurt zurück. Er war damals erst 42 Jahre alt und Teilhaber des Bankhauses Lazard Speyer-Ellissen. In Frankfurt ließ er sich von dem Hofarchitekten Eberhard Ihne eine luxuriöse Villa im Westend bauen, und zwar vis-à-vis von der Villa Charles Hallgartens.

Als Zweiter im Bunde gehörte der Bankier Charles L. Hallgarten zu den Jungbankiers aus Frankfurt. Er wurde am 18. November 1838 als Sohn einer jüdischen Familie in Mainz geboren und starb am 19. April 1908 in Frankfurt am Main. Seine ersten Schuljahre absolvierte er in Mannheim. Doch im Jahre 1851 wanderte seine Familie nach Amerika aus. In New York gründete sein Vater das Bankhaus Hallgarten & Co., in das Charles Hallgarten später im Alter von 30 Jahren, also im Jahre 1868, als Teilhaber eintrat. Die Bank betrieb vor allem – wie die Banken der drei anderen – die Finanzierung bedeutender Eisenbahnprojekte in den USA. Hallgarten war jedoch bereits damals mehr als ein Investmentbanker. Ihn interessierten nicht nur die Vorgänge an der Wallstreet, sondern er betrieb auch ernsthafte literarische Studien und hatte eine große Vorliebe für Charles Dickens, den er nicht nur als Literat, sondern als unablässigen Mahner gegen Armut und das sich in der Industrialisierung ausbreitende soziale Elend schätzte und zum Vorbild nahm. Er kehrte 1877 nach Frankfurt zurück, zog in eine großzügige Villa in der Miquelstraße (Siesmayerstraße 21) und lebte von seinen Einkünften als stiller Teilhaber an der New Yorker Bank, die sein Bruder Julius Hallgarten zusammen mit Henry Budge weiterführte. Er selbst widmete sich im großen Stil wohltätigen Bestrebungen aller Art.[161]

Der in Frankfurt geborene Henry – eigentlich Heinrich – Budge, der später wie Hallgarten mit bedeutenden Stiftungen für Frankfurt hervortrat, weist in seinem Lebenslauf zahlreiche Parallelen zu dem Bonns auf und auch er war befreundet mit Charles Hallgarten. Er wurde am 20. November 1840 als Sohn des aus Wetzlar stammenden jüdischen Bankiers und Handelsmanns Moritz Moses Budge in Frankfurt am Main geboren und starb am 20. Oktober 1928 in Hamburg. Budge trat zu Beginn der 1860er Jahre als Prokurist in das Geschäft seines Vaters ein, bis er 1866 – wie Bonn einige Jahre zuvor – nach Amerika auswanderte.[162] In New York gründete er 1867 zusammen mit Jakob H. Schiff, der ein Jahr zuvor Frankfurt verlassen hatte, und Leo Lehmann das Bankhaus Budge, Schiff & Co., das aber nur bis 1872 Bestand hatte. Budge stieg später in das Bankhaus L. Hallgarten & Co. ein und beteiligte sich wie Bonn, Hallgarten und Schiff an Eisenbahnfinanzierungen. Er setzte sich 1903 als Multimillionär zur Ruhe.

Ein weiterer Frankfurter gehörte zu diesem Kreis, Jakob Schiff. Schiff kam 1847 in einer jüdischen Familie in Frankfurt zur Welt. Er besuchte wie Bonn das Philanthropin und die Realschule der Israelitischen Religionsgesellschaft. Danach schloss er eine kaufmännische Ausbildung ab und ging 1865 wie die Vorgenannten nach Amerika. Dort fand er eine Anstellung bei Frank & Gans. Kurz darauf gründete er jedoch zusammen mit Henry Budge das eigene Bankgeschäft Budge, Schiff & Co. Nach dem Ausscheiden von Budge und der Liquidation ihrer Bank trat Schiff 1875 als Partner in die Investment-Bank Kuhn, Loeb & Co. ein. Er stieg wie die anderen drei in das Eisenbahngeschäft ein, verschaffte sich in zäher Arbeit Zugang zu diesem umkämpften Geschäftsfeld und stieg mit Kuhn, Loeb & Co. zur zweitgrößten Investmentbank hinter John Pierpont Morgan auf, insofern war er von den Frankfurter Amerikawanderern der erfolgreichste.

Alle vier setzten sich also auf dem hart umkämpften Feld des amerikanischen Eisenbahnbaus und der Eisenbahnfinanzierung gegen die britischen und holländischen Investoren sowie gegen die Riege der amerikanischen Tycoons wie Jay Gould, Cornelius Vanderbilt oder John Pierpont Morgan durch und kamen auf diese Weise zu großem Reichtum, den sie zum Teil nach ihrem freiwilligen oder unfreiwilligen Abschied aus dem Geschäftsleben und ihrer Rückkehr nach Deutschland wieder nach Europa zurückbrachten.

Trotz des beruflichen Engagements in Übersee und obwohl der Lebensmittelpunkt der hier vorgestellten Personen für lange Zeit ganz nach Amerika verlegt worden war, rissen die Verbindungen nach Frankfurt nie ab oder wurden im Falle Hallgartens über den Kreis seiner Geschäftspartner sogar erst hergestellt. Das hat Gründe. Zum einen waren sie unternehmerischer Art. Frankfurt war noch längere Zeit zentrale Anlaufstelle zum Akquirieren von europäischem Kapital für die amerikanischen Projekte der Ausgewanderten. So wie die englischen Bankiers immer wieder auf die London Stock Exchange zurückgriffen und die holländischen auf die Börse von Amsterdam, so suchte die Gruppe der in Amerika lebenden Frankfurter Investmentbankers immer wieder die heimatliche Börse und die Frankfurter Kollegen auf, um den Kapitalbedarf zu decken.[163] Insofern gehörten regelmäßige Abstecher zu den Geschäftsfreunden nach Frankfurt zum Pflichtprogramm ihrer Europareisen.

Es gab auch noch andere Verbindungen zu Frankfurt beziehungsweise Deutschland. Alle vier – und viele andere über diese vier hinaus – waren von jüdischer Herkunft und bezeichneten sich in der Fremde als *Yahudim*, als Deutsch-Juden – mit festen Bindungen an die alte Heimat. Sie schickten ihre Kinder auf deutsche Universitäten. Sie beschäftigten deutsche Erzieherinnen und deutsche Ärzte und jährlich begaben sie sich nach Deutschland und verabredeten sich in den Kurorten Baden-Baden, Karlsbad und Marienbad. Sie beharrten oft auf jüdische Ehen mit Frauen aus Deutschland und so heiratete auch Wilhelm Bonn 1876 in New York Emma Heidelbach, die aus der jüdischen Frankfurter Familie Gans stammte.[164] Und schließlich gab es ein drittes Band. Alle vier stellten der Stadt bedeutende Stiftungen zur Verfügung und engagierten sich nach ihrer Rückkehr wie von Übersee aus an der sozialen und kulturellen Hebung der Stadt. Schiff und Budge organisierten dies aus der Ferne, der eine von New York, der andere von Hamburg aus. Bonn und Hallgarten wiederum siedelten von New York direkt nach Frankfurt über, das sie als vermögende Rentiers zum neuen Lebensmittelpunkt nach ihrer New Yorker Zeit wählten. Alle vier trugen zur Verbesserung der sozialen Verhältnisse und zur Entfaltung des kulturellen Lebens in Frankfurt erheblich bei.

Hallgarten war ein überzeugter Demokrat mit einem ausgeprägten Sinn für soziale Verantwortung. Er war ein Freund Friedrich Naumanns, pflegte aber auch gute Beziehungen zu Persönlichkeiten des Reformflügels der Sozialdemokratie. Dazu hielt er engen Kontakt zu den freien Gewerkschaften, was für einen Liberalen oder Demokraten damals nicht selbstverständlich war. Es war sein Bestreben, die Auswüchse der Industrialisierung durch eine starke, freie und undogmatische Gewerkschaftsbewegung zu bändigen. Diesem Ziel diente seine Unterstützung des *Ausschusses für Volksvorlesungen* genauso wie seine Beteiligung am Bau des ersten Gewerkschaftshauses in Frankfurt.[165] Aber das war nur ein Stein in dem großen sozialen und kulturellen Gebäude, das er in Frankfurt errichtete. Hallgarten widmete sich im großen Stil wohltätigen Bestrebungen aller Art. Nach dem Vorbild der in Amerika gelernten Effizienz begann er zunächst, die bestehenden Einrichtungen durch Rat und Geld auszubauen. Es gab viele Zusagen und am Ende war Hallgarten Gründer, Vorsitzender oder Vorstandsmitglied von 45 Vereinen, Verbänden und Institutionen.[166]

Dabei leistete ihm sein in New York im Eisenbahnbau erworbenes Millionenvermögen große Dienste, das er großzügig zur Verfügung stellte. Besonders bemühte er sich um die Jugend-, Mütter- und Säuglingsfürsorge, die Verbesserung der Armen- und Krankenpflege, die Wohnungsreform sowie den Ausbau des Volksbildungswesens. Aber auch auf dem Feld der Wissenschaft, Kunst und Kultur war er tätig. Hallgarten war der Gründer oder Mitbegründer einer ganzen Serie von Einrichtungen, die der im Zuge der Industrialisierung zunehmenden Armut und Verelendung in der Stadt Einhalt gebieten sollten. Er war an der Gründung des *Frankfurter Armenvereins* im Jahre 1886 beteiligt und wurde im gleichen Jahr auch Mitglied des Waisen- und Armenamts.[167] Ebenfalls im Jahre 1886 begann Hallgartens Engagement im Verein für die damals so genannte „Idiotenanstalt" (Kalmenhof) in Idstein sowie im Verein Kinderschutz für entlassene Hilfsschüler.[168]

Mit dem Großhändler Wilhelm Merton, dem Bankier Georg Speyer, dem Chemiefabrikanten Eugen Lucius und dem Vorsteher des Armenamtes Karl Flesch schuf er am 1. November 1898 die *Centrale für private Fürsorge*. Diese Gründung sollte dem Missbrauch der sozialen Einrichtungen ein Ende setzen, indem sie jedes Gesuch auf Unterstützung sorgfältig durch Hausbesuche der ehrenamtlichen Mitarbeiter prüfte. Hallgarten war ebenso Mitbegründer des von Wilhelm Merton ins Leben gerufenen *Instituts für Gemeinwohl*, in dem die wissenschaftlichen Grundlagen der Sozialarbeit erarbeitet wurden. Weiterhin ist seine Mitarbeit an der *Gesellschaft für Wohlfahrtseinrichtungen* und beim *Sozialen Museum* zu nennen. Ein besonderes Anliegen verband Hallgarten mit dem *Verein zur Bekämpfung der Tuberkulose*. Hallgarten war ja selbst ein Opfer dieser Krankheit gewesen. Er hatte den Verein mit begründet und über viele Jahre hinweg gefördert. Weiterhin war er auch Mitgründer und Förderer des *Hauspflege-Vereins*, der ebenfalls die Not der Kranken lindern wollte und die medizinische Versorgung von Kranken zu Hause übernahm. Hallgarten war auch Mitbegründer der *Gesellschaft für Wohlfahrtspflege*. Er unterstützte Volksküchen, Arbeiter-Speisestuben und Notstandsküchen. Wie er die Sache der Gewerkschaften und der Armen unterstützte, so beteiligte er sich auch an der damaligen Frauenbewegung. Er unterstützte den *Frankfurter Frauenbildungsverein* sowie den *Frauen-Rechtsschutzverein*. In Frankfurt wurde der erste deutsche Frauen-Rechtsschutzverein gegründet und die erste deutsche Juristin wurde seine Leiterin – Berta Pappenheim.[169]

Zu diesem ganzen Komplex von politischen und sozialen Einrichtungen gehörte schließlich auch Hallgartens Engagement für einen sozialen Wohnungsbau. Hier ist an erster Stelle die von ihm im Jahre 1890 begründete *Aktienbaugesellschaft für kleine Wohnungen* zu nennen, mit der er eine Pionierleistung vollbrachte. Die ABG baute keine tristen Mietskasernen, die damals in Berlin für Schlagzeilen sorgten, sondern sorgfältig durchdachte Anlagen mit kleinen aber preiswerten Wohnungen, zu denen ein breites Programm an sozialen Zusatzeinrichtungen wie Vereinshäuser, Bibliotheken, Krippen und Kinderhorte angeboten wurden.[170]

Damit ist das Spektrum von Hallgartens Aktivitäten noch bei Weitem nicht in allen Facetten dargestellt. Er kümmerte sich auch um in Bedrängnis geratene jüdische Glaubensgenossen und gehörte deshalb zu den Mitbegründern des im Jahre 1890 in Berlin von Juden und Christen gegründeten *Vereins zur Abwehr des Antisemitismus*, der die Bekämpfung des Judenhasses durch Aufklärung in Wort und Schrift zum Zwecke hatte. Mit großzügigen Hilfsaktionen unterstützte er die verfolgten Juden aus dem Osten, die Frankfurt als Durchgangsstation auf ihrer Emigrationsroute nach Amerika benutzten. Darüber hinaus war Hallgarten prominentes Mitglied der *Jewish Colonization Association* und schuf dort viele soziale Einrichtungen, Krankenhäuser, Schulen und Kolonien. Insofern war er mit Franz Oppenheimer und seinem Engagement in der zionistischen Bewegung gut bekannt.[171]

Neben den politischen und sozialen Belangen bezog Charles Hallgarten auch die Förderung der Wissenschaft und der Kunst in seine mäzenatischen Aktivitäten ein. In diesem Zusammenhang unterstützte er tatkräftig den Aufbau der *Akademie für Sozial- und Handelswissenschaften* und trieb auf der Seite von Wilhelm Merton ihren Ausbau zur Universität voran. Der Stadtbibliothek verschaffte er wertvolle Americana und Judaica. Eine seiner großen Leistungen aber war die Gründung des *Vereines zur Erforschung jüdischer Denkmäler in Frankfurt* und er engagierte sich auch bei der Gründung des *Museums jüdischer Altertümer*.[172]

Mit diesem außergewöhnlichen Hallgarten war Wilhelm Bonn eng befreundet und baute deshalb seine Villa in unmittelbarer Nachbarschaft zu dessen Villa. Wilhelm Bonn folgte seinem Freund auf das große Feld der Philanthropie – wenn sein Engagement auch bei Weitem nicht dessen Weitläufigkeit und Größe erreichte. Er spendete für das *Carolinum*, die von den Rothschilds gegründete Zahnklinik der Universität, und das *Institut für experimentelle Therapie* sowie von 1904 an in fünf Jahren je 5.000 Mark für den Ausbau der Bibliothek des Rechtswissenschaftlichen Seminars der *Akademie für Sozial- und Handelswissenschaften*, die 1902 als Vorläufer der *Johann Wolfgang*

Goethe-Universität gegründet worden war. Mit diesem Seminar und seiner Bibliothek begann somit die eigentliche Rechtsforschung in Frankfurt am Main.[173] Bonn engagierte sich auch bei anderen Stiftungen, so saß er im Jahre 1902 im Gründungsvorstand der *Georg und Franziska Speyersche Studienstiftung*.[174] Seiner sozialen Verantwortung entsprach das Engagement in zahlreichen weiteren Stiftungen und Vereinen. Er förderte nicht weniger als 23 Vereine und Stiftungen. Dazu gehörten der Verein zur Unterstützung hilfsbedürftiger Schüler der Frankfurter Bürgerschulen, die *Goldschmidtsche Stipendienstiftung*, das *Freie Deutsche Hochstift*, die *Volksbibliothek*, die *Vereinigung des Stadttheaters*, das *Königliche Institut für experimentelle Therapie*, das *Soziale Museum*, das *Dr. Christsche Kinderhospital*, die *Centrale für private Fürsorge*, die *Theater-Aktiengesellschaft*, das *Philanthropin*, der *Physikalische Verein*, der *Frankfurter Städtische Kunstfonds*, die *Senckenbergische Naturforschende Gesellschaft*, der *Geschichtsverein*, der *Geographische Verein* und der *Verein für Altertumskunde*. Weiterhin erfüllte er das Vermächtnis seines Vaters und kümmerte sich um das Versorgungshaus für Minderbemittelte in Kronberg und eine Internatschule für arme und kränkliche Schulkinder sowie den Kronberger Krankenhaus-Verein und den Krippenverein dort. Alle diese Vereine hat er zum Teil maßgeblich gefördert. In der *Senckenbergischen Naturforschenden Gesellschaft* wie im *Physikalischen Verein* gehörte er zu den Ewigen Mitgliedern.

Die Vielfalt kann sich sehen lassen, wenn sein mäzenatisches Engagement auch hinter dem von Charles Hallgarten zurückblieb. Darüber hinaus schuf er einen Ort, an dem sich die erfolgreiche Gruppe der Amerikawanderer mit ihren weitverzweigten Familien aus dem jüdischen Milieu versammeln konnte. Nicht zuletzt aus diesem Grund erwarb der Rückkehrer in der Siesmayerstraße, damals Miquelstraße, an der nördlichen Peripherie des Westends ein Grundstück. Zum ausführenden Architekten wählte er den Hofarchitekten Eberhard Ihne aus Berlin, der 1906 in den Adelsstand erhoben wurde. Ihne war auch der Architekt der zwei Jahre zuvor erbauten Nachbarvilla des Bankiers Risser. Beim Wohnhaus des Frankfurter Bankiers griff er auf Vorbilder der französischen Schlossarchitektur zurück. Das pilastergegliederte Gebäude mit seinen nach

Westen und Süden symmetrischen Fassaden ist im Stil dem *Petit Trianon* in Versailles nachempfunden. Wichtiger als das Äußere war der innere Zuschnitt. Die großbürgerliche Villa musste zahlreichen Zwecken dienen. Dazu gehörten größere Veranstaltungen, denn es gab genug Anlässe, um zwischen 80 bis 100 Personen in dem Haus zu versammeln. In diesem Zusammenhang konzipierte Ihne insbesondere ein als großer Saal gestaltetes Treppenhaus, das dem Frankfurter Bankier für große Empfänge und ähnliche repräsentativen Aufgaben diente. Der Neffe des Erbauers, Professor Moritz Bonn, schrieb in seiner Biographie über diesen Raum: „Die Hauptschönheit der Villa Bonn war ein weites Treppenhaus, dessen imponierende Leere in keinem richtigen Verhältnis zu den anliegenden Räumen stand". Dass es nicht oft leer stand, dafür sorgte Bonn.

Da waren zum einen die reich verzweigten Familien der Bonns und der Schusters, zu deren Zentrum sich das Haus entwickelte. In unmittelbarer Nähe der Villa wohnten zahlreiche Bekannte, Freunde wie Hallgarten und natürlich die Verwandtschaft. Nicht weniger als 33 Vettern und Cousinen hatten über die Villa Bonn regelmäßigen Kontakt miteinander. An jedem Sabbat pflegten sich die Familienmitglieder entweder in der neuen Villa von Wilhelm Bonn oder im Hause seines Bruders Philipp Bernhard Bonn, das – sozusagen um die Ecke – in der Niedenau stand, zu treffen. Dieser wirkte als Bankier im Bankhaus seines Vaters und hatte mehrere Jahre das Amt eines Stadtverordneten inne. Auch war er Mitglied der Handelskammer gewesen – also auch er eine Persönlichkeit mit großem Bekannten- und Freundeskreis. Von den zahlreichen Mitgliedern der Familie Bonn sei noch auf Wilhelm Bonns Sohn Max Bonn hingewiesen, der wie sein Onkel Leopold Bonn nach England auswanderte und dort im Bankgeschäft große Erfolge erzielte, die ihm zahlreiche Ehrenämter einbrachten. Auch der Neffe Bonns, Moritz Bonn, brachte es weit, nachdem er Wirtschaftswissenschaften studiert hatte. Er etablierte sich als angesehener Nationalökonom und stieg bis zum Rektor der Berliner Handelshochschule auf, bis er 1933 emigrieren musste. Vorher hat er am 1. März 1933 noch einen Vortrag für die Mitglieder der Gesellschaft in der Villa Bonn gehalten. Moritz Bonn hielt noch lange den Kontakt nach Frankfurt aufrecht und kehrte nach dem

Kriege immer wieder nach Frankfurt und Kronberg zurück, zog es aber vor, seine Karriere in den USA zu beenden.

Aber nicht nur für seine Verwandten, auch für seine zahlreichen Geschäftsverbindungen benötigte Wilhelm Bonn ein repräsentatives Haus. Aus unvollständigen Unterlagen ist zu entnehmen, dass Mitglieder der Familie Andreae, die Konsule Ludwig Bauer und Henri de Belle, Alfred Bolongaro-Crevenna, Anton Julius Goldschmidt, Wilhelm Merton, Seligmann Morgenstern, Carl und Robert de Neufville, Oppenheim, Goldschmidt, Gans und von Weinberg, aber auch amerikanische Geschäftsfreunde im Hause Bonn verkehrten.[175] Der Teilnahme am geselligen Leben entsprach das Engagement in den erwähnten zahlreichen Vereinen und Stiftungen. Dieses rege Leben erfüllte das Haus über zwei Jahrzehnte lang, bis Wilhelm Bonn am 21. Oktober 1910 im Alter von 67 Jahren starb. Bei seiner Beerdigung folgte ihm eine große Trauergemeinde, darunter der Oberbürgermeister der Stadt Frankfurt, Franz Adickes. Bonn wurde auf dem Jüdischen Friedhof begraben. In der Villa blieben seine Frau Amelie und ihre Tochter Alma zurück. Das gesellschaftliche Leben erlosch und es kehrte Ruhe in die Villa Bonn ein. Auch andere Familienmitglieder wanderten aus. Frankfurts große Blütezeit neigte sich dem Ende zu. Das Haus diente während des Ersten Weltkrieges als Hilfslazarett. Dann kam die Depression nach dem verlorenen Krieg. Das Interesse der Kinder und Erben von Wilhelm Bonn an der Villa Bonn schwand mehr und mehr. Sie dachten an Verkauf. Es fügte sich, dass sich zur selben Zeit der Vorstand der Frankfurter Gesellschaft um den Erwerb eines angemessenen Vereinslokals bemühte. Mit der *Gesellschaft für Handel, Industrie und Wissenschaft* zog neues Leben ein in das große Haus mit seiner bewegten Geschichte und den Erinnerungen an eine große Zeit.

Große Tage vor der großen Krise

In der Villa Bonn erlebte die Gesellschaft in der Zeit bis zur Weltwirtschaftskrise eine große kulturelle Blüte, die dem erfolgreichen Beginn in der Villa vom Rath in nichts nachstand, sie sogar in einigen Bereichen noch um einiges übertraf. Die Themen zur Wirtschaft kreisten um die zentralen Herausforderungen der Zeit, als es darum ging, die Inflation einzufangen und zu einer grundlegenden Reform der Währungsverhältnisse zu kommen. In diesem Licht referierten am 9. Januar 1924 Dr. Albert Hahn über *Unsere Währung im Lichte der Geldtheorie*, am 19. Januar Botschaftsrat Dr. Assmis aus Berlin über *Wirtschaftliche und politische Verhältnisse in Russisch-Asien*, am 12. März 1924 Prof. Dr. Göppert aus Berlin über *Staat und Wirtschaft am Beginn des Krieges* sowie am 7. Mai Dr. Brunswig aus Berlin über *Goldbilanz und Umstellung von Aktiengesellschaften*, um nur einige vom ersten halben Jahr des Jahres 1924 zu nennen.

Ein großes Thema im Bereich der Wirtschaft konzentrierte sich neben den Währungsfragen auf den innovativen Bereich von Verkehr und Infrastruktur. Auf die Sitzung des Vereins Hafraba zum Bau einer Autobahn von den Hansestädten über Frankfurt nach Basel im Februar 1927 in der Villa Bonn wurde bereits hingewiesen. Damals wurden die Pläne vorgestellt und erläutert. Dazu gehörte auch der Gedanke eines Autobahnkreuzes im Umfeld der Stadt, das die Nord-Süd-Route mit einer West-Ost-Route verbinden sollte. Die Planungen des Vereins erinnern sehr an das Pendant in Bezug auf die Diskussion der Strecken des zukünftigen deutschen Eisenbahnnetzes rund hundert Jahre zuvor. Damals setzte Frankfurt als Stadtstaat alles daran, dass sich die Routen in Frankfurt kreuzen, und initiierte entsprechende Eisenbahnkomitees und Verhandlungen mit den umliegenden Staaten. Daran waren auch die Mitglieder der Casino-Gesellschaft entscheidend beteiligt, allen voran der damalige Vorsteher der Bethmann Bank und die Frankfurter Rothschilds.[176] Es waren nicht allein das Autobahnwesen und die neuen Mobilitätsversprechen mit der Motorisierung des Straßenverkehrs, noch mehr Aufmerksamkeit zog der beginnende Luftverkehr auf sich. Dies war nicht nur eine Leidenschaft des damaligen Präsidenten der Gesellschaft, Karl Kotzenberg, die er mit seinem Schwiegervater teilte, sondern die bereits erkennbare Verankerung dieses Massenverkehrsmediums, das damals noch in den Kinderschuhen steckte. Immerhin, die Abgeordneten der gewählten Nationalversammlung hatten Anfang 1919 bereits Berlin per Flugzeug verlassen, nachdem die politischen Verhältnisse in der Hauptstadt als instabil eingeschätzt worden waren. Auch sonst begann erst nach dem Krieg der reguläre zivile Luftverkehr. Die Bestände an Flugzeugen waren im Krieg stark angewachsen. Doch Deutschland musste seine Luftwaffe wie auch andere Waffengattungen gemäß Versailler Vertrag auflösen, sofern sie nicht als Reparationsgut sowieso requiriert worden waren. Der Restbestand wurde verkauft und führte zu den ersten Gründungen von Fluggesellschaften, da Frankfurt bereits einige Infrastruktur besaß, die nach der großen Internationalen Luftfahrtausstellung im Jahre 1910 aufgebaut worden war. Als Erstes versuchte ein Postdienst sein Glück. Das Flugzeug, das für diesen Dienst benutzt wurde, ging als „gelber Hund" in die Geschichte ein. Das Interesse war da und wurde von führenden Repräsentanten der Gesellschaft gefördert wie auch von der Handelskammer. Ein wichtiger Punkt in der Kommunalpolitik Ludwig Landmanns, der den Ausbau des Flughafens Rebstock sehr förderte. In diesem Kontext standen dann auch mehrere Vorträge in der Gesellschaft, in denen die rasanten Fortschritte in der Luftfahrt regelmäßig vorgestellt wurden, so dass die rasche Entfaltung dieses Wirtschaftszweiges recht direkt mitverfolgt werden konnte.

Neben der Wirtschaft und Europa und seiner prominenten Vertretung im Vortragsprogramm durch Richard N. Graf Coudenhove-Kalergi bildete einen weiteren Schwerpunkt der Völkerbund und die Beziehungen zu Amerika, wobei hier ausdrücklich Lateinamerika mit einzuschließen ist. Dazu gehörte Harry Graf Kessler, der aus seinen zahlreichen Reisen in den transatlantischen Raum unter dem Titel *Politische Eindrücke in Amerika und England* berichtete. Max K. Herzberg folgte ihm nach mit dem Thema *Südamerika*, der amerikanische Professor Camillo von Klenze berichtete über die *Deutschamerikaner* und Ernst May über den amerikanischen Städtebau, um einen Eindruck der Spannbreite der Informationen allein im Jahre 1925 zu diesem Themenkomplex zu bekommen. Ebenso war der Völkerbund ein Thema für eine ganze Serie von Vorträgen, ergänzte Nachbarthemen wie

Europa, die USA und generell den Blick auf die internationalen Beziehungen.

Dr. Paul Haeberlin hielt dazu am 4. Juni 1924 einen Grundsatzvortrag mit dem Titel: *Der Völkerbund, seine Leistungen und seine Zukunft.* Zu einer Zeit, als Deutschland noch außen vor stand. Prof. Dr. Ludwig Kaas, Mitglied des Reichstags und päpstlicher Hausprälat aus Berlin, stellte am 13. Oktober 1926 seine Sicht über den *Eintritt Deutschlands in den Völkerbund* dar, nachdem Deutschland nun Mitglied geworden war. Die Reihe wurde am 20. Dezember 1928 von Staatssekretär z. D. Werner Freiherr von Rheinbaben mit einem Bericht zur *Völkerbundpolitik* fortgesetzt, und für die Vorkrisenzeit schloss schließlich Minister Albert Dufour von Féronce aus Genf am 22. Mai 1929 mit einer Bestandsaufnahme unter dem Titel *Der Völkerbund* die Auseinandersetzungen, mit dem Versuch, den Krieg in der Welt durch ein politisches Diskussionsforum aus derselbigen zu schaffen.

Abb. 42: Albert Dufour von Féronce, links, mit Eric Drummond, 16. Earl of Perth, rechts (1932)[177]

Albert Dufour von Féronce stammte trotz seines sehr französisch klingenden Namens aus einer Leipziger Großkaufmannsfamilie, die unter ihre Vorfahren den Bankier Albert Dufour-Féronce (1798–1861) und den Unternehmer Carl Lampe zählte. Beide gehörten zu dem Leipziger Eisenbahnkomitee, das die Leipzig-Dresdner Eisenbahnstrecke geplant und gebaut hat. Als Kaufmann und Miteigentümer der Firmen seines Großvaters Carl Lampe zog es ihn nach dem Krieg auf eine verbeamtete Stelle im Dienst des Staates und aus diesem Grund wechselte er 1919 zuerst als Referent der Außenhandelsstelle des Auswärtigen Amts in den diplomatischen Dienst, stieg bereits ein Jahr später zum Geheimen Legationsrat in der deutschen Botschaft in London auf, wurde 1922 Botschaftsrat und 1923 schließlich Gesandter, dem bereits 1926 mit seiner Versetzung in den einstweiligen Ruhestand die erwartete Pension winkte, bevor er dann doch noch, kurz nach dem Eintritt Deutschlands in den Völkerbund, von 1927 bis 1932 zum Untergeneralsekretär des Völkerbundes berufen wurde. Er ist auf dem Bild im Jahre seines Abschieds von Genf zu sehen, weil er 1932 nochmals als Gesandter nach Belgrad versetzt wurde, bis das wenig später zur Macht gekommene neue Regime entschied, auf seine Dienste zu verzichten, und ihn 1933 in den Ruhestand versetzte.[178]

Ein weiteres Merkmal des Vortragsprogramms in dieser Zeit war die ausführliche Auseinandersetzung mit dem Staat, dem Parlamentarismus und überhaupt den Anforderungen der ersten Demokratie in Deutschland. Die Themen betrafen den Nationalismus, Auseinandersetzungen um Freiheit als philosophisches wie Freiheit und Gleichheit als politisches Ideal in revolutionären Zeiten und die Frage, ob es einen Fortschritt zwischen der Zeit vor und nach der Revolution gegeben habe. Auch über Fragen der Lösung von Konflikten ohne Krieg und die „Methode des Pazifismus", womit zweifelsohne der Völkerbund gemeint war. Beides Themen, denen sich die Frankfurter Professoren Max Ernst Mayer und Erich Förster widmeten. Die Revolution fand auch unter rechtshistorischen Gesichtspunkten Beachtung, im Kontext einer Diskussion um Rechtsbruch und Rechtsschöpfung. Einen weiteren Themenbereich bildeten Fragen der inneren Verwaltung der immer noch Reich genannten Republik und ihrer Länder. Und ein Ministerpräsident Hugo Graf Lerchenfeld auf Köfering und Schönberg aus München sprach über die Krise der Demokratie, lange bevor sie fünf Jahre später mit den Präsidialkabinetten Wirklichkeit wurde. Das hat seinen Grund. Nach einem Jurastudium und Praxis erst in der Gerichtsverwaltung und dann ab

1914 im Bayerischen Staatsministerium des Innern bot ihm der Krieg die Chance, als Regierungsrat in die Zivilverwaltung für die von Deutschland besetzten Gebiete Russisch-Polens zu wechseln. Das wurde ihm gleich nach dem Krieg mit der Beförderung zum Legationsrat vergolten und mit einer Stelle als Vertreter des Auswärtigen Amtes und der Reichsregierung beim Volksstaat Hessen in Darmstadt entlohnt. Danach stieg er von 1921 bis 1922 erst zum bayerischen Ministerpräsidenten, dann zum Außenminister und schließlich Justizminister auf und war von 1924 bis 1926 Mitglied des Reichstages. Das war insgesamt eine respektable Karriere, die sehr von seiner Mitgliedschaft in der konservativen Bayerischen Volkspartei (BVP) befördert worden war.

Damit stand er einer Partei mit separatistischen Tendenzen nahe, andererseits gehörte er zu den entschiedenen Gegnern der nationalsozialistischen Bewegung. Die nur wenige Monate zuvor versucht hatte, die Feldherrenhalle zu stürmen, um einem bewaffneten Aufstand nach dem Vorbild von Benito Mussolinis Marsch der Schwarzhemden auf Rom nachzueifern. Er hatte also Grund, Anfang des Jahres 1925 über die Krise der Demokratie vorzutragen, als eigentlich der stabilste Abschnitt der Weimarer Republik angebrochen war. Der weitere Weg führte ihn noch als Gesandten nach Österreich und Belgien. Mit dem Machtantritt Hitlers wurde er wie Dufour von Féronce in den Ruhestand versetzt.[179]

Danach folgten weitere bemerkenswerte Vorträge von einem Dr. Theodor Heuss, aus Berlin, über *Das Problem des deutschen Parlamentarismus* und vier Jahre später über *Wahlrechtspolitik*, von dem sozialdemokratischen Reichsminister des Innern Carl Severing aus Berlin über *Reichsreform*, von dem Frankfurter Professor Karl Pribam über *Zwang und Freiheit in Politik und Wirtschaft* und von dem Nachfolger von Cornelius auf dem Philosophielehrstuhl, Professor Paul Tillich, der über die Bedeutung der *Macht in Staat und Gesellschaft* referierte. Mitten in der ersten Phase der Weltwirtschaftskrise blickte Professor Hans Kelsen aus Wien auf *Die Verfassungskrise in Österreich* und knüpfte damit an den Vortrag von Hugo Graf von Lerchenfeld vier Jahre zuvor an.

Überblickt man die Vortragsthemen dieser Zeit im Bereich der Politik, so ist die Betonung der Strukturen einer sozial fundierten parlamentarischen Demokratie und in wirtschaftlicher, politischer und kultureller Hinsicht erneut die internationale Ausrichtung von ganz besonderem Interesse. Diese Themen bildeten einen der wichtigsten Schwerpunkte des Vortragsprogramms, als die Demokratie in Deutschland mit allen ihren Lasten und Belastungen durch das Erbe des Kaiserreichs und durch die mentalen Zerstörungen des Kriegs das Laufen lernte.

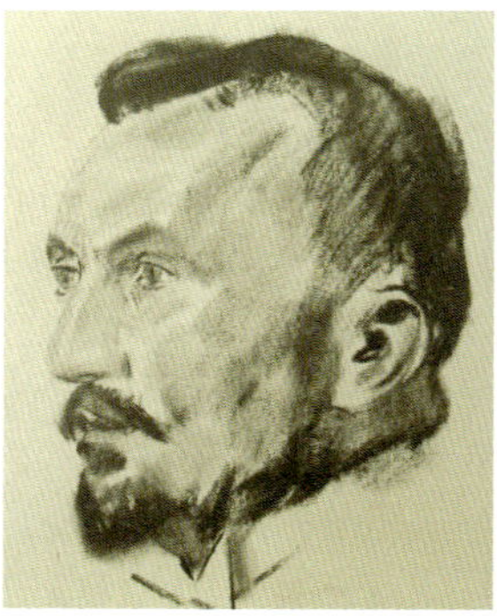

Abb. 43–45: Porträt Rathenaus von Hermann Burte nach 1900[180], Walther Rathenau, 1921[181], die Hauptschrift Rathenaus *Von kommenden Dingen*[182]

Es sind zwei Personen, die aus der langen Reihe der Vortragenden im politischen Bereich herausragen: der Industrielle, Schriftsteller und liberale Politiker Walther Rathenau und der „Dozent" und spätere Bundespräsident Theodor Heuss. Walther Rathenau (1867–1922) kam als ältester Sohn des Gründers der AEG, Emil Rathenau, auf die Welt und studierte von 1886 bis 1889 in Straßburg und Berlin Physik, Philosophie und Chemie. Nach Abschluss der Promotion schloss sich ein Maschinenbaustudium an der Technischen Hochschule München an. Seine Leidenschaft gehörte eigentlich der Literatur und Kunst, doch fügte er sich den Zwängen und konzentrierte sich auf den Aufbau der von der AEG gegründeten Elektrochemischen Werke in Bitterfeld und Rheinfelden und stieg von dort in leitende Funktionen bei der AEG auf, bis er im Jahre 1912, nach 22 Jahren, den Vorstandsvorsitz erreicht hatte. Damit verbunden war die unglaubliche Anzahl von 80 Aufsichtsratsmandaten, was bedeutete, dass er in faktisch allen wichtigen Unternehmen der deutschen Wirtschaft präsent gewesen war und von dort aus eine kartellfreundliche Politik betrieb. Die durch die Jahre gewonnene Expertise stellte er dem Reich im Krieg als Leiter der *Organisation der deutschen Kriegsrohstoffversorgung* zur Verfügung und profitierte sehr von seinen Einblicken in die Kriegsplanung der Reichsregierung. Dabei fällt ein Schatten auf seine Lichtgestalt. Er war mit Carl Duisberg zusammen an der Politik der Deportation belgischer Zivilisten zur Zwangsarbeit nach Deutschland beteiligt, teilte nicht nur das Wissen darum, sondern forderte die Deportation persönlich mit Vehemenz ein.[183]

Neben dem Industriellen gab es ganz im Sinne der gebildeten Persönlichkeit, wie sie Goethe in seinen Bildungsromanen konzipiert hatte, das Interesse an Kultur und Kunst. Seinem Hang zur Schriftstellerei gab er trotz aller Verantwortung, die er trug, durchaus nach und schrieb für die Zeitschrift *Die Zukunft* von Maximilian Harden. Hier konnte er seiner oppositionellen Haltung gegenüber dem Kaiserreich freien Lauf lassen, nahm freundschaftlichen Kontakt zu Gerhart Hauptmann auf und kam über ihn zum S. Fischer Verlag. Ein gewisser Spagat zwischen seiner unternehmerischen Tätigkeit bei der AEG und seinen beim Fischer-Verlag verlegten Studien *Zur Kritik der Zeit* und *Zur Mechanik des Geistes*, in denen er sich über die „Mechanisierung der Welt" beklagte und ein „Reich der Seele" forderte, sind dabei nicht zu übersehen. Auch richtete sich sein Unbehagen an der Wilhelminischen Epoche weniger gegen die imperiale Politik des Kaiserreiches als gegen die geringen Partizipationsmöglichkeiten der Industriellen an genau dieser Außen- und Kolonialpolitik. Rathenaus politisches Netzwerk reichte damals bis in die völkische Szene und er schrieb auch in der rechtskonservativen Zeitschrift *Der Volkserzieher*. Beides war nicht gerade ein Ausweis für liberale Gesinnung. Im Krieg verlor er darüber hinaus seine anfängliche kritische Einstellung zu diesem Gewaltexzess und profilierte sich stattdessen als besonders aggressiver Vertreter von derjenigen, die den Krieg nur als Politik mit anderen Mitteln ansahen, wie etwa seine Haltung zur Deportation zeigt. Er forderte aber auch Städtebombardements und U-Bootkriegführung sowie eine Ausweitung der Kriegsziele bis hin zu einer erzwungenen europäischen Zollunion.

Rathenau ging in seinem wichtigsten Werk *Von kommenden Dingen*, das in großer Auflage 1917 erschien, aber selbst darüber noch hinaus. Darin kritisierte er den Kapitalismus, weil er zu Materialismus führe.[184] In einem Band zur Geschichte der sozialen Ideen haben Walter Euchner und Helga Grebing ein paar Aussagen aus dem Buch von Rathenau zusammengestellt, die ein deutliches Licht auf seine wirtschaftspolitischen Vorstellungen im Krieg werfen: „Wirtschaftlich betrachtet ist (...) die Nation eine Vereinigung Schaffender (...). Verbrauch ist nicht Privatsache, sondern Sache der Gemeinschaft, Sache des Staates, der Sittlichkeit und der Menschheit."[185] Die Unternehmen sollten zu Berufsverbänden zusammengeschlossen und dann in Form von Aktiengesellschaften oder Syndikaten organisiert werden. Erzeugungs-, Finanzierungs- und Verteilungsprobleme regelten in seinem Ideensystem die Verbände, in denen der Staat und Arbeitervertreter vertreten sein sollten.[186] Rathenau konnte sich Unternehmen im Eigentum der Arbeiter vorstellen, zumal, wenn Arbeiter und Angestellte in die Rechte der Vorbesitzer eintreten.[187] Es ist unübersehbar, wie sehr Walther Rathenau die Besonderheiten der Kriegswirtschaft mit ihren Zwängen und organisatorischen Einschränkungen zum Modell der Wirtschaft überhaupt gemacht hatte. An die Stelle der Konkurrenz privater Unternehmen sollte eine in Organisationen separierte Planwirtschaft treten. So wurde er auch in seiner Zeit verstanden. Harry Graf von Kessler sah ihn als einen Vordenker der Planwirtschaft, andere erkannten Parallelen zu dem etwa zeitgleich von Rudolf Hilferding, dem Schüler von Carl Grünberg, konzipierten System eines Organisierten Kapitalismus.[188]

Rathenau war eine Person voller Widersprüche. Von Harry Graf Kessler stammt die bittere Zusammenfassung seines Lebens: „Zuerst ignoriert man ihn. Dann, als er mit der *Kritik der Zeit* und der *Mechanik des Geistes* fortfährt, seine Gedanken der Öffentlichkeit aufzudrängen, beginnt im Kreise seiner Berufsgenossen das Flüstern und der Ärger, daß ein Mann mit achtzig Aufsichtsratsposten auch noch Bücher schreibt. Man findet ihn komisch, daß er als Geschäftsmann die Geburt der Seele predigt; kompromittierend, daß er als Reicher den Luxus angreift; empörend, daß er zu gleicher Zeit eine Villa im Grunewald baut; grotesk, daß er sich dazu auch noch ein königliches Schloß, Freienwalde, vom Hofmarschallamt aufschwätzen läßt. Doch das wären alles kleine Sünden, über die man lachen könnte. Unverzeihlich aber, wenn nicht pathologisch, ist, daß er als Großindustrieller für die Verstaatlichung industrieller Monopole, die Abschaffung des Erbrechts, die Wegsteuerung des Reichtums, die Befreiung des Proletariats, die klassenlose Gesellschaft und andere rote Unmöglichkeiten eintritt; das stempelt ihn zu einem gefährlichen Subjekt, gegen das jedes Mittel recht ist."[189] Diese Schrift erschien, als sich auf den Kriegsschauplätzen längst allgemeine Erschöpfung breitgemacht hatte und der Weg in den Abgrund vor dem Abschluss stand. Rathenau wollte dennoch nichts von einem Ende des Krieges wissen, kritisierte selbst noch den Waffenstillstand und glaubte sogar im November 1918 noch daran, mit einer Fortführung des Krieges das Blatt noch zum Besseren wenden zu können.

Das hinderte ihn aber nicht, kurz darauf selbst eine scharfe Wendung vorzunehmen, aus dem Lager der Rechtskonservativen auszubrechen und sich an der Gründung der linksliberalen *Deutschen Demokratischen Partei* zu beteiligen und 1920 sogar in der Sozialisierungskommission mitzuarbeiten.[190] Von dort stieg er im Mai 1921 zum Wiederaufbauminister im Kabinett des Reichskanzlers Joseph Wirth auf. Das war genau die Zeit, als er in der Frankfurter Gesellschaft seinen Diskussionsabend veranstaltete. Der genaue Anlass dürften die Ereignisse rund um das „Wiesbadener Abkommen" gewesen sein, das er mit Frankreich hatte abschließen können, bei dem es um die von ihm favorisierte Möglichkeit privater Sachlieferungen an französische Kriegsgeschädigte ging. Über diese Konstruktion sollte ein Teil der Reparationen, die 1921 erstmals auf 132 Milliarden Goldmark festgelegt worden waren, von privater Seite abgegolten werden. Die Regierung Wirth hatte den Alliierten zugesagt, den Reparationsforderungen nachzukommen. Das brachte den Beteiligten den Vorwurf der „Erfüllungspolitiker" aus dem rechten Lager ein. Gleich nach Abschluss trat Rathenau zurück, kurz bevor er nach Frankfurt kam. Er ist deshalb im Vortragsverzeichnis nur als „Dr. Walther Rathenau, Berlin" angekündigt.

Sein Rücktritt war jedoch weder vollständig noch von langer Dauer. Er beriet die Regierung weiterhin und stand ihr ab 31. Januar 1922 wieder als Außenminister zur Verfügung. In dieser Funktion nahm er an der Weltwirtschaftskonferenz von Genua teil und leitete wenig später die Verhandlungen über einen bilateralen Sondervertrag mit der Sowjetunion ein, der als Vertrag von Rapallo in die Geschichte einging. Applaus dafür erhielt er auch aus dem rechten Lager, was die rechtsradikale *Organisation Consul* aber nicht davon abhielt, ihn am 24. Juni auf offener Straße in Berlin-Grunewald zu ermorden, nachdem sie bereits Matthias Erzberger und Philipp Scheidemann umgebracht hatte.[191] Darüber schrieb Harry Graf von Kessler: „Ebert hielt die Totenrede: *Die verruchte Tat traf nicht den Menschen Rathenau allein, sie traf Deutschland in seiner Gesamtheit.* Die Gewerkschaften hatten eine allgemeine Arbeitsruhe im ganzen Reich von Dienstag 12 Uhr bis Mittwoch früh beschlossen. Ungeheure Demonstrationszüge, wie sie Deutschland noch nicht gesehen hatte, durchzogen geordnet unter republikanischen Fahnen alle deutschen Städte. Über eine Million Menschen in Berlin, hundertfünfzigtausend in München, in Chemnitz, hunderttausend in Hamburg, Breslau, Elberfeld, Essen. Nie hatte Deutschland einen seiner Bürger so geehrt. Den Widerhall, den Rathenaus Leben und Denken nicht gefunden hatte, fand jetzt sein Tod."[192] Leider war die Solidarität mit ihm nicht von Dauer. Acht Jahrzehnte später hielt die mit der deutschen Geschichte und der Geschichte des Judentums aufs Beste vertraute Historikerin Shulamit Volkov zu Rathenau fest: „Sein Leben kann (...) auch so gesehen werden, dass es die Quintessenz der deutsch-jüdischen Geschichte enthält, nämlich den Versuch, die jüdische und die deutsche Identität miteinander in Einklang zu bringen, ohne sich je in der einen oder in der anderen zu Hause zu fühlen."[193] Insofern war gerade Rathenaus Tod ein Menetekel auf die Ereignisse, die nur elf Jahre später folgten.

Abb. 46–48: Theodor Heuss ca. 1930[194], Theodor Heuss, Hitlers Weg, von 1932. Exponat des Theodor Heuss Museums[195], Porträt von Theodor Heuss / Heinrich Alexander Graf von Luckner: Öl auf Leinwand / Foto: Stefan Geiser[196]

Lebenslauf eines Präsidenten
Nach dem Studium der Nationalökonomie und Kunstgeschichte wird Theodor Heuss 1905 von Friedrich Naumann in die Redaktion der Zeitschrift „Die Hilfe" nach Berlin berufen. 1912 übernimmt er die Chefredaktion der „Neckarzeitung" in Heilbronn. 1918 kehrt Heuss nach Berlin zurück und wird Geschäftsführer des „Deutschen Werkbundes". Von 1922–1930 lehrt er an der *Hochschule für Politik*. Von 1924–1928 und 1930–1933 ist er Abgeordneter der „Deutschen Demokratischen Partei" bzw. der *Deutschen Staatspartei* in Württemberg-Baden im Reichstag. Mit Beginn der NS-Diktatur muss er seine Ämter niederlegen. Fortan arbeitet er als freier Journalist und Publizist. 1945 wird er Kultusminister. 1946 wird er Vorsitzender der „Demokratischen Volkspartei" in Stuttgart und Mitglied des Württemberg-Badischen Landtags. 1948 geht er für die *Liberale Demokratische Partei* in den Parlamentarischen Rat. Gleichzeitig wird er erster Vorsitzender der neu gegründeten FDP. 1949 erfolgt seine Wahl in den ersten Deutschen Bundestag und im September des Jahres zum ersten Bundespräsidenten der Bundesrepublik Deutschland.

Es gab in der Zwischenkriegszeit noch einen weiteren außergewöhnlichen Referenten: Theodor Heuss (1884–1963). Von Hause aus war er Journalist, Publizist, Politikwissenschaftler und über 60 Jahre hinweg einer liberalen Politik verhaftet. Man kann auch sagen, die Parteien kamen und gingen, aber Heuss blieb. Er war Mitglied einer langen Liste Liberaler Vereine und Parteien – *National-Sozialer Verein*, *Fortschrittliche Volks Partei*, *Deutsche Demokratische Partei* und *Freie Demokrati-*

sche Partei, deren erster Vorsitzender er 1948 wurde. Er war von 1949 bis 1959 der erste Bundespräsident der Bundesrepublik Deutschland.[197]

Auch wenn seine Bemühungen, Abgeordneter im Reichstag zu werden, anfangs scheiterten, nahm er regen Anteil an der öffentlichen Auseinandersetzung um den politischen Weg der Republik. Von 1922 bis 1925 schrieb nicht weniger als 900 Artikel in verschiedenen Zeitungen, und nicht wenige auch in der *Frankfurter Zeitung*.[198] Seine zweite Leidenschaft galt der Kunst und Literatur. In dieser Beziehung engagierte er sich sowohl beim *Deutschen Werkbund* wie auch im Schutzverband deutscher Schriftsteller.[199] Schutz bedurfte seiner Auffassung nach auch die zarte Pflanze der Demokratie und des Parlamentarismus. Aus diesem Grund trat er zum einen der Schutzorganisation *Reichsbanner Schwarz-Rot-Gold* bei, zum anderen gehörte er wie Rathenau zu den Gründungsmitgliedern der *Deutschen Demokratischen Partei* (DDP) und vertrat seine Partei von 1924 bis 1928 und von 1930 bis 1933 im Deutschen Reichstag.[200] Es waren die Jahre ab 1930 nicht die besten für den Linksliberalismus und damit auch nicht für Heuss. Die Partei geriet mit der Weltwirtschaftskrise in eine schwere politische Krise, weil ihr immer mehr Wähler die Stimme versagten. Die *Demokratische Partei* versuchte dem Schwund offensiv zu begegnen und fusionierte mit dem *Jungdeutschen Orden* zur *Deutschen Staatspartei* (DStP). Es war dies jedoch kein guter Griff, denn bei den Ordensleuten handelte es sich ausgerechnet um den politischen Arm der antisemitischen und autoritären *Volksnationalen Reichsvereinigung*. Damit hatte die Parteiführung der Demokratie einen Bärendienst erwiesen. Das erstrebte Ziel wurde zudem verfehlt. Die Demokraten schrumpften auf 3,7 Prozent bei den Reichstagswahlen von 1930. Mehr noch, der Wählerschwund hielt an und auch Heuss konnte den Niedergang nicht aufhalten. In der Reichstagswahl vom März 1933 erhielt die Staatspartei gerade ein Prozent und saß nur noch mit einem kleinen Häuflein von fünf Abgeordneten in einem Parlament, das nur noch zusammenkam, um seine Macht im Ermächtigungsgesetz vom 24. März 1933 abzugeben.

Die fünf Staatsparteiler hatten nicht die Courage, dem wie die Sozialdemokraten zu widersprechen, obwohl sich Heuss seit den frühen

1930er Jahren intensiv mit dem Nationalsozialismus auseinandergesetzt hatte. Dokumentiert ist seine breit rezipierte Studie von 1932 mit Übersetzungen ins Niederländische und Italienische. Nach Dahrendorf übte er auch im Reichstag heftige Kritik an der nationalsozialistischen Opposition, deren Fazit er als Beleg hinzufügte: „Die Ausstattung des Dritten Reiches wird aus einem Großausverkauf von neulackierten und aufgeputzten Ladenhütern der wilhelminischen Epoche bezogen sein, und davon, meine Herren, haben wir, denke ich, genug gehabt."[201] Darin zeigt sich jedoch zugleich das Dilemma der Kritik von Heuss: Er erkannte nicht, dass es sich bei der Bewegung und dem anschließenden Regime keineswegs um eine Neuauflage des wilhelminischen Konservativismus handelte, sondern um einen entfesselten rechtsradikalen Radikalismus. Insofern beruhte seine Zustimmung zum Ermächtigungsgesetz am 24. März 1933 auf einer Fehleinschätzung.[202] Dazu kamen weitere, in der Forschung angeführte Beweggründe, wie der Druck der SA und SS auf der Straße bis hin zur Angst ums eigene Leben, aber auch das Hoffen, durch das Ermächtigungsgesetz die revolutionäre NS-Herrschaft in legale Bahnen lenken zu können. Und schließlich ist das eigene Demokratieverständnis anzuführen, das von der Betonung einer starken Exekutive, von Staatsautorität, Führertum, Volksgemeinschaft und Nation geprägt war und in dem Ermächtigungsgesetze seit Langem ihren Platz hatten, und zwar deshalb, weil sie ausgiebig in den Krisen am Beginn der Weimarer Republik angewendet worden waren und bereits damals das Parlament in seinen legislativen Rechten beschränkt worden war.[203] Seine Unterschätzung des totalitären Charakters des Regimes hielt noch eine Zeitlang an. Er glaubte noch lange an Grenzen der totalitären Herrschaft im Bereich der Kultur und Wissenschaft, nahm Zeichen wie die Bücherverbrennungen, die auch seine betrafen, nicht ernst und zeigte auch in Bezug auf die Verfolgung der Juden Ambivalenzen, obwohl er engen Kontakte zu gefährdeten jüdischen Freunden und Bekannten in dieser Zeit hielt.[204]

Bei alledem war Heuss natürlich kein Parteigänger oder Unterstützer des Systems. Im Gegenteil, er verlor seine Ämter und Mandate, wurde aus der Hochschule für Politik entlassen, sein Abgeordnetenmandat wurde kassiert, weil sich seine Partei selbst aufgelöst und damit der Gleichschaltung entzogen hatte. Aus dem gleichgeschalteten Werkbund trat er aus. Die Familie hielt sich mit Werbung über Wasser, wobei Hauptverdienerin nun seine Frau wurde.[205] Ein Versuch mit einer Zeitschrift, der *Die Hilfe*, scheiterte 1936 an der zu geringen Anpassung an das Regime, obwohl Heuss vielen außenpolitischen Maßnahmen der Hitlerregierung zugestimmt hatte, so z. B. dem Austritt aus dem Völkerbund.[206] Heuss sattelte um und verfasste mehrere Biographien, u. a. zu Friedrich Naumann, Hans Poelzig, also dem Architekten, der das IG Farbenhaus in Frankfurt entworfen und gebaut hat, über den Meeresbiologen Anton Dohrn sowie über Justus von Liebig, gegen deren Verbreitung sich Hitler persönlich einsetzte. 1946 folgte noch eine Biographie über Robert Bosch.[207] Heuss befand sich unter der NS-Diktatur in einer prekären Lage, seine Post wurde kontrolliert, seine Publikationen genau beobachtet. Das hinderte ihn nicht daran, Kontakte zu Regimegegnern wie Carl Friedrich Goerdeler oder zu dem Gewerkschafter Julius Leber aufzunehmen, ohne zum aktiven Widerstand zu gehören.[208]

Dieser Dr. Theodor Heuss aus Berlin hielt also am 25. März 1925 einen Vortrag in der Gesellschaft über *Das Problem des deutschen Parlamentarismus* und vier Jahre später am 30. Oktober 1929 über die *Wahlrechtspolitik*. Das waren beides Themen, die in das Zentrum seines politischen Denkens führten. Dabei handelte es sich zum einen um die Nation, die unter den Belastungen des Versailler Friedensvertrags litt. In grundlegender Differenz zur extremen Rechten bedingten sich bei ihm Nation und Demokratie, so dass Heuss nicht selten von einem „demokratischen Nationalismus" sprach, und mit dem Bekenntnis zur Demokratie war auch ein Bekenntnis zur Weimarer Verfassungsordnung verbunden – und das war die Verfassung einer parlamentarischen Republik mit allen Freiheiten der Parteibildung und des Wettstreits in der politischen Auseinandersetzung. Heuss plädierte weiterhin für eine wehrhafte Demokratie mit einer starken Exekutive, was gleichzeitig, und es wurde in Bezug auf das Ermächtigungsgesetzt bereits darauf hingewiesen, eine Regierung mit umfangreichen Machtbefugnissen bedeutete. Das hatte nichts mit einem allmächtigen oder totalitären Staat zu tun, solange er an eine liberale Freiheits- und Rechtsordnung gebunden blieb, zu der eben auch frei gewählte Parlamente und unabhängige Gerichte gehörten. Ein weiterer Punkt war Heuss immer wichtig gewesen. Demokratische Institutionen mögen gut oder schlecht eingerichtet sein. Sie funktionieren nur, wenn sie auch gelebt werden, und das erfordert mehr als Regelwerke, es erfordert Demokraten, also Menschen, die bereit sind, das politische Miteinander auf einer Kultur der Fairness und Toleranz aufzubauen. Das sind vermutlich die Punkte gewesen, über die sich Heuss in seinen beiden Vorträgen ausgelassen hat. Es bleibt anzumerken, dass es der Weimarer Republik bei ihrem Untergang an diesen Demokraten gemangelt hat, weil sich viele der Polarisierung hingegeben haben und zu den Extremen abgewandert sind.[209]

Auch im Bereich der Kultur finden sich viele namhafte Vertreter ihres jeweiligen Faches. So sprach Martin Buber über *Chassidische Legenden*, Heinrich Mann rezitierte aus seinen *Erinnerungen an Frank Wedekind* und das Mitglied der Gesellschaft, Leo Frobenius, hielt einen Vortrag über *Kultur als Problem am Beispiel Afrika,* und zwar ein paar Wochen bevor die Mitglieder des *Vereins für Sozialforschung* zu ihrer Ersten Marxistischen Arbeitswoche zusammenkamen. Das Thema von Frobenius ist ein gutes Beispiel für das Schauen über den nationalen Tellerrand, das bei ihm genauso eindrucksvoll hervortritt wie bei vielen wirtschaftspolitischen Fragestellungen. Ein weiteres Beispiel ist der schon erwähnte Bericht von Georg Swarzenski über *Eindrücke aus amerikanischen Museen und Privatsammlungen* und er hatte dabei auch das ganze amerikanische Stiftungswesen im Auge.

Aus dieser Masse an kulturellen Bildungsveranstaltungen treten ebenfalls zwei besonders hervor. Zum einen handelt es sich dabei um die Veranstaltung mit Stefan Zweig, der 1925 über *Friedrich Hölderlin* las, und zum anderen um einen Vortrag von Joseph Roth, der 1927, also zeitgleich mit Pollocks Reise nach Russland, über *Den neuen bolschewistischen Bürger? Eindrücke von einer russischen Reise* sprach. Beide Schriftsteller trugen damit – jeweils aus ihrer Sicht – sehr zum Verständnis der Zeit bei.

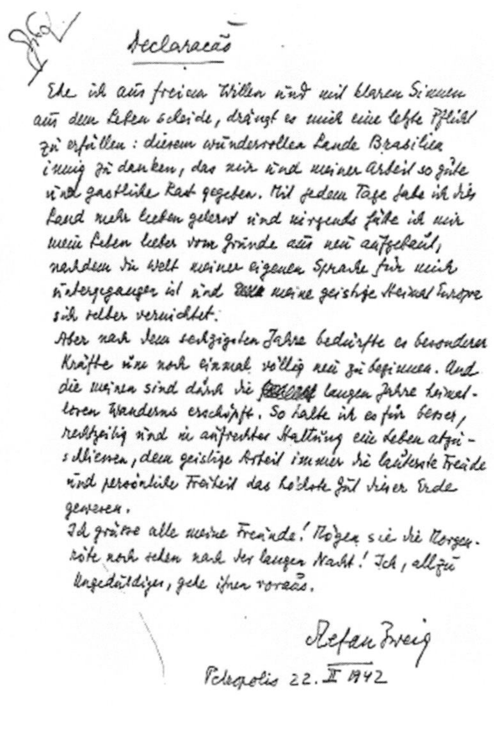

Declaracão

Ehe ich aus freiem Willen und mit klaren Sinnen aus dem Leben scheide, drängt es mich eine letzte Pflicht zu erfüllen: diesem wundervollen Lande Brasilien innig zu danken, das mir und meiner Arbeit so gute und gastliche Rast gegeben. Mit jedem Tage habe ich dies Land mehr lieben gelernt und nirgends hätte ich mir mein Leben lieber vom Grunde aus neu aufgebaut, nachdem die Welt meiner eigenen Sprache für mich untergegangen ist und meine geistige Heimat Europa sich selber vernichtet.

Aber nach dem sechzigsten Jahre bedürfte es besonderer Kräfte um noch einmal völlig neu zu beginnen. Und die meinen sind durch die langen Jahre heimatlosen Wanderns erschöpft. So halte ich es für besser, rechtzeitig und in aufrechter Haltung ein Leben abzuschliessen, dem geistige Arbeit immer die lauterste Freude und persönliche Freiheit das höchste Gut dieser Erde gewesen.

Ich grüsse alle meine Freunde! Mögen sie die Morgenröte noch sehen nach der langen Nacht! Ich, allzu Ungeduldiger, gehe ihnen voraus.

Stefan Zweig

Petropolis 22. II 1942

Abb. 49–51: Stefan Zweig (ca. 1912)[210], Stolperstein für Stefan Zweig am Kapuzinerberg 5 in Salzburg[211], Abschiedsbrief von Stefan Zweig[212]

Stefan Zweig (1881–1942), Sohn eines wohlhabenden jüdischen Textilunternehmers, war in Wien zur Welt gekommen. Die Eltern werden als säkularisierte Juden beschrieben und Zweig sah sich als „Jude aus Zufall". Er studierte in Wien Philosphie, wurde 1904 promoviert, wobei sein Hauptinteresse dem Journalismus und der Dichtkunst galt. Er machte sich rasch mit Erzählungen, aber auch mit Übersetzungen einen Namen. Ohne Geldsorgen führte er nicht nur das Leben eines Wohlhabenden, sondern unternahm auch ausgedehnte Reisen in die Welt, die unter anderem dem Aufbau eines globalen Netzes von Kontakten zu Schriftstellern und Künstlern dienten. Im Ersten Weltkrieg stand er abseits, da kriegsdienstuntauglich, und übernahm eine Tätigkeit im Kriegsarchiv. Dort vollzog er in den abgeschiedenen Räumen und in Korrespondenz mit seinen literarischen Freunden, insbesondere in der Auseinandersetzung mit Romain Rolland, eine Wende zum Pazifismus. In seinem großen Werk *Die Welt von gestern. Erinnerungen eines Europäers* hat er darüber geschrieben und nannte das, einen „persönlichen Krieg" beginnen, „gegen den Verrat der Vernunft", der „neuen Massenleidenschaft". Er teilte von Anfang an den Standpunkt, dass es keinen Sieg geben würde: „Von Anfang an glaubte ich nicht an den ‚Sieg' und wußte nur eines gewiß: daß selbst wenn er unter maßlosen Opfern errungen werden könnte, er diese Opfer nicht rechtfertige. Aber immer blieb ich allein unter all meinen Freunden mit solcher Mahnung, und das wirre Siegesgeheul vor dem ersten Schuß, die Beuteverteilung vor der ersten Schlacht ließ mich oft zweifeln, ob ich selbst wahnsinnig sei unter all diesen Klugen oder vielmehr allein grauenhaft wach inmitten ihrer Trunkenheit."[213] Es ist nicht bekannt, ob aus diesem Grund oder einem anderen, jedenfalls wurde Zweig 1917 aus dem Militärdienst, also dem Kriegsarchiv, entlassen, zog in die neutrale Schweiz, fand eine Anstellung als Korrespondent bei der *Neuen Freien Presse* in Zürich und kehrte im März 1919 nicht nach Wien, sondern nach Salzburg zurück und bezog das von ihm 1917 gekaufte, heruntergekommene Paschinger Schlössl, sein Wohnsitz bis 1933. Hier schrieb er gegen Nationalismus und Revanchismus an und engagierte sich wie Coudenhove-Kalergi für ein vereintes Europa, was für ihn im Gegensatz zum Grafen nicht in erster Linie eine politische Einheit meinte, sondern eine geistige, sprich kulturelle Einheit. Seit dem Kriegsende widmete sich Stefan Zweig einem weiteren sehr speziellen Thema, der Rolle des Dämonischen ganz im Allgemeinen und der Kunst und Dichtung im Besonderen, und das mit wachsender Aufmerksamkeit. Dies fokussierte er gleichzeitig auf seine Beschäftigung mit drei herausragenden Dichtern und Literaten: Friedrich Hölderlin, Heinrich von Kleist und Friedrich Nietzsche. Das Ergebnis veröffentlichte er unter dem Titel *Der Kampf mit dem Dämon* und bezeichnenderweise in einer Reihe *Die Baumeister der Welt*.[214] Bei dem Buch handelt es sich um teils biographische, teils psychologische Essays der drei Künstler und Wissenschaftler. Dämonie meint dabei nicht den Glauben an böse okkulte Mächte, sondern den Antrieb, der die drei zu ihrem künstlerischen Schaffen bewegt hat. Dabei geht es auch um die Maßlosigkeit der Gefühle, Hingabe und Leidenschaft bis hin zur Besessenheit, worin Zweig, dies als das Dämonische zusammenfassend, die Urkraft alles Schöpferischen erblickte: „Der Dämon verkörpert in uns den Gärungsstoff, das aufquellende, quälende, spannende Ferment, das zu allem Gefährlichen, zu Übermaß, Ekstase, Selbstentäußerung, Selbstvernichtung das sonst ruhige Sein drängt."[215]

Mit einer gewissen Konsequenz widmete er das Buch dann auch seinem Freund Sigmund Freud und nicht zuletzt dadurch wird der Einfluss der Psychoanalyse auf dieses Werk deutlich. Dieser Zusammenhang hatte für Zweig auch eine persönliche Note. Zweig, dem die inneren „dämonischen" Kämpfe nicht fremd waren, stand nach neueren Interpretationen auch im Kampf mit seiner Veranlagung zum Exhibitionismus. In dieser Neigung sieht der Germanist Ulrich Weinzierl nicht nur einen psychodynamischen Mechanismus, der Zweig in künstlerischer Hinsicht antrieb, sondern auch eine Neigung, die Zweigs bürgerliche Existenz bedrohte, denn er stand nicht nur auf Seiten der „Maßlosen", „tragischen Naturen", der Manischen und Melancholiker, sondern hatte auch selbst mit Depressionen zu kämpfen und war in vielen Abschnitten seines Lebens suizidgefährdet.[216]

Insofern hat das Buch auch eine explizit autobiographische Note und es steht zweifellos in enger Verbindung zum Thema seines

Vortrags vor dem Publikum der Frankfurter Gesellschaft am 25. Februar 1925. Ebenso ist es sicher kein Zufall, dass er in Frankfurt über Hölderlin und nicht über Kleist oder Nietzsche sprach. Nach Zweig war Hölderlin der rastlose Lyriker, der sich stets bis hin zur Selbstaufgabe forderte, und er hatte eine enge Beziehung zu Frankfurt, weil hier der Hauptteil seines Werkes entstand, als Hauslehrer bei der Frankfurter Bankiersfamilie Gontard und dann als Hofbibliothekar in der kleinen Enklave Hessen-Homburg. In den wenigen Jahren zwischen 1800 und 1805 entstand sein Hauptwerk – der Gesang *Patmos*, der Zyklus *Vaterländischer Gesänge* (Homburger Folioheft), Entwürfe zu *Der Ister*, *Griechenland*, *Die Titanen*, *Kolomb*, *Mnemosyne* sowie seine *Nachtgesänge* mit dem berühmten Kurzgedicht *Hälfte des Lebens* – bevor Hölderlin seiner Krankheit erlag und endgültig zu einem Pflegefall wurde. Über diesen deutschen Dichter also hat Zweig referiert und dem Frankfurter Publikum erläutert, wie eine Person innere Besessenheit zu Kunst sublimieren kann.

Zweig wandte sich danach anderen Themen zu. 1928 bereiste er, wie im Jahre zuvor Friedrich Pollock und Joseph Roth, auf den wir gleich zu sprechen kommen, die Sowjetunion, wo seine Bücher erscheinen konnten. Ein 1931 veröffentlichtes Buch *Die Heilung durch den Geist* widmete er Albert Einstein, Referent der Frankfurter Gesellschaft im Jahre 1920. Dann riss seine Erfolgsgeschichte abrupt ab. Nach der „Machtergreifung" der Nationalsozialisten im Deutschen Reich geriet sein Heimatland unter Druck und es kam zu schweren innenpolitischen Auseinandersetzungen in Österreich, die die christlich-soziale Regierung zu ähnlichen Mitteln der Einschränkung der parlamentarischen Freiheiten greifen ließ wie das Ermächtigungsgesetz vom März 1933 in Deutschland, in das Zweig insofern verstrickt war, als die Verfilmung seiner Novelle *Brennendes Geheimnis* genau im März 1933 in die Kinos kam und zu Assoziationen mit dem Reichstagsbrand geradezu einlud. Das Regime hat die weitere Aufführung des Films deshalb gleich verboten, wie Zweig in seinem Buch *Die Welt von gestern* schreibt.[217]

Zweig hatte die nationalsozialistische Bedrohung noch direkter vor Augen, da er mit Blick auf den Obersalzberg wohnte, dem Domizil

Hitlers. Doch erst einmal erhoben sich die Sozialdemokraten im Februar 1934 gegen die Selbstentmachtung des Parlaments in Wien. Der Aufstand scheiterte nach wenigen Tagen, dafür bekam der Pazifist Zweig Besuch von der Polizei mit der Anklage, er habe für den Aufstand Waffen versteckt gehalten.[218] Er nahm die politischen Vorgänge in Deutschland und Österreich sehr ernst und sah darin ein „Vorspiel (zu) viel weiterreichenden Eingriffen".[219] Er schätzte die Situation richtig ein und emigrierte zwei Tage später nach London. Er wurde auf die Liste der zu verbrennenden Bücher und auf die Liste verbotener Autoren gesetzt. Nach dem Anschluss Österreichs an das Deutsche Reich publizierte kein deutscher oder österreichischer Verlag mehr seine Schriften. Zweig musste für den Druck seiner deutschen Publikationen nach Schweden ausweichen. In den Kriegsjahren folgte noch die Aberkennung seines Doktorats.

Zu Beginn des Zweiten Weltkrieges nahm Stefan Zweig die britische Staatsbürgerschaft an, kaufte sich in Bath ein Haus, unternahm von dort aus eine Reise nach Südamerika. Auch begann er seine Arbeit an der Biographie über Honoré de Balzac. Sein Aufenthalt in Großbritannien war jedoch nur von kurzer Dauer. Er flüchtete weiter über New York nach Südamerika und schließlich Brasilien, weil er annahm, die Briten würden einen Österreicher wie einen Deutschen als feindlichen Ausländer behandeln und ggfs. internieren. 1941 erschien dort noch seine Hommage an *Brasilien.* Doch die Depression, die ihn seit Jahren begleitete, ließ sich nicht mehr durch Schreiben kompensieren. In der Nacht vom 22. zum 23. Februar 1942 nahmen sich Stefan Zweig und seine Frau in Petrópolis, eine Autostunde von Rio de Janeiro entfernt, das Leben.[220] Er hinterließ einen Abschiedsbrief, in dem er vermerkte, er sei „aus freiem Willen und mit klaren Sinnen" aus dem Leben geschieden. Die Zerstörung seiner „geistigen Heimat Europa" habe ihn entwurzelt, seine Kräfte seien „durch die langen Jahre heimatlosen Wanderns erschöpft".[221] Thomas Mann schrieb 1952 zum zehnten Todestag von Stefan Zweig über den Suizid seines Freundes und Kollegen: „Ich gestehe, daß ich damals mit dem Verewigten gehadert habe wegen seiner Tat, in der ich etwas wie eine Desertion von dem uns allen gemeinsamen Emigrantenschicksal und einen Triumph für die Beherrscher Deutschlands sah (...). Seitdem habe ich anders und verstehender über seinen Abschied zu denken gelernt, und keinen Augenblick mehr vermag dieser Hingang der Ehrerbietung Abbruch zu tun, die ich für sein Leben, seine die ganze Welt beschäftigende Leistung immer gehegt habe."[222] Stefan Zweig wurde ein Symbol für die Intellektuellen im 20. Jahrhundert auf der Flucht vor der Gewaltherrschaft und noch einen Punkt gilt es festzuhalten: Stefan Zweig stand immer fest zur Idee eines vereinigten Europa. Das galt ebenso für den zweiten Schriftsteller, der hier stellvertretend für die zahlreichen Vorträge im kulturellen Bereich, die in der Frankfurter Gesellschaft gehalten worden sind, vorzustellen ist.

Abb. 52: oben: Joseph Roth (1894–1939) (rechts) und Friedrike Roth (Mitte) bei einem Ausritt in Paris (1925)[223]

Abb. 53: unten: Joseph Roth auf einem Bahnsteig in Frankreich, Fotografie (vermutlich Frühjahr 1926)[224]

Joseph Roth wurde im galizischen Schtetl Brody in Ungarn geboren, einer Grenzstadt zur russischen Region Wolhynien, in der ebenfalls viele deutsche Auswanderer lebten. Der frühe Verlust seines Vaters und der Zusammenbruch der österreichisch-ungarischen Monarchie prägten sein späteres literarisches Werk.[225] Erste Berichte für die Feuilletons von Wiener Zeitschriften erschienen bereits im Verlauf seiner Militärdienstzeit. Dies half ihm nach dem Krieg, eine Anstellung als Redakteur beim *Neuen Tag* in Wien zu erhalten, doch die Stelle ging mit der Einstellung der Zeitung verloren. Roth zog im Jahre 1920 von Wien nach Berlin. Seine Artikel fanden Zuspruch und bald erschienen journalistische Beiträge in der *Berliner Zeitung* und im *Berliner Börsen-Courier.* Doch die Arbeit dort erschien ihm zu belanglos und so nutzte er eine Reise nach Lemberg zu seiner schwer erkrankten Mutter, um Kontakte nach Frankfurt anzubahnen, und es gelang ihm, ab Januar 1923 als Feuilletonkorrespondent bei der *Frankfurter Zeitung* unterzukommen, was nicht ohne die Mitglieder der Frankfurter Gesellschaft Benno Reifenberg und Heinrich Simon möglich gewesen war. Die *Frankfurter Zeitung* nahm in den nächsten Jahren den Hauptteil seiner journalistischen Arbeiten ab. Niederlassen wollte sich Roth aber nicht in Frankfurt, sondern pendelte, nicht zuletzt wegen der Inflation, zwischen Wien und Berlin und schrieb für nicht weniger als sechs größere Tageszeitungen, die in Frankfurt, Wien, Prag und Budapest erschienen. Die Beiträge von Joseph Roth wurden also in ganz Mitteleuropa gelesen. Sein Hauptaugenmerk aber richtete sich in dieser Zeit auf seinen ersten Roman *Das Spinnennetz.* Er erschien als Fortsetzungsroman in der Wiener *Arbeiter-Zeitung,* ohne je vollendet zu werden. Auch seine journalistische Tätigkeit blieb nicht ohne Enttäuschungen. Er stritt sich mit Reifenberg um das Honorar, wollte die Zeitung verlassen, nahm dann doch ein Angebot, als Paris-Korrespondent weiterzumachen, an, wurde jedoch nach einem Jahr abgelöst, was ihn schwer traf: „Sie ahnen nicht, wieviel privat und die litterarische Carrière betreffend mir zerstört wird, wenn ich Paris verlassse", schrieb er am 9. April 1926 an Benno Reifenberg.[226] Es wurde eine Kompensation vereinbart, die darin bestand, Roth mit großen Reisereportage-Serien zu beauftragen. Es wurden verschiedene Vorschläge unterbreitet: Italien und Mussolini, USA und Moskau.

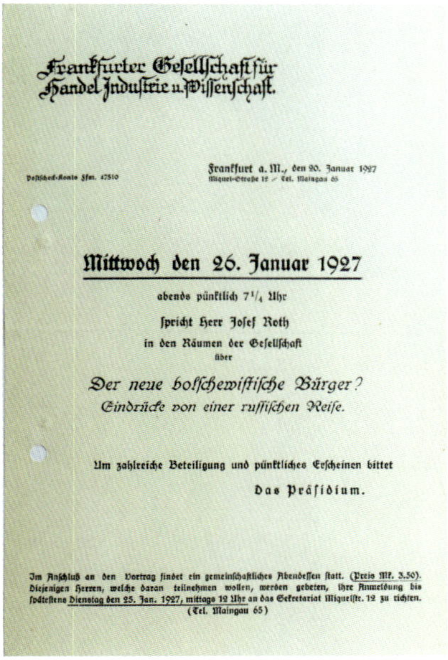
Frankfurter Gesellschaft für Handel Industrie u. Wissenschaft.

Postscheck-Konto Ffm. 17510

Frankfurt a. M., den 20. Januar 1927
Miquel-Straße 12 – Tel. Maingau 65

Mittwoch den 26. Januar 1927

abends pünktlich 7 1/4 Uhr

spricht Herr Josef Roth

in den Räumen der Gesellschaft

über

Der neue bolschewistische Bürger?

Eindrücke von einer russischen Reise.

Um zahlreiche Beteiligung und pünktliches Erscheinen bittet

Das Präsidium.

Im Anschluß an den Vortrag findet ein gemeinschaftliches Abendessen statt. (Preis Mk. 3.50). Diejenigen Herren, welche daran teilnehmen wollen, werden gebeten, ihre Anmeldung bis spätestens Dienstag den 25. Jan. 1927, mittags 12 Uhr an das Sekretariat Miquelstr. 12 zu richten. (Tel. Maingau 65)

Abb. 54: Einladung zum Vortrag von Joseph Roth (1894–1939), am 26. Januar 1927: Der neue bolschewistische Bürger? Eindrücke von einer russischen Reise.[228]

Bezogen auf den Moskau-Vorschlag versicherte Roth: Trotz seiner „spezifischen Begabung, gewisse Institutionen, Sitten und Gebräuche der bürgerlichen Welt ironisch zu behandeln", bestehe bei ihm keine Gefahr, daß er bei einer Reise nach Moskau etwa zur „Anerkennung der zweifelhaften Erfolge der russischen Revolution" neige: Seine Skepsis werde ihn davor bewahren, sich von irgendeinem Enthusiasmus dazu hinreißen zu lassen, die eine Weltordnung über die andere zu stellen.[227]

Von August bis Dezember 1926 bereiste er daher die Sowjetunion und hat darüber gleich im Anschluss in der Frankfurter Gesellschaft einen Vortrag gehalten, in dem er nach dem „bolschewistischen Bürger" fragte. Seine beeindruckend klaren und dichten Beschreibungen für das Feuilleton in der *Frankfurter Zeitung* – insgesamt 18, die in Wochenabständen erschienen – waren damals zum größten Teil bereits veröffentlicht. Er hat sicher daraus geschöpft und seine Ausführungen dürften sich ebenfalls in vielerlei Hinsicht von den zeittypischen Texten anderer Sowjetunion-Reisender abgehoben haben: Roth sympathisierte zwar mit dem Sozialismus, blieb aber nüchtern, lobte beiläufig und kritisierte erbarmungslos. Ein Dorn im Auge waren ihm weniger radikale Veränderungen als vielmehr die Gleichmacherei und das Mittelmaß der neuen sowjetischen Bürgerlichkeit, fasst Alexander Löwen das literarische Material Roths zusammen. Und das dürfte dem entsprochen haben, was er in der Frankfurter Gesellschaft vorgetragen hat.[229]

Seine Reise ging nach Moskau und Leningrad. Darauf folgte eine Schifffahrt auf der Wolga nach Astrachan, dem Kaukasus und Baku. Am Beginn der Reise stehen allgemeine Betrachtungen, eigene Beobachtungen und auch skurrile Erlebnisse. Im Zusammenhang mit der Fahrt auf der Wolga reflektiert er über Einteilungen in „oben" und „unten" und versucht dabei Erkenntnisse über die neue Schichtung in der sowjetischen Gesellschaft herauszufiltern.[230] Doch mit Fortgang der Reise werden auch seine Berichte kritischer. Er „schildert", wie Bronsor schreibt, „das graue Leben und die armselige Masse", das geschäftige hastende Russland, das in seinen Augen „das Zeichen von Amerika an der Stirn" trägt[231], beschreibt mit Distanz den staatlich geförderten Atheismus, die Politik der Regierung gegenüber den Kirchen und schreibt über Zeitungen und Zensur.[232] Eine besondere Aufmerksamkeit widmet er der Stellung der Frau in der sowjetischen oder, wie es damals hieß, bolschewistischen Gesellschaft.[233] Der Abschluss der Artikelserie ist von Berichten über das Bildungswesen und die nachwachsende Generation bestimmt.[234]

Kaum zurück in Deutschland, fällt das Urteil: Er sei von Russland „enttäuscht". Jeder junge Mann in Mitteleuropa betrachte sich als Rebell und schaue nach Russland. Er für seinen Teil habe seine früheren Gedanken revidieren müssen. Der einzige für ihn annehmbare Sozialismus hätte eine humanitäre Moral verkörpern müssen.[235]

Es folgten weitere Reisen nach Albanien und Jugoslawien, Polen, Italien und die Kündigung seiner Mitarbeit bei der *Frankfurter Zeitung*. Am 30. Januar 1933, dem Tag von Hitlers Ernennung zum Reichskanzler, verließ Roth Deutschland. In einem Brief an Stefan Zweig urteilte er: „Inzwischen wird es Ihnen klar sein, daß wir großen Katastrophen zutreiben. Abgesehen von den privaten – unsere literarische und materielle Existenz ist ja vernichtet – führt das Ganze zum neuen Krieg. Ich gebe keinen Heller mehr für unser Leben. Es ist gelungen, die Barbarei regieren zu lassen. Machen Sie sich keine Illusionen. Die Hölle regiert."[236] Wie Zweigs Bücher wurden auch die von Roth öffentlich verbrannt. Er flüchtete nach Paris und unternahm längere Reisen nach Holland, Belgien, in seine Heimat und immer wieder nach Polen, unter anderem nach Lemberg. Er traf sich mit anderen Emigranten wie Hermann Kesten oder Heinrich Mann. Es gelang ihm auch, wieder Fuß zu fassen und in niederländischen Exilverlagen zu publizieren. Doch die Jahre der Emigration zehrten an seinen Kräften. Ab Ende 1937 nahmen seine gesundheitlichen Probleme rasch zu. Er musste sich einschränken. Am 23. Mai 1939 wurde Roth in das Armenspital *Hôpital Necker* eingeliefert, nachdem er in seinem häufig besuchten *Café Tournon* zusammengebrochen war. Vier Tage darauf starb er an einer schweren Lungenentzündung und wurde auf dem Cimetière parisien de Thiais beerdigt.

Albert Einstein – Franz Oppenheimer – Richard N. Graf Coudenhove-Calergi – Wilhelm Groener – Walther Rathenau – Theodor Heuss – Stefan Zweig und Joseph Roth, die Reihe der Vortragenden und ihre internationale oder besser globale Orientierung ließe sich noch um viele Persönlichkeiten erweitern. Doch der weite Bogen in die Welt hinaus wäre nicht vollständig, wenn er nicht in Spannung zum Ort, also zur Stadt Frankfurt, stehen würde. Tatsächlich kamen die verschiedensten Vortragenden immer wieder auf die Stadt, ihre Besonderheiten und ihre Entwicklung zurück. Selbst zum Vortrag von Einstein gibt es Bezüge nach Frankfurt. Aber dies war nicht nur die Universität als lokale Attraktion mit internationalen Beziehungen. Die Stadt selbst rückte in der Zwischenkriegszeit in den Fokus internationaler Aufmerksamkeit, und das hatte etwas mit einer Reihe von Mitgliedern der Frankfurter Gesellschaft zu tun, die in ihrer Zusammenarbeit wiederum ein gutes Stück des Gründungsgeistes dieser Versammlung von Entscheidungsträgern aus Stadt und Region repräsentierten. Insofern können wir die Villa Bonn auch als einen stummen Zeugen eines Großprojektes sehen, das fest mit den beiden Bürgermeistern Frankfurts, Ludwig Landmann und Eduard Gräf, sowie mit dem Stadtplaner Ernst May und dem Stadtkämmerer Bruno Asch verbunden war. Alle vier waren Mitglieder der Frankfurter Gesellschaft und mehr noch. Sie waren die Repräsentanten eines politischen Bündnisses, das von der SPD, über die Linkskatholiken des Zentrums bis hin zur *Deutschen Demokratischen Partei* reichte. Alle drei Parteien arbeiteten über ihre politischen Differenzen hinweg zusammen. Es ist das gleiche Bündnis, das auch auf der Ebene des Gesamtstaats als Weimarer Koalition bekannt geworden ist. Es war dieses Bündnis, das die Republik aus dem Chaos der Nachkriegsjahre zog und die Republik 14 Jahre lang trug. Als es unter der Last der Weltwirtschaftskrise zerbrach, geriet auch die Republik in eine existentielle Krise und ging in wenigen Jahren unter.

Der Kitt des Bündnisses aus sozialer Demokratie, christlich-sozialer Reform und sozialem Liberalismus war – wie konnte es anders sein – eine Politik der Sozialreform, und zwar auch mit dem erklärten Ziel, eine Neuauflage der Revolution vom November 1918 zu vermeiden. Das Bündnis hielt erst Georg Voigt im Amt, der sein Oberbürgermeistermandat ja noch im Kaiserreich erhalten hatte. Mit der ersten Kommunalwahl in der neuen Republik im Jahre 1924 errangen die drei Parteien die Mehrheit in der Stadtverordnetenversammlung und wählten Ludwig Landmann mit seiner Politik einer gleichberechtigten Zusammenarbeit von Bürgern und Arbeitern zum neuen Oberbürgermeister.

Sein beruflicher Werdegang begann mit einem Studium der Rechtswissenschaft in Heidelberg, Berlin und München. Unter dem Einfluss der historischen Schule der Nationalökonomie hing Landmann auch dem Genossenschaftsgedanken an und stand der Konkurrenz als einzigem Regulator der Wirtschaftsordnung kritisch gegenüber, was ihn sowohl mit Franz Oppenheimer wie auch mit Walther Rathenau verband.[240] Weiterhin wurde er, seinem Interesse an sozialpolitischen Fragestellungen entsprechend, Mitglied des *Vereins für Socialpolitik*. 1894 trat er eine Stelle als juristischer Hilfsarbeiter in der Stadtverwaltung Mannheim an, stieg rasch zum engen Mitarbeiter des Oberbürgermeisters der Industriestadt auf und schaffte es kurz vor der Jahrhundertwende zur Position des Stadtsyndikus. Im Nebenerwerb lehrte er an der Handelshochschule, was ihm nach fast 20 Jahren Lehrtätigkeit eine Ehrendoktorwürde einbrachte. Es gab noch andere ungewöhnliche Nebenpfade. Zeitweilig übernahm Landmann interimistisch die Intendanz des Mannheimer Nationaltheaters. Differenzen mit dem Stadtrat, der Landmanns Karrierewünschen nicht entgegenkommen wollte, beantwortete er mit der Niederlegung aller Ämter und öffnete damit den Weg für neue Aufgaben. Ende Oktober 1916 hatte er Glück und wurde

Abb. 55/56: Ludwig Landmann[237], Gedenktafel für Landmann an dessen Wohnhaus in Frankfurt-Sachsenhausen[238]

Abb. 57: Ludwig Landmann von Lino Salini, vor 1925[239]

im Frankfurter Parlament zum Dezernenten für Wirtschaft, Verkehr und Wohnungswesen gewählt, was mit einer Mitgliedschaft im Stadtrat verbunden war. In Frankfurt entwickelte er in einer Reihe von Denkschriften sein kommunalpolitisches Konzept zur Wirtschafts- und Wohnungsbaupolitik, an dem er auch als Oberbürgermeister festhielt.

In seine Amtszeit fielen unter anderem die Neugründung der Messe als *Frankfurter Internationale Messe AG* sowie die Einrichtung eines städtischen Wirtschafts- und Siedlungsamtes. Nach dem Krieg entschied er sich zur Mitgliedschaft in der *Deutschen Demokratischen Partei*. Fünf Jahre später, genau ab dem 2. Oktober 1924, stand er an der Spitze der Stadt und war der erste Oberbürgermeister jüdischen Glaubens in Frankfurt. Er begann seine Amtszeit in einer wirtschaftlich und politisch schwierigen Zeit. Die Nachwirkungen der Novemberrevolution, die zeitweilige französische Besetzung Frankfurts im Jahr 1920 sowie die Inflation, die bis 1923 anhielt, hatten erheblich zur Verhärtung der sozialen Fronten beigetragen. Viele große Stiftungsvermögen waren durch die Inflation vernichtet worden, so dass Stadt und Land zur Rettung der Stiftungsuniversität eingreifen mussten. Gleichzeitig mangelte es an überzeugenden Konzepten für die Weiterentwicklung der Stadt. Frankfurt drohte nach Krieg und Revolution an die Peripherie zu geraten.

Landmann nutzte die neun Jahre währende Amtszeit, um Frankfurt zu konsolidieren und dann die umfassende Modernisierung durch seine Pläne und Denkschriften in großen Zügen in die Realität zu überführen. Er war sehr weit damit gekommen und ist in der Dimension seiner eingeleiteten Reformen und der Vielfalt seiner Projekte nur mit dem ersten Oberbürgermeister der Stadt, mit Daniel Heinrich Mumm, zu vergleichen.[241] Der Ausbau wurde aufgrund der verheerenden Weltwirtschaftskrise von 1929, mehr noch aber durch die politische Blockade der Nationalsozialisten nicht zum Abschluss gebracht.

Unmittelbar vor dem Wahlsieg der NSDAP bei den Kommunalwahlen am 12. März 1933 setzten Drohungen des politischen Gegners Landmann schwer zu. Er floh bereits am 5. März 1933 nach Wiesbaden, um einer Verhaftung zu entgehen. Mit Verweis auf den SA-

Terror rieten ihm Freunde, in den Ruhestand zu gehen, um den er am 11. März nachsuchte. Danach zog er sofort nach Berlin. Dort, in der Großstadt, suchte er Schutz. Doch statt Sicherheit ereilte ihn ein Herzanfall. Wenig später beschloss der Frankfurter Magistrat auf Veranlassung seines Nachfolgers, des Nationalsozialisten Friedrich Krebs, die Pensionszahlungen einzustellen: Der „Jude Landmann", hieß es in der Begründung, habe „durch seine größenwahnsinnige Wirtschaftsführung der Stadt ungeheure Lasten aufgebürdet, für die er nach der nationalsozialistischen Auffassung vom Führertum die alleinige Verantwortung trage".[242] Die Kommunalaufsicht schritt zwar dagegen ein, auch konnte er sich bis 1937 in Berlin mit Hilfe von Freunden in der Verwaltung durchschlagen, doch am Ende seines Lebens geriet Landmann zunehmend in materielle Not. Krankheiten, die Judenvermögensabgabe und schließlich die Reichsfluchtsteuer machten aus dem einst einflussreichen Stadtoberhaupt einer reichen Wirtschaftsmetropole einen armen schutzbedürftigen Menschen.

Sechs Jahre nach seiner Vertreibung aus dem Amt musste Landmann erneut die Flucht antreten und floh in die Heimat seiner Frau, die Niederlande.[243] Er kam dort jedoch vom Regen in die Traufe, weil Deutschland schon ein Jahr später die Niederlande angriff und besetzte. Das zwang Landmann im Mai 1940, um der Deportation zu entgehen, in den Untergrund. Verwandte und Freunde versteckten ihn. In einem der vielen, oft wechselnden Verstecke erlag er am 5. März 1945 an Unterernährung und dem alten Herzleiden. 42 Jahre nach seinem Tod wurden seine sterblichen Reste auf Veranlassung des damaligen Baudezernenten Hans-Erhard Haverkampf und des Oberbürgermeisters Wolfram Brück nach Frankfurt überführt und in einem Ehrengrab auf dem Frankfurter Hauptfriedhof beigesetzt.

Der 1870 in Wetzhausen geborene Eduard Gräf (1870–1936) absolvierte nach der Schule eine anspruchsvolle graphische Ausbildung zum Steindrucker und übte diesen Beruf bis 1898 aus. Zehn Jahre zuvor war er, noch in der Zeit des Sozialistengesetzes, der verbotenen Sozialdemokratischen Partei Deutschlands sowie den freien Gewerkschaften beigetreten und beteiligte sich 1890, nach dem Fall des Sozialistenge-

Abb. 58: Gruppenaufnahme von 1909 anlässlich der Verabschiedung von Wilhelm Dittmann als Parteisekretär des Sozialdemokratischen Vereins Frankfurt. Von links nach rechts: Eduard Gräf (Arbeitersekretär des Gewerkschaftskartells), Albert Rudolph (Mitglied der Aufsichtskommission des Kartells), Wilhelm Dittmann (Parteisekretär und Vorsitzender des Deutschen Metallarbeiterverbandes Frankfurt), Heinrich Hüttmann (Mitglied der Aufsichtskommission des Kartells), Leonhard Dorschu (Gewerkschaftssekretär des Kartells)[244]

setzes, an der Gründung des sozialdemokratischen Vereins in Frankfurt. Er übernahm sowohl in der Partei als auch in den Gewerkschaften und in sozialpolitischen Vereinen Verantwortung und Ämter. 1891 wählten ihn die Mitglieder des *Vereins Arbeiterschutz* in Bockenheim zu ihrem Vorsitzenden. Mit der Einrichtung eines Gewerkschaftskartells, das heißt des lokalen Zusammenschlusses aller Gewerkschaften und dem Kauf eines Hauses für die Zwecke dieses Kartells, der mit Hilfe des erwähnten Frankfurter Mäzens Charles Hallgarten, des Nachbarn von Wilhelm Bonn in der Miquelstraße (heute Siesmayerstraße), gelang, verabschiedete sich Eduard Gräf von seinem erlernten Beruf und wurde von 1899 bis 1919 hauptberuflicher Arbeitersekretär. Damit verbunden waren weitere Ämter in dem sich ausbreitenden Geflecht an sozialpolitischen Einrichtungen. So wurde Gräf ab 1894 zum Vorstandsmitglied und seit

1897 zum Vorsitzenden der Ortskrankenkasse Frankfurt gewählt, womit er nahezu alle Aspekte der politischen Aktivitäten der damaligen Arbeiterbewegung vor Ort in persona abdeckte. Das noch fehlende Mandat in der Stadtverordnetenversammlung errang er 1906 und wurde 1910 stellvertretender Stadtverordnetenvorsteher. Im Gefolge der Novemberrevolution flogen ihm weitere Ämter über Frankfurt hinaus zu. Er gehörte zur verfassungsgebenden preußischen Landesversammlung, wurde Vorsitzender der SPD-Fraktion, für ein Jahr Unterstaatssekretär im Preußischen Wohlfahrtsministerium und damit verbunden Mitglied im Beirat des Reichsgesundheitsamtes sowie im Jahre 1920 Vizepräsident des preußischen Staatsrates. Außerdem war Gräf zwischen 1919 und 1932 Mitglied des Kommunallandtages im Regierungsbezirk Wiesbaden, einem Gremium, in dem er mit Hans von Passavant, dem späteren Blut-und-Boden-Ideologen zusammensaß. Nach dem Ausscheiden von Passavants wurde Gräf von 1929 bis 1932 noch Präsident dieses Gremiums. Sein Hauptmandat bildete jedoch sein Amt als Bürgermeister und Dezernent für Jugend und Wohlfahrt in Frankfurt, das er von 1920 bis zu seinem Ruhestand im Jahre 1932 innehatte. Am Ende seiner Laufbahn erhielt er 1930 sowohl von der Ludwig-Maximilians-Universität München wie auch von der Universität Frankfurt die Ehrendoktorwürde. Gräf war seit Gründung der Frankfurter Gesellschaft Mitglied, wie nach seiner Ankunft in Frankfurt auch Ludwig Landmann. Gräf war qua Amt ein großer Förderer des Frankfurter Schullandheims Wegscheide bei Bad Orb, an dem sich ebenfalls Charles Hallgarten mäzenatisch beteiligt hatte.[245]

In Gräf fand Landmann einen loyalen, mit Fragen der Sozialpolitik auf das Beste Vertrauten, auf den er sich in zentralen Bereichen der großen Ausbaupläne verlassen konnte. Ziel war eine Erneuerung Frankfurts in fast jeder Beziehung und damit ein Aufbruch in eine neue Zeit. Die Koalition nahm sich viel vor: Innovationen in Wirtschaft, in der Kultur und vor allem in den sozialen Belangen der großen Mehrheit der Bevölkerung. Die Belebung und dynamische Entfaltung der Wirtschaft sollte die für die Projekte der Sozialreform notwendigen Mittel aufbringen. Weshalb auch die Finanzen zum Feld der Politik gehörten.

Das Bündnis von Sozialdemokratie und linkem Liberalismus, unterstützt von den Linkskatholiken des Zentrums, buchstabierte damit auf kommunaler Ebene aus, was das gleiche Bündnis auf Nationalstaatsebene zum Programm erhoben hatte. Eine Erneuerung und Modernisierung der Wirtschaft, der Aufbruch in eine kulturelle Moderne und Befriedung der Ansprüche der Arbeiter. Was in dieser Beziehung erst unter der Fahne der „Sozialisierung", dann der Sozialreform in Form des Sozialstaatsausbaus auf die Tagesordnung gesetzt worden war, das sollte auch in Frankfurt die Zielrichtung des kommunalen Ausbaus vorgeben. Im Zentrum stand in dieser Hinsicht die Behebung der Wohnungsnot, des großen ungelösten Problems des 19. Jahrhunderts. Die Entfaltung der Wirtschaft sollte die für den Unterhalt notwendigen Mittel liefern. Beide Bereiche, Sozial- und Wirtschaftspolitik, wurden gleichzeitig und parallel in Angriff genommen. Sie umfassten die Beziehungen zur Region und umfangreiche Eingemeindungen, Verkehrs- und Infrastrukturmaßnahmen den Flugverkehr, die anstehende Massenmotorisierung und die Schifffahrt betreffend, die Neubelebung und Neuorientierung traditioneller Charakteristika der Stadt wie die seit dem Mittelalter vorhandenen Messen und sodann den Wohnungsbau, der diesmal – im Gegensatz zu allen Oberbürgermeistern zuvor – als Aufgabe der Stadt, also in munizipalsozialistischer Regie – einer Lösung zugeführt werden sollte. Um was handelte es sich im Einzelnen?

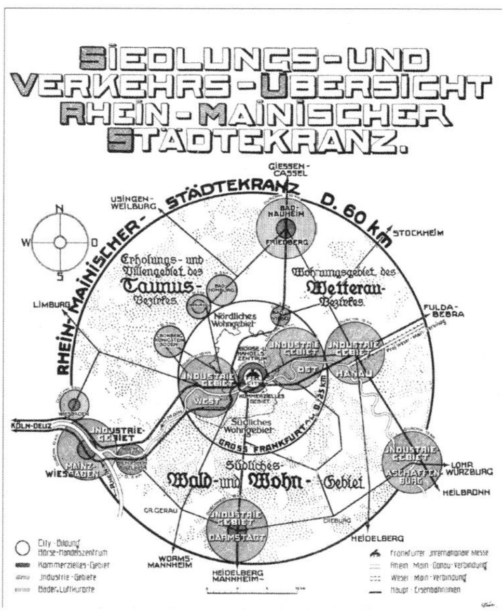

Abb. 59/60: Landmanns regionalpolitisches Konzept: Der Rhein-Mainische Städtekranz[246], das erste Gartenstadt-Konzept von Ebenezer Howard, 1902: Wohnstädte sind ringförmig um die Kernstadt angeordnet und mit ihr sternförmig durch Straßen, Eisenbahn und U-Bahn vernetzt sowie untereinander ringförmig verbunden.[247] Die Ähnlichkeiten sind unübersehbar

Die Regionalpolitik bildete einen nicht zu übersehenden Schwerpunkt in Landmanns Kommunalpolitik. Er strebte eine Verbesserung der Kooperation der Kommunen im Rhein-Main-Gebiet an, das damals zu den Ländern Preußen, Hessen und Bayern gehörte. Hierin wurde er direkt von der Handelskammer unterstützt, mit deren Führungsspitze er nicht zuletzt in der Frankfurter Gesellschaft engen Kontakt hielt und die ihrerseits eine Vernetzung der Handelskammern in diesem Raum anstrebte, wie das an dem Handelskammermitglied und geschäftsführenden Syndikus Hans Trumpler bereits aufgezeigt werden konnte. Landmann entwickelte zur Strukturierung der Region das Konzept des *Rhein-Mainischen Städtekranzes* mit Frankfurt im Zentrum. Darin wurde zwischen Zentralstadt und verschiedenen Typen von Trabantensiedlungen unterschieden. Der Oberbürgermeister griff hier unverkennbar auf das Modell der Gartenstadtbewegung zurück, wie es sein Baudezernent Ernst May, unter Rückgriff auf die Ideen des Engländers Ebenezer Howard, konzeptionell entwickelt hatte. Dabei konnte May auf sein Praktikum zurückgreifen, das er bei Raymond Unwin in London absolviert hatte.

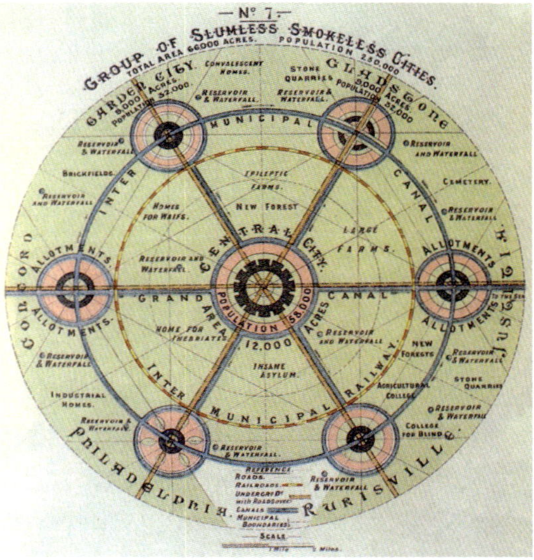

Der Regionalplanung entsprachen bedeutende Eingemeindungen, für deren Vorbereitung Landmann bereits kurz nach Amtsübernahme eine Eingemeindungskommission eingesetzt hatte. Nur drei Jahre nachdem er ins Amt gewählt worden war, konnten Höchst und Teile des dazu gehörenden Landkreises sowie das im Mainbogen liegende Fechenheim eingemeindet werden. Mit einem Akt kamen um die 80.000 Einwohner hinzu, weshalb erstmals die Marke von einer halben Million Einwohnern überschritten wurde. Die Stadtfläche vergrößerte sich in einem Sprung auf 195 Quadratkilometer. In der Fläche rückte Frankfurt damit zur drittgrößten Stadt Deutschlands auf. Wichtiger aber als die schiere Fläche war das, was sich in diesen neuen Teilen konzentrierte: ein guter Teil der deutschen chemischen Industrie, namentlich die Chemiewerke Cassella Farbwerke Mainkur, die Chemische Fabrik Griesheim-Elektron und die Farbwerke Hoechst, die sich seit 1925 mit anderen zur IG Farben zusammengeschlossen hatten. Damit gehörten auch die Unternehmen von Arthur von Weinberg und Walter vom Rath nun offiziell zur Stadt Frankfurt. Mehr noch, die Eingemeindung rechtfertigte zusätzlich die Ansiedelung der Konzernspitze der IG Farben am Rand des Grüneburgparks im Westend. Der Bau, den das Unternehmen bei dem Architekten Hans Poelzig in Auftrag gab und bis 1931 vollendete, war damals das größte Verwaltungsgebäude in Europa.

Abb. 61: Vom Neuen Frankfurt inspirierte Visionen für die Zukunft der Stadt von 1925, hier der Opernplatz.[248] Der technische Fortschritt im Auto- und Luftverkehr sowie die neuartige Bauweise des „Neuen Frankfurt" beflügelten die Phantasie der Karikaturisten. Die Zukunftsvisionen waren ihrer Zeit voraus, aber lediglich um ca. drei Jahrzehnte. Motorisierung, Hochhäuser und Flugverkehr über der Stadt waren bereits in den 1950er Jahren Realität – trotz der gewaltigen Kriegszerstörungen …

Die Region war nur ein Aspekt in dem großen Plan von Ludwig Landmann. Neuordnung der Peripherie bedeutete keineswegs die Vernachlässigung des Zentrums. Im Gegenteil, es sollte gestärkt aus dem Umbauprogramm hervorgehen und hier wurde neben der wirtschaftlichen Entfaltung ganz richtig die Bedeutung der Mobilität und der dafür notwendigen Infrastruktur erkannt. Interessanterweise kehrte Landmann damit zu den strategischen Überzeugungen des ersten Oberbürgermeisters von Frankfurt, Johann Daniel Heinrich Mumm, zurück, der genau dieses in den Mittelpunkt gerückt hatte, und zwar in einer Zeit, als Frankfurt nach der Annexion durch Preußen drohte an Bedeutung zu verlieren und an die Peripherie der Kommunikationsströme zu geraten.[249]

Im Einzelnen verstanden Landmann und sein enger Mitarbeiterstab im Magistrat darunter Ausbau der Verkehrsinfrastruktur in allen Bereichen, also Schiene, Wasser, Straße und Luft. Er betrat damit Neuland, denn Flugverkehr und Beschleunigung/Motorisierung steckten noch in den Kinderschuhen und allenfalls in den großen Städten der USA war man den Frankfurtern diesbezüglich noch eine Nasenlänge voraus. Doch betraf dies in erster Linie die Massenmotorisierung, die in den USA bereits vor dem Ersten Weltkrieg viel weiter fortgeschritten war als in Europa. Hier ging Frankfurt unter Landmann mutig voran, weil er erkannt hatte, dass für die wirtschaftliche Entfaltung der Stadt die Entwicklung eines leistungsfähigen Schnellstraßennetzes von großem Vorteil sein würde. Insofern war es von seiner Seite nur konsequent, sich als Schirmherr bei der Gründung des HaFraBa-Vereins zur Verfügung zu stellen. Der Verein setzte sich den Bau einer Autobahn von den Hansestädten über Frankfurt nach Basel zum Ziel.

Auch das Großprojekt einer Anbindung Frankfurts an eine Verkehrsader, die von der Nordsee bis zum Schwarzen Meer reichen sollte, versuchte Landmann anzuknüpfen und Fortschritte beim geplanten Rhein-Main-Donau-Kanal zu erreichen. Doch lagen hier die politischen Barrieren infolge der Neuordnung Osteuropas und der Etablierung einer ganzen Serie neuer Nationalstaaten mit divergierenden Interessen und ungeklärten Grenzverläufen in unerreichbarer Höhe. Abgesehen davon fehlte es an einem Investor, der bereit gewesen wäre, in ein derartiges

Projekt zu investieren. Aber der technologische Fortschritt im Flugzeugbau bot Anlass, eine völlig neue Mobilität ins Auge zu fassen – den Luftverkehr.

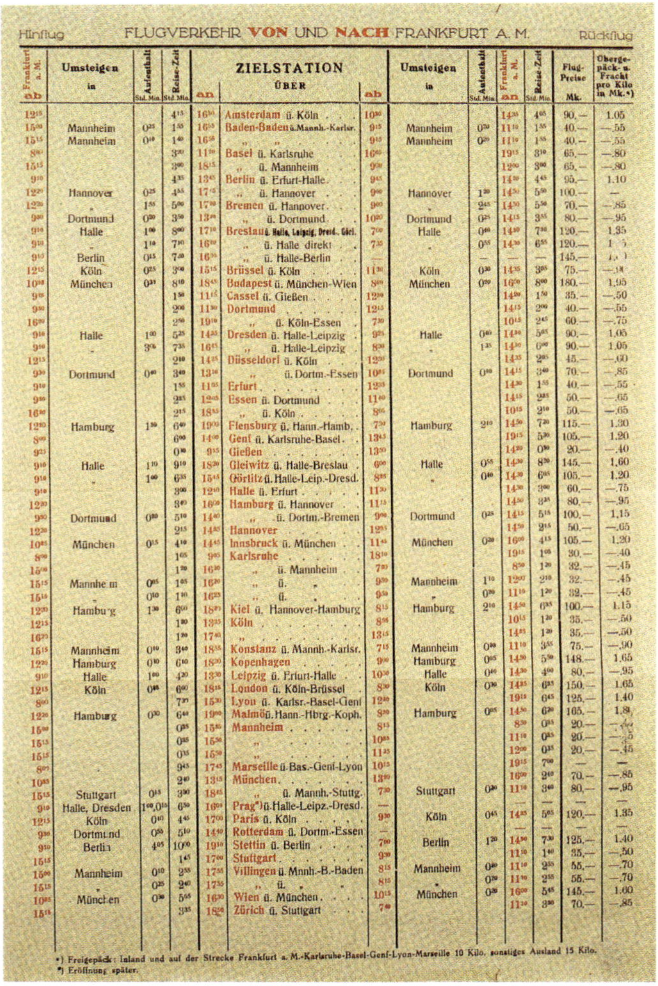

Hinflug FLUGVERKEHR **VON** UND **NACH** FRANKFURT A. M. Rückflug

Frankfurt a. M. ab	Umsteigen in	Aufenthalt Std. Min.	Reise-Zeit Std. Min.	an	ZIELSTATION ÜBER	ab	Umsteigen in	Aufenthalt Std. Min.	Frankfurt a. M. an	Reise-Zeit Std. Min.	Flug-Preise Mk.	Übergepäck u. Fracht pro Kilo in Mk.*)
12^{15}			4^{15}	16^{30}	Amsterdam ü. Köln	10^{30}			14^{35}	4^{05}	90.—	1.05
15^{00}	Mannheim	0^{25}	1^{55}	16^{55}	Baden-Baden ü. Mannh.-Karlsr.	9^{15}	Mannheim	0^{20}	11^{10}	1^{55}	40.—	—.55
15^{15}	Mannheim	0^{10}	1^{40}	16^{55}	„ „	9^{15}	Mannheim	0^{20}	11^{10}	1^{55}	40.—	—.55
8^{00}			3^{20}	11^{20}	Basel ü. Karlsruhe	16^{05}			19^{15}	3^{10}	65.—	—.80
15^{15}			3^{00}	18^{15}	„ ü. Mannheim	9^{00}			12^{00}	3^{00}	65.—	—.80
9^{10}			4^{35}	13^{45}	Berlin ü. Erfurt-Halle	9^{45}			14^{30}	4^{45}	95.—	1.10
12^{20}	Hannover	0^{25}	4^{55}	17^{15}	„ ü. Hannover	9^{00}	Hannover	1^{20}	14^{50}	5^{50}	100.—	—
12^{20}	„	1^{55}	5^{00}	17^{20}	Bremen ü. Hannover	9^{00}	„	2^{45}	14^{50}	5^{50}	70.—	—.85
9^{00}	Dortmund	0^{20}	3^{50}	13[illegible]	„ ü. Dortmund	10^{20}	Dortmund	0^{25}	14^{15}	3^{55}	80.—	—.95
9^{10}	Halle	1^{00}	8^{00}	17^{10}	Breslau ü. Halle, Leipzig, Dresd., Görl.	7^{00}	Halle	0^{40}	14^{30}	7^{30}	120.—	1.35
9^{10}	„	1^{10}	7^{10}	16^{20}	„ ü. Halle direkt	7^{35}	„	0^{55}	14^{30}	6^{55}	120.—	[illegible]
9^{10}	Berlin	0^{15}	7^{20}	16^{30}	„ ü. Halle-Berlin	—		—	—	—	145.—	[illegible]
12^{15}	Köln	0^{25}	3^{00}	15^{15}	Brüssel ü. Köln	11^{30}	Köln	0^{30}	14^{35}	3^{05}	75.—	[illegible]
10^{35}	München	0^{35}	8^{10}	18^{45}	Budapest ü. München-Wien	8^{00}	München	0^{20}	16^{00}	8^{00}	180.—	1.95
9^{25}			1^{50}	11^{15}	Cassel ü. Gießen	12^{20}			14^{10}	1^{50}	35.—	—.50
9^{30}			2^{00}	11^{30}	Dortmund	12^{15}			14^{15}	2^{00}	40.—	—.55
16^{20}			2^{50}	19^{10}	„ ü. Köln-Essen	7^{30}			10^{15}	2^{45}	60.—	—.75
9^{10}	Halle	1^{00}	5^{25}	14^{35}	Dresden ü. Halle-Leipzig	9^{25}	Halle	0^{40}	14^{30}	5^{05}	90.—	1.05
9^{10}	„	3^{05}	7^{35}	16^{45}	„ ü. Halle-Leipzig	8^{30}	„	1^{35}	14^{30}	6^{00}	90.—	1.05
12^{15}			2^{10}	14^{25}	Düsseldorf ü. Köln	12^{30}			14^{35}	2^{05}	45.—	—.60
9^{30}	Dortmund	0^{40}	3^{40}	13^{10}	„ ü. Dortm.-Essen	10^{35}	Dortmund	0^{10}	14^{15}	3^{40}	70.—	—.85
9^{10}			1^{55}	11^{05}	Erfurt	12^{35}			14^{30}	1^{55}	40.—	—.55
9^{30}			2^{35}	12^{05}	Essen ü. Dortmund	11^{40}			14^{15}	2^{35}	50.—	—.65
16^{40}			2^{15}	18^{55}	„ ü. Köln	8^{05}			10^{15}	2^{10}	50.—	—.65
12^{20}	Hamburg	1^{30}	6^{40}	19^{00}	Flensburg ü. Hann.-Hamb.	7^{30}	Hamburg	2^{10}	14^{50}	7^{20}	115.—	1.30
8^{00}			6^{00}	14^{00}	Genf ü. Karlsruhe-Basel	13^{45}			19^{15}	5^{30}	105.—	1.20
9^{25}			0^{30}	9^{55}	Gießen	13^{50}			14^{20}	0^{30}	20.—	—.40
9^{10}	Halle	1^{10}	9^{10}	18^{20}	Gleiwitz ü. Halle-Breslau	6^{00}	Halle	0^{55}	14^{30}	8^{30}	145.—	1.60
9^{10}	„	1^{00}	6^{35}	15^{45}	Görlitz ü. Halle-Leip.-Dresd.	8^{25}	„	0^{40}	14^{30}	6^{05}	105.—	1.20
9^{10}			3^{00}	12^{10}	Halle ü. Erfurt	11^{30}			14^{30}	3^{00}	60.—	—.75
12^{20}			3^{40}	16^{00}	Hamburg ü. Hannover	11^{15}			14^{50}	3^{35}	80.—	—.95
9^{30}	Dortmund	0^{20}	5^{10}	14^{40}	„ ü. Dortm.-Bremen	9^{00}	Dortmund	0^{25}	14^{15}	5^{15}	100.—	1.15
12^{20}			2^{15}	14^{35}	Hannover	12^{35}			14^{50}	2^{15}	50.—	—.65
10^{35}	München	0^{15}	4^{10}	14^{45}	Innsbruck ü. München	11^{45}	München	0^{20}	16^{00}	4^{15}	105.—	1.20
8^{00}			1^{05}	9^{05}	Karlsruhe	18^{10}			19^{15}	1^{05}	30.—	—.40
15^{00}			1^{30}	16^{30}	„ ü. Mannheim	7^{30}			8^{50}	1^{20}	32.—	—.45
15^{15}	Mannheim	0^{05}	1^{05}	16^{20}	„ ü. „	9^{50}	Mannheim	1^{10}	12^{00}	2^{10}	32.—	—.45
15^{15}	„	0^{10}	1^{10}	16^{25}	„ ü. „	9^{50}	„	0^{20}	11^{10}	1^{20}	32.—	—.45
12^{20}	Hamburg	1^{30}	6^{00}	18^{20}	Kiel ü. Hannover-Hamburg	8^{15}	Hamburg	2^{10}	14^{50}	6^{35}	100.—	1.15
12^{15}			1^{20}	13^{35}	Köln	8^{55}			10^{15}	1^{20}	35.—	—.50
16^{20}			1^{20}	17^{40}	„	13^{15}			14^{35}	1^{20}	35.—	—.50
15^{15}	Mannheim	0^{10}	3^{40}	18^{55}	Konstanz ü. Mannh.-Karlsr.	7^{15}	Mannheim	0^{30}	11^{10}	3^{55}	75.—	—.90
12^{20}	Hamburg	0^{10}	6^{10}	18^{30}	Kopenhagen	9^{00}	Hamburg	0^{05}	14^{30}	5^{30}	148.—	1.65
9^{10}	Halle	1^{00}	4^{20}	13^{30}	Leipzig ü. Erfurt-Halle	10^{30}	Halle	0^{40}	14^{30}	4^{00}	80.—	—.95
12^{15}	Köln	0^{45}	6^{00}	18^{15}	London ü. Köln-Brüssel	8^{30}	Köln	0^{30}	14^{35}	6^{05}	150.—	1.65
8^{00}			7^{30}	15^{30}	Lyon ü. Karlsr.-Basel-Genf	12^{30}			19^{15}	6^{45}	125.—	1.40
12^{20}	Hamburg	0^{30}	6^{40}	19^{00}	Malmö ü. Hann.-Hbrg.-Koph.	8^{30}	Hamburg	0^{05}	14^{50}	6^{20}	165.—	[illegible]
15^{00}			0^{35}	15^{35}	Mannheim	8^{15}			8^{50}	0^{35}	20.—	[illegible]
15^{15}			0^{35}	15^{50}	„	10^{35}			11^{10}	0^{35}	20.—	[illegible]
15^{15}			0^{35}	15^{50}	„	11^{25}			12^{00}	0^{35}	20.—	—.45
8^{00}			9^{45}	17^{45}	Marseille ü. Bas.-Genf-Lyon	10^{15}			19^{15}	7^{00}	—	—
10^{35}			2^{40}	13^{15}	München	13^{20}			16^{00}	2^{40}	70.—	—.85
15^{15}	Stuttgart	0^{15}	3^{30}	18^{45}	„ ü. Mannh.-Stuttg.	7^{30}	Stuttgart	0^{20}	11^{10}	3^{40}	80.—	—.95
9^{10}	Halle, Dresden	1^{00}, 0^{15}	6^{50}	16^{00}	Prag*) ü. Halle-Leipz.-Dresd.	—		—	—	—	—	—
12^{15}	Köln	0^{10}	4^{45}	17^{00}	Paris ü. Köln	9^{30}	Köln	0^{45}	14^{35}	5^{05}	120.—	1.35
9^{30}	Dortmund	0^{55}	5^{10}	14^{40}	Rotterdam ü. Dortm.-Essen	—		—	—	—	—	—
9^{10}	Berlin	4^{05}	10^{00}	19^{10}	Stettin ü. Berlin	7^{00}	Berlin	1^{20}	14^{30}	7^{30}	125.—	1.40
15^{15}			1^{45}	17^{00}	Stuttgart	9^{30}			11^{10}	1^{40}	35.—	—.50
15^{00}	Mannheim	0^{10}	2^{55}	17^{55}	Villingen ü. Mnnh.-B.-Baden	8^{15}	Mannheim	0^{20}	11^{10}	2^{55}	55.—	—.70
15^{15}	„	0^{25}	2^{40}	17^{55}	„ ü. „ „	8^{15}	„	0^{20}	11^{10}	2^{55}	55.—	—.70
10^{35}	München	0^{30}	5^{55}	16^{30}	Wien ü. München	10^{15}	München	0^{20}	16^{00}	5^{45}	145.—	1.60
15^{15}			3^{35}	18^{50}	Zürich ü. Stuttgart	7^{40}			11^{10}	3^{30}	70.—	—.85

*) Freigepäck: Inland und auf der Strecke Frankfurt a. M.-Karlsruhe-Basel-Genf-Lyon-Marseille 10 Kilo, sonstiges Ausland 15 Kilo.
*) Eröffnung später.

Abb. 62: ABC-Flugplan für den Flughafen Rebstock Nr. 2, Sommerflugplan gültig ab 6. April 1926. Hg. v. d. Frankfurter Flughafengesellschaft mbH und der Südwestdeutschen Luftverkehrs-AG[250]

Im Bereich der kommerziellen Nutzung des Luftverkehrs war der Abstand zu den USA viel geringer. Hier konnte Frankfurt durchaus einem Vergleich mit Chicago standhalten. Bereits im Jahre 1909 hatte hier die Internationale Luftfahrtausstellung stattgefunden und mit den „fliegenden Zigarren" über dem Dom für große Aufmerksamkeit gesorgt. Auch im Bereich des Fliegens mit Luftfahrzeugen mit dynamischem Antrieb war damals alles in Frankfurt versammelt, was in diesem Metier Rang und Namen hatte. Im Ergebnis wurde zwei Jahre später die Fluganlage auf dem Rebstockgelände ausgebaut. Hier knüpfte Landmann an und gründete mit tatkräftiger Unterstützung des Präsidenten der Frankfurter Gesellschaft, Karl Kotzenberg, bereits 1924 die *Südwestdeutsche Luftverkehrs AG*, auf der Grundlage eines Vertrags der Stadt mit den Junkerswerken. Das führte dazu, dass Landmann in seiner Funktion als Oberbürgermeister ein Aufsichtsratsmandat bei der Deutschen Lufthansa erhielt, nachdem sich viele der damaligen deutschen Fluggesellschaften unter diesem Namen zusammenschlossen hatten.[251] 1924 begann der planmäßige Luftverkehrsdienst vom Flughafen Frankfurt-Rebstock, der 1925 bereits 5.500 Passagiere in 2.357 Flügen abfertigte und zu einem wichtigen Knotenpunkt im Netz der 1926 gegründeten Deutschen Luft-Hansa wurde. Den Flughafen Rebstock konnte Ludwig Landmann 1926 eröffnen. Energisch hatte er die Grundlagen geschaffen, Frankfurt als großes Luftverkehrskreuz zu etablieren.

Mit gleicher Priorität, wenn nicht mit einer noch größeren, widmete sich Landmann der sozialen Ausgleichspolitik mit den weniger wohlhabenden Schichten, in das sich das Städtebauprogramm *„Neues Frankfurt"* zusammenfassen lässt. Hiermit beauftragte Landmann 1925 den gerade eingestellten Stadtbaurat Ernst May und seinen Kämmerer Bruno Asch. Landmann und May stellten sich einem damals großen Problem, der Wohnungsfrage, die seit dem Beginn der Industrialisierung in Deutschland und der damit einhergehenden Verstädterung infolge anhaltender Zuwanderung aus den ländlichen Regionen in die größeren Städte ein stets aktuelles Problem geblieben war. Insbesondere in den rasch wachsenden Städten blieben die Wohnungen für mehr als hundert Jahre teuer, mussten untervermietet werden, waren damit überbelegt und genügten selbst den damaligen Vorstellungen von Hygiene nicht. Die Wohnfrage war ein Politikum. Es drohten gleichermaßen Epidemien wie soziale Unruhen.[252] Als eine der ersten Reaktionen erließ Preußen 1867 ein Genossenschaftsgesetz, dessen Effizienz jedoch an der unbegrenzten Haftung krankte.[253] Die Aufhebung dieser Bestimmung im Gesetz betreffend die Wirtschafts- und Erwerbsgenossenschaften von 1889 verhalf auch den Baugenossenschaften zu einem ersten Boom. Sie wurden in großer Zahl von Arbeitervereinen wie von sozialpolitisch engagierten Bürgern gegründet.[254] „Waren es im Jahr 1889 38, so stieg ihre Zahl bis 1914 auf 1.402 an".[255] Doch vernichtete der Erste Weltkrieg die angesammelten und mühsam angesparten Kapitalien, so dass der genossenschaftliche Wohnungsbau über Anfänge nicht hinauskam. Das lange Warten auf adäquate Wohnungen hatte erst in den Jahrzehnten nach dem Zweiten Weltkrieg ein vorläufiges Ende. Dazu trugen in großem Umfang sowohl gemeinnützige und genossenschaftliche Wohnungsbaugesellschaften wie auch der staatlich geförderte soziale Wohnungsbau bei. Instrumente, die sich im Kaiserreich noch als stumpf erwiesen hatten, weil weder der sich entwickelnde Sozialstaat noch der kommunale Munizipalsozialismus über Anfänge hinauskamen. Die Massenwohnungsnot einkommensschwacher Schichten stellte aus diesem Grund eines der größten kommunalen Probleme der Weimarer Republik dar. Trotz der fehlenden Staatshilfe wurden von einigen Kommunen beeindruckende und wegweisende Beispiele geschaffen, wie durch eine Industrialisierung des Bauens Wohnungen in großer Zahl und preisgünstig hergestellt werden konnten, um das anhaltende Wohnungselend in der Kaiserzeit insbesondere in den Arbeitervierteln zu lindern. Zu nennen wäre auch die von Gewerkschaften beeinflusste Bauhüttenbewegung. Einem eigens gegründeten Verband sozialer Baubetriebe gehörten immerhin fast 150 Betriebe an, in denen 16.000 Arbeiter und Angestellte arbeiteten.[256] Bekannte Beispiele finden sich aber auch mit der *Hufeisensiedlung* oder der *Wohnstadt Carl Legien* in Berlin oder eben mit dem Projekt „Neues Frankfurt" in Frankfurt, dem größten seiner Art.

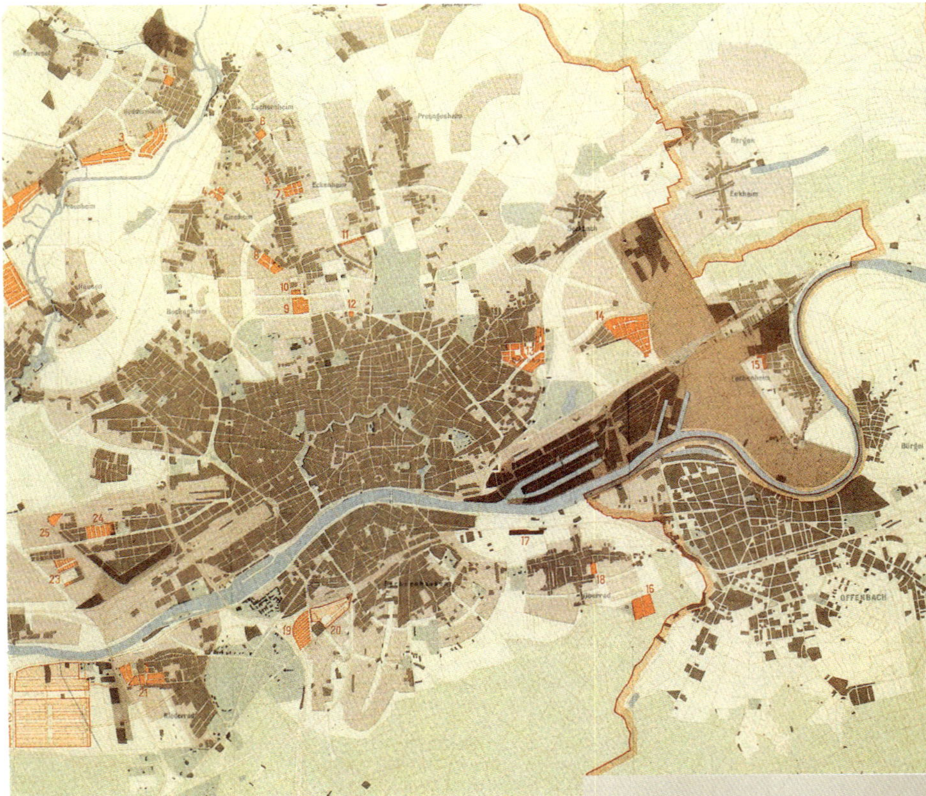

Abb. 63: Die Neuen Siedlungen Frankfurt (ursprünglich Beilage zu *Das Neue Frankfurt*)[257]

Abb. 64: Ernst May[259]

Letzteres entstand unter der Leitung von Ernst May. Und in seinen Projekten wurde der soziale Wohnungsbau sogar mit einer Erneuerung der Wohnkultur verknüpft, und das in einer für die damalige Zeit unglaublichen Dimension.[258] Dabei handelt es sich um wegweisende Ansätze, die die große Lösung nach dem Zweiten Weltkrieg vorbereiteten. Das Programm hätte ohne den damaligen Planungsdezernenten und das Mitglied der Frankfurter Gesellschaft Ernst May nicht realisiert werden können.

Ernst May war der Sohn eines Lederwarenfabrikanten. Der Vater ermöglichte ihm ein Studium der Architektur am University College in London. May wechselte von dort an die Technische Hochschule Darmstadt, ohne die Kontakte nach Großbritannien abreißen zu lassen. Das ermöglichte ihm ein Praktikum bei dem Vater der Gartenstadtbewegung, Raymond Unwin in London, und er wurde von dessen Werk, das er auch ins Deutsche übersetzte, stark beeinflusst. Sein Studium setzte er nicht in Darmstadt, sondern an der Technischen Hochschule München fort und kam dort in Kontakt mit Theodor Fischer, einem Begründer des Werkbundes. Nach dem erfolgreichen Ende des Studiums ließ sich May als selbständiger Architekt in Frankfurt nieder. Der Krieg warf ihn aus der vorgezeichneten Bahn eines selbständigen Unternehmers. Stattdessen wurde er Leiter der Bauabteilung der Schlesischen Landesgesellschaft und später Technischer Direktor der in *Schlesische Heimstätte* umbenannten Gesellschaft in Breslau. Und statt Städte nach dem Vorbild der Gartenstadt umzubauen, setzte er sich grundlegend mit dem Bau bäuerlicher Landsiedlungen auseinander. Immerhin war er damit dem Ideal von Unwin näher als bei der Konstruktion von Stadthäusern. Wertvoll für später sollte sich seine Auseinandersetzung mit der Typisierung im Wohnungsbau zum Zwecke der Kostenreduzierung erweisen. Als weiteres Feld seiner späteren Tätigkeit fällt in diese Zeit die Beschäftigung mit dem Konzept der Trabantenstadt, die er erfolgreich in einen Beitrag zum Wettbewerb für einen Generalbebauungsplan für Breslau einfließen ließ. Auch in der Idee der Dezentralisierung, also Siedlungen im Umkreis einer größeren Stadt zu konzipieren und über Eisenbahnen mit dem Siedlungszentrum zu verbinden, sind die Bezüge zur Gartenstadtbewegung unverkennbar.

Die in Breslau gewonnene Expertise für Stadt- und Siedlungsplanung im großen Stil war ausschlaggebend für seine Berufung zum Leiter des Hochbau- und Siedlungsamtes unter Oberbürgermeister Ludwig Landmann. Seine Leistungen in den fünf folgenden Jahre von 1925 bis 1930 fasst die Historikerin Jutta Zwilling treffend zusammen: „Der Architekt Ernst May übernahm 1925 das Dezernat für das gesamte Hochbauwesen. 1926 stellte er ein sozialreformerisches Zehn-Jahresprogramm für den Siedlungsbau vor, das nach dem Konzept der *sozialen Wirtschaftlichkeit* auf kapitalistischer Basis moderne Wohnungen zu erschwinglichen Mieten – angestrebt waren 25 Prozent eines Arbeitermonatslohns – realisieren sollte. May verstand die Beseitigung sozialer Missstände als stadtplanerische Herausforderung. Im Architekten sah er den Erzieher der Massen. Seine Architektur betonte die angestrebte kollektive Gleichheit der Gesellschaft und wollte den unteren Schichten erstmals eine Wohnkultur vermitteln, die nicht die des Bürgertums nachahmte. Er war Leiter all der Architekten, Stadtplaner, Techniker und Ingenieure geworden, die er sich aus allen Himmelsrichtungen zusammengeholt hatte, etwa vierzig an der Zahl."[260] Als Bauträger und Investoren fungierten die seit 1922 städtische *Aktienbaugesellschaft für kleine Wohnungen*, aber auch die 1925 von Landmann nach Frankfurt geholte *Nassauische Heimstätte*.

Ausgestattet mit umfassenden Befugnissen, errichtete May in einem Zeitraum von wenigen Jahren 12.000 Wohnungen, darunter die Siedlungen Bruchfeldstraße, Praunheim, Bornheimer Hang, Römerstadt, Westhausen, Heimatsiedlung und Hellerhofsiedlung, die heute in ästhetischer wie städtebaulicher Hinsicht als international richtungweisende Siedlungskomplexe der zwanziger Jahre gelten. Doch mehr und mehr geriet May in die Schusslinie politischer Debatten: Die Linke warf ihm Systemstabilisierung vor, die Rechte kritisierte die *undeutsche* Ästhetik seiner Flachdach-Siedlungen und die Bauhandwerke protestierten gegen seine Eingriffe in ihr Metier.

Der Architekt des *Neuen Frankfurt* überstrahlt in vieler Hinsicht die weitere relativ unbekannte Schaffenszeit von May.[261] In Frankfurt wurde er der wichtigste Fürsprecher der architektonischen Moderne. In ihrem Schatten stehen dabei weitere außergewöhnliche Wendungen in seinem Leben, so die Jahre von 1930 bis 1933 als Chefingenieur des Städte- und Siedlungsbaus der UdSSR. Er hatte 1929 eine Einladung zu einem Vortrag über das *Neue Bauen* in die Sowjetunion angenommen, für welche die Mitglieder der Frankfurter Gesellschaft vom *Institut für Sozialforschung* mit ihren Kontakten nach Moskau zum *Marx-Engels-Archiv* eine Rolle gespielt haben könnten. In der Sowjetunion konnte er sich überzeugen, wie mit ganz ähnlichen Prinzipien unter der Ägide Stalins und der im Plan verabschiedeten, forcierten Industrialisierung massenhaft Städte aus dem Boden gestampft wurden. Ein Jahr später, auf dem Höhepunkt der Weltwirtschaftskrise, entschied sich May, mit 20 seiner besten Mitarbeiter in die Sowjetunion zu gehen, um in einem noch größeren Stil als in Frankfurt neue Städte zu bauen. Beabsichtigt waren der Bau der Industriestadt Magnitogorsk, die Erweiterung von Stalingrad und der Umbau der Hauptstadt Moskau nach dem Vorbild seines Städtekranzes mit Trabantensiedlungen. Es lief zwei Jahre lang nach Plan, doch dann entschied Diktator Stalin, die Kooperation mit den Visionären des *Neuen Bauens* zu beenden. May nutzte einen Aufenthalt in Europa, um sich abzusetzen und nach Afrika auszuwandern, da er nicht mehr nach Deutschland zurückkehren konnte.

In der neueren Forschung wird May gerade in diesem Abschnitt seines Lebens als Technokrat dargestellt, der auf einem schmalen Grad zwischen „Beschwörung und Selbsttäuschung" wandelte und vor allem deshalb scheiterte, weil er seine Vorstellungen umstandslos auf die Verhältnisse in Russland übertrug.[262] Das mag eine Rolle gespielt haben. Er selbst sah es als Erfolgsgeschichte. So geht es jedenfalls aus seinem beeindruckenden Vortrag hervor, den er am 20. Januar 1960 in der Gesellschaft gehalten hat. Der Vortrag und die Diskussion sind auf Tonband festgehalten und können noch heute angehört werden.[263] Es schloss sich eine Tätigkeit als Farmer und Architekt in Ostafrika an, mit der er den Zweiten Weltkrieg in relativer Abgeschiedenheit erlebte, die immerhin fast 20 Jahre dauerte und erst mit seiner Rückkehr nach Deutschland im Jahre 1953 endete.[264] Er fand ein völlig verändertes Land vor, das mit dem Land, das er in der Weltwirtschaftskrise verlassen hatte, nicht mehr allzu viel zu tun hatte. Dennoch gelang es ihm, in diesem „Neuen" Deutschland schnell Fuß zu fassen und eine Anstellung als Planungsleiter der *Neuen Heimat* in Hamburg zu finden. In dieser Funktion trat er zwischen 1953 und 1965 erneut als Städtebauer in Bremen, Mainz, Wiesbaden, Braunschweig und Darmstadt hervor.[265]

Unter den zahlreichen Mitarbeitern, die von Landmann und May für das Vorhaben *Das Neue Frankfurt* eingestellt wurden, befand sich auch die erste Frau im Hochbauamt der Stadt, die Architektin Margarete Schütte-Lihotzky.

Abb. 65: Die erste Frankfurter Architektin im Hochbauamt, Margarete Schütte-Lihotzky, Lino Salini (1898–1944)[266]

Sie entwarf Inneneinrichtungen für die neuen Siedlungen und gilt als die Gestalterin der Frankfurter Küche. Diese sollte die Hygiene im Haushalt wesentlich verbessern und die technischen Voraussetzungen für eine fortschreitende Emanzipation der Frau schaffen. Mit anderen Architekten des „Neuen Bauens" folgte sie May 1930 in die Sowjetunion.[267]

Abb. 66–69: Stadtkämmerer Bruno Asch[268], Gedenktafel für Bruno Asch am Bolongaropalast in Frankfurt-Höchst[269] und Stolperstein vor dem Haus, Breisacher Straße 19, in Berlin-Dahlem[270], Bruno Asch, gezeichnet von Lino Salini[271]

Landmann, Gräf, May und die Mitarbeiter und Mitarbeiterinnen des Baudezernats konzipierten das *Neue Frankfurt* in jeder Beziehung, aber es gab einen, ohne den das ganze Werk wahrscheinlich aus den Kinderschuhen nicht herausgekommen wäre. Die Großprojekte mussten auch finanziell durchgerechnet und die notwendigen Mittel zur Verfügung gestellt werden. Das war Aufgabe des Stadtkämmerers Bruno Asch.

Bruno Asch unterschied sich in vieler Hinsicht von den Mitarbeitern der Teams um Landmann. Es war nicht in erster Linie sein Bekenntnis zum Judentum, damit stand er bei Weitem nicht allein in den Frankfurter Projekten. Es war auch nicht seine Herkunft aus der fernen Provinz Posen. Die Mitarbeiter Landmanns und Mays kamen sogar aus Österreich und Holland. Nein, es war der Umstand, dass er keine akademische Bildung genossen hatte, sondern die Schule in Berlin mit der Mittleren Reife abschloss. Danach folgte eine kaufmännische Lehre in Berlin und wenige Jahre danach die Einberufung in den Großen Krieg, in dem er als Soldat mit dem Eisernen Kreuz ausgezeichnet wurde und dann doch führend an der Bildung des „Großen Soldatenrats Kowno" und des „zentralen Soldatenrats der Ostfront" beteiligt war. In der Revolution trat er der USPD bei, verweigerte sich jedoch dem Wechsel zur KPD und schloss sich 1921 dem Flügel an, der wieder zur SPD zurückging. Das hatte auch etwas damit zu tun, dass er seit 1920 als hauptamtlicher Wirtschaftsdezernent in Höchst angestellt worden war. In dieser Position wurde er zum Bürgermeister gewählt und kam in Konflikt mit den französischen Besatzungsbehörden, was ihn zeitweilig nötigte, seine Amtsgeschäfte per Telefon von Frankfurt aus zu führen.[272] 1925 löste ihn Bruno Müller als Bürgermeister ab, Asch wechselte auf den Posten des Kämmerers in Frankfurt und nahm dabei zufällig seine Amtsgeschäfte gleichzeitig mit dem Baudezernenten Ernst May auf. Wie sich zeigte, besetzte Landmann die Schlüsselposition des Kämmerers äußerst glücklich, weil dessen phantasievolle und verantwortungsbewusste Finanzierungsstrategie die Durchführung der ehrgeizigen Zukunftsprojekte überhaupt erst ermöglichte, wie Jutta Zwilling festgehalten hat.[273]

Seine Tochter erinnerte sich über fünfzig Jahre später: „Für den sozialen Wohnungsbau, die May-Siedlungen, schaffte Asch trotz widriger ökonomischer Rahmenbedingungen die finanzielle Grundlage." Auf der Grundlage der Währungsreform von 1923 „ebnete Asch die Wege für die von Oberbürgermeister Landmann expansiv betriebene Wirtschafts- und Siedlungspolitik. Dabei stieß Frankfurt unvermeidlich auf den heftigen Widerstand der für die deutsche Kreditpolitik verantwortlichen Reichs- und Staatsstellen. Nur mit Mühe, Geduld und Geschick gelang es, mehrere langfristige US-Dollar-Anleihen aufzunehmen. Vermutlich hat Asch, der auch einmal zur Unterzeichnung eines Anleihevertrags nach Amerika fuhr, nicht ohne Bedenken die mit den Anleiheerlösen finanzierten Projekte betrachtet, die ihrer Natur nach nicht gerade rentabel sein konnten und erhebliche Folgekosten verursachten. Doch ist Frankfurt während seiner Amtszeit nicht in akute Zahlungsschwierigkeiten geraten, was infolge der Weltwirtschaftskrise und der anschwellenden Soziallasten schwer zu vermeiden war. Gegen eine Anleihe zur Finanzierung laufender Ausgaben wehrte sich der Magistrat nachdrücklich, obwohl es sich nach meiner Erinnerung um ein Millionenloch im Wohlfahrtsstaat handelte. Zum finanziellen Eclat kam es erst nach Aschs Abgang, als Wechsel zu Protest gingen und die kommunale Hausrat G.m.b.H. eine Gläubiger-Versammlung abhalten mußte. Einen interessanten Partner hatte Asch in der Stadtverordnenten-Versammlung in der Person des Kaufmanns Loeb, der als junger Mann Staatsbankpräsident in Thüringen gewesen war. Zwischen beiden, nach Veranlagung und Temperament verschiedenen Kommunalpolitikern konnte man sich den ehrenamtlichen Stadtrat Kahn vorstellen, einen Banker höheren Ranges und Anspruchs, der wie Asch und Loeb der SPD angehörte (Ernst Kahn war bis 1933 Mitglied der Frankfurter Gesellschaft; RR)."[274]

Das Triumvirat Landmann – May – Asch bildete nach einem Wort von Dieter Rebentisch – und man könnte zu den dreien noch Eduard Gräf hinzufügen – das „Gravitationszentrum des Magistrats in der Weimarer Republik". Allerdings nur bis 1931, denn in diesem Jahr wechselte Asch in gleicher Funktion in die Berliner Stadtverwaltung. Dort musste der sozialdemokratische Jude den Machtansprüchen der Nazis weichen und floh mit seiner Frau und seinen drei Töchtern, Mirjam, Ruth Eva und Renate Charlotte, in die Niederlande.[275] Doch das schützte ihn nicht. Wie Landmann, kam auch er vom Regen in die Traufe. Margarete Asch und die Tochter Renate wurden am 10. März 1943, Ruth Eva am 20. Juli 1943 deportiert und im Vernichtungslager Sobibor ermordet. Die älteste Tochter Mirjam überlebte in Palästina, wohin sie 1939 ausgewandert war.[276] Seine Tochter schrieb dazu: „Alle drei (Asch, Loeb und Kahn; RR) wurden durch den NS-Terror schicksalhaft miteinander verbunden. Asch und Loeb wanderten aus und gründeten in Amsterdam eine Firma, die anscheinend befriedigend arbeitete. Als die Deutschen 1940 in Holland einbrachen, floh Loeb nach England, wohin er schon von Frankfurt Geschäftsbeziehungen hatte. Asch dagegen gab auf und vergiftete sich, seine Frau und die beiden jüngeren Töchter kamen in NS-Lagern um. Für seine älteste Tochter, die in Jerusalem wieder auftauchte, setzte sich Ernst Kahn, unterstützt vom (früheren) Kämmerer Lehmann, dem Nachfolger Aschs bei der Stadt, wiederholt ein. Frankfurt half etwas, Berlin tat sich schwerer. Mit 50 Jahren ist Bruno Asch aus dem Leben geschieden."[277]

Doch zurück zu den Ereignissen 15 Jahre zuvor. Asch und May waren beide an zentralen Stellen in das große Panorama von Landmanns Umgestaltungsplänen eingebunden, aus der preußischen Stadt des Kaiserreichs das *Neue Frankfurt* zu formen. Das Vor- und gleichzeitig das Gegenbild dafür bildete das moderne Amerika, die USA, bereits damals der Ursprung der meisten entscheidenden wirtschaftlichen, politischen und kulturellen Innovationen in der Welt. Doch weder Landmann noch May zielten auf eine Kopie der amerikanischen Verhältnisse. Der maßgebliche Gestalter eines Teils dieses Riesenprogramms und Mitglied der Frankfurter Gesellschaft, Ernst May, hat darüber einen Vortrag in der Villa Bonn gehalten und, was noch bemerkenswerter ist, auch Bruno Asch sprach gleich zweimal in der Villa Bonn über die finanziellen Instrumentarien, die für die Verwirklichung der ambitionierten Projekte zur Verfügung standen. Asch, Gräf und Landmann waren sicher anwesend, als Ernst May am 14. Oktober 1925 – erst wenige Wochen als Baudezernent im Amt – einen Einblick in den ihm übertragenen Anteil an dem Bau des *Neuen Frankfurt* gewährte. Er tat dies nicht direkt, sondern in einem Vortrag, den er mit *Die Probleme des amerikanischen Städtebaues* überschrieben hatte. Die amerikanischen Städte dienten ihm als Negativfolie für seine eigenen Vorhaben.

Wir können das mit einiger Sicherheit sagen, denn es gibt von Ernst May einen Artikel in der *Frankfurter Zeitung* mit gleichem Titel vom Juni des Jahres 1925. Aus diesem ersten öffentlichen Beitrag des *Neuen Frankfurt* überhaupt kann entnommen werden, worin er die Unterschiede zwischen Deutschland und Amerika sah.[278] Sie waren nachhaltig von seinem Besuch bei Raymond Unwin und seiner Beschäftigung mit der Gartenstadtbewegung in Großbritannien geprägt. Von dieser Warte aus setzte er sich mit den amerikanischen Städten auseinander, die an Wachstumsdynamik und Größe die europäischen längst hinter sich gelassen hatten, und setzte diesen Metropolen das Konzept von Ebenezer Howard entgegen. Es sollte keine verdichtete Metropole Frankfurt entstehen, sondern ein aufgelockerter Siedlungsverbund, wie es Landmann in seinem Städtekranz ebenso zum Programm erhoben hatte. Beide stimmten von der Sache her völlig überein. Deshalb wäre es verwunderlich gewesen, wenn in seinem Vortrag nicht die geplanten Trabantensiedlungen an der Peripherie Frankfurts zur Sprache gekommen wären, mit deren Realisierung er gerade begonnen hatte, die in nur vier Jahren zu einer Umwälzung der Wohn- und Lebensbedingungen in Frankfurt geführt haben und damit den genossenschaftlichen und gemeinwirtschaftlichen Wohnungsbau des gesamten 19. Jahrhunderts im Nachhinein als Zwergenwerk erscheinen lassen.

Nach der Präsentation der Ziele von Landmanns und Mays Großprojekten ließen sich die Mitglieder der Frankfurter Gesellschaft über den Bereich ausführlich informieren, in dem die meisten ihrer Profession nach ausgewiesene Experten waren – die Finanzierung. Über die kommunalen Finanzen hat Bruno Asch sowohl 1926 als auch 1927 gesprochen. Alleine dies unterstreicht die Wichtigkeit und das große Interesse an dem in der Realisierung begriffenen Umbau Frankfurts.

Hatte das erste Thema *Der Finanzausgleich zwischen Reich, Ländern und Gemeinden* nur am Rande mit den Großprojekten zu tun, aber umso mehr mit der Konsolidierung des städtischen Haushalts im Allgemeinen, der wiederum Voraussetzung war, um den Umbau bewältigen zu können, so kam Asch im nächsten Vortrag *Kommunale Finanzpolitik und Auslandsanleihen* direkt auf die von ihm vorgeschlagenen Finanzierungsmodelle zu sprechen. Mit diesen sollten die immensen Kosten der Siedlungsvorhaben bezahlt werden. Er schlug vor, die kommunalen Finanzen durch „Auslandsanleihen" aufzubessern. Dafür kam nur ein Geldgeber in Frage, der bereit war, in derartige kommunale Vorhaben zu investieren, und das waren damals fast konkurrenzlos anlagewillige US-Amerikaner. Denn nur dort sammelten sich genügend Kapitalien, die nach Anlage in der Welt suchten. Der Erste Weltkrieg hatte zu einer Umkehr der globalen Finanzströme geführt und aus dem Schuldnerland USA, aus dessen Renditen unter anderen der Bau der Villa Bonn finanziert worden war, eine Gläubigernation gemacht. Das verstärkte sich noch, nachdem mit Hilfe der USA der Verfall der Währung in Deutschland gestoppt werden konnte, amerikanisches Kapital zur Modernisierung der Wirtschaft nach Deutschland floss und sich in den USA ein die „Roaring Twenties" tragender Wirtschaftsboom entfaltete.[279] Von dort bezog also die Stadt Frankfurt zusätzliche Finanzmittel zur Lösung der seit der Eingliederung in den preußischen Staat zu einem großen sozialen Problem angewachsenen Wohnungsnot, und zwar deshalb, weil in dieser Zeit, also seit über fünf Jahrzehnten, die Stadt mit exponentiellen Raten immer rascher wuchs, deren Bevölkerung sich von 75.000 Einwohnern auf über 500.000 verachtfachte. Es waren nicht zuletzt derartige Vorträge, die die Frankfurter Gesellschaft für Handel, Industrie und Wissenschaft vor dem Krieg als attraktives Zentrum bekannt machten und die es berechtigt erscheinen lassen, von „goldenen Jahren" oder der ersten Blütezeit zu sprechen.

Was ist aus den Vorhaben geworden? Der Erfolg gab Landmann, Gräf, May und Asch erst einmal recht. Nicht ein Teil von Frankfurt, sondern weite Teile der Region wurden umgestaltet. Es war also nicht allein die Idee der Gartenstadt, sondern mehr noch „Howards Vision einer Städtegruppe", die „nach Jahrzehnten wieder aufgenommen und auf die gebaute Wirklichkeit übertragen" wurde. Das hatte eine Vorgeschichte. „Bereits 1922 also noch vor seiner Zeit in Frankfurt hatte Ernst May, als Freund und Kollege von Bruno Taut und Wagner Mitglied im *Ring Berliner Architekten*, seinen Erweiterungsplan für Breslau, der unter dem Motto *Trabanten* stand, vorgelegt. Dort gab er drei Regeln künftiger Planung von Trabantenstädten vor: Abrundung des vorhandenen Stadtkörpers durch Neubauten, um damit die Grenzen des Wachstums zu markieren, Anlage von klar begrenzten Trabantenstädten, in denen man wieder die Kompositionsprinzipien Raymond Unwins erkennen kann, Freihalten der Landschaft als Stadt-Land zwischen Trabanten und Kernstadt."[280] Drei Jahre später wiederholt er diese Zielsetzung. Nur heißt die Stadt nicht mehr Breslau, sondern Frankfurt. „Die Innenstadt wird in natürlichen Grenzen arrondiert und die Erweiterungsbezirke als losgelöste Siedlungskomplexe in das Freiland der Umgebung eingebettet. Ein zusammenhängendes Grünflächensystem macht auch den Bewohnern der Innenstadt das Freiland auf gesunden Grünpromenaden zugänglich (...). Günstige Verkehrsverbindungen wie Autobuslinien, elektrische Lokalbahnen sowie Vorortzüge der Staatsbahnen vermitteln den Verkehr von den Trabantenorten zur Zentralstadt."[281] Das hätte Ebenezer Howard nicht besser formulieren können. Während also an vielen Orten in Deutschland kleine Gartenstadtkolonien entstanden und ja auch in Frankfurt die Riederwaldsiedlung danach konzipiert war, was, wie ausgeführt, von Franz Oppenheimer mit großem Engagement begleitet wurde, versuchte der Magistrat in Frankfurt eine ganze Region nach diesen Prinzipien umzubauen. Genau so ist in Frankfurt dann auch gebaut worden. Das wurde nach dem Krieg lediglich von Patrick Abercrombies Greater London Plan und ähnlichen Versuchen in Tokio übertroffen.[282]

Es gibt ein paar weitere charakteristische Merkmale, die die Wohnungen des *Neuen Frankfurt* von anderen Siedlungsvorhaben der Zeit deutlich unterschieden. Da waren zum einen die Vereinfachung des Bauprozesses mit vorgefertigten Platten und des Weiteren funktional optimierte und standardisierte Grundrisse. Darüber schreibt die Historikerin Jutta Zwilling: „In Frankfurt entstanden unter der Regie des Hochbauamtes zwischen 1925 und 1930 etwa 12.000 öffentlich geförderte Wohnungen. In ihnen lebten Anfang der dreißiger Jahre elf Prozent der Einwohner. Konsequente Typisierung und Normierung des Bauens, Experimente mit industriell vorgefertigten Bauteilen sowie die Zusammenfassung in Großbaustellen senkten Kosten und Zeitaufwand."[283] Es wurden quasi am Fließband Wohnungen gebaut. Das große Stadtentwicklungsprojekt umfasste das Niddatal, das die bekanntesten und größten Siedlungen wie die Römerstadt, Praunheim, Westhausen enthielt. Dazu kamen der Bornheimer Hang, Höhenblick, die Bruchfeldstraße in Niederrad („Zickzackhausen") und ein Areal am Dornbusch an der Fallerslebenstraße (Dichterviertel) sowie an der Miquelallee.

Dazu passt, dass Ernst May die Rationalisierungswelle in der Industrie genau verfolgte und wie sehr dadurch die Effizienz der Arbeit gesteigert werden konnte. Er war diesbezüglich ein begeisterter Leser von Henry Fords Autobiographie, konnte aber auch die Fortschritte in der Modernisierung der Industrie direkt in Augenschein nehmen – zum Beispiel bei Opel Rüsselsheim oder in Gesprächen mit den Opels, deren Unternehmen gerade vor einem großen, von amerikanischen Technologien bestimmten Rationalisierungsprogramm stand und die Mitglieder der Gesellschaft waren.[284]

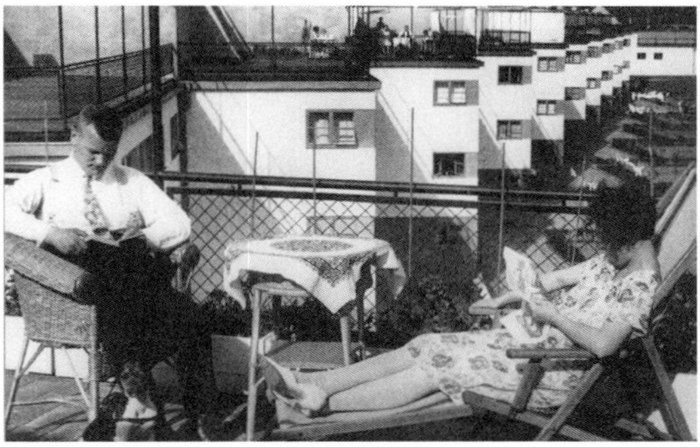

Abb. 70/71: Siedlung Bruchfeldstraße in Niederrad („Zickzackhausen"), 1927, Foto: Paul Wolff, Gartenseite mit Dachterasse von oben[285], und dto. von unten[286]

Resultat waren jedoch nicht allein die Kostensenkungen des Bauens und damit Verbilligung des Baus und der Mieten seiner späteren Nutzer, sondern auch neue Standards für humanes Wohnen der Massen. Tatsächlich schloss ihr Wohnstandard Elemente ein, die damals noch in weiten Teilen dem bürgerlichen Wohnen vorbehalten gewesen waren. Dazu gehörten fließendes Wasser, Toilette in der Wohnung, komfortable Heizmöglichkeiten und vor allem ein Elektrizitätsanschluss. Die *Frankfurter Normen* sicherten diesen Ausstattungsstandard. Sie sollten international zum Standard erhoben werden. Zu diesem Zweck gründete May zusammen mit international renommierten Stadtplanern und Architekten 1928 den *Congrès International d'Architecture Moderne* (CIAM) in La Sarraz. Er und sein Team schrieben dazu in der vom Projekt herausgegebenen Zeitschrift *Das Neue Frankfurt*: „Die Architekten des Neuen Bauens eint über alle Grenzen der Länder hinaus ein warm empfundenes Herz für alle Menschen in Not, sie sind ohne soziales Empfinden undenkbar, ja man kann geradezu sagen, daß diese Schar die sozialen Momente bewußt in den Vordergrund des Neuen Bauens stellt."[287] Die Erfolge in Kostensenkung, Standardhebung und ästhetischem Anspruch fanden weltweit Beachtung.

Daran hatte die von May gegründete Zeitschrift *Das Neue Frankfurt* einen gehörigen Anteil. May nutzte sie als Sprachrohr seiner eigenen Projekte und sorgte so dafür, dass seine Arbeiten bis Japan und in den USA bekannt wurden. Das brachte ihm nicht nur Ruhm ein, sondern auch eine Stärkung seiner Stellung in der Stadtverwaltung.[288] Das zeigte sich nicht zuletzt in der Wahl Frankfurts als Tagungsort für den zweiten CIAM-Kongress im Jahre 1929, der unter dem Motto *Die Wohnung für das Existenzminimum* stand. Auf dem Kongress wurden in einer Ausstellung Typengrundrisse aus vielen Ländern der Welt, von Amerika über Frankreich, England bis Russland, auch im Vergleich der Kosten, der Produktionszeiten etc. vorgestellt. Dabei ging es nicht darum, ärmliche und sparsame Unterbringungsmöglichkeiten vorzustellen, sondern darum, für die unterschiedlichen Lebenszuschnitte alles bieten zu können, was die Menschen – zwar ohne Luxus, aber mit Komfort – zum Leben brauchten, höchst funktional angelegt und bis in die Millimeter ausgerechnet.[289]

Abb. 72/73: Siedlung Praunheim. Am Ebelfeld, von Nordosten gesehen, Hermann Treuner[290], und Römerstadt. Blick nach der Hadrianstraße, Hermann Treuner[291]

Die frühen May-Siedlungen Praunheim und Römerstadt waren nach einem graphisch geprägten Konzept Hans Leistikows in kräftigen Farben gestaltet. „Bei der farbigen Behandlung der Siedlung (Römerstadt) wurde nach der Nidda weiß gewählt, das Innere der Siedlung dagegen mehr farbig belebt. Es wurde durchweg Edelputz verwendet, und zwar in den Tönen weiß, hellgelb, braunrosa und terrakottabraun (...). Alle Holzteile sind bayrischblau gestrichen, Rinnen gleichfalls, Abfallrohre im Putzton und alle übrigen Metallteile schwarz. Die Stützmauer gegen die Nidda ist weiß gehalten", beschrieb der Architekt Carl-Hermann Rudloff 1931 die Gestaltung der Siedlung. Die Farbgebung gliederte die Flächen der ornamentlosen Fassaden und fasste zugleich einzelne Häuser zu strukturierten Einheiten zusammen. „Als Vorteil erwies sich die kostengünstige Gestaltungsmöglichkeit durch die Farbgebung. Die vertragliche Einschränkung eigenmächtiger Anstriche durch die Bewohner der Siedlung unterstreicht nur die Bedeutung, die der Farbe als stadtgestaltendem Element beigemessen wurde. Die Aquarelle des Frankfurter Malers Hermann Treuner (...) dokumentieren nach derzeitigen Erkenntnissen die vom ursprünglichen Konzept leicht abweichende Farbfassung der Siedlungsbauten.[292]

Es gab weitergehende Überlegungen und Anstrengungen, den Komfort der Bewohner zu steigern. Das waren zum Beispiel das Ausprobieren von Varianten zu optimaler Besonnung, Belichtung und Nutzung der Gärten. Das begeistert noch heute Architekturhistoriker wie Werner Durth: „Ein großes Augenmerk legte May auf „den Freiraumbezug mit einer aufgelockerten Zeilenbauweise (...) Architektonisch verknüpfte er dabei die Ansätze der Gartenstadtbewegung mit den Zielen des Neuen Bauens. (…) Darüber (über den Wohnungen, RR) wurden dann – damals sensationell – Dachgärten angelegt: Dort oben konnte man unter freiem Himmel wohnen! Das waren Bilder, die einprägsam für Das Neue Frankfurt warben, auf Postkarten international verbreitet."[293]

Es gab noch einen Aspekt, über den seit vielen Jahren viel diskutiert wird. Landmann und May legten großen Wert auf eine eigene Ästhetik der Bauvorhaben. Es handelte sich hierbei um den Versuch, die Akzeptanz der durch Rationalisierung und neue Baumethoden vereinfachten Gestalt der Häuser zu erhöhen. Beide versammelten einen Stab von 50 Architekten und Designern der Avantgarde, um die Gebäude zu gestalten. Viele der Gestalter kamen vom Bauhaus oder waren von den Ideen dort beeinflusst. Vom Ansatz her gab es sehr viele Berührungspunkte zwischen dem Bauhaus und dem *Neuen Bauen* in Frankfurt. „‚Das Endziel ist der Bau', forderte Gropius im Bauhaus-Manifest 1919, alle Anstrengung sollte im Gemeinschaftsprojekt eines radikal Neuen Bauens münden. Ab 1923 hieß die neue Formel ‚Kunst und Technik – eine neue Einheit' und markierte die Ausrichtung auf Standardisierung und Rationalisierung im Wohnungsbau."[294]

Der Aufwand hat sich gelohnt. Es konnte damit zwar der Vorwurf einer als industrialisiert, technisiert empfundenen Hässlichkeit im öffentlichen Diskurs nicht verhindert werden, aber es gelang, diese Position im Voraus mit einem Gegenbild zu konfrontieren und ihr offensiv zu begegnen. Das Wohnraumangebot wurde noch weniger verweigert, die Siedlungen haben sich rasch mit Bewohnern gefüllt und bis heute haftet dem Wohnen im *Neuen Frankfurt* eine Aura des Besonderen an. Das gelingt bei großtechnischen Anlagen nicht immer. Siemens musste Jahre vor dem *Neuen Bauen* in Frankfurt die Erfahrung machen, dass eine von einer Siemenstochter gebaute Hochbahn diese Akzeptanz nicht fand und das Stahlgerüst, auf dem die Bahn fuhr, als ästhetische Vergewaltigung empfunden wurde. Da halfen dann nachträgliche Gestaltungsversuche mit Jugendstilkünstlern nicht mehr. Die Berliner Bürger beharrten auf Verbannung des Ungetüms unter die Erde. Siemens musste sich beugen. Seine Hochbahngesellschaft musste den Bau der Hochbahn als erste U-Bahn vollenden.[295] Ästhetik durfte aber nicht zur Verteuerung führen, weil dies die sozialen Ziele konterkariert hätte. Deshalb legitimierte die Avantgardekunst des Bauhauses die Vereinfachung, die sich aus dem industrialisierten Bauen ergab, und nicht umgekehrt.[296]

Im internationalen Wettbewerb war Deutschland zu jener Zeit Schrittmacher in Wohnungsreform und Stadtplanung.[297] In nur vier Jahren wurde vom Magistrat der Stadt geschaffen, was das gesamte 19. Jahrhundert mit Sparvereinen, Genossenschaften und Gemeinnützigen Aktiengesellschaften, mit dem *lex adickes* und dem privaten Wohnungsbaumarkt nicht zustande gebracht hatte. Dann riss die Leine des Erfolgs 1929 urplötzlich ab. Obwohl das große Wohnungsbauprojekt noch nicht abgeschlossen war, kam es Ende der 1920er Jahre infolge der Weltwirtschaftskrise zum Erliegen.

Das Rad der Fortuna drehte sich erneut und begrub die bisher erfolgreichen Akteure unter sich. Innerhalb weniger Jahre durchlebte nicht nur Deutschland heftige Umbrüche, die jeweils Gewinner und Verlierer scharf voneinander trennten. Hatte bis 1923 der Staat in der Hyperinflation mit erheblichen politischen Spannungen die Vernichtung der Ersparnisse der Mittelschichten zugelassen, so leiteten die Vereinigten Staaten mit dem Dawes-Plan und der Dawes-Anleihe eine Periode der relativen Stabilisierung ein, was gegenüber den Kriegs- und Revolutionsjahren so ungewohnt war, dass es gleich als die „Goldenen Zwanziger Jahre" oder die *Roaring Twenties* empfunden wurde. Es galt dies aber mehr noch als in Europa in der Neuen Welt. Die Kapitalströme veranschaulichen das neue weltwirtschaftliche Gewicht der USA. Denn die Auslandsanleihen der Vereinigten Staaten in den Jahren von 1924 bis 1929 überstiegen diejenigen von Großbritannien vor dem Weltkrieg um fast das Doppelte. Auch die Märkte in Asien und Südamerika orientierten sich unter dem Einfluss der Vereinigten Staaten um.[298] Die Umstellung der Kriegswirtschaft auf Konsumgüterproduktion verlief aufgrund von Lohnsteigerungen und Steuersenkungen sehr positiv und sie war auch deshalb erfolgreich, weil viele Amerikaner bis 1929 die Ausstattung ihrer Haushalte durch Kredite finanzierten. Immerhin stiegen sie in einem Klima des allgemeinen Wirtschaftsoptimismus von 100 Millionen Dollar (1919) auf über sieben Milliarden Dollar an. Die steigenden Kurse an den Börsen veranlassten auch Schichten mit wenig Einkommen, sich an der Aktienspekulation zu beteiligen, die diesem Wirtschaftssegment sonst ferngestanden hatten.[299] Ein nicht unbeträchtlicher Teil der im Handel mit Auslandsanleihen eingebrachten Kapitalien floss als Investitionskapital nach Deutschland. Doch mit dem Kurssturz am 24. Oktober 1929 versiegte nicht nur dieser für die Wirtschaftsmodernisierung wie für kommunale Projekte benötigte Kapitalzufluss, sondern es kam auch noch zu einem wellenförmig sich verstärkenden Abzug US-amerikanischer Auslandsinvestitionen und Kreditmittel – die nun zur Deckung von Verbindlichkeiten in den USA benötigt wurden. Die Folgen sind bekannt: Geldknappheit und Deflation bewirkten Produktionsrückgang, Entlassungen und eine Massenarbeitslosigkeit von fast sechs Millionen Beschäftigten im Jahr 1932. Der Hintergrund der Geldknappheit war nicht zuletzt ein sorgloser Umgang mit den amerikanischen Krediten in der Zeit relativer wirtschaflicher Stabilität. Von 1925 bis 1929 waren insgesamt 21 Milliarden RM in Form ausländischer Kredite nach Deutschland geflossen. Ihnen standen im gleichen Zeitraum nicht einmal acht Milliarden RM deutscher Anlagen im Ausland gegenüber. Als fatal sollte sich erweisen, dass ein großer Teil der Kredite nur kurzfristig geliehen war und bei Bedarf in der Frist von drei Monaten zurückgezahlt werden musste. Fatal war das deshalb, weil die Banken diese kurzfristig geliehenen Gelder nicht selten mit langen Laufzeiten verliehen. Sie gerieten mit den 1929 steil ansteigenden Rückzahlungsforderungen unter Druck. Das galt jedoch nicht nur für sie, sondern für alle, die sich von amerikanischen Stellen Geld geliehen hatten. Der Kapitalzustrom versiegte und der Kapitalabfluss schwoll an. Geld wurde knapp.[300]

Das betraf sofort und hart die ambitionierte Politik der Sozialreform in Frankfurt. Bedrückende Ruhe kehrte auf den Baustellen ein. Das größte Einzelprojekt sollte südlich des Mains die Siedlung Goldstein sein. Die Planungen dieser Siedlung als eine eigenständige Stadt waren 1929 längst abgeschlossen. Dennoch kam dieser Teil nicht mehr zustande, weil das Projekt infolge der Krise nicht mehr finanziert werden konnte. Was blieb, waren Wohnungen für 40.000 bis 60.000 Menschen. Eine soziale Großtat, die auch die Krise nicht mehr nehmen konnte.[301]

Von größerer Bedeutung war jedoch, dass der politische Konsens in die Brüche ging – auf gesamtstaatlicher Ebene wie auch in Frankfurt. Die Krise trug erheblich zur politischen Polarisierung und zur Vergiftung des politischen Klimas bei. Auf Reichsebene zerbrach die große Koalition aus Liberalen, Zentrum und Sozialdemokraten und auch in Frankfurt verlor Landmann 1929 die Mehrheit in der Stadtverordnetenversammlung, weil die Opposition aus DVP, DNVP und NSDAP zur Zusammenarbeit fand. Eine nicht unwichtige Rolle spielte dabei die Modernisierungspolitik Landmanns und hier insbesondere seine Umgestaltung der Stadt, die auf rechter Seite auf heftige Kritik stieß: „Hauptkritikpunkt der rechtskonservativen Abgeordneten waren die städtischen Eigenbetriebe als Konkurrenz der Privaten, die als ‚kulturbolschewistisch' diffamierten May-Siedlungen und die Anleihefinanzierung des städtischen Etats. Der demokratische Grundkonsens zerbrach in Frankfurt früher als im Reichstag."[302] Nicht zuletzt aus diesem Grund verließen die maßgeblichen Gestalter Ernst May und Bruno Asch Frankfurt. May ging nach Moskau, Asch nach Berlin.[303] Landmann blieb alleine zurück, nachdem Gräf 1932 pensioniert worden war. Mays und Aschs weitere Schicksale hatten wir erwähnt.

Die Konsolidierung war nicht gelungen. Der vielversprechende Aufbruch – im Kern verbunden mit der Wiederannäherung an Frankreich dank der aufeinander zugehenden Außenpolitiker Stresemann und Briand sowie einer großangelegten Sozialreform auf staatlicher wie auf kommunaler Ebene – fand ein rasches Ende in den nicht einmal drei Dutzend Monaten zwischen dem schwarzen Freitag im Oktober 1929 und der Wahl Adolf Hitlers zum Kanzler im Januar 1933. Die Tragödie nahm ihren Lauf. Wie im gesamten Deutschland holte die Krise auch Frankfurt ein. Als auf lokaler Ebene die politischen Lager auseinanderdrifteten, endete auch die erste Blütezeit der Frankfurter Gesellschaft.

IV Tragik und Versagen der Gesellschaft gegenüber dem Nationalsozialismus

Bereits vor 25 und noch einmal vor zehn Jahren hat sich die Frankfurter Gesellschaft intensiv mit ihrer Vergangenheit auseinandergesetzt und die lediglich beschreibende und bedauernde Einschätzung, die Heinrich Cobet zum 50-jährigen Jubiläum im Jahre 1970 vorgelegt hatte, auf der Grundlage einer Untersuchung aktualisiert und revidiert. Die Ergebnisse wurden in der gebotenen Deutlichkeit im Rahmen von zwei längeren historischen Aufsätzen zur Geschichte der Gesellschaft festgehalten. In der damals zur Verfügung stehenden Kürze wurde klar und unmissverständlich das Versagen der damaligen Elite festgehalten, und zwar in vier zentralen Punkten: 1. Sie – oder der Teil der Mitgliedschaft, der den Namen der Gesellschaft fortführte – hat sich 1933 den damaligen neuen Machthabern nicht entzogen, was möglich gewesen wäre. 2. Eine Minderheit hat im Gegenteil alles getan, die Gesellschaft als Organisation zu erhalten, um mit dem nationalsozialistischen Regime vor Ort eng zusammenarbeiten zu können. 3. Diese Minderheit hat mit dem Nationalsozialismus nicht nur dessen wirtschaftliche und politische Zielsetzungen geteilt, sondern sie ist dem System auch in die Abgründe des biologistischen Rassismus gefolgt – durch den Ausschluss der „jüdischen" Mitglieder, also derjenigen, die vom System als „jüdisch" oder „semitisch" stigmatisiert wurden –, und zwar jeweils in unmittelbarer Reaktion auf die zutiefst rassistischen Gesetze diesbezüglich von 1933 und 1935 sowie im Gefolge des Pogroms vom 9. November 1938. 4. Die Zusammenarbeit mit dem an „Monstrosität" (Peter Hayse) kaum zu überbietenden System war selbst damit noch nicht beendet. Es gab darüber hinaus keine Proteste gegen die Einschränkung der bürgerlichen Freiheiten, gegen die Deportation der

Juden, gegen die Verfolgung Andersdenkender oder gegen die zivile und nicht zivile Zwangsarbeit von Millionen von Menschen aus Ost- und Westeuropa, der Hunderttausende zum Opfer fielen.[1]

Mit der Jubiläumsschrift ergibt sich die Chance, einige Aspekte ausführlicher darzulegen und stärker auf die Frage des „Warum" einzugehen. Der Bruch wird in seiner ganzen Drastik und Dramatik deutlich, wenn er mit dem Charakter der Gesellschaft bei ihrer Gründung wie auch in den ersten zehn erfolgreichen Jahren verglichen wird. Wichtig waren dabei die programmatischen Entscheidungen von 1919 und 1920 mit den Festlegungen: Sammlung der Entscheidungsträger, um mit ihnen einen gesellschaftlichen Mittelpunkt zu schaffen, der (in Frankfurt) „alle Glieder des deutschen und internationalen Erwerbslebens" vereinigte, und zwar mit dem klar formulierten Ziel der Aussprache und Verbindung. Als Hauptmittel dafür wurden damals wie heute Vorträge zu den Vorgängen in den Bereichen Wirtschaft, Politik, Wissenschaft, Kunst und Kultur angesehen, die von den „besten Männern" des jeweiligen Themas gehalten werden sollten. Gemeinsamer Konsens war die Akzeptanz der Weimarer Republik mit ihrer freiheitlichen demokratischen Verfassung und sozialpolitischen Reformpolitik. In dieser Richtung erfolgten die Auswahl der Vortragsthemen und die Einladung der Referenten, zu denen auch viele namhafte Politiker aus Regierung und den Parteien der Weimarer Koalition gehörten.[2]

Die Gründungsziele

Es ging den Gründern nicht um einen Herrenclub mit Plüschsessel, Kaminfeuer und Zigarrenbesteck, es ging um eine parteiübergreifende Sammlung der Elite, die einen ganz konkreten Beitrag zur Stabilisierung der jungen Republik leisten sollte, und zwar unabhängig von den jeweiligen parteipolitischen Überzeugungen als Konservative, Liberale, Demokraten oder Sozialdemokraten. Dafür standen nicht nur die Initiatoren Karl Kotzenberg, Georg Voigt oder Moritz von Bethmann, politisch zwischen der DDP und der DVP einzuordnen, sondern auch die der DDP und der SPD angehörenden Mitglieder mit explizit linksliberalen oder sozialdemokratischen Einstellungen, für die vor allem Ludwig Landmann, Ernst May und Bruno Asch standen. Der programmatische Anspruch erklärt, warum auch führende Sozialdemokraten der Gesellschaft angehörten, die bis dahin von der Teilhabe an politischer Verantwortung ausgeschlossen gewesen waren und nun ganz selbstverständlich neben den Repräsentanten der Familien des gehobenen Bürgertums Platz nahmen. Der bekannteste war Eduard Gräf, dessen Verdienste auf dem Feld der Sozialreform kaum zu überschätzen sind. Dieser Hintergrund erklärt auch, warum gleich mehrere Mitglieder aus dem damals noch orthodox-marxistisch geprägten *Institut für Sozialforschung* der Gesellschaft beitraten, also einem Institut, das ursprünglich angetreten war, die Gründe für die unterschiedlichen Interpretationen des Marxismus zu ergründen und zu überwinden. Zu nennen sind hier Friedrich Pollock, Karl Grünberg und Max Horkheimer. Auf jeden Fall war der überwiegende Teil der Mitglieder bereit, die neue Republik zu tragen und die Stadt zu einem Modell des sozialen Liberalismus und der sozialen Demokratie oder genauer des Munizipalsozialismus umzubauen. Das war auch das Gebot der Stunde, denn die Republik und damit auch die demokratischen Verhältnisse in Frankfurt standen und fielen mit dem Grad der Zustimmung von breiten Teilen der Arbeiterbevölkerung und der sie politisch repräsentierenden Arbeiterbewegung zu dieser Republik. Das Ergebnis war das, was als *Neues Frankfurt* bezeichnet wurde. Ein architektonisch geglückter Massenmietwohnungsbau – die Maysiedlungen. Die Fundierung dieses Flügels innerhalb der Gesellschaft reichte jedoch noch sehr viel weiter und schloss auch den vor dem Kriege etablierten sozialpolitischen Konzern Wilhelm Mertons ein, repräsentiert in der Gesellschaft von seinen beiden Söhnen Alfred und Richard Merton. Der Ansatz hatte, wie ausgeführt, Erfolg. Was damals aufgebaut worden war, steht noch heute: Ein ambitioniertes und anspruchsvolles Vortragsprogramm und die Villa Bonn mit Restaurationsbetrieb sowie eine erste erfolgreiche Blütezeit von 1920 bis 1930.

Die große Krise am Beginn der 1930er Jahre

Die erste Blütezeit der Gesellschaft endete jedoch um 1930 mit einer existentiellen Krise der Frankfurter Gesellschaft. Und als sollte es ein Menetekel sein, das Ende der Blüte fiel mit dem Konkurs des Präsidenten der Gesellschaft zusammen. Wir hatten schon am Beginn dargelegt, warum Karl Kotzenberg seine Stellung bei der Firma Gebrüder Passavant verließ und er die Import- und Exportfirma M. Andreae & Co. aus der Familie seiner Frau übernahm. Diese geriet jedoch ganz ähnlich wie das ambitionierte Wohnungsbauprogramm der Stadt um 1930 in die Turbulenzen der Weltwirtschaftskrise und Kotzenberg musste Konkurs anmelden. Er verlor sein gesamtes Vermögen einschließlich seiner Villa, der „Kotzenburg". Nachdem er sein Amt niedergelegt hatte, richteten Vorstand, Ausschuss und die anwesenden Mitglieder der Jahresversammlung von 1930 ein Dankesschreiben an ihn:

> „Es ist uns das einstimmig erteilte Mandat geworden, Ihnen zu versichern, dass die Gesellschaft stets in Ihnen den genialen Gründer verehren wird und dass die Grundgedanken, die Ihnen damals vorschwebten, in der von Ihnen zu verbundener Arbeit zusammengeführten Gemeinschaft aus Männern der Wirtschaft, Wissenschaft und Verwaltung, unverrückbar Wurzeln geschlagen haben."[3]

Das Amt des Präsidenten übernahm der damalige Vizepräsident Moritz von Bethmann. An seiner statt rückte ein neuer Vizepräsident nach, der Geheime Regierungsrat, Dr. phil., Dr. med. h.c. Dr. Ing. e.h. und Dr. tech. e.h. Arthur von Weinberg, Chemiefabrikant und Teilhaber der *Cassella Farbwerke Mainkur* sowie Aufsichts- und Verwaltungsratsmitglied der *IG Farbenindustrie AG*. Beide waren von Anbeginn an dabei. An die Stelle eines Gespanns aus Kaufmann und Bankier traten nun ein Bankier und ein Großindustrieller, der über die IG Farben einen großen Einfluss in der deutschen Wirtschaft hatte. Seine Person und sein Schicksal wurden bereits dargelegt. Ergänzend muss hinzugefügt werden, dass sich mit der neuen Führungsspitze die Gewichte politisch nach rechts verschoben. Beide teilten mehr die Überzeugungen des konservativen Flügels der Gesellschaft und beide beobachteten als der DVP oder DNVP nahe stehend – wie Alfred Hugenberg – den Aufstieg der Nationalsozialisten zwar mit gemischten Gefühlen, meinten jedoch darin auch ein Potential zu erkennen, mit dem der Konservatismus aus seiner mit der Revolution 1918/19 aufgezwungenen Oppositionsrolle herausgeführt werden könne, auch wenn die liberalen und konservativen Parteien in den Jahren der Wirtschaftskrise dramatisch an Wählerzuspruch verloren.

Es gab noch ein Problem, und das berührte Präsident und Vizepräsident direkt: die finanziellen Belastungen der Gesellschaft, die in Zeiten des Mitgliederschwunds deutlich anstiegen. Damit aber war die Rückzahlung der Hypothek, die durch den Kauf der Villa Bonn auf dem Grundbesitz und damit auf dem Haushalt der Gesellschaft lastete, gefährdet. Der Kaufpreis hatte 75.000 US-Dollar im Gegenwert von 315.000 Goldmark betragen. Vorgestreckt hatte diese Summe die Firma Gebrüder Passavant. Sie wurde mit jährlich vier, später mehr Prozent verzinst. Die Zinszahlung erfolgte in Vierteljahresraten von jeweils 750 Dollar oder 3.150 Mark. Eine Rückzahlung der gesamten Kaufsumme sollte bis zum 31. Dezember 1926 erfolgen. Später wurde diese Summe auf 50 Prozent reduziert. Dabei wurde vereinbart, „den Restbetrag" auf „zehn Jahre zu einem Zinssatz von 8 Prozent stehen zu lassen".[4] Bereits im Juli 1926 kam die Bestätigung, die am 31. Dezember 1926 zu zahlenden 35.000 Dollar seien bereits gezeichnet.[5] Um die gesamte Kaufsumme den Verkäufern zukommen zu lassen, wurde eine Sicherungshypothek auf die Villa aufgenommen und diese zu fest vereinbarten Rückzahlungsterminen jeweils in Teilen gelöscht.[6] Die durch Eintragen der Grundschuld benötigte Geldsumme wurde von den Bankhäusern Gebrüder Bethmann, Otto Hirsch & Co., Dreyfus & Co., Bass & Herz, der Effectenbank, Arthur von Weinberg und Emil Ladenburg aufgebracht, die später zum Teil an andere Geldgeber übergingen.[7] Es war von Anfang an auch klar gewesen, dass es mit dem Kauf der Villa allein noch nicht getan war. Das Haus musste gleich zu Beginn gründlich renoviert und dann natürlich auch unterhalten werden. Bereits 1929 entstanden große Reparaturausgaben für die Erneuerung der Außenfassade, des Daches und der Heizkessel, die der Architekt Emil Pfuhl mit über 12.000 Reichsmark veranschlagte.[8]

Diese finanziellen Verpflichtungen belasteten die Gesellschaft bald sehr stark, denn die Basis für die Hypothekenrückzahlung und Renovierung waren die Beiträge der vor der Krise fast 600 Mitglieder. Von der ersten Hypothek konnten zwar zwischen 1926 und 1931 um die 95.000 Reichsmark, also ungefähr ein Drittel der Kaufsumme, zurückgezahlt werden, doch schon bald geriet die Rückzahlung in Gefahr. 1931 musste sie ganz eingestellt werden.[9] Es dauerte mehrere Jahre, bis der Trend zum Halten gebracht werden konnte.

Hitler einhegen? – Das Scheitern Hugenbergs als Menetekel

Die finanziellen Probleme waren nur ein Symptom für weitaus tiefer liegende Umbrüche. Besonders von politischer Seite hatte sich das Blatt gewendet. Der wirtschaftliche und politische Konsens der Weimarer Republik geriet durch die verheerenden Folgen der Weltwirtschaftskrise nach 1930 unter Druck. Als Erstes fand ein großes politisches Revirement statt. Die Konservativen am rechten Rand des Parteienspektrums gingen auf die Nationalsozialistische Bewegung zu – und es war der in Frankfurt gut bekannte Schwiegersohn von Franz Adickes, Alfred Hugenberg, der diese Wende einleitete. Er führte die DNVP 1929 in die Fundamentalopposition gegen die Republik zurück, indem er die Phase der Kooperation mit den Demokraten beendete, auf die der Vorstand der Partei zwischen 1925 und 1928 eingeschwenkt war. An ihre Stelle trat eine kaum bemäntelte – wenn auch keineswegs reibungslose – Zusammenarbeit mit den aufstrebenden Nationalsozialisten. Mehr noch, er versuchte die vermeintlichen Erfolgsrezepte der Nationalsozialisten für sich und seine Partei nutzbar zu machen und sich als alternativen Führer mit martialischem Auftreten und Nebenorganisationen in militärischer Anmutung zu profilieren.

Abb. 1: Gründung der Harzburger Front – die DNVP[10]

Gründung der Harzburger Front: Alfred Hugenberg, Prinz Eitel Friedrich von Preußen und der DNVP-Abgeordnete Otto Schmidt-Hannover

Abb. 2: Gründung der Harzburger Front – die NSDAP[11]

Zu erkennen sind Gerret Korsemann, Heinrich Himmler, Ernst Röhm, Kurt von Ulrich, Franz von Hörauf, Adolf Hühnlein, Hermann Göring und Bernhard Rust, im Hintergrund: Karl Leon Du Moulin Eckart und Friedrich Karl von Eberstein, alle NSDAP; zu einem gemeinsamen Foto mit den Deutschnationalen und den Mitgliedern des Stahlhelms waren die Nationalsozialisten nicht bereit.

Abb. 3: Die Hugenberg-Bewegung 1932[12]

Aufmarsch der Stahlhelmverbände auf dem Tempelhofer Feld in Berlin. Die Hände sind nicht zum Hitler-Gruß gestreckt, sondern zum Victory-Zeichen – in Verkennung der tatsächlichen Situation.

Hugenberg versuchte mit Hilfe seines Pressekonzerns die DNVP in eine nationale Bewegung nach dem Vorbild der NSDAP und ihrer Massenorganisationen umzubauen, um so der rapide schwindenden Wählergunst entgegenzusteuern. Als dies – trotz des massiven Einsatzes des gesamten Presseimperiums sowie der Unterstützung der Schwerindustrie – misslang und auch die Präsidialkabinette von Brüning, Papen und Schleicher gescheitert waren, blieb nach Auffassung Hugenbergs nur der Strohhalm, die NSDAP in eine konservativ-nationale Politik einzubinden.

So vermeintlich gerüstet, begann sein Spiel mit dem Feuer. Im Juli 1929 nahm Hugenberg die bis dahin noch weitgehend isolierte NSDAP in den *Reichsausschuß für das Volksbegehren gegen den Young-Plan* auf und verschaffte ihr so im „nationalen Lager" und auch mit seiner Medienmacht eine nicht unerhebliche Publizität und Reputation. Fortan druckten die Blätter Hugenbergs Hitlers Reden im vollen Wortlaut. DNVP und NSDAP führten gemeinsame Wahlveranstaltungen durch. Auf Initiative Hugenbergs traf sich am 11. Oktober 1931 in Bad Harzburg die *Nationale Opposition*, später *Harzburger Front* genannt, zu einer Großveranstaltung, um ihre Geschlossenheit im Kampf gegen die Weimarer Republik zu demonstrieren.[13] Doch weder mit dem geliehenen Erscheinungsbild noch mit Kumpanei konnte Hugenberg den Niedergang der DNVP, ihre Verluste bei den Wahlen aufhalten, genausowenig, wie dies den anderen liberalen Parteien oder den Sozialdemokraten gelang.

Am 30. Januar 1933 berief Reichspräsident Hindenburg Hugenberg als Minister für Wirtschaft, Landwirtschaft und Ernährung in das von Hitler geführte Kabinett. Hugenberg unternahm diesen Akt in völliger Verkennung der Reichweite seiner eigenen, auf den Medien gegründeten Macht und in dem Irrglauben, er könne das Machtpotential einer Massenbewegung auf diese Weise für seine politischen Zwecke ausnutzen, Hitler quasi als seinen Steigbügelhalter zur Macht benutzen. Die Nationalsozialisten benötigten nur wenige Wochen, ihn unsanft auf dem Boden der Tatsachen bruchlanden zu lassen.[14] Es begann mit einem Angebot Hitlers im Mai 1933, die DNVP in die NSDAP zu übernehmen, um die Partei politisch auszuschalten, nachdem sie ihm den Zugang zur Staatsmacht ermöglicht hatte. Die deutschnationale Parteiführung lehnte zwar noch ab, doch der Widerstand Hugenbergs scheiterte bereits Anfang Juni, und am 26. Juni 1933 trat er von allen Minister- und Parteiämtern zurück. Die Tribüne, vor der sich seine Flucht aus Amt und Macht vollzog, war die Londoner Weltwirtschaftskonferenz im Juni 1933 und die ganze Welt schaute zu. Es genügte die Bekanntgabe eines Redeentwurfs von ihm, in dem die Forderungen nach Rückgabe der deutschen Kolonien in Afrika und Erschließung von Siedlungsraum im Osten enthalten waren. Hugenberg wollte – in völliger Verkennung der damaligen politischen Stellung Deutschlands zwischen den Großmächten und der auf Ruhe und Frieden ausgerichteten Außenpolitik der NSDAP – Deutschland zu vermeintlicher imperialer Größe zurückführen. Nachdem die Teilnehmer der Konferenz Hugenbergs Anliegen scharf zurückgewiesen hatten, wurden seine Forderungen von der Regierung sogleich als Privatmeinung des Wirtschaftsministers ausgegeben. Kurz darauf begann die DNVP zu kollabieren. Am 21. Juni wurden die deutschnationalen Selbstschutzverbände aufgelöst, weil sie angeblich kommunistisch und sozialdemokratisch durchsetzt gewesen waren. Einzelne Landes- und Kreisverbände reagierten mit Selbstauflösung. Abgeordnete wechselten zur NSDAP-Fraktion über. Damit kam Hugenberg in äußerste Bedrängnis und musste einsehen, dass er lediglich die Rolle einer machtlosen Gallionsfigur der Nationalsozialisten spielte. Er gab deshalb in Anerkennung dieser Einsicht alle seine Ämter auf und reichte am 27. Juni 1933 seinen Rücktritt ein.[15]

Abb. 4 und 5: So ward aus Hugenberg der Hugenzwerg. Karikatur von John Heartfield in der AIZ 12, Nr. 26 v. 6. Juli 1933[16], Alfred Hugenberg, Robert Ley, Joseph Goebbels, Walther Funk und dahinter halb verdeckt UFA-Generaldirektor Ludwig Klitzsch bei der 25-Jahres-Feier der UFA im Ufa-Palast am Zoo, 4. März 1943[17]

Hugenberg als Frühstücksdirektor. Von seiner gewaltigen Medienmacht war damals nichts geblieben. Er blieb bis 1945 „als Gast der NSDAP" Reichstagsmitglied und wurde im September 1941 sogar noch Alterspräsident des Reichstags. Wie so viele Förderer Hitlers spielte er im weiteren Verlauf der nationalsozialistischen Diktatur keine Rolle mehr, wohl aber die von ihm konzentrierte Pressemacht. Der Großteil wurde direkt von NS-Verlagen übernommen, so in den NSDAP-nahen Franz-Eher-Verlag.

Am selben Tag löste sich die DNVP selbst auf. Ihre Reichstagsabgeordneten schlossen sich unverzüglich der NSDAP-Fraktion als Mitglieder oder Hospitanten an. Hugenbergs ostentativer Rücktritt hatte jedoch noch ein folgenreiches Nachspiel. Parteipolitisch plötzlich völlig machtlos, wurde er gezwungen, seinen gesamten Konzern an die NSDAP zu verkaufen. Der Medienzar war entkleidet, seine jahrzehntelange politische Karriere in wenigen Tagen wie ein Strohfeuer verbrannt.[18]

Auch die Frankfurter Gesellschaft durchlief – durch die wirtschaftlichen Probleme und den Verlust der politischen Stabilitäten noch verstärkt – ihre erste große Krise. Es fiel den Mitgliedern immer schwerer, die hohen Beiträge aufzubringen. In einigen Fällen mussten sogar prominenten Mitgliedern die Beiträge erlassen werden. Trotz vergleichbarem Entgegenkommen gingen die Mitgliederzahlen stark zurück. Waren es 1929 immerhin noch 526 Mitglieder gewesen und 1930 noch 495, so waren es am Ende desselben Jahres nur noch 480. Um weiteren Schwund zu vermeiden, mussten 1932 die Beiträge erheblich gesenkt werden. So wurden statt 1.000 Reichsmark Eintrittsgeld nur noch 360 Reichsmark erhoben und die Jahresbeiträge von 240 auf 180 Reichsmark reduziert.[19] Damit blieben jedoch auch die Einnahmen zwangsläufig weit hinter den Erwartungen zurück.

Es waren jedoch bei Weitem nicht die finanziellen Probleme, die die junge Gesellschaft aus der Bahn warfen. Es waren in erster Linie die oben angedeuteten politischen Umorientierungen, die zu einer tiefen Krise auch im Selbstverständnis der Frankfurter Gesellschaft führten. Die Wahlergebnisse sprachen eine deutliche Sprache. Verfügte die lokale Version der Weimarer Koalition in Frankfurt nach der Wahl am 20. Mai 1928 bei einer Wahlbeteiligung von 71,3 Prozent noch über eine komfortable Mehrheit und kam auf 45 Sitze in der Stadtverordnetenversammlung, während es die zersplitterte Rechte gerade einmal auf 20 Sitze brachte. KPD und eine Arbeitnehmergruppe verfügten über 14 Mandate.[20]

So hatte sich fünf Jahre später die Situation geradezu umgekehrt. Die Machtergreifung des Nationalsozialismus erfolgte in den preußischen Kommunen und somit auch in Frankfurt früher als auf der nationalen Ebene. Bereits am 4. Februar 1933 erzwang die neue Regierung Adolf Hitler und Alfred Hugenberg die Absetzung der sozialdemokratischen Regierung in Preußen (der sogenannte „Preußenschlag") und ernannte Hermann Göring kurzfristig zum kommissarischen Innenminister von Preußen. Der verordnete umgehend die Auflösung der kommunalen Vertretungskörperschaften. Landmann, als letzter verbliebener Vertreter des *Neuen Frankfurt* im Amt, musste fliehen, weil seine Verhaftung drohte. Wie vorbereitet, setzte daraufhin auf Vorschlag des nationalsozialistischen Gauleiters Jakob Sprenger die Landesregierung den Landgerichtsrat Dr. Friedrich Krebs kommissarisch zum Oberbürgermeister ein.

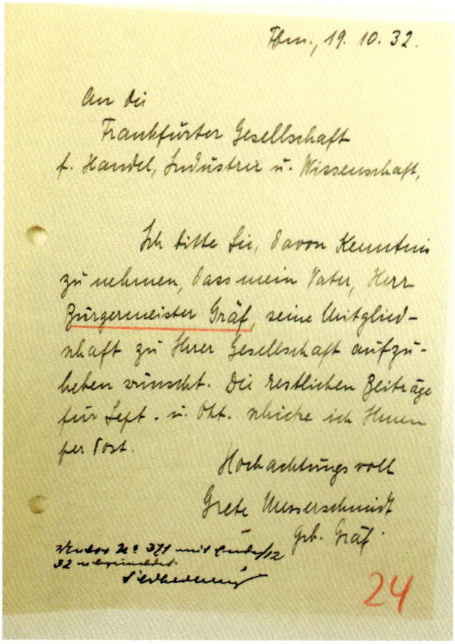
Ffm., 19. 10. 32.

An die
Frankfurter Gesellschaft
f. Handel, Industrie u. Wissenschaft,

Ich bitte Sie, davon Kenntnis zu nehmen, dass mein Vater, Herr Bürgermeister Gräf, seine Mitgliedschaft zu Ihrer Gesellschaft aufzuheben wünscht. Die restlichen Beiträge für Sept. u. Okt. schicke ich Ihnen per Post.

Hochachtungsvoll
Grete Messerschmidt
geb. Gräf.

24

Abb. 6: Austrittsschreiben Nr. 19: Eduard Gräf – Steindrucker, Arbeitersekretär und Bürgermeister, 19. Oktober 1932. Schreiben der Tochter Grete Messerschmidt, geb. Gräf[22]

„Ich bitte Sie, davon Kenntnis zu nehmen, dass mein Vater, Herr Bürgermeister Gräf, seine Mitgliedschaft zu Ihrer Gesellschaft aufzukündigen wünscht. Die restlichen Beiträge für Sept. u. Okt. schicke ich Ihnen per Post."[23]

Erste Vertreibungen von Mitgliedern der Frankfurter Gesellschaft

Das Bündnis aus Liberalen und Sozialdemokraten verlor damit nicht einfach nur die Mehrheit in der Frankfurter Stadtverordnetenversammlung, sondern es wurde seiner Ämter enthoben. Oberbürgermeister Ludwig Landmann – seit vielen Jahren Mitglied der Frankfurter Gesellschaft – musste fliehen und ging in die Emigration. Sein Stellvertreter, der sozialdemokratische Bürgermeister Eduard Gräf, ebenfalls Mitglied, hatte sich angesichts des seit Längerem grassierenden Straßenterrors bereits im Oktober 1932 abgesetzt und trat dabei auch aus der Gesellschaft aus.[21]

Nach der Vertreibung der Stadtregierung war am 12. März 1933 vorzeitig eine neue Stadtverordnetenversammlung gewählt worden. Die Wahl fand faktisch parallel zur Reichstagswahl am 5. März 1933 und zu den Vorbereitungen zum Ermächtigungsgesetz am 24. März 1933 statt. Entsprechend war sie von Gewalt und Repression gekennzeichnet. In diesem Klima brachten es Sozialdemokraten, Liberale und Zentrum nur noch auf 28 Sitze im Stadtparlament. Ihnen gegenüber stand mit 47 Sitzen die erdrückende Mehrheit der Konservativen und Nationalsozialisten. Die KPD hatte noch acht Sitze errungen, diese durften ihr Mandat jedoch nicht wahrnehmen, sondern wurden widerrechtlich in „Schutzhaft" genommen. Im Juli folgte der Ausschluss der Sozialdemokraten aus dem Stadtparlament, unter Berufung auf einen Erlass des Innenministeriums. Ebenso wurden alle jüdischen Magistratsmitglieder vom Amt ausgeschlossen. Der neue Oberbürgermeister Friedrich Krebs wurde nicht gewählt, sondern von dem stellvertretenden Stadtverordnetenvorsteher Karl Luer von der NSDAP am 13. Juni einfach ausgerufen. Nach internen Protesten musste die „Wahl" wiederholt werden und erfolgte nun nach Aufforderung, es mögen sich von den Vertretern des Rumpfparlaments die erheben, die gegen seine Wahl seien. Ihrer Funktion beraubt, wurde die gleichgeschaltete Versammlung am letzten Tag des Jahres 1933 aufgelöst.[24]

Von dem Machtwechsel in Frankfurt erhofften sich Teile des Frankfurter Bürgertums eine Stabilisierung des städtischen Haushalts, der durch die wachsenden Sozialausgaben infolge ständig steigender Arbeitslosigkeit und des ambitionierten Bauprogramms des *Neuen Frankfurts* aus dem Ruder gelaufen war. Die Konsequenzen der Machtergreifung, die Preisgabe der Demokratie und liberaler Grundüberzeugungen in den politischen Beziehungen wurden dabei billigend in Kauf genommen. Lagen die Akzente städtischer Politik in der Weimarer Republik auf Weltoffenheit, Modernität und Pluralität der politischen Meinungen, so führte die Praxis des Nationalsozialismus bereits in den folgenden Monaten zum Verlust dieser fundamentalen Ausrichtung, die wie bei keiner anderen Großstadt zum Kern der städtischen Identität gehört hatte.

Die Umkehrung der politischen Mehrheiten blieb auch nicht ohne Einfluss auf die Gesellschaft. Ein Teil der Mitgliedschaft und darunter insbesondere das Präsidium nahm das veränderte politische Klima zum Anlass, die Gründungsziele einer auf sozialen Ausgleich gegründeten, parlamentarisch-demokratischen und internationalen Ausrichtung der städtischen Elite, die in so deutlichem Kontrast zum rechtsradikalen und völkischen Lager stand, zu revidieren und an die neuen politischen Gegebenheiten anzupassen. Man kann es zusammenfassen: Sie brachen mit den erklärten Gründungszielen der Frankfurter Gesellschaft.

Die Vertreibung der jüdischen Professoren und Amtsleiter

Die Abkehr war radikal und vollzog sich in mehreren Etappen zwischen 1933 und 1938, und zwar sehr direkt und im Einklang mit den Maßnahmen des neuen Regimes. Nur wenige Tage nach dem Ermächtigungsgesetz folgte am 7. April 1933 das *Gesetz zur Wiederherstellung des Berufsbeamtentums* – die erste klar rassistisch motivierte politische Handlung der Regierungskoalition Hitler und Hugenberg. Der Einschnitt war gravierend. Das Gesetz hatte Berufsverbote für politisch Missliebige und vor allem für die jüdischen Professoren an der Universität, aber auch generell für Juden in Forschungseinrichtungen, Kliniken oder den Ämtern der Stadt zur Folge. Das stand hinter der nach dem Erlass des Gesetzes anschwellenden Austrittswelle aus der Gesellschaft. Der Verlust der Stellen hatte in vielen Fällen zu Flucht und Emigration vieler Universitätsprofessoren ins Ausland geführt. Unter den Ersten befanden sich die Vertreter des *Instituts für Sozialforschung*, Max Horkheimer und Friedrich Pollock. Friedrich Pollock nahm als Einziger kein Blatt vor den Mund und gab als Grund der Emigration und des Austritts aus der Gesellschaft polizeiliche Repression an. Er hatte sich bei dem in Auftrag gegebenen Austrittsschreiben bereits nach Genf zur *International Labour Organisation* des Völkerbundes abgesetzt, wohin er die Vermögenswerte des Instituts verbracht hatte.

Im Kontext der Vertreibung der Stadtregierung und des neuen Beamtengesetzes, das Juden ausschloss, verfassten neben Gräf und Pollock weitere 50 Mitglieder – in der Mehrzahl Juden – zwischen Juni und September 1933 sogenannte „Austrittsschreiben", weil sie erfahren mussten, dass ihre Mitgliedschaft nicht mehr erwünscht war bzw. ihnen die wirtschaftliche Grundlage zur Zahlung der hohen Beiträge entzogen worden war. Das zeigt die nähere Untersuchung dieser überlieferten Briefe, die von auffallend vielen Mitgliedern stammen, die im Gesundheits- und Medizinbereich von Universitäten, Krankenhäusern und der Stadt wirkten. Der Verlust an Mitgliedern aufgrund der ersten rassistischen Maßnahme des Regimes war jedoch noch größer, weil viele Mitglieder gar kein Austrittsschreiben mehr verfassten, sondern ihre Aufmerksamkeit darauf konzentrierten, sich ins Ausland abzusetzen, das heißt zu fliehen beziehungsweise zwangsweise zu emigrieren.

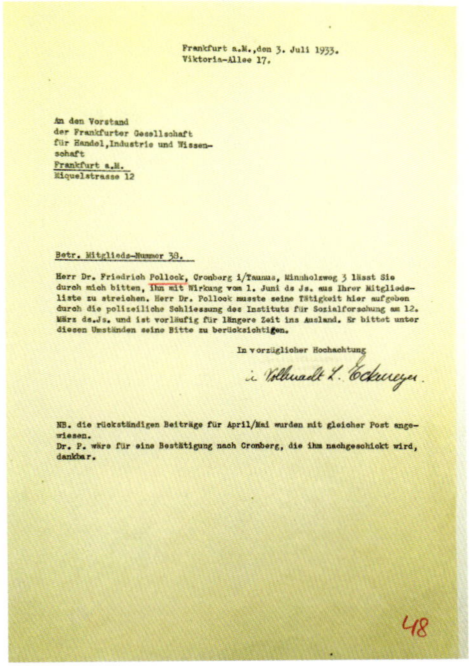
Frankfurt a.M.,den 3. Juli 1933.
Viktoria-Allee 17.

An den Vorstand
der Frankfurter Gesellschaft
für Handel,Industrie und Wissenschaft
Frankfurt a.M.
Miquelstrasse 12

Betr. Mitglieds-Nummer 38.

Herr Dr. Friedrich Pollock, Cronberg i/Taunus, Minnholzweg 3 lässt Sie durch mich bitten, ihn mit Wirkung vom 1. Juni ds Js. aus Ihrer Mitgliedsliste zu streichen. Herr Dr. Pollock musste seine Tätigkeit hier aufgeben durch die polizeiliche Schliessung des Instituts für Sozialforschung am 12. März ds.Js. und ist vorläufig für längere Zeit ins Ausland. Er bittet unter diesen Umständen seine Bitte zu berücksichtigen.

In vorzüglicher Hochachtung
i. Vollmacht L. Eckmeyer.

NB. die rückständigen Beiträge für April/Mai wurden mit gleicher Post angewiesen.
Dr. P. wäre für eine Bestätigung nach Cronberg, die ihm nachgeschickt wird, dankbar.

48

Abb. 7: Austrittsschreiben Nr. 48: Schreiben Frau L. Eckmeyer für Dr. Friedrich Pollock – Soziologe, Mitarbeiter des Instituts für Sozialforschung, 3. Juli 1933[25]

„Betr. Mitglieds-Nummer 38.
Herr Dr. Friedrich Pollock, Cronberg i/Taunus, Minnholzweg 3, lässt Sie durch mich bitten, ihn mit Wirkung vom 1. Juni ds Js. aus Ihrer Mitgliedsliste zu streichen. Herr Dr. Pollock musste seine Tätigkeit hier aufgeben durch die polizeiliche Schliessung des Instituts für Sozialforschung am 12. März ds. Js. und ist vorläufig für längere Zeit ins Ausland. Er bittet unter diesen Umständen seine Bitte zu berücksichtigen. In vorzüglicher Hochachtung i. Vollmacht L. Eckmeyer."

Insgesamt verlor die Gesellschaft in dieser Zeit mit und ohne Austrittsschreiben allein im Bereich der Wissenschaft 62 Professoren. Die Gründe waren auch Alter, wie bei Richard Wachsmuth, oder schlicht Wegzug, wie bei Wilhelm Kalveram, der mit dem Nationalsozialismus auf gutem Fuß stand. Dazu kamen wirtschaftliche Nöte, politisch und rassistisch motivierte Berufsverbote und, oft daraus resultierend, die Auswanderung. Im Vordergrund aber stand der Entzug der wirtschaftlichen und sozialen Grundlage durch die Maßnahme des Regimes. Es gab keinen Protest oder auch nur ein sichtbares Zeichen des Bedauerns seitens der Frankfurter Gesellschaft.

Aufstellung des Aderlasses an Mitgliedern aus dem Bereich der Wissenschaft von 1933 bis 1939

Prof. Dr. Blum, Prof. Dr. Hugo Braun, Prof. Dr. Dir. E. Bruns, Prof. Dr. Siegfried Budge, Prof. Dr. W. Caspari, Prof. Dr. Friedrich Curtis, Prof. Dr. Friedrich Dessauer, Prof. Dr. Drevermann, Prof. Dr. G. L. Dreyfus, Prof. Dr. P. Duden, Prof. Dr. v. Düring, Prof. Hugo Eberhard, Prof. Dr. G. Embden, Prof. Dr. Erich Feiler, Prof. Dr. Bernhard Fischer, Dr. Max Flesch-Thebesius, Prof. Dr. Adolf A. Friedländer, Prof. Dr. Giese, Professor Edgar Goldschmid, Dr. Ing. Gramberg, Prof. Dr. Paul Grosser, Prof. Dr. L. Grote, Prof. Dr. A. Hahn, Prof. Dr. Hartmann, Prof. Dr.-Ing. Heidebroeck, Prof. Dr. Heimberger, Prof. Dr. Hellauer, Prof. Dr. Hans Holfelder, Prof. Dr. Josef Igersheimer, Prof. Dr. Isaac, Prof. Dr. Wilhelm Kalveram, Prof. Dr. F. Klausing, Prof. Dr. Kleist, Prof. Dr. Rob. Koch, Prof. Dr. Lautenschläger, Prof. Dr. Jul. Lehmann, Prof. Dr. Walter Lehmann, Prof. Dr. Werner Lipschitz, Prof. Dr. Loos, Prof. Dr. Fritz Mayer, Prof. Dr. Neisser, Prof. Dr. G. v. Noorden, Prof. Dr. Pfeiffer, Prof. Dr. W. Platzhoff, Prof. Dr. G. Popp, Prof. Dr. R. Pribram, Prof. Dr. K. Propping, Prof. Rueff, Prof. Dr. Ing. S. Ruppel, Prof. Dr. Saenger, Prof. Dr. Bernhard Salomon, Prof. Dr. Scheer, Prof. Dr. A. Schmidt, Prof. Dr. Schmidt, Prof. Dr. Viktor Schmieden, Prof. Dr. T. Schumann, Prof. Dr. Seitz, Prof. Seyderhelm, Prof. Dr. W. Sigwart, Prof. Dr. W. Sommerfeld, Prof. Dr. Spiess, Prof. Dr. J. Strasburger, Prof. Dr. Zur Strassen, Prof. Dr. K. Strupp, Prof. Dr. G. Swarzenski, Prof. Dr. H. Trumpler, Prof. Dr. Vollhard, Prof. Dr. Otto Voss, Prof. Dr. Wachsmuth, Prof. Dr. L. Wertheimer, Prof. Dr. Wolfram, Prof. Dr. Franz Zizek[26]

Der Aderlass der Gesellschaft lief damals faktisch parallel zur Arisierung der Universität und damit des großen Bereichs der Wissenschaften, welchen die Gesellschaft in ihrem Namen adressiert. Diese Mitgliederverluste standen in einem größeren Zusammenhang. Von den 355 im Jahre 1932 an der Johann Wolfgang Goethe-Universität Lehrenden wurde rund ein Drittel, genau 125, vertrieben, allein 109 wegen ihrer jüdischen Herkunft. Darunter befanden sich auch zahlreiche Mitglieder der Frankfurter Gesellschaft, so der Jurist Karl Strupp, die Mediziner

Julius Strasburger, Oscar Gans und Max Neisser und der Philosoph Kurt Riezler. Max Horkheimer und Friedrich Pollock wurden schon genannt. Weiterhin wären noch die Naturwissenschaftler Julius von Braun und Ernst Hellinger und der Wirtschaftswissenschaftler Adolf Löwe zu nennen. Hinzu kamen zahlreiche Austrittsschreiben, die sich teils mit denen auf der Liste der Wissenschaftler überschneiden, teils aus anderen Berufszweigen der Mitgliedschaft der Gesellschaft stammen. Eine Liste der Austrittsschreiben verdeutlicht das:

Aufstellung der überlieferten Austrittsschreiben aus dem Jahre 1933

1. Arthur Abelmann 29.9.33, 2. Dr. Altmann – Direktor der 2. Städt. Abteilung für Haut- und Geschlechtskrankheiten 24.7.33, 3. San. Rat Dr. Amberger 30.6.33, 4. S. Bararach – Direktor 4.9.33, 5. Leo Badmann – Bankdirektor 13.10.33. 6. Ludwig Baer 29.5.33. 7. **Prof. Dr. Julius Lehmann** 29.9.33, 8. S. D. Cramer 15.5.33, 9. **Professor Dr. med. G. L. Dreyfus** – Direktor der Abteilung Poliklinik für Nervenkranke im städtischen Krankenhaus 30.7.33, 10. Adolf Ederheimer Kaufmann. Konkursverfahren 28.2.33, 11. Richard Feist 30.6.33, 12. Rudolf Fischer 15.5.33, 13. de la Tontainy Geh. Oberregierungsrat 25.5.33, 14. Eduard Ganz, 15. Ludwig Gerngross 6.9.33, 16. Gustav Gerst – Kommerzienrat 18.8.33, 17. **Prof. Dr. Giese**. 22.6.33, 18. **Professor Edgar Goldschmid** 9.10.33, 19. Eduard Gräf – Arbeitersekretär und Bürgermeister 19.10.32, 20. Dr. jur. Walter Guttmann 28.8.33, 21. Dr. jur. Rudolf M. Heilbrunn (nachträglich 25.4.1988), 22. Amtsgerichtsrat Hartwig 29.6.33, 23. Ludwig Heidingsfelder 9.10.33, 24. **Prof. Dr. J. Heimberger** 16.6.33, 25. Dr. Otto Hüttenbach 3.10.33, 26. **Prof. Dr. Igersheimer** 3.10.33, 27. **Prof. Dr. S. Isaac** 30.9.33, 28. Paul Jacobi 27.6.33, 29. Direktor C. W. Junghans 16.5.33 aus Grankulla, Finnland, 30. **Prof. Dr. Wilhelm Kalveram** 30.5.33, 31. Max Kass Inh. Fa. Rieht & Kopp KG in Offenbach 5.8.33, 32. **Prof. Werner Lipschitz** 26.4.33, 33. **Prof. Dr. Loos** 28.9.33, 34. Dr. phil. Mansfeld Gewerberat z. D. 1.6.33, 35. Franz Mendelsohn 30.6.33, 36. Alfred Merton 8.11.33, 37. Geh. Justizrat Dr. H. Oswalt 2.10.33, 38. Oberlandesgerichtsrat Dr. Petermann 25.6.33, 39. **Prof. Dr. med. Willy Pfeiffer** 22.6.33, 40. Dr. Friedrich Pollock 3.7.33, 41. **Prof. Dr. Karl Pribram** 18.9.33, 42. Dr. Otto Röhm aus Darmstadt 30.5.33, 43. Henry Rothschild 5.5.33, 44. **Prof. Rueff** 10.6.33, 45. **Prof. Dr. Ing. S. Ruppel** 1.7.33, 46. E. Simon 16.6.33, 47. S. E. Stern in Fa. A. M. Schiff 11.7.33, 48. Bürgermeister V. Uhlmann, 49. Dr. Wilhelm Schüller 5.8.33, 50. Nathaniel Wolff 5.9.33, 51. Enrico Weyrauch 6.6.33[27]

Hervorgehoben sind die Überschneidungen mit der Liste der Professoren

Persönliche Schicksale am Beginn der Zerstörung des christlich-jüdischen Milieus der Stadt

Hinter jedem Namen verbarg sich ein Schicksal, das in den meisten Fällen durch die Maßnahmen des Regimes einschneidend verändert wurde. In nicht wenigen Fällen wurden erfolgreiche akademische Karrieren abrupt beendet oder in eine neue Bahn geworfen. Viele rutschten für Jahre in prekäre Existenzen ab. Nicht wenige wurden von dem Regime ermordet. Es können hier nicht alle Fälle vorgestellt werden, aber bereits einige wenige Beispiele verdeutlichen die ganze Dramatik des Geschehens.

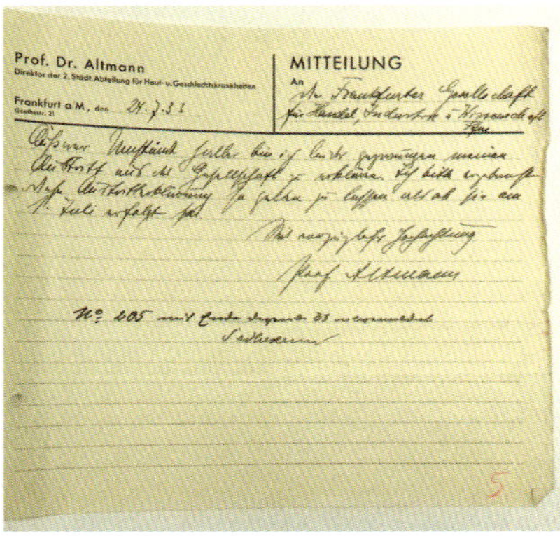
Prof. Dr. Altmann
Direktor der 2. Städt. Abteilung für Haut- u. Geschlechtskrankheiten
Frankfurt a/M, den 24.7.33
MITTEILUNG
An

Abb. 8: Austrittsschreiben Nr. 2. Dr. Altmann 24.7.33 – Direktor der 2. Städt. Abteilung für Haut- und Geschlechtskrankheiten[28]

Er führte am 24.7.33 als Grund für den Austritt an: „äußerer Umstände halber" und bat um Rückdatierung des Austritts auf den 1. Juli. Dem wurde nicht entsprochen, denn es findet sich der handschriftliche Vermerk „No. 205 mit Ende Dezember 33 abgemeldet". Man wollte also auf das Mitglied, aber nicht auf seine Beiträge verzichten.

Karl Altmann

Da war zum Beispiel das Schicksal des Arztes und Direktors der Zweiten Städtischen Abteilung für Haut- und Geschlechtskrankheiten, Dr. Karl Altmann. Altmann hatte in Breslau und München studiert und wurde 1906 promoviert und fand im nächsten Jahr Anstellung als Assistent am Institut für Experimentelle Therapie in Frankfurt. Er gehörte dort zu den engen Mitarbeitern von Paul Ehrlich in der Zeit, als dieser mit der Entwicklung des Salvarsans beschäftigt war. Es folgte im Krieg die Habilitation und die Verleihung des Professorentitels im Jahr der Gründung der Weimarer Republik. Altmann ließ sich als Facharzt nieder und stieg zum Direktor der Städtischen Abteilung für Haut- und Geschlechtskrankheiten auf. Seine Spezialgebiete waren die Serologie und Bakteriologie, bis ihn die demokratie- und judenfeindlichen Gesetze des Regimes aus der Bahn warfen. Er wurde 1933 von den Nationalsozialisten aus dem städtischen Dienst entfernt. Doch er kehrte nach 1945 zurück und war nach dem Zweiten Weltkrieg einer der ersten Frankfurter Ärzte, die Penicilin regulär zur Behandlung einsetzten.[29] Spätere Nachrufe erwähnten die Zeit seines Berufsverbots gar nicht oder umschrieben sie: „Nach mehrjähriger Unterbrechung seiner Lehr- und Krankenhaustätigkeit trat er 1945 wieder in den städtischen Dienst."[30] Tatsächlich ist über die Zeit der Vertreibung wenig bekannt. Gewiss ist nur, er hat in Frankfurt gefehlt.

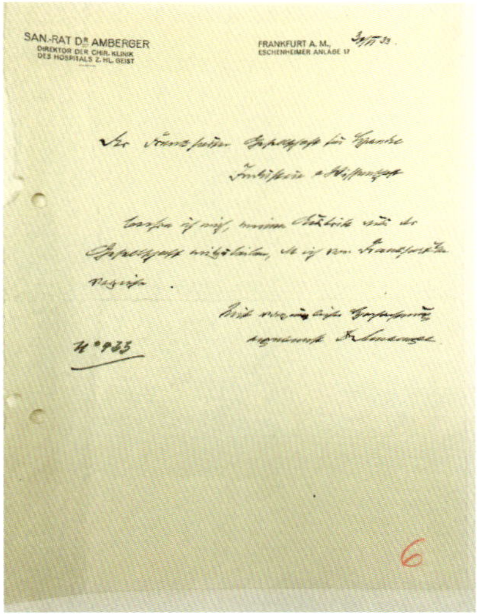
SAN.-RAT DR. AMBERGER
DIREKTOR DER CHIR. KLINIK
DES HOSPITALS Z. HL. GEIST

FRANKFURT A. M.,
ESCHENHEIMER ANLAGE 17

Abb. 9: Austrittsschreiben Nr. 3: San. Rat Dr. Jakob Amberger 30.6.33[31]

Er teilte am 30.6.33 mit, „weil ich von Frankfurt wegziehe."

Jakob Amberger

Ähnlich ist der Werdegang des Sanitätsrats Dr. Jakob Amberger. 1870 geboren, erfolgreiches Studium der Medizin und erfolgreiche Berufslaufbahn am Heilig-Geist-Hospital in Sachsenhausen, die ihn bis zum Chefarzt der chirurgischen Abteilung führte, und in dieser Stellung wurde er auch Mitglied der Frankfurter Gesellschaft. Er hatte diese Position ab 1908 inne und bis „zu seiner Entlassung 1933 durch die Nationalsozialisten wegen seiner jüdischen Herkunft".[32]

Siegfried Budge

Professor Siegfried Budge trat nicht schriftlich aus der Gesellschaft aus und fehlt doch ab 1933. Er war Sohn eines jüdischen Bankiers in Frankfurt, war ein Neffe des bekannten Frankfurter Mäzens Henry Budge. Dieser rief zusammen mit seiner Frau Emma die *Henry und Emma Budge-Stiftung* ins Leben, die seit Gründung im Jahre 1920 Unterstüt-

Abb. 10: Stolperstein Prof. Dr. Siegfried Budge in der Milchstraße 12 in Hamburg-Rotherbaum[33]

zung benötigende jüdische und christliche Menschen an ihrem Lebensende betreut. Nach der Satzung galt eine jüdisch-christliche Gleichstellung.[34] Siegfried Budge legte sein Abitur am Städtischen Gymnasium in Frankfurt ab, studierte Jura an den Universitäten Heidelberg, Bonn, Berlin und Marburg. Nach dem Referendariat, das er 1891 ablegte, nahm er eine Tätigkeit am Amtsgericht Bockenheim und am Schwur-, Amts- und Oberlandesgericht Frankfurt auf. Nachdem er fünf Jahre später die große Staatsprüfung abgelegt hatte, ließ er sich als Rechtsanwalt nieder. Das füllte ihn nicht aus, so dass er ab 1905 ein Zweitstudium der Nationalökonomie an der Akademie für Sozial- und Handelswissenschaften begann und sich 1912 an der Universität Freiburg promovieren ließ. Er verfolgte als Privatdozent beharrlich seine akademischen Ziele weiter, übernahm die Leitung der Stiftung seines Onkels Max Budge und wurde 1921 an der Stiftungsuniversität Frankfurt habilitiert, die ihn vier Jahre später zum Extraordinarius der Volkswirtschaftslehre berief. Siegfried Budge schien am Ziel, doch schnitt ihm 1933 das Gesetz zur Wiederherstellung des Berufsbeamtentums die hart erarbeitete akademische Laufbahn ab. Er verlor nicht nur die Lehrbefugnis, sondern musste auch die Gesellschaft verlassen und zog nach Hamburg. Siegfried Budge starb 1941 nach langer Krankheit. Seine Frau Ella Henriette Adelheid wurde 1942 in das Konzentrationslager Theresienstadt deportiert und dort ermordet.[35]

Ferdinand Blum

Ein anderes Beispiel liefert Ferdinand Blum. Er kam 1865 in Frankfurt zur Welt. Sein Vater war der jüdische Naturforscher Isaac Blum, der auch den Vorsitz in der *Senckenbergischen Naturforschenden Gesell-*

schaft innehatte und am *Philanthropin* unterrichtete. Blum studierte Medizin in Freiburg, Heidelberg, Kiel und München. Er schloss sein Studium bereits mit 24 Jahren mit einer Promotion ab und erhielt 1890 seine Approbation in Freiburg. So gut auf den Beruf als Arzt vorbereitet, baute er sich 1892 eine Praxis für Innere Medizin auf, in der er auch in einem Privatlabor seinen Forschungsinteressen nachging. Sein großer Verdienst war die Entdeckung, dass Formaldehyd zum Härten histologischer Proben benutzt werden kann. Er heiratete die Ärztin und Chemikerin Emma Louise Amann. Durch ihren Einfluss konvertierte er 1897 zum Christentum, aber nicht zu ihrer katholischen Konfession, sondern wie Wilhelm Merton etwa zeitgleich zum Protestantismus. Sein weiterer Werdegang war sehr von dem Geflecht an Forschungsmöglichkeiten bestimmt, die das dichte Vereins- und Stiftungsnetz in Frankfurt bot. Er übernahm die Leitung des 1911 vom *Biologischen Verein* gegründeten *Biologischen Instituts,* und das auf Lebenszeit. Dem Institut stand ein eigenes Gebäude zur Verfügung, das wiederum von der Witwe des Juweliers Robert Koch gestiftet worden war. Es stand in direkter Nachbarschaft einer weiteren Stiftung, des *Georg-Speyer-Hauses* und des staatlichen *Instituts für experimentelle Therapie*. Für Ferdinand Blum war es somit ein Leichtes, mit dem dort wirkenden Paul Ehrlich in einen intensiven Gedankenaustausch zu treten. Als großer Vorteil erwies sich Blums Verbindung von Praxiserfahrung und endokrinologischer Forschung. Die damit begründeten Heilerfolge trugen viel zu seiner Popularität in Frankfurt bei. Der Stamm seiner Patienten soll nicht weniger als 14.000 umfasst haben. Darunter befanden sich trotz der großen Masse viele Mitglieder des gehobenen Bürgertums. Auch die in Frankfurt verbliebenen Rothschilds suchten ihn auf.

Abb. 11: Stolperstein für Ferdinand Blum[36]

Die Freundschaft mit weltbekannten Forschern, die große Popularität sowie Vernetzung mit der Elite der Stadt, der Frankfurter Gesellschaft, nutzte ihm nichts. Trotz alledem wurde Ferdinand Blum im neuen Staat mit Berufsverbot belegt, aus der Leitung des Instituts gejagt, und nur mit Glück gelang ihm kurz vor Kriegsausbruch die Flucht in die Schweiz – mit 75 Jahren. Es zeugt von seiner großen Energie, dass es ihm dort trotz seines hohen Alters gelang, eine neue Existenz aufzubauen. Noch mehr verdient Achtung, dass er nach dem Krieg erneut die Leitung des *Biologischen Instituts* übernahm und bis 1949 ausübte. Es erhielt 1951 zu Recht den neuen Namen *Ferdinand-Blum-Institut für experimentelle Biologie*. Das war vielleicht die größte Ehre neben der Ehrenmitgliedschaft der *Deutschen Gesellschaft für Endokrinologie*, der Ehrendoktorwürde der Naturwissenschaften der Goethe-Universität, der Goethe-Medaille und dem großen Verdienstkreuz der Bundesrepublik. Eine Ehre wurde ihm, der noch lange genug lebte, versagt: die Wiederaufnahme seiner Mitgliedschaft in der Frankfurter Gesellschaft.[37]

Wilhelm Caspari

Wilhelm Caspari kam aus einer gemischt jüdisch-protestantischen Kaufmannsfamilie. Er wurde von der Mutter nach mosaischer Konfession erzogen, ließ sich jedoch, wie viele in seiner Zeit, 1899 evangelisch taufen. Caspari erlangte 1890 sein Abitur am Königlichen Wilhelms-Gymnasium in Berlin, studierte Medizin an den Universitäten Freiburg und Berlin, wurde 1895 approbiert und fast zeitgleich promoviert. Seine Habilitation erhielt er 1902 an der Königlich Landwirtschaftlichen Hochschule in Berlin. Er forschte zunächst als Privatdozent und dann als Extraordinarius und Abteilungsleiter am *Tierphysiologischen Institut der Landwirtschaftlichen Hochschule*. Im Krieg wurde er eingezogen und wechselte 1918 an das Institut für experimentelle Therapie in Frankfurt am Main. Ab 1920 leitete er die Abteilung für Krebsforschung. Dort

Abb. 12: Stolperstein für Wilhelm Caspari in der Paul-Ehrlich-Str. 42[38]

ging 1933 die erste Welle der Berufsverbote an ihm vorüber, doch wurde er im November 1935 wie alle jüdischen Mitarbeiter aufgrund der Nürnberger Rassengesetze entlassen. Seine vier Kinder flohen ins Ausland, doch der über sechzigjährige Caspari blieb bei seiner Frau in Frankfurt. 1941 wurden beide ins Ghetto Litzmannstadt deportiert, getrennt, Gertrud Caspari 1942 im Vernichtungslager Kulmhof/Chelmno ermordet und Wihelm Caspari als Arzt im Ghetto eingesetzt, wo er am 21. Januar 1944 zu Tode kam.[39] Es starb, seiner Freiheit beraubt, einer der bekanntesten deutschen Krebsforscher.[40] Ludwig Edingers und Casparis Forschungen überschnitten sich und befruchteten sich gegenseitig. Es wäre aus dieser engen Zusammenarbeit in dem Komplex um das *Georg-Speyer-Haus* noch viel zu erwarten gewesen. Auch das gehört zur Schadensbilanz des Nationalsozialismus.

Verfolgt und verdrängt wurden wie in seinem Beispiel nicht nur Juden und Menschen jüdischer Herkunft mit oftmals christlicher Konfession, sondern auch Christen ohne jüdische Herkunft oder Atheisten waren betroffen, wenn sie einer liberalen oder demokratischen Politik anhingen. Eduard Gräf, Ludwig Landmann oder Friedrich Pollock liefern Beispiele hierfür. Sie waren nicht allein. Zu ihnen gehörte auch Friedrich Dessauer.

Friedrich Dessauer

Friedrich Dessauer, Sohn des katholischen Kommerzienrats und Generaldirektors der Weißpapier- und Cellulosefabrik Philipp Dessauer in Aschaffenburg, besuchte ein humanistisches Gymnasium, studierte Elektrotechnik und Physik an den Technischen Universitäten München und Darmstadt sowie an der Universität Frankfurt. Dabei spezialisierte er sich erfolgreich auf den Bau von Maschi-

Abb. 13: Dr. Friedrich Dessauer im Handbuch des Reichstages von 1928[41]

nen für die Radiologie und Röntgendiagnostik und gründete dafür die *Vereinigten Elektrotechnischen Institute AG* (Veifa-Werke AG), für die er in der Spitzenzeit an die 500 Mitarbeiter einstellte. Die Geschäfte gingen bis 1916 gut. Der wirtschaftliche Niedergang im Krieg und danach ließen ihm eine Forschungstätigkeit attraktiver erscheinen. Er folgte einem Ruf an die Goethe-Universität zu Beginn der 1920er Jahre, und zwar auch deshalb, weil der Ruf mit dem verlockenden Angebot verknüpft war, ein *Institut für physikalische Grundlagen der Medizin* aufzubauen. Das gelang mit Hilfe der *Oswalt-Stiftung*. Dessauer leitete das Institut von 1920 bis 1933 und dann wieder von 1953 bis 1960 ,und zwar mit einer Professur für medizinische und Experimentalphysik. Unternehmer und Ordinarius füllten ihn jedoch allein nicht aus. Er gehörte in Frankfurt zu denen, die als Vertreter des politischen Katholizismus einen Ortsverein für das Zentrum aufbauten, den es vor dem Krieg nicht gegeben hatte. Mit diesem politischen Engagement gelang seine Wahl zum Stadtverordneten, ein Mandat, das er von 1919 bis 1924 innehatte.

Im Zentrum stand er auf der Seite des linken Flügels und der christlich-sozialen Reformer. Das machte es ihm leicht, sich für eine Überwindung des Klassenkampfes einzusetzen und mit der SPD und der DDP im Frankfurter Stadtparlament zu koalieren. Aber auch unabhängig davon galt sein Interesse der Wirtschafts- und Sozialpolitik, dem er von 1924 bis 1933 im Reichstag nachkommen konnte. Er verstand sich als Pazifist und trat dennoch der republikanischen Wehrorganisation *Reichsbanner Schwarz-Rot-Gold* bei und wirkte auch als Vertreter des linken Flügels im Reichsvorstand der Zentrumspartei. Noch nicht genug, gründete er auch noch die katholische *Rhein-Mainische Volkszeitung* und nutzte das Blatt, um bereits früh vor dem Nationalsozialismus zu warnen. Er gehörte zu den Gegnern des Ermächtigungsgesetzes, beugte sich jedoch dem Fraktionszwang. Dessauer verlor 1933 alle seine Ämter und musste auch aus der Gesellschaft ausscheiden. Die Nationalsozialisten nahmen ihn im Sommer 1933 für fast ein halbes Jahr in „Schutzhaft" und klagten ihn erfolglos wegen „Anstiftung zur Untreue" und „Heimtücke" an.[42] Trotz des Freispruchs verweigerte die Universität, Dessauer die Lehrberechtigung zurückzugeben, und hetzte stattdessen Studenten gegen ihn auf. Es folgte eine weitere Verhaftung, die im Mai 1934 mit seiner Versetzung in den Ruhestand endete, und zwar deshalb, weil er „nichtarischer Abstammung" gewesen sein soll. Daraufhin nahm Dessauer einen Ruf der Universität Istanbul an und emigrierte in die Türkei. 1937 reiste er von dort in die Schweiz und lehrte bis 1950 in Fribourg, kehrte aber auch ab 1948 nach Frankfurt zurück, um wissenschaftsphilosophische Vorträge an der Universität zu halten. Er trat auch wieder der Gesellschaft bei und war Mitglied bis 1958. Am 16. Februar 1963 ist er gestorben, kurz zuvor hatte ihm die Gesellschaft die Ehrenmitgliedschaft angetragen. Ursache seines Tods war eine zu hohe Strahlenkontamination, die er sich bei seinen Forschungen zugezogen hatte. Dessauer verbrachte viele Jahre seines Lebens mit der Erforschung der Radioaktivität und ihrer technischen Nutzung in der Medizin. Er gilt als Begründer der Quantenbiologie, weil es ihm gelang, die Strahlenwirkung auf die lebende Zelle rechnerisch zu erfassen.[43]

Georg Ludwig Dreyfus

Dokumentiert ist der Austritt eines weiteren jüdischen Mediziners: Georg Ludwig Dreyfus. Sein Vater, Isaac Dreyfus war Bankier und Teilhaber des Bankhauses J. Dreyfus & Co. Das Bankhaus Dreyfus war einer der Geldgeber zum Kauf der Villa Bonn. Der Vater gehörte dem Vorstand der Israelitischen Gemeinde und der Israelitischen Waisenanstalt in Frankfurt an. Die Dreyfus waren also fest in die Jüdische Gemeinde integriert. Georg Ludwig Drey-

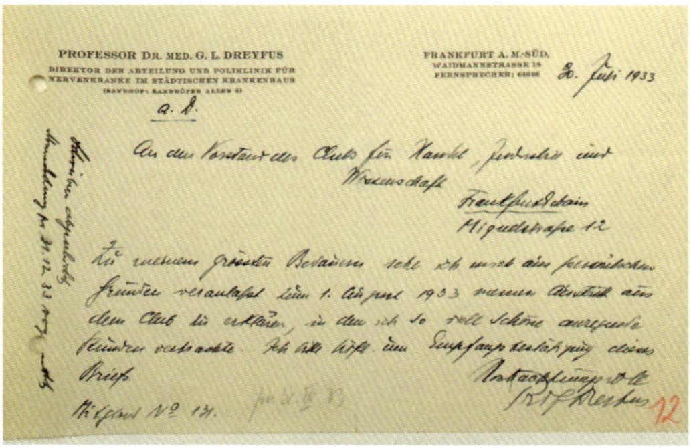
PROFESSOR DR. MED. G. L. DREYFUS
DIREKTOR DER ABTEILUNG UND POLIKLINIK FÜR NERVENKRANKE IM STÄDTISCHEN KRANKENHAUS

FRANKFURT A. M.-SÜD
WAIDMANNSTRASSE 18

30. Juli 1933

An den Vorstand des Club für Handel, Industrie und Wissenschaft
Frankfurt a. Main

Zu meinem grössten Bedauern sehe ich mich aus persönlichen Gründen veranlaßt zum 1. August 1933 meinen Austritt aus dem Club zu erklären, in dem ich so viele schöne anregende Stunden verbrachte.

12

Abb. 14: Austrittsschreiben Nr. 9: des Mediziner Professor Dr. med. G. L. Dreyfus 30.7.33, Direktor der Abteilung und Poliklinik für Nervenkranke im städtischen Krankenhaus[44]

„Zu meinem grössten Bedauern sehe ich mich aus persönlichen Gründen veranlaßt zum 1. August 1933 meinen Austritt aus dem Club zu erklären, in dem ich so viele schöne anregende Stunden verbrachte."

fus legte sein Abitur an der Wöhlerschule ab und studierte Medizin in Freiburg im Breisgau, München, Berlin und Heidelberg, wo er 1904 approbiert wurde. Ein Jahr später folgte die Promotion. Über mehrere Stationen kam er 1910 an die im Aufbau befindliche spätere Universitätsklinik in Frankfurt und schaffte es im Krieg bis zum Direktor der Klinik. In rascher Folge habilitierte er sich, erhielt nach einer Privatdozentur bereits 1921 den Titel eines Extraordinarius und die Ernennung zum Direktor der Poliklinik für Nervenkranke des Städtischen Krankenhauses. Dreyfus interessierte sich für den Zionismus, engagierte sich in diesem Zusammenhang bei der Organisation *Keren Hayesod*. Auch er musste 1933 von heute auf morgen eine neue Lebensgrundlage finden. Er wanderte in die Schweiz aus und baute sich mit einer Privatpraxis eine neue Existenz auf.[45]

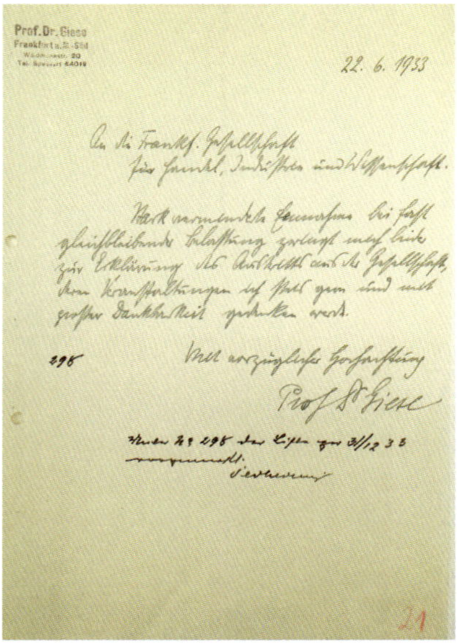

Prof. Dr. Giese
Frankfurt a.M.-Süd

22. 6. 1933

An die Frankf. Gesellschaft
für Handel, Industrie und Wissenschaft.

Stark verminderte Einnahmen bei fast gleichbleibender Belastung zwingt mich leider zur Erklärung des Austritts aus der Gesellschaft, deren Veranstaltungen ich stets gern und mit großer Dankbarkeit gedenken werde.

298

Mit vorzüglicher Hochachtung
Prof. Dr. Giese

Abb. 15: Austrittsschreiben Nr. 17: Prof. Dr. Giese, 22.6.33[46]

Er schied wg. „stark verminderter Einnahmen" aus.

Friedrich Giese

Auch Professor Friedrich Giese trat wegen „stark verminderter Einnahmen" aus der Gesellschaft aus, was in seinem Fall jedoch nicht auf den Verlust seines Lehrstuhls zurückzuführen war, den er seit 1914, also seit Gründung der Universität, als Ordinarius für Staats-, Völker- und Kirchenrecht innehatte und von welchem er erst 1945 emeritiert wurde. Die Minderung der Einnahmen bezog sich wohl auf Gastprofessuren und seine Tätigkeit als Studienleiter an verschiedenen Verwaltungsakademien. Auch war er Richter an der Reichsdisziplinarkammer und bis 1932 auch Konsistorialrat der Frankfurter Landeskirche. Er galt als Experte für die Weimarer Verfassung und hatte mehrere Kommentare dazu verfasst – wie auch später zum Grundgesetz. Dafür erhielt er 1957 das Bundesverdienstkreuz.[47] Verfassungsspezialisten wurden in der NS-Zeit nicht mehr gebraucht. Die Einnahmen des zuvor Vielgefragten schrumpften deshalb. Sein Leben verlief allerdings in weitaus ruhigeren Bahnen als das von Professor Josef Igersheimer.

Josef Igersheimer

Das Geburtsjahr von Josef Igersheimer war 1879 und er kam in Frankfurt in einer jüdischen Familie zur Welt. Er ging von ihr 86 Jahre später, weit entfernt von Frankfurt, in Brookline im Bundesstaat Massachusetts in den USA. Er ging in Frankfurt zur Schule und studierte Medizin an den Universitäten Heidelberg, München, Berlin, Straßburg und Tübingen. Seine Promotion erhielt er 1904 von der Universität Tübingen. Es folgten ein Volontariat am pharmakologischen und bakteriologischen Universitätsinstitut Straßburg, Anstellung in einer Berliner Augenklinik und eine Assistentenstelle an der Universitätsaugenklinik Heidelberg. Von dort wechselte er zwecks Forschung nach Halle, um sich 1910 im Fach Augenheilkunde (Ophthalmologie) zu habilitieren. Igersheimers Spezialgebiet handelte von der Pathologie des Auges, unter anderem in Verbindung mit der Syphilis. Er war der Erste, der 1915 Arsphenamin (Markenname von Hoechst: Salvarsan), eine organische Arsenverbindung, mit der die Syphilis erstmals chemothera-

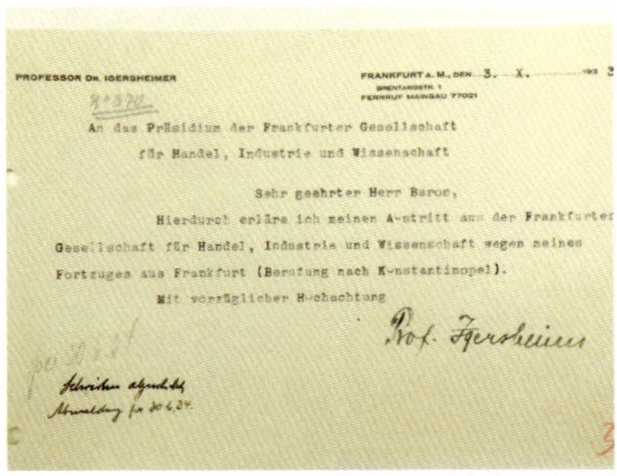

PROFESSOR DR. IGERSHEIMER

FRANKFURT A. M., DEN 3. X. 193

BRENTANOSTR. 1

FERNRUF MAINGAU 77021

An das Präsidium der Frankfurter Gesellschaft für Handel, Industrie und Wissenschaft

Sehr geehrter Herr Baron,

Hierdurch erläre ich meinen A-stritt aus der Frankfurter Gesellschaft für Handel, Industrie und Wissenschaft wegen meines Fortzuges aus Frankfurt (Berufung nach K-nstantinopel).

Mit vorzüglicher H-chachtung

Prof. Igersheimer

Schreiben abgeschickt

Abmeldung für 30.6.34

Abb. 16/17: Josef Igersheimer[48] und Austrittschreiben Nr. 26: Josef Igersheimer 3.10.33[49]

„Hierdurch erkläre ich meinen Austritt aus der Frankfurter Gesellschaft für Handel, Industrie und Wissenschaft wegen meines Fortzuges aus Frankfurt (Berufung nach Konstantinopel). Mit vorzüglicher Hochachtung ..."

peutisch behandelt werden konnte, einsetzte.[50] Es folgten Lehr- und Forschungsaufenthalte in Liverpool und Oxford und erst danach die Habilitation in Göttingen im Jahre 1914.

Krieg und Revolution unterbrachen seine akademische Laufbahn. Politisch setzte er sich 1919 für die Gründung der DDP ein. Deshalb erlangte er erst 1920 eine außerplanmäßige Professur für Augenheilkunde in Göttingen. Kurz zuvor war seine erste Studie *Syphilis und Auge* erschienen. Auch machte er Fortschritte in der Operationstechnik am Auge. Das verhalf ihm 1925 zur Stelle eines Chefarztes der augenärztlichen Abteilung des Universitätskrankenhauses Frankfurt am Main. Alles sah nach einer brillanten Karriere in der weit fortgeschrittenen Medizinwissenschaft in Deutschland aus. Doch sein Glück endete 1933. Er verlor als Jude wegen des Gesetzes zur Wiederherstellung des Berufsbeamtentums seine Stelle. Nachdem der erste Schock überwunden war, erkundigte er sich – wie viele andere – nach Möglichkeiten, um Deutschland zu verlassen. Die Schwierigkeit bestand darin, nicht nur ein Land zu finden, das Flüchtlingen Aufnahme gewährte, sondern auch die Möglichkeit, als Ophthalmologe zu arbeiten. Er schätzte dabei die Chance, in den USA oder in Großbritannien eine Stelle zu finden, schlecht ein. Ein Kollege, der Pathologe Philipp Schwartz, der ebenfalls seine Stelle verloren hatte und in die Schweiz geflohen war, half ihm weiter. Denn er hatte bereits im März 1933 die *Notgemeinschaft Deutscher Wissenschaftler* im Ausland gegründet. Die Organisation setzte sich zum Ziel, jüdischen und anderen verfolgten Wissenschaftlern bei der Suche nach Arbeitsstellen in Ländern, die Flüchtlinge aufnahmen, zu helfen.[51] Zufällig deckte sich das Anliegen mit Bestrebungen des neuen türkischen Staats, sein Bildungs- und Gesundheitssystem zu modernisieren. Mit diesem Anliegen entsandte die Regierung Vertreter in die Schweiz, um mit Schwartz Kontakt aufzunehmen und nach Kapazitäten Ausschau zu halten, die an den türkischen Hochschulen benötigt wurden. Als Ergebnis einer neunstündigen Unterredung stellte der Bildungsminister der Türkei, Resit Galip, eine Liste mit 30 Namen auf, für die er auf fünf Jahre befristete Professuren an der Universität in Istanbul anbot.[52] Das war nur der Anfang. Alles in allem gelang es, 300 Akademikern und 50 Ingenieuren in der Türkei Zuflucht zu gewähren, darunter in ihrem Fach führende Professoren, Forscher, Zahnärzte, Anwälte, Architekten, Stadtplaner, Ingenieure, Künstler, Bibliothekare, Restauratoren und Laborarbeiter sowie auch hunderte von weniger bekannten Personen.[53] Da auch Familienangehörige mit aufgenommen wurden, handelte es sich am Ende um rund 1.000 Personen. Das war ein nicht unerheblicher Teil des Braindrains, der 1933 stattfand. Die Türkei bemühte sich sehr, jedem Emigranten Bedingungen zu schaffen, damit er seinen Forschungen nachgehen konnte. Dazu gab der Staat große Summen für Laboratorien und Krankenhäuser aus.[54]

Igersheimer gehörte zu den Ersten, die auf diesem Weg in die Türkei kamen. Am 15. Oktober 1933 unterschrieb er den Fünfjahresvertrag für seine Tätigkeit als Leiter des Instituts für Ophthalmologie der medizinischen Fakultät der Universität von Istanbul.[55] Sein Wirken war nachhaltig. Er gilt noch heute als Architekt der modernen Augenheilkunde in der Türkei und hatte sich ein hohes Ansehen erworben – nicht zuletzt durch seine Heilerfolge, die sich insbesondere in den oberen Schichten schnell herumsprachen.[56]

Anfangs erfolgreich, nahmen die Probleme in den auf fünf Jahre begrenzten Stellen zu, nicht zuletzt auch durch Intervention der deutschen Reichsregierung gegen die deutschen Emigranten, die zahlreich in der türkischen Republik Zuflucht gesucht hatten.[57] Viele begannen daraufhin nach Gelegenheiten in den USA Ausschau zu halten, obwohl die USA zu dieser Zeit mit Flüchtlingen aus Europa überschwemmt wurden.[58] Doch sie wurden immer mehr dazu gezwungen, da die türkische Regierung dem Druck des nationalsozialistischen Deutschlands nachgab und den rechtlichen Status der Emigranten verschlechterte.[59] Igersheimer nutzte deshalb 1939 einen Vortragsaufenthalt in den USA, um sich aus der Türkei abzusetzen.[60] Er blieb jedoch sein ganzes Leben lang der Türkei dankbar für alles, was das Land in der Zeit seiner größten Not für ihn getan hatte.

Er eröffnete erst eine Praxis, bevor er ein Angebot der *Ophthalmology faculty* der Tufts University Medical School als *assistant profes-*

sor annahm, die im Krieg zu einer *associated professorship* aufgewertet wurde und ihm 1945 neben der Einbürgerung ein hohes Maß an Anerkennung einbrachte.[61] So schrieb einer seiner Kollegen, Albert E. Sloane:

„This man was a genius and great humanist caught in the web of a mad historical period. One great love that Joseph had was teaching (over 2.000 American Ophthalmologists have listened to his lectures) with his modesty, gentleness and quiet dignity intact, he came to the United States, a man not destroyed by man's inhumanity to man. There is true hope for an eventual world of peace if some are so capable of proving the nobility of man."[62]

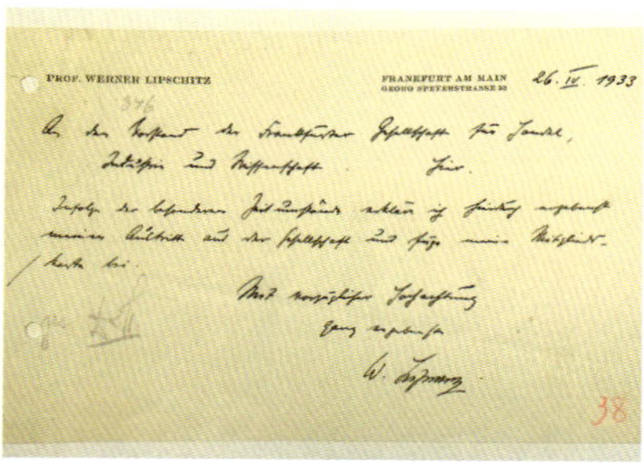
PROF. WERNER LIPSCHITZ

FRANKFURT AM MAIN
GEORG SPEYERSTRASSE 30

26. IV. 1933

Abb. 18: Austrittsschreiben Nr. 32: Werner Lipschitz 26.4.33

An den Vorstand der Gesellschaft: „Infolge der besonderen Zeitumstände erkläre ich hierdurch angebracht meinen Austritt aus der Gesellschaft und füge meine Mitgliedskarte bei. Mit vorzüglicher Hochachtung ganz ergebenst W. Lipschitz …"

Werner Lipschitz

Werner Lipschitz stammte aus einer jüdischen Familie, kam 1892 zur Welt, besuchte ein Reformgymnasium, studierte Medizin und Chemie an den Universitäten Freiburg, Göttingen und Berlin und schlug die Laufbahn eines Pharmakologen und Biochemikers ein. Er legte 1915 und 1916 eine Doppelpromotion am Chemischen Institut der Berliner Universität und an der Universität Leipzig ab. Den Kriegsdienst leistete er als Armeearzt. Unmittelbar danach erhielt er eine Assistentenstelle am Pharmakologischen Institut der Universität Frankfurt. Er nutzte die Stelle, um sich für das Fach Pharmakologie zu habilitieren und um Dora Edinger, die Tochter Ludwig Edingers und der Frankfurter Sozialpolitikerin und Frauenrechtsaktivistin Anna Edinger, zu heiraten. Erfolgreich in der Forschung und familiär mit den Größen des Fachs verbunden, nahm er 1926 einen Ruf der Universität Frankfurt auf den Lehrstuhl für Pharmakologie an, womit auch die Leitung des

Instituts für Pharmakologie verbunden war. In diese Zeit fällt auch die Aufnahme in die Frankfurter Gesellschaft. 1933 endete der Weg nach oben wie bei den anderen abrupt.

Er schlug nach dem Berufsverbot infolge des rassistischen Gesetzes der Regierung Hitler und Hugenberg einen ganz ähnlichen Weg wie Igersheimer ein, emigrierte in die Türkei, setzte seine Arbeit in fast gleicher Funktion als Direktor des Instituts für Biochemie der Universität Istanbul fort. Nach dem Ende seines Vertrags im Jahre 1938 wechselte er ebenfalls wie Igersheimer in die USA. Ihm gelang jedoch der Sprung in die Welt der amerikanischen Universitäten nicht. Er wirkte stattdessen als Pharmakologe in der pharmazeutischen Industrie. Die Anstrengungen der erzwungenen Wanderschaft hinterließen ihre Spuren. Lipschitz starb nach zehn Jahren Aufenthalt in den USA gerade in dem Augenblick, in dem er Aussicht auf eine Anstellung an der Syracuse University hatte. Er hinterließ über hundert wissenschaftliche Publikationen zu Wirkmechanismen von Arzneistoffen und Giften und war auf der Suche nach allgemeinen pharmakologischen Prinzipien. Er hatte also ein zutiefst humanes Forschungsanliegen.[63]

Auch außerhalb von Wissenschaft und Forschung, aus den Frankfurter Forschungsinstitutionen oder aus den Einrichtungen der medizinischen Daseinsvorsorge verließen viele die Gesellschaft gezwungenermaßen. Unter ihnen befanden sich auch viele aus den nicht-akademischen kaufmännischen oder industriellen Bereichen der Gesellschaft.

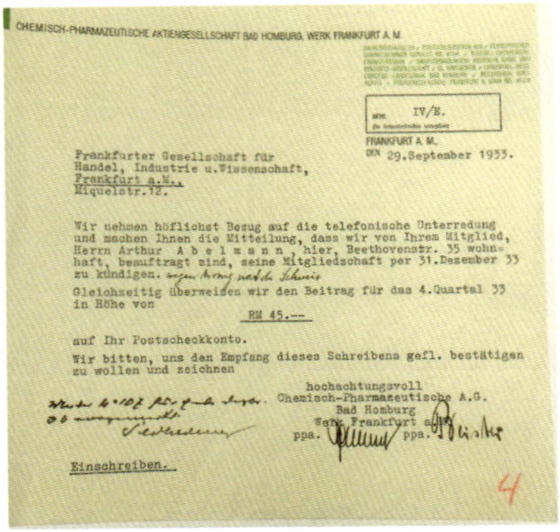
CHEMISCH-PHARMAZEUTISCHE AKTIENGESELLSCHAFT BAD HOMBURG, WERK FRANKFURT A. M.

IV/E.

FRANKFURT A. M.
DEN 29.September 1933.

Frankfurter Gesellschaft für
Handel, Industrie u.Wissenschaft,
Frankfurt a.M.,
Miquelstr.12.

Wir nehmen höflichst Bezug auf die telefonische Unterredung und machen Ihnen die Mitteilung, dass wir von Ihrem Mitglied, Herrn Arthur A b e l m a n n , hier, Beethovenstr. 35 wohnhaft, beauftragt sind, seine Mitgliedschaft per 31.Dezember 33 zu kündigen.

Gleichzeitig überweisen wir den Beitrag für das 4.Quartal 33 in Höhe von

RM 45.--

auf Ihr Postscheckkonto.

Wir bitten, uns den Empfang dieses Schreibens gefl. bestätigen zu wollen und zeichnen

hochachtungsvoll
Chemisch-Pharmazeutische A.G.
Bad Homburg
Werk Frankfurt a.M.
ppa. ppa.

Einschreiben.

4

Abb. 19: Austrittsschreiben Nr. 1: Arthur Abelmann, 29.9.33[64]

Seine Kündigung wird von Mitarbeitern der Chemisch-Pharmazeutischen Werke Bad Homburg, Werk Frankfurt vorgenommen, die seinen Verzug in die Schweiz mitteilen.

Arthur Abelmann

Arthur Abelmann wurde 1888 in Riga, der Hauptstadt von Lettland, geboren und wuchs in Memel in Ostpreußen auf. 1906 begann er eine Ausbildung als Apotheker in Wiesbaden, Genf, Lyon, Cannes und Nancy und studierte danach Pharmazie in München, Straßburg und Nancy. Kurz vor Kriegsbeginn kehrte er nach Deutschland zurück und leistete seinen Kriegsdienst im Militärkrankenhaus für Kriegsgefangene in Limburg. Nach dem Krieg schloss er seine Dissertation in Frankfurt ab und nahm für kurze Zeit eine Stelle bei den Farbwerken Leopold Cassella & Co an, gründete jedoch kurz danach sein eigenes Unternehmen, die Chemisch-Pharmazeutischen Werke AG in Bad Homburg, deren bekanntestes Produkt Kamillosan war. 1927 zog er mit dem Unternehmen nach Frankfurt um und stockte die Belegschaft auf über 200 Mitarbeiter auf. 1933 erklärte der Ärztebund von Berlin einen Boykott gegen Abelmanns Chemiewerke wegen seiner „jüdischen" Produkte. Daraufhin trat Abelmann von der Unternehmensführung zurück, kontrollierte über seine Aktienmehrheit jedoch weiterhin die Firma, bis diese von der Degussa und der IG Farbenindustrie aufgekauft wurde. Abelmann erzielte trotz der antisemitischen Hetze einen akzeptablen Verkaufspreis von 1,8 Millionen Reichsmark und erreichte es auch, dass ihm die Reichsfluchtsteuer erlassen wurde. Das erlaubte es ihm, Deutschland zu verlassen und in die Schweiz auszuwandern, wo er das Tochterunternehmen Treupha AG bis zu seinem Tod im Jahre 1934 weiterführen konnte. Die Familie wanderte in die USA aus und hat von dort aus Degussa und IG Farben auf Restitution verklagt.[65]

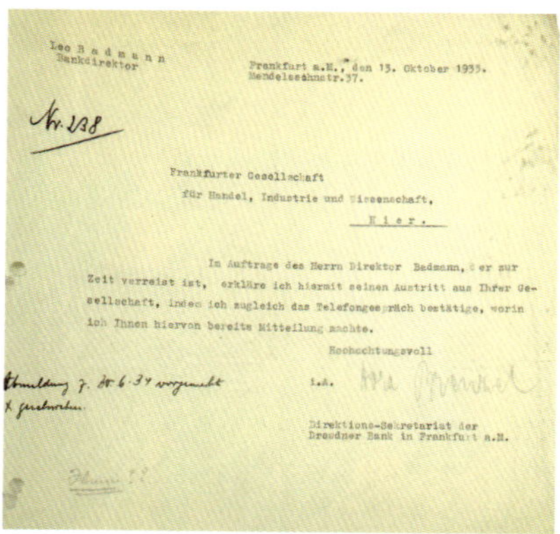

Leo Badmann
Bankdirektor

Frankfurt a.M., den 13. Oktober 1933.
Mendelssohnstr.37.

Nr. 238

Frankfurter Gesellschaft
für Handel, Industrie und Wissenschaft,
Hier.

Im Auftrage des Herrn Direktor Badmann, der zur Zeit verreist ist, erkläre ich hiermit seinen Austritt aus Ihrer Gesellschaft, indem ich zugleich das Telefongespräch bestätige, worin ich Ihnen hiervon bereits Mitteilung machte.

Hochachtungsvoll

i.A.

Direktions-Sekretariat der
Dresdner Bank in Frankfurt a.M.

Abmeldung z. 30.6.34 vorgemerkt
x gestrichen

Abb. 20 und 21: Austrittsschreiben Nr. 5: Der Bankdirektor Leo Badmann 13.10.33[66], und Todesanzeige für Leo Badmann und anderer Familienmitglieder (gegenüber). Die Todesanzeige erschien im *Aufbau* vom 22. Juni 1945[67]

Er informiert die Gesellschaft über Rosa Prenzel, Mitarbeiterin des Direktions-Sekretariats der Dresdner Bank in Frankfurt a. M.: „im Auftrag des Herrn Direktor Badmann, der zur Zeit verreist ist" „Abmeldung z. 30.6.34 vorgemerkt"

Leo Badmann

Leo Badmann wurde 1884 als Sohn von Louis Badmann und Bertha Badmann in Oettingen in Bayern geboren. Leo Badmann kam nach Frankfurt, um dort den Beruf eines

Bankiers und Bankdirektors auszuüben, und fand eine leitende Position bei der Dresdner Bank. Auf dem Austrittsschreiben ist als Grund „zur Zeit verreist" angegeben. Das bezog sich auf seine Flucht ins Ausland. Als Jude emigrierte er im Oktober 1933 wie viele seiner Leidensgenossen in die Niederlande. Dort wurde er 1940 von den Deutschen überrollt und in das Lager Westerborg verschleppt. Von dort aus hat er noch einen Brief an die Familie Jonker in Hilversum geschrieben, bevor er einen Monat später von Westerborg nach Bergen-Belsen deportiert wurde. Dort wurde er ein Jahr später, am 14. Februar 1945 – elf Wochen vor Kriegsende – ermordet.[68]

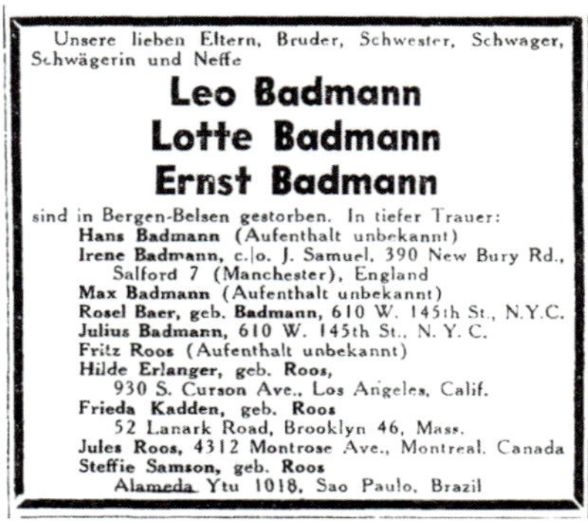
Unsere lieben Eltern, Bruder, Schwester, Schwager, Schwägerin und Neffe

Leo Badmann
Lotte Badmann
Ernst Badmann

sind in Bergen-Belsen gestorben. In tiefer Trauer:
Hans Badmann (Aufenthalt unbekannt)
Irene Badmann, c.|o. J. Samuel, 390 New Bury Rd., Salford 7 (Manchester), England
Max Badmann (Aufenthalt unbekannt)
Rosel Baer, geb. Badmann, 610 W. 145th St., N.Y.C.
Julius Badmann, 610 W. 145th St., N. Y. C.
Fritz Roos (Aufenthalt unbekannt)
Hilde Erlanger, geb. Roos, 930 S. Curson Ave., Los Angeles, Calif.
Frieda Kadden, geb. Roos 52 Lanark Road, Brooklyn 46, Mass.
Jules Roos, 4312 Montrose Ave., Montreal, Canada
Steffie Samson, geb. Roos Alameda Ytu 1018, Sao Paulo, Brazil

Auch zahlreiche Verwandte von Leo Badmann wurden deportiert und ermordet.

Sally Cramer

Sally Cramer war Vorstandsmitglied des renommierten Frankfurter Unternehmens *Nationale Telephon und Telegraphenwerke GmbH*. Die Werke wurden 1899 von dem jüdischen Unternehmer Harry Fuld zusammen mit dem deutschen Techniker Carl Lehnert als *Deutsche Privat Telephon Gesellschaft H. Fuld & Co.* gegründet. Eine Umfirmierung im Jahre 1928 führte zum erstgenannten Namen. Gravierender waren die Umbrüche, nachdem die Nationalsozialisten an die Macht gekommen waren. Die Erben Fulds wurden enteignet und das Familienunternehmen arisiert. Cramer war bereits vorher und

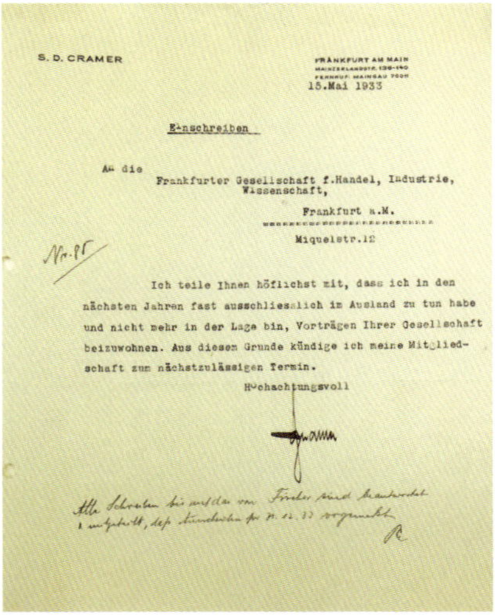
S. D. CRAMER

FRANKFURT AM MAIN
15.Mai 1933

Einschreiben

An die
Frankfurter Gesellschaft f.Handel, Industrie, Wissenschaft,
Frankfurt a.M.
Miquelstr.12

Nr. 8

Ich teile Ihnen höflichst mit, dass ich in den nächsten Jahren fast ausschliesslich im Ausland zu tun habe und nicht mehr in der Lage bin, Vorträgen Ihrer Gesellschaft beizuwohnen. Aus diesem Grunde kündige ich meine Mitgliedschaft zum nächstzulässigen Termin.

Hochachtungsvoll

Abb. 22: Austrittsschreiben Nr. 8:
S. D. Cramer, 15.5.33[69]

Er teilt mit, „dass ich in den nächsten Jahren fast ausschliesslich im Ausland zu tun habe und nicht mehr in der Lage bin, Vorträgen Ihrer Gesellschaft beizuwohnen".

noch mit Zustimmung des Regimes und ohne Zahlung einer Reichsfluchtsteuer nach Großbritannien ausgewandert und hatte dort die Leitung der zum ehemaligen Fuld-Konzern gehörenden *Telephon Trading* mit Sitz in London übernommen. Darauf bezieht sich wohl das Austrittsschreiben.

Daraus, dass er der neuen Regierung Hitler und Hugenberg kritisch gegenüberstand, hat er öffentlich nie einen Hehl gemacht. Dazu stellte die Frankfurter Gestapo noch Jahre später in einem internen Schreiben fest: „Der Jude Cramer (…) gilt als sehr vermögend. Politisch ist er aktenmäßig dadurch bekannt geworden, dass er im September 1933 auf einem Golfplatz in Frankfurt a. M. gesagt hat: ‚Ich stehe auch nicht hinter der Regierung'. Das seinerzeit eingeleitete Verfahren wurde von der Staatsanwaltschaft in Frankfurt a. M. am 10. Oktober 1933 eingestellt."[70]

In London blieb er jedoch noch Jahre später nicht vom Zugriff der Behörden des Reiches verschont. Im Zuge einer mit der Arisierung verbundenen Anklage des Reichswirtschaftsministeriums gegen die alte Konzernspitze der *Nationalen Telephon und Telegraphenwerke GmbH* wegen Steuerhinterziehung wurde auch, wie Meinl und Zwilling schreiben, „gegen die die Geschäfte des Konzern im Ausland führenden ehemaligen Vorstandsmitglieder (..) mittels des Instruments (der) Ausbürgerung" vorgegangen.[71] Die „Strafexpatriierung" erreichte Cramer im Frühjahr 1938. Sie war in der internen Behördenakte ebenfalls mit dem Vorwurf der Steuerhinterziehung begründet und enthält eine ausführliche Darlegung seiner Vermögensverhältnisse, insbesondere auch im Ausland: „Nach den bisher gemachten Feststellungen besitzt Cramer im Inland noch folgende Vermögen: 1. Cramer hat aus einem Abfindungsvertrag einen Anspruch von monatlich 2.000 RM an die Telefon- und Telegrafenwerke A.G. Dieser Anspruch läuft Ende April oder Ende Mai 1938 ab. 2. Cramer hat an die gleiche Gesellschaft Forderungen in Höhe von 38.487,50 RM. 3. Cramer ist mit 500.000 RM unterbeteiligt an der Krediteinlage des Juden Schneider bei der jetzigen Kommanditgesellschaft Telefonbau und Normalzeit Lehner u. Co. Der Zugriff ist durch Abtretungen erschwert. Das Finanzamt wird die Abtretungen anfechten und hat das gesamte Inlandsvermögen gepfändet."[72]

Im Zusammenhang mit der Steueranklage musste nicht nur der alte Vorstand zurücktreten, sondern die *Nationale Telephon- und Telegraphenwerke GmbH* verlor auch ihre Unabhängigkeit, wurde arisiert und dem Thyssen-Konzern zugeschlagen und bekam einen neuen Namen, aus dem die Erinnerung an den jüdischen Gründer ausgelöscht worden war: *Telefonbau und Normalzeit GmbH* (T & N).[73] Cramer, der noch ohne Probleme und als im Interesse des Reiches dienend auswandern durfte, „galt nun", so Meinl und Zwilling, den damaligen Finanzamtsbericht zitierend, „als Volksschädling übelster Sorte" und wurde ausgebürgert. Ob es dem Regime auch gelang, seine Finanzquellen zum Versiegen zu bringen, ist nicht bekannt.

Die Liste der gleich am Beginn der nationalsozialistischen Herrschaft Vertriebenen ließe sich noch um viele Beispiele mehr verlängern.

Auf dem Weg zur Gleichschaltung und Arisierung

Statt eines Aktes der Solidarität rückten die Vertreter der Gesellschaft im Präsidium damals deutlich nach rechts und waren bereit, die demokratische Ordnung zugunsten eines autoritären Staats aufzugeben, dies betraf vor allem die beiden Präsidenten Moritz von Bethmann und Arthur von Weinberg, der später selbst dem Regime zum Opfer fiel. Es beeindruckte sie auch nicht, als aus Protest gegen die politische Umorientierung der Leiter der Literaturkommission, Georg Swarzenski, von seinem Amt zurücktrat.[74] Swarzenski war damals Direktor des Städels und blieb es auch noch bis 1937. Im darauffolgenden Jahr erzeugte das Pogrom vom 9. November 1938 eine Stimmung, die es ihm ratsam erscheinen ließ, aus Deutschland in die USA zu fliehen, wo er freundliche Aufnahme an der *Princeton University* fand und quasi ein Kollege von Albert Einstein wurde, an dessen Einladung er 1920 beteiligt gewesen war.[75]

Abb. 23: Baron Moritz Freiherr von Bethmann[76]

In der Festschrift vor zehn Jahren ist festgehalten worden, wie sehr sich der damalige Präsident Moritz Freiherr von Bethmann als treibende Kraft für den Umbau erwies. Bethmann gehörte zu den Gründungsmitgliedern, mit großen Verdiensten um die Etablierung und Entwicklung der Gesellschaft. Er saß in zahlreichen Wirtschaftsgremien, war Präsident der Frankfurter Börse, Vorsitzender des Aufsichtsrats der Frankfurter Bank, stellvertretender Landesobmann der Banken in Hessen, Vertreter im Vorstand der Privatbankiers in Hessen und im Regierungsbezirk Berlin sowie Mitglied der Wirtschaftskammer Hessen.

Eine Elitenorganisation, die für sich in Anspruch nimmt, die gesellschaftlichen Entwicklungen qua Einsicht und Verständnis von einem etwas höheren Standpunkt aus zu beurteilen und deshalb ein wenig weiter in die Zukunft zu blicken als der Durchschnitt der Bevölkerung oder gar die bildungsfernen Schichten, hätte diesen Weg der Anbiederung an die neuen Machthaber, die aus ihren verbrecherischen Zielen gegenüber der Demokratie, der Toleranz und der Menschlichkeit nie einen Hehl gemacht haben, niemals gehen dürfen. Sie tat es dennoch – aus freien Stücken, verblendet von der Utopie einer Rückführung Deutschlands zu imperialer Größe, wie es die Führung der nationalsozialistischen Bewegung versprach. Noch auf der Mitgliederversammlung am 12. Juli 1933 ging der damalige Vizepräsident Arthur von Weinberg – ein Protestant von jüdischer Herkunft, Gründungsmitglied der IG Farben und lange Jahre in ihrem Aufsichtsrat sowie seit 1924 Mitglied der Gesellschaft – davon aus, „daß für eine Besorgnis wohl keine Veranlassung vorliege" – ein tragischer Irrtum. Dabei betrug die Mitgliederzahl ein Jahr später nur noch 230 Personen. Weinberg hegte sogar die Hoffnung, dass bald neue Mitglieder hinzutreten würden. Dann sollte die Gesellschaft eine Art „neutralen Resonanzboden" bilden.[77] „Die Änderung der innerdeutschen Verhältnisse in dem letzten Jahr", hieß es im Jahresbericht für 1934, „liess auch für unsere Gesellschaft eine Neuorientierung wünschenswert erscheinen."[78] Mit der Umsetzung dieses Beschlusses und dem klaren Bekenntnis zu einer Satzungsänderung mit dem Ziel, eine „Führerwahl" vorzunehmen, die auf der außerordentlichen Mitgliederversammlung vom 28. November 1934 beschlossen wurde, begann die Eingliederung in das System der nationalsozialistischen Herrschaft.[79] Genau in dieser Zeit löste sich die *Deutsche Gesellschaft 1914* auf. Im Gegensatz zu ihr schaltete sich die *Frankfurter Gesellschaft für Handel, Industrie und Wissenschaft* selbst und in vorauseilendem Gehorsam gleich.

Seit 1933 waren zwischen dem Präsidenten Moritz Freiherr von Bethmann, dem von den Nationalsozialisten eingesetzten Präsidenten der Handelskammer, Carl Heinrich August Lüer, dem nationalsozialistischen Oberbürgermeister Dr. Friedrich Krebs und dem Kurator der Johann Wolfgang Goethe-Universität, Amtsgerichtsrat August Wisser, Verhandlungen über die Umstellung der Gesellschaft geführt worden. Die beschlussfassende Mitgliederversammlung fand dann doch nicht am 29. Oktober 1934 statt, weil die Verhandlungen noch nicht zum Abschluss gekommen waren, sondern fiel erst auf den 23. Januar 1935. Dort verlief alles nach Plan. Die Mitgliederversammlung genehmigte damals das Ergebnis der Verhandlungen zwischen Gesellschaft, Handelskammer, Stadt und Universität, das in einer neuen Satzung ihren Niederschlag gefunden hat.

Im Zentrum der Veränderungen standen dabei die Einführung des Führerprinzips und die weitgehende Beseitigung der demokratischen Strukturen der Gesellschaft. Wählte vorher die Mitgliederversammlung den Großen Ausschuss und dieser aus seinen Reihen den Vorstand einschließlich des Präsidenten, so durften die Mitglieder ab 1935 lediglich den „Vereinsleiter" bestimmen, der wiederum seinen Stellvertreter, einen dreiköpfigen Beirat und einen sechsköpfigen Ausschuss selbst ernannte. Die Mitgliederversammlung selbst wurde systematisch in ihren Rechten beschnitten. Statt der statuarisch festgelegten jährlichen Treffen berief nun der Vereinsleiter die Versammlungen ein. Sie sollten sich auf die Entgegennahme des Jahresabschlusses, die Entlastung des Vorstandes und auf Stellungnahmen zu seinen Anregungen beschränken. Satzungsänderungen blieben in zahlreichen Fällen dem Vereinsleiter vorbehalten. Nur noch das Recht zur Auflösung blieb bei den Mitgliedern.[80]

Auf der Mitgliederversammlung wurde auch gleich gewählt. Dazu übergab Bethmann den Vorsitz an seinen Stellvertreter Arthur von Weinberg. Das wurde speziell festgehalten: „Der Vorsitzende übergab nunmehr den Vorsitz Herrn Geheimrat Dr. A. von Weinberg. Dieser dankte Herrn M. Frhr. von Bethmann für seine bisherige Tätigkeit als Präsident der Gesellschaft und für seine im Interesse einer Neuordnung geleisteten Vorarbeiten. Darauf schlug der Vorsitzende, Herr Dr. A. von Weinberg vor, gemäß § 6 der neuen Satzung zum Vereinsleiter (Präsident), Herrn M. Frhr. von Bethmann, Frankfurt a.M. zu wählen, und zwar für die Zeit bis 31. Dezember 1936. – Dieser Antrag wurde durch Akklamation einstimmig angenommen."[81]

Der Rest der Vorstandsbildung lag nach den neuen §§ 7 bis 10 der neuen Satzung nun in der Hand des Vereinsleiters. Die Mitgliederversammlung hatte darauf keinen Einfluss mehr. Er legte den Rest des neu strukturierten Vorstands fest. Dieser gliederte sich nun in einen Beirat und den Ausschuss. Der Beirat war seinerseits ständisch gegliedert in die Gruppen der Wirtschaft, der Wissenschaft und der Verwaltung und Behörden. Für diese Gruppen bestimmte Bethmann das Vorstandsmitglied der Stempel AG, Direktor Gustav Dessecker, den Präsidenten der ebenfalls bereits gleichgeschalteten Universität, Professor Dr. Walter Platzhoff, und den Reichsbahnpräsidenten Dr. Ing. Karl Steuernagel für die Behördengruppe.

Dem Ausschuss gehörten diese auch an. Doch zog Bethmann noch weitere Personen hinzu: den Staatsfinanzrat und Vorstandsmitglied der Deutschen Bank, Hermann Heinrich, zugleich auch Schatzmeister der Frankfurter Gesellschaft, Vorstandsvorsitzender der Dingler Werke in Zweibrücken, Dr. Ing. Kurt Jochum, Vorstandsmitglied der Metallgesellschaft, Direktor Ludolf Plaß, Rechtsanwalt Dr. Werner Prausnitzer, zugleich auch Schriftführer, den Direktor der Chirurgischen Klinik, Prof. Dr. Viktor Schmieden, Direktor der IG Farbenindustrie AG Dr. Georg von Schnitzler und den Geheimrat Dr. Arthur von Weinberg. Zu Revisoren wurden von ihm darüber hinaus Konsul Lehmann und Direktor Neumeier bestimmt. Als Stellvertreter für sein Amt bestimmte Bethmann Direktor Dessecker. Arthur von Weinberg, der bisherige Stellvertreter, musste ins Glied zurücktreten, war aber immer noch Mitglied des Vorstands und hatte bisher allen Anpassungen zugestimmt und sie mitgetragen.[82]

Es war also nicht allein Bethmann, der die Gesellschaft – als Verein Frucht der bürgerlichen Bewegung des 19. Jahrhunderts und ihrer liberalen, demokratischen und humanitären Zielsetzungen – in eine Organisation nach dem Prinzip von Führer und Gefolgschaft umwandelte und damit das preisgab, was das 19. und frühe 20. Jahrhundert auf dem Felde der Gesellschaftsorganisation an Fortschritten erreicht hatte. Was für die Gesellschaft galt, bezog sich auch auf den von ihr unterhaltenen Wirtschaftsbetrieb. Auch hier wurde die Belegschaft in eine Gefolgschaft und den „Betriebsführer" Bethmann eingeteilt.[83] Weil er dies einfach selbst festgelegt hatte, beschwerten sich einzelne Mitarbeiter des Hauses, die bei der *Nationalsozialistischen Betriebszellen Organisation* (NSBO) und bei der *Deutschen Arbeitsfront* (DAF) organisiert waren, und fragten bei der DAF-Rechtsabteilung nach, ob dies rechtens sei. Sie beklagten sich bei dieser Gelegenheit über Bethmann, „der sich selbst ohne jegliches Zutun seitens der Mitglieder zum Führer des Betriebs machte (…) wollte mit der ihm nun zustehenden Macht, von der wir, – die Angestellten – absolut von keiner Seite als von der seinigen etwas wussten, so recht Gebrauch machen und den Betrieb nun vom grünen Tisch aus führen und nicht wie es die Praxis erforderte. Er stellte u. a. eine Betriebsordnung auf, ohne das Personal oder mich als NSBO und DAF Mitglied zu hören, eine Betriebsordnung, die vollständig gegen die Bestimmungen verstösst. Herr Baron v. Bethmann wurde s.Zt. von der Ortsgruppe der NSBO mitgeteilt, dass ich ihr Vertrauensmann wäre. Als wir dem uns aufgezwungenen Betriebsführer nun endlich mal die Zähne zeigten, veranlasste er seine ‚Betriebsversammlung' statt Appell und wollte durch den Führer der Betriebe also des Industrieklubs

Baron von Bethmann sich als Betriebsführer einsetzen und von ihm ausgearbeitete Betriebsordnung in Kraft setzen lassen. Dabei rechnete er mit der Herrn v. Bethmann früher eigenen Starrheit, d. h. Herr v. B. war gewohnt nur zu befehlen ohne zu hören."[84]

Die Richtung der Reise in die große Veränderung war nun klar erkennbar und die Folgen ließen nicht lange auf sich warten. Dass es sich bei den Satzungsänderungen nicht um bloß formale Zugeständnisse an das Regime des Nationalsozialismus handelte, zeigte sich schon bald. Eines der Rechte, das der Mitgliederversammlung genommen worden war – das Recht auf Ausschluss von Mitgliedern –, ging auf den Vereinsleiter über und betraf unmittelbar die verbliebenen jüdischen Mitglieder. Der neu gewählte Vereinsleiter bereitete bereits vor seiner Wahl zum Vereinsleiter den Rauswurf aller „Nichtarier" im Sinne des Systems vor.

Denn zur Anpassung an die neue Ordnung, der Adaption des Führer-Gefolgschaftsprinzips anstelle der seit Jahrhunderten entwickelten demokratischen Prinzipien und der Gleichschaltung gehörte auch die „Arisierung", das heißt der Ausschluss vermeintlicher „Nichtarier". Die Vorbereitungen dazu haben den Präsidenten lange Zeit beschäftigt. Sie begannen bereits am Ende des Jahres 1934, also nach der Mitgliederversammlung vom 29. Oktober 1934 und mehrere Wochen vor der Mitgliederversammlung am 23. Januar 1935. Der Noch-Präsident Bethmann hatte damals noch nicht die Befugnis des Ausschlusses von Mitgliedern. Er bereitete sich jedoch auf den Zeitpunkt vor, wenn die Akklamation zum „Vereinsführer" erfolgt war. Seine Vorbereitungen standen im Kontext der Verhandlungen mit der Handelskammer, der Stadt und der Universität und betrafen im Kern die beabsichtigten weitreichenden Umgestaltungsmaßnahmen, mit denen die Gesellschaft an den „neuen Staat" angepasst werden sollte. Dazu gehörte im Kern die Anpassung an die Politik der Regierung, die Staatsbürger in arische Reichsbürger und nichtarische Fremde einzuteilen, mit dem Ziel, den vollen Umfang der Bürgerrechte den „Nichtariern" vorzuenthalten. Das Gesetz zur Wiederherstellung des Berufsbeamtentums war in dieser Hinsicht nur ein erster Schritt gewesen.

Das warf die Frage auf, wer das denn eigentlich sei, die Nichtarier? Die Nationalsozialisten gingen von einem biologischen Rassebegriff der Semiten aus, mit dem sich die Rasse der Arier nicht weiter vermischen dürfe. Insofern waren auch die betroffen, unter deren Vorfahren sich Semiten befanden. Der Umkehrschluss, wie Arier zu behandeln seien, die zum mosaischen Glauben gefunden hatten, wurde nicht diskutiert.[85] Weil die Meisten davon keine Vorstellung hatten, gab das Gesetz eine erste Orientierungshilfe in Form des „Arierparagraphen": Dazu schreibt das Weltlexikon Wikipedia: „Die erste gesetzliche Definition des Begriffs ‚Nichtarier' findet sich in der Ersten Verordnung zur Durchführung des Gesetzes zur Wiederherstellung des Berufsbeamtentums vom 11. April 1933."[86] Dort heißt es: *„Als nicht arisch gilt, wer von nicht arischen, insbesondere jüdischen Eltern oder Großeltern abstammt. Es genügt, wenn ein Elternteil oder ein Großelternteil nicht arisch ist."*[87] Es kam somit bei der Einordnung als Jude nicht auf die Religion an. Eine Konversion vom mosaischen zum christlichen Glauben, wie dies gerade in Frankfurt viele Unternehmer, Hochschullehrer und Verwaltungsbeamte am Ende des 19. Jahrhunderts praktiziert hatten, war unmaßgeblich; das Gesetz war explizit rassistisch.[88] Das Geheimnis sollte angeblich „im Blut" oder nicht näher bestimmten „Erbanlagen" liegen.

Eine Liste aus den Anfangstagen des Jahres 1935 und der Ausschluss der „Nichtarier" aus der Gesellschaft

Da von den Mitgliedern weder dazu noch dezidierte Informationen zur Genealogie vorlagen, mussten sich Präsident und Geschäftsführer an das Problem herantasten. Als Erstes erging der Auftrag, eine Liste zu erstellen, wen das Regime vermutlich als einen „Nichtarier" ansehen würde. Der Geschäftsführer der Gesellschaft, Dr. Paulus, stützte sich dabei auf den Namen, die Konfession – soweit bekannt – und wohl Einordnungen nach dem Hörensagen. Damit waren falsche Zuordnungen unvermeidlich.

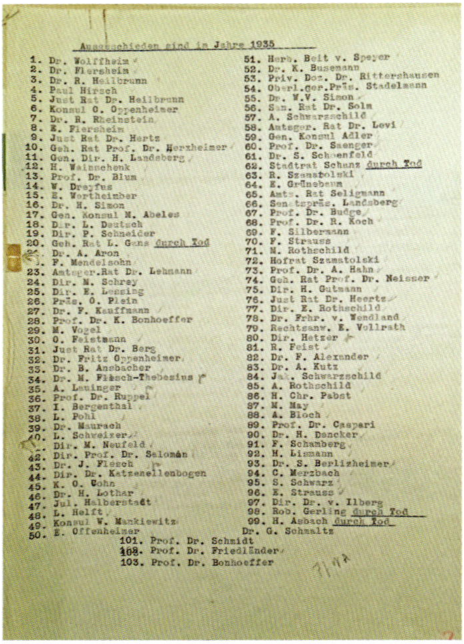

Ausgeschieden sind im Jahre 1935

1. Dr. Wolffheim
2. Dr. Flersheim
3. Dr. R. Heilbrunn
4. Paul Hirsch
5. Just Rat Dr. Heilbrunn
6. Konsul O. Oppenheimer
7. Dr. R. Rheinstein
8. E. Flersheim
9. Just Rat Dr. Hertz
10. Geh. Rat Prof. Dr. Herxheimer
11. Gen. Dir. H. Landsberg
12. H. Weinschenk
13. Prof. Dr. Blum
14. W. Dreyfus
15. E. Wertheimber
16. Dr. H. Simon
17. Gen. Konsul M. Abeles
18. Dir. L. Deutsch
19. Dir. P. Schneider
20. Geh. Rat L. Gans durch Tod
21. Dr. A. Aron
22. F. Mendelsohn
23. Amtsger.Rat Dr. Lehmann
24. Dir. M. Schrey
25. Dir. E. Lessing
26. Präs. O. Plein
27. Dr. F. Kauffmann
28. Prof. Dr. K. Bonhoeffer
29. M. Vogel
30. O. Feistmann
31. Just Rat Dr. Berg
32. Dr. Fritz Oppenheimer
33. Dr. B. Ansbacher
34. Dr. M. Flesch-Thebesius
35. A. Lauinger
36. Prof. Dr. Ruppel
37. I. Bergenthal
38. L. Pohl
39. Dr. Maurach
40. L. Schweizer
41. Dir. M. Neufeld
42. Dir. Prof. Dr. Salomon
43. Dr. J. Flesch
44. Dir. Dr. Katzenellenbogen
45. K. O. Cohn
46. Dr. H. Lothar
47. Jul. Halberstadt
48. L. Helft
49. Konsul W. Mankiewitz
50. E. Offenheimer
51. Herb. Beit v. Speyer
52. Dr. K. Busemann
53. Priv. Doz. Dr. Rittershausen
54. Oberl.Ger.Präs. Stadelmann
55. Dr. W.V. Simon
56. San. Rat Dr. Solm
57. A. Schwarzschild
58. Amtsger. Rat Dr. Levi
59. Gen. Konsul Adler
60. Prof. Dr. Saenger
61. Dr. S. Schoenfeld
62. Stadtrat Schanz durch Tod
63. R. Szamatolski
64. E. Grünebaum
65. Amtsg. Rat Seligmann
66. Senatspräs. Landsberg
67. Prof. Dr. Budge
68. Prof. Dr. R. Koch
69. F. Silbermann
70. F. Strauss
71. M. Rothschild
72. Hofrat Szamatolski
73. Prof. Dr. A. Hahn
74. Geh. Rat Prof. Dr. Neisser
75. Dir. H. Gutmann
76. Just Rat Dr. Heertz
77. Dir. E. Rothschild
78. Dr. Frhr. v. Wendland
79. Rechtsanw. E. Vollrath
80. Dir. Hetzer
81. R. Feist
82. Dr. F. Alexander
83. Dr. A. Kutz
84. Jak. Schwarzschild
85. A. Rothschild
86. H. Chr. Pabst
87. M. May
88. A. Bloch
89. Prof. Dr. Caspari
90. Dr. H. Dencker
91. F. Schamberg
92. H. Lissmann
93. Dr. S. Berlizheimer
94. C. Merzbach
95. S. Schwarz
96. E. Strauss
97. Dir. Dr. v. Ilberg
98. Rob. Gerling durch Tod
99. H. Asbach durch Tod

Dr. G. Schmaltz

101. Prof. Dr. Schmidt
102. Prof. Dr. Friedländer
103. Prof. Dr. Bonhoeffer

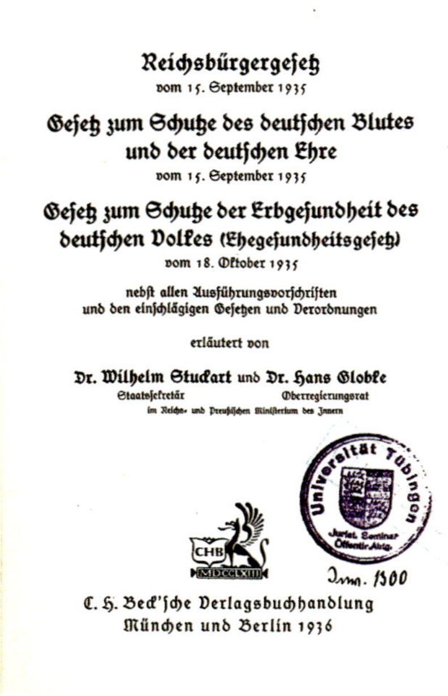

Reichsbürgergesetz
vom 15. September 1935

Gesetz zum Schutze des deutschen Blutes und der deutschen Ehre
vom 15. September 1935

Gesetz zum Schutze der Erbgesundheit des deutschen Volkes (Ehegesundheitsgesetz)
vom 18. Oktober 1935

nebst allen Ausführungsvorschriften und den einschlägigen Gesetzen und Verordnungen

erläutert von

Dr. Wilhelm Stuckart und Dr. Hans Globke
Staatssekretär — Oberregierungsrat
im Reichs- und Preußischen Ministerium des Innern

C. H. Beck'sche Verlagsbuchhandlung
München und Berlin 1936

Abb. 24 und 25: Liste des Präsidiums zur Vorbereitung des Ausschlusses der (jüdischen) „nichtarischen" Mitglieder vom Januar 1935 in der Version vom Januar 1936[89], und Kommentar zu den Nürnberger Rassengesetzen vom 15. September und 18. Oktober 1935 von Wilhelm Stuckart und Hans Globke. Beck'sche Verlagsbuchhandlung. München und Berlin 1936.

1. Dr. Wolffheim √ 2. Dr. Flersheim √ 3. Dr. R. Heilbrunn √ 4. Paul Hirsch √ 5. Just Rat Dr. Heilbrunn √ 6. Konsul O. Oppenheimer √ 7. Dr. R. Rheinstein √ 8. E. Flersheim √ 9. Just Rat Dr. Hertz √ 10. Geh. Rat Prof. Dr. Herxheimer √ 11. Gen. Dir. H. Landsberg √ 12. H. Weinschenk √ 13. Prof. Dr. Blum √ 14. W. Dreyfus √ 15. E. Wertheimber √ 16. Dr. H. Simon √ 17. Gen. Konsul M. Abeles √ 18. Dir. L. Deutsch √ 19. Dir. P. Schneider 20. Geh. Rat L. Gans (durch Tod) 21. Dr. A. Aron √ 22. F. Mendelsohn √ 23. Amtsger. Rat Dr. Lehmann √ 24. Dir. M. Schrey 25. Dir. E. Lessing 26. Präs. O. Plein 27. Dr. F. Kauffmann √ 28. Prof. Dr. K. Bonhoeffer 29. M. Vogel √ 30. O. Feistmann √ 31. Just Rat Dr. Berg 32. Dr. Fritz Oppenheimer √ 33. Dr. B. Ansbacher √ 34. Dr. M. Flesch-Thebesius (ja) 35. A. Lauinger √ (ja) 36. Prof. Dr. Ruppel √ 37. I. Bergenthal √ 38. L. Pohl √ 39. Dr. Maurach 40. L. Schweizer √√ 41. Dir. M. Neufeld √ 42. Dir. Prof. Dr. Salomon √ 43. Dr. J. Flesch √ (ja) 44. Dir. Dr. Katzenelnbogen 45. K. O. Cohn √ 46. Dr. H. Lothar √ 47. Jul. Halberstadt √ 48. L. Helft √ 49. Konsul W. Mankiewitz √ 50. E. Offenheimer 51. Herb. Beit v. Speyer √ 52. Dr. K. Busemann 53. Priv. Doz. Dr. Rittershausen 54. Oberl. Ger. Präs.

Stadelmann 55. Dr. W. V. Simon √ 56. San. Rat Dr. Solm 57. A. Schwarzschild √ 58. Amtsger. Rat Dr. Levi √ 59. Gen. Konsul Adler √ 60. Prof. Dr. Saenger √ 61. Dr. S. Schoenfeld √ 62. Stadtrat Schanz (durch Tod) 63. R. Szamatolski √ 64. E. Grünebaum √ 65. Amts. Rat Seligmann √ 66. Senatspräs. Landsberg √ 67. Prof. Dr. Budge √ 68. Prof. Dr. R. Koch √ 69. F. Silbermann √ 70. F. Strauss √ 71. M. Rothschild √ 72. Hofrat Szamatolski √ 73. Prof. Dr. A. Hahn √ 74. Geh. Rat Prof. Dr. Neisser √ 75. Dir. H. Gutmann √ 76. Just Rat Dr. Heertz √ 77. Dir. E. Rothschild √ 78. Dr. Frhr. v. Wendland √ 79. Rechtsanw. E. Vollrath 80. Dir. Hetzer (ja) 81. R. Feist √ 82. Dr. F. Alexander √ 83. Dr. A. Kutz √ 84. Jak. Schwarzschild √ 85. A. Rothschild √ 86. H. Chr. Pabst 87. M. May √ 88. A. Bloch √ 89. Prof. Dr. Caspari 90. Dr. H. Dencker √ 91. F. Schamberg √ 92. H. Lismann √ 93. Dr. S. Berlizheimer √ 94. C. Merzbach √ 95. S. Schwarz √ 96. E. Strauss √ 97. Dir. Dr. v. Ilberg 98. Rob. Gerling (durch Tod) 99. H. Asbach (durch Tod) 100. Dr. G. Schmaltz 101. Prof. Dr. Schmidt 102. Prof. Dr. Friedländer √ 103. Prof. Dr. Bonhoeffer

Was ist auf der ursprünglich im Januar 1935 entstandenen Liste zu sehen? Auf den ersten Blick scheint es sich einfach um eine Aufstellung von 103 Namen zu handeln. Zu den Namen gibt es jedoch nachträglich angebrachte handschriftliche Zeichen sowie den Vermerk „77 Nicht A". Die Zeichen stehen im Zusammenhang mit einer Korrespondenz zwischen dem Geschäftsführer Dr. Paulus und dem Präsidenten Moritz von Bethmann vom 16. Januar 1935 und ihr war eine Liste im Anhang beigefügt. In dem Brief von Paulus hieß es gleich am Anfang einschränkend: „Für die Richtigkeit meiner Angaben betr. Arier oder Nichtarier möchte ich keine Garantie übernehmen, da ich selbstverständlich die Herren nicht alle kennen kann." Er hielt jedoch fest, dass durch die Auszuscheidenden ein Fehlbetrag von 9.400 Reichsmark kalkuliert werden müsse. Das verschärfte die finanzielle Misere der Gesellschaft noch einmal erheblich. Paulus unterbreitet deshalb Vorschläge, wie die Hypothek auf der Villa Bonn dennoch abgetragen werden könne, und verbleibt „mit deutschem Gruß Heil Hitler".[90]

Die damals erstellte Liste bestimmte ab diesem Zeitpunkt das Vorgehen des Präsidiums in Bezug auf die Mitglieder, die als „Nichtarier" eingestuft worden waren, für deren Einordnung aber „keine Garantie" übernommen werden konnte. Dennoch begann der Prozess des gezielten Hinausdrängens genau mit dieser Liste. Gelegentlich wurde dazu auch die Zustimmung und Unterstützung Arthur von Weinbergs eingeholt, der sich als geborener und getaufter Protestant trotz der jüdischen Herkunft seiner Eltern und als vom Kaiser geadelter Bürger offensichtlich selbst nicht betroffen fühlte. Noch im Februar 1935, als Bethmann als Vereinsleiter bestätigt worden war, bediente man sich seiner für heikle Fälle. Das geht aus einem Schreiben von Paulus an Bethmann vom 21. März 1935 hervor. In der damals beigefügten Aufgabenliste mit zahlreichen Absprachen über das Vorgehen gegenüber einem Dutzend Mitglieder heißt es unter anderem: „I. 1) S. Paul Hirsch: Es muß sich jemand geeign. an diesen wenden, ob S. P. H. noch Mitglied zu sein wünscht; viell. fragt ihn H. Geh. R. v. Weinberg oder H. Prof. Schmieden, sofern er ihn besser kennt." Bei S. P. H. handelte es sich um den vorgestellten Eisenhändler mit der großen Musikbibliothek, genannt „Eisenhirsch". Der Kommentar von Bethmann lautete: „Nach der Sondierung erst s. Schreiben abschicken" und „nicht drängen". Im gleichgeschalteten Vorstand hatte also Weinberg noch Einfluss, es ist jedoch kein Einspruch bekannt. Er teilte die Vorgänge um die Arisierung.[91]

Forciert wurde der Prozess durch das Reichsbürgergesetz vom 15. September 1935 sowie die Gesetze zum Schutze des Deutschen Blutes und der Erbgesundheit vom 16. September, auch bekannt als „Nürnberger Rassengesetze". Sie verboten die Eheschließung sowie den außerehelichen Geschlechtsverkehr zwischen Juden und Nichtjuden und sie entzogen den als „Nichtariern" Eingestuften erhebliche politische Rechte, die in vollem Umfang nun nur noch den „arischen Reichsbürgern" zukommen sollten. Das Präsidium reagierte sofort und die Folgen waren für die Gesellschaft noch einmal dramatisch. Bethmann schrieb unmittelbar nach Bekanntgabe der Gesetze alle „Betroffenen" auf seiner Liste an (siehe gegenüberliegende Seite).

Das Schreiben ging ohne persönliche Anrede an die Betroffenen und enthielt den Widerspruch eines „freiwilligen Austritts" bis zum 8. Oktober 1935.[93] Es waren nicht wenige der Betroffenen, so Rudolf M. Heilbrunn oder Albert Hahn, die Bethmann diese „Postwurfsendung" nie verziehen haben.[94] Im November 1935 wurde Bilanz gezogen, die Mitglieder des Beirats und des Ausschusses wurden alle bestätigt, bis auf eine Ausnahme: der Geheimrat Dr. Arthur von Weinberg gehörte dem Vorstand nicht mehr an, wurde jedoch auf einer Mitgliederliste vom 15. November 1935 noch als Mitglied geführt. Der Befürworter der Arisierung war derselben selbst zum Opfer gefallen.[95] Auf dieser Liste fallen die Streichungen der aus der Gesellschaft Gedrängten auf und es gibt Hinweise auf Markierungen von zum Austritt aufgeforderten, aber weiterhin geduldeten Mitgliedern. Deren Name ist nicht durchgestrichen, sondern hat einen Schrägstrich durch den ersten Buchstaben. Es handelte sich dabei um Dir. R. Euler, Konsul A. Hauck, Dr. Jochum (Ausschussmitglied, stellvertr. Schriftführer), Reg. Rat a. d. Dr. Keck, Dr. R. Merton, Geschäftsführer Dr. Prausnitzer (Ausschussmitglied und Schriftführer), Prof. Dr. Swarzenski, Prof. Dr. Trumpler, Geh. Rat. Prof. Dr. Wachsmuth, Geh. Rat Dr. A. von Weinberg, Gen. Konsul Karl von Weinberg.[96] Am Ende dieses Verzeichnisses befindet sich noch eine handschriftliche Berechnung des Mitgliederbestandes.

Die Rechnung zeigt schonungslos den Zustand der Frankfurter Gesellschaft im zweiten Jahr der Anbiederung an das Regime.

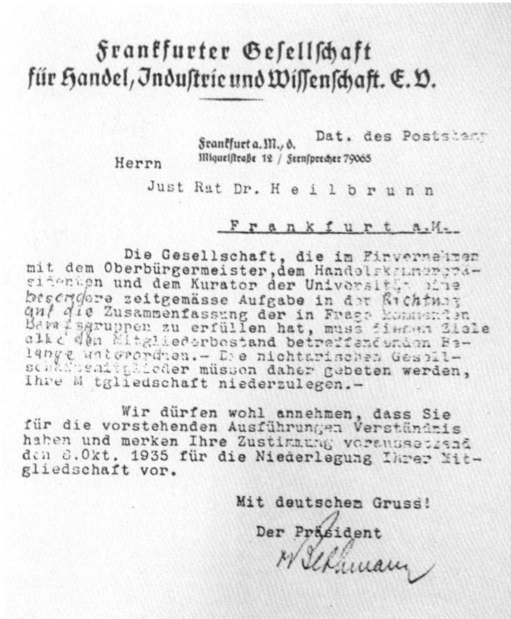

Frankfurter Gesellschaft für Handel, Industrie und Wissenschaft. E. V.

Frankfurt a. M., d. Dat. des Poststempels
Miquelstraße 12 / Fernsprecher 79065

Herrn
Just Rat Dr. H e i l b r u n n
F r a n k f u r t a.M.

Die Gesellschaft, die im Einvernehmen mit dem Oberbürgermeister, dem Handelskammerpräsidenten und dem Kurator der Universität eine besondere zeitgemässe Aufgabe in der Richtung auf die Zusammenfassung der in Frage kommenden Berufsgruppen zu erfüllen hat, muss diesem Ziele alle den Mitgliederbestand betreffenden Belange unterordnen.- Die nichtarischen Gesellschaftsmitglieder müssen daher gebeten werden, Ihre Mitgliedschaft niederzulegen.-

Wir dürfen wohl annehmen, dass Sie für die vorstehenden Ausführungen Verständnis haben und merken Ihre Zustimmung voraussetzend den 8.Okt. 1935 für die Niederlegung Ihrer Mitgliedschaft vor.

Mit deutschem Gruss!
Der Präsident
v. Bethmann

Abb. 26: Schreiben des Vereinsleiters Moritz Freiherr von Bethmann an alle als *Nichtarier* eingestuften Mitglieder der Gesellschaft für Handel, Industrie und Wissenschaft vom September 1935[92]

„Die Gesellschaft, die im Einvernehmen mit dem Oberbürgermeister, dem Handelskammerpräsidenten und dem Kurator der Universität, eine besondere zeitgemässe Aufgabe in der Richtung auf die Zusammenfassung der in Frage kommenden Berufsgruppen zu erfüllen hat, muss diesem Ziele alle den Mitgliederbestand betreffenden Belange unterordnen. – Die nichtarischen Gesellschaftsmitglieder müssen daher gebeten werden, Ihre Mitgliedschaft niederzulegen. – Wir dürfen wohl annehmen, dass Sie für die vorstehenden Ausführungen Verständnis haben und merken Ihre Zustimmung voraussetzend den 8. Okt. 1935 für die Niederlegung Ihrer Mitgliedschaft vor.

Mit deutschem Gruss!
Der Präsident v. Bethmann"

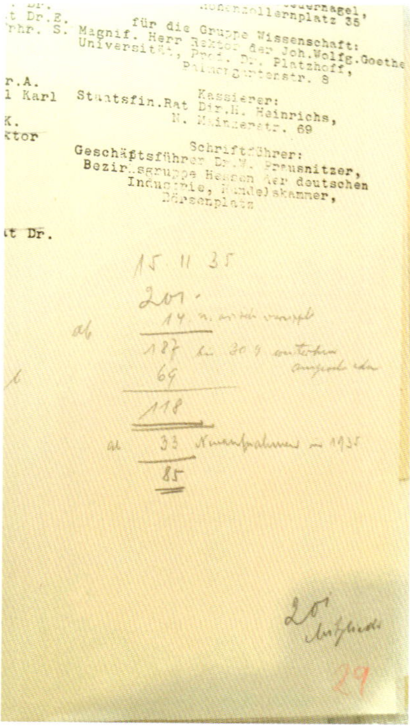

Abb. 27: Ausschnitt aus dem Typoskript des Mitgliederverzeichnisses vom 15. November 1935[97]

Am Anfang des Jahres 1935 verfügte die Gesellschaft noch über 201 Mitglieder. Doch von diesen waren nach Durchsicht 14 „n. arisch versippt", also „Nichtarier", und zwar bis in den Vorstand hinein. Sie waren aufgrund der Rassengesetze auf Dauer nicht zu halten, wurden aber wohl noch geduldet. Aber eigentlich waren es damit nur 187 *arische* Mitglieder. Doch von denen hatten die Gesellschaft bis zum 30. September des Jahres 69 Mitglieder verlassen, worauf man ja gedrängt hatte, so dass nur noch ein Bestand von 118 Mitgliedern verblieb. Von diesen 118 stammten jedoch nur noch 85 aus der alten Gesellschaft, denn mit großer Anstrengung und aufwendigen Werbemaßnahmen hatten der Vereinsleiter und sein Stellvertreter 33 Mitglieder neu gewonnen, um den Abgang zu kompensieren.

Von dem Höhepunkt des Mitgliederstandes von 569 Mitgliedern im Jahre 1926 war das mehr als weit entfernt. Selbst wenn die harten Auswirkungen der Wirtschaftskrise in Betracht gezogen werden und der Stand von 480 Mitgliedern, den die Gesellschaft im Jahre 1930 noch aufwies, zum Vergleich herangezogen wird, stellten die 85 davon im Jahre 1935 noch Verbliebenen einen traurigen Rest von nur noch einem Sechstel des Bestandes von Entscheidungsträgern und Persönlichkeiten von Rang und Ansehen dar, der sich von der Gesellschaft angezogen fühlte, bevor sie sich den Forderungen der Nationalsozialisten unterwarf. Wenn die 14 geduldeten, „arisch Versippten" einbezogen werden, teilten lediglich um die 100 Mitglieder den Kurs der Anpassung an den Nazi-Staat und damit folgten 80 Prozent dem Kurs des Präsidenten und Vereinsleiters nicht.

Trotz zahlreicher „arischer" und nationalsozialistischer Neuaufnahmen kam die Gesellschaft in den zwölf Jahren von 1933 bis 1945 nie auch nur annähernd an den Bestand in der Weimarer Republik heran. Der Tiefstand wurde Anfang 1936 mit nur noch 191 Mitgliedern erreicht. Erst danach stiegen die Mitgliederzahlen bis 1939 wieder auf etwas über 300 an.[98]

Die Motive zum Weggang waren verschieden, so spielten neben den erzwungenen Ausschlüssen finanzielle Nöte eine Rolle. Doch dürfen bei einem erheblichen Teil politische Gründe vermutet werden. Es gab ganz offenkundig eine Abstimmung mit den Füßen. Die große Mehrheit ging nicht den Weg der Gleichschaltung und der Abschaffung der Vereinsdemokratie. Insofern hatten die liberalen und demokratischen Überzeugungen über die Etablierung der Macht des Nationalsozialismus hinaus doch Bestand. Das ist das positiv zu wertende Ergebnis dieses Vorgangs. Leider fehlte dieser Mehrheit von fünf Sechsteln der Gesellschaft die Courage, die Auflösung der Gesellschaft zu erzwingen, wie dies die *Deutsche Gesellschaft 1914* in Berlin praktiziert hatte, die ja quasi Modell für die Frankfurter Gesellschaft gestanden hatte. Die *Deutsche Gesellschaft 1914* war eine der wenigen namhaften Organisationen, die Hitler bis zu seiner Machtergreifung mit Redeverbot in ihren Räumlichkeiten belegte. Die Berliner vollzogen die Liquidation 1934 mit dem ausdrücklichen Hinweis, ihre jüdischen Mitglieder – ähnlich wie in Frankfurt ungefähr ein Drittel der Mitglieder – schützen zu wollen. Natürlich konnte man sie nicht schützen. Aber man konnte ihnen die Demütigung des mit der Arisierung verbundenen Ausschlusses ersparen. Das war wohl gemeint und zweifellos ein Akt der Solidarität in düsterer Zeit. Außerdem konnten ihre Mitglieder nach 1945 von sich sagen, dass sie nicht umgefallen waren. Davon zeugen auch Verbindungen zum Widerstand, so zum Solf-Kreis, also dem Widerstandskreis, der sich um dem ehemaligen Präsidenten der Gesellschaft gebildet hatte.[99]

Die verbliebenen „Nichtarier" im Sinne des Regimes in der Frankfurter Gesellschaft erfuhren kurz darauf, wie ernst es dem Regime mit seiner Rassenpolitik war. Richard Merton, Hans Trumpler und Georg Swarzenski mussten ins Ausland fliehen, Kurt Jochum und Werner Prausnitzer ihre Ämter niederlegen, was man Arthur von Weinberg bereits abverlangt hatte, ihn aber ebenfalls vor weiteren Verfolgungen nicht schützte. Die niederschmetternde Bilanz wurde nicht zum Umdenken genutzt, sondern zum Anlass genommen, mit neuen Kräften weiterzumachen. Im Jahresbericht des Vereinsleiters von 1935 hat Bethmann dies genauso formuliert: „Die Zusammensetzung der Mitgliedschaft hat im abgelaufenen Jahre eine grundlegende Änderung erfahren. Von den 230 Mitgliedern sind im Verlaufe des Jahres 107 ausgeschieden, dagegen kamen in 1935 hinzu 68 Mitglieder, so dass die Gesellschaft am Jahresschluss 191 Mitglieder zählte. Durch weitere Zugänge ist inzwischen der Abgang zahlenmäßig ausgeglichen." (Und weiter unten führte er aus, RR:) „Überschauen wir die Entwicklung des abgelaufenen Jahres, so lassen sich deutliche Ansätze zur Besserung der Gesamtlage feststellen."[100]

Die Differenz zu den Zahlen vom 15. November erklärt sich aus einer sofort danach eingeleiteten Kampagne zur Mitgliederwerbung. Das dazu verfasste Schreiben und noch mehr seine Korrektur geben einen kleinen Eindruck davon, welcher Geist mittlerweile von der Gesellschaft Besitz ergriffen hatte. So lautet zum Beispiel ein Satz in dem Schreiben, mit dem Mitglieder zum Bleiben oder neue Mitglieder geworben werden sollten, im Entwurf: „Inzwischen haben wir auch bei unserer Gesellschaft die Bereinigung der Mitgliedschaft durchgeführt und dies in unserem Rundschreiben vom 15.10.35 mitgeteilt." Die überarbeitete Fassung nach der Korrektur nennt dagegen viel klarer Ross und Reiter: „Inzwischen haben wir bei unserer Gesellschaft die Anpassung der Mitgliederschaft an die Nürnberger Gesetze durchgeführt und dies in unserem Rundschreiben vom 15.10.35 mitgeteilt."[101]

Am Beginn des Jahres 1936 wurde bezüglich der Aufforderung an die „nichtarischen" Mitglieder, auszutreten, Bilanz gezogen, und darauf sind die Zeichen auf dem überlieferten Durchschlag zurückzuführen, die hinter jedem Namen mit Bleistift vermerkt worden sind. Hinter vielen Namen findet sich ein mit Bleistift gezogenes Häkchen oder ein „ja". Am Ende der Liste schräg versetzt der Vermerk „77", das stenographische Zeichen für „nicht“ und ein großes „A“. Hinter vier Namen steht ein „ja“. Hinter 79 Namen befindet sich entweder ein Häkchen oder ein „ja“. In zwei Fällen steht ein Häkchen wie ein „ja“ hinter dem Namen, bei J. Flesch und Lauinger. Zwei Namen mit „ja“, Flesch-Thebesius und Hetzer, haben kein Häkchen. Die „77“ entspricht somit der Zahl der Namen, hinter denen sich ein Häkchen, manchmal zwei Häkchen oder ein Häkchen und ein „ja“ befinden. 26 Namen sind ohne Häkchen und haben dabei in vier Fällen den Vermerk „durch Tod“ oder in zwei Fällen nur ein „ja“ hinter dem Namen stehen.

Diese Zeichen dokumentieren den Versuch, Sicherheit in die Unsicherheit zu bringen, wer denn nun eigentlich „Arier“ war und wer dazu nicht zählte. Das Bekenntnis von Paulus hatte das Problem aufgeworfen: „Garantie könne er keine geben“. An kaum einer anderen Stelle in der Quellenüberlieferung wird die Rassenideologie des Nationalsozialismus so ad absurdum geführt wie hier.

Abb. 28: Schautafel der Nürnberger Gesetze von 1935[102]

Man betrieb die Arisierung, kannte die Grenzen jedoch nicht, und trotzdem führte dies nicht zum Einhalten, nicht einmal erkennbar zum Nachdenken darüber, ob man bei diesem Verfahren nicht auch „Arier“ im Sinne des Systems der Stigmatisierung als „Nichtarier“ preisgeben könnte. Und so ist auch das Ergebnis. Nach mehreren Durchläufen wurden tatsächlich 77 als „Nichtarier“ angesehen. Ein Viertel der Ausgeschiedenen wurde als Arier identifiziert – so gut das nach dem Kenntnisstand möglich war. Es gab kein eindeutiges Kriterium der Unterscheidung, obwohl doch angeblich mit der Zugehörigkeit zu der einen oder anderen Rasse das Schicksal der Nation stand oder fiel.[103] Da die Rassenmerkmale nicht erkennbar waren, behalf man sich mit Herkunftsnachweisen, die Genealogie erfuhr in der Zeit des Nationalsozialismus eine deutliche Aufwertung und mit ungeheurem administrativen Aufwand wurden in den folgenden Jahren für Millionen Deutsche Ariernachweise erstellt.

Weitere Schicksale – Ausgrenzung, Flucht und Tod

Die Schicksale der aus rassistischen Motiven Hinausgeworfenen verliefen in den meisten Fällen ähnlich denen, die die Gesellschaft – und meist auch das Land – bereits 1933 verlassen mussten, unter den Umständen aber verlief die weitere Entwicklung am tragischsten für die, die blieben.

Max Flesch-Thebesius

Auch der Mediziner Max Flesch-Thebesius musste 1935 aus der Gesellschaft austreten. Denn das Regime und mit ihm die Frankfurter Gesellschaft auf Abwegen machte auch vor Akademikern mit konservativer Einstellung keine Ausnahme, wenn es um die von ihm gesetzten Merkmale im System des Rassenwahns ging. Max Flesch war Sohn des Vorstehers des Armenamtes und Stadtrates der Stadt Frankfurt, Karl Flesch, der unter Oberbürgermeister Franz Adickes zahlreiche sozialpolitische Initiativen entfaltet hatte und unter anderen mit dem Gewerkschaftssekretär Eduard Gräf wie auch mit den sozialpolitischen Aktivitäten Wilhelm Mertons oder Charles Hallgartens eng zusammengearbeitet hatte. Max Flesch, später Flesch-Thebesius, studierte nicht Jura wie sein Vater, sondern Medizin und bekam nach der Promotion eine Stelle als Assistenzarzt an der Chirurgischen Universitätsklinik im Frankfurter Stadtteil Sachsenhausen, die von Carl von Noorden, dem Gründungsmitglied der Frankfurter Gesellschaft, aufgebaut worden war. Er war dort von 1928 bis 1933 Chefarzt der Chirurgischen Abteilung dieser Klinik. Bei seiner Heirat mit Amalie Thebesius nahm er ihren Namen als Doppelnamen an. Als Tabu wurden in der Familie Flesch die jüdischen Wurzeln angesehen und strikt verschwiegen. Damit hat sich die Tochter von Max Flesch-Thebesius später auseinandergesetzt. Vor allem auch deshalb, weil es die Nationalsozialisten waren, die das Tabu brachen und den Arzt und seine Familie trotz der lange zurückliegenden Konvertierung zum evangelisch-lutherischen Glauben als „Nichtarier" behandelten.[105]

Abb. 29: Prof. Dr. Max Flesch-Thebesius. Foto aus der zweiten Hälfte der 1930er Jahre: Der Chirurg Max Flesch-Thebesius (1889–1983) hinter seiner Ehefrau Amalie Flesch-Thebesius, in der Mitte der Anatom, Kriminalanthropologe, Gynäkologe, Sexual- und Sozialreformer Max Flesch (1852–1943) hinter seiner Ehefrau Hella Flesch, rechts Marlies Flesch-Thebesius, später ev.-luth. Pfarrerin (* 1920) hinter Elisabeth Weigert (1889–1942), alle aus Frankfurt am Main[104]

Nach ihrer Machtergreifung sorgten sie dafür, dass Flesch-Thebesius wegen der jüdischen Wurzeln der Großeltern entlassen wurde und nur noch in seiner Privatpraxis und als Belegarzt chirurgisch am Frankfurter Viktoria-Institut (Sanatorium Westendstraße) tätig sein durfte. Die Einschränkungen kränkten wahlweise den deutschnational gesinnten Arzt oder versetzten ihn in Angst ob der Dinge, die noch zu erwarten waren. Das trieb ihn aber nicht wie Friedrich Dessauer in den Widerstand. Seine Stunde kam 1945, als er konkurrenzlos die Stelle des Direktors der Chirurgie des Stadtkrankenhauses Höchst übernehmen konnte, in die Kommunalpolitik einstieg, ab 1946 als Stadtverordneter für die CDU gewählt wurde, eine außerplanmäßige Professur an der Goethe-Universität erhielt und sich in einer Vielzahl von kulturellen Projekten engagierte, unter denen der Einsatz für den Wiederaufbau der Alten Oper nur eines unter vielen war. Von weitreichender Bedeutung war auch sein Engagement für die Gründung der Robert Schumann-Gesellschaft.[106]

Adolf Friedländer

Prof. Dr. Adolf Friedländer war der Sohn des jüdischen Bankiers Dagobert Friedländer aus Bromberg in der Provinz Posen. Nach einem erfolgreichen Jurastudium fand er ab 1888 Beschäftigung an Frankfurter Gerichten, wechselte 1904 an das Landgericht Limburg und brachte es bis 1924 zum Amtsgerichtsrat und zum Publizisten von wissenschaftlichen Beiträgen in juristischen Journalen. Aufgrund des ersten Rassengesetzes von 1933 wurde er vorzeitig in den Ruhestand geschickt. Er verließ daraufhin Limburg, nahm seinen Wohnsitz in Frankfurt und lebte längere Zeit unter dem Schutz der Ehe mit einer Christin. Doch es zermürbten ihn drohende Verfolgung und alltägliche Diskriminierung. Am 22. August 1942 entzog er sich beidem, indem er seinem Leben ein Ende setzte. Seine Tochter und seine erste Ehefrau wurden 1944 in Auschwitz und Bergen-Belsen ermordet.[107]

Abb. 30: Richard Feist, handkolorierte Postkarte um 1907 des Hotels Clauss-Feist in Traben-Trarbach[108]

Er kündigt am 30.6.33 für Ende des Jahres, „behalte mir aber meine endgültige Stellungnahme nach der auf den 12. Juli einberufenen Mitgliederversammlung vor." (pag. 14). In einem zweiten Schreiben vom 13. Juli 1933 „zieht (er) seine vorsorglich erfolgte Kündigung per Ende ds. Js. zurück" (pag. 15). Er wird dann 1935 hinausgeworfen (vgl. Liste Position 81)

Richard Feist

Richard Feist war ein bekannter Weingroßhändler, der 1925 Aufnahme in die Gesellschaft gefunden hatte. Das Adressbuch von 1935 weist als Wohnsitz eine Wohnung in der Hans-Thoma-Str. 5 aus.[109] Mit der Feist Sektkellerei AG hatte er nichts zu tun, aber mit einem mondänen Hotel an der Mosel, das damals als Ressort für alle, die es in der Republik zu Macht und Einfluss gebracht hatten, galt. Es handelte sich um das Luxushotel *Clauss-Feist* in Traben-Trarbach an der Mosel. Ein schlichter Vorgängerbau war 1900 komplett abgebrannt. Richard Feist nutzte die Gelegenheit, um im Zentrum des damaligen Handels mit Mosel-Weinen ein großes

Hotel zu errichten, zu dessen Bau er den bekannten Berliner Jugendstilarchitekten Bruno Möhring verpflichten konnte. Das Hotel konnte 1903 in Betrieb genommen werden, avancierte in den folgenden Jahrzehnten zur ersten Adresse an der Mosel, die von der Aristokratie, Großindustriellen oder bekannten Schauspielern gleichermaßen regelmäßig frequentiert wurde. Das Schicksal von Richard Feist nach seinem Rauswurf aus der Frankfurter Gesellschaft im Jahre 1935 bedarf weiterer Recherchen.[110]

Bernhard Salomon

Abb. 31: Stolperstein Meta Salomon[111]

Über den Elektroingenieur und Generaldirektor der Elektrizitäts-AG Bernhard Salomon hatten wir oben schon ein wenig berichtet. Er hatte erst eine akademische Laufbahn eingeschlagen, auf die er eine Karriere bei der EAG aufsetzte und sich mit der IHK und den Verbänden der Elektroindustrie vernetzte – und zwar im Verlauf von drei Jahrzehnten mit großem Erfolg.[112]

Obwohl er in der Privatwirtschaft tätig war, ging die erste Welle der Berufsverbote und Einschränkungen durch die rassistischen Gesetze des NS-Regimes nicht an ihm vorüber. Er musste als Generaldirektor der EAG zurücktreten – nach 40 Jahren. Auch bekam er die Ausgrenzung und antisemitischen Vorbehalte zu spüren, die mit den Nürnberger Rassengesetzen sprunghaft anstiegen. Die Frankfurter Gesellschaft schloss ihn aus. Er selbst gab 1935 das Corpsband seiner studentischen Verbindung *Corps Marko-Guestphalia*, der er 1875 beigetreten war, zurück. Das wird in einschlägigen biographischen Notizen dahingehend gedeutet, dass er „seine Studentenverbindung nicht durch seine

Mitgliedschaft in Schwierigkeiten (..) bringen" wollte.[113] Ganz im Gegensatz zu den vielen Anlässen der Ausgrenzung wurde er noch 1941 in einem Schreiben der Schiedsstelle beim Reichsverwaltungsgericht als „eine der hervorragendsten Persönlichkeiten des deutschen Wirtschaftslebens" bezeichnet.[114]

Die Eheleute Bernhard und Meta wohnten in einer Dienstvilla in der Frankfurter Westendstraße 25, aus der sie 1940 ausgewiesen wurden. Am 8. Juni 1942 wurde Meta Salomon zur Geheimen Staatspolizei vorgeladen, weil sie den diskriminierenden gelben Stern nicht getragen hätte. Sie wurde verhaftet, ins Frauengefängnis Preungesheim eingewiesen, von dort als „Jüdin, politisch" ins Frauenkonzentrationslager Ravensbrück verbracht. Dort erlag sie am 17. September 1942 im hohen Alter den „auf Vernichtung zielenden Lebensbedingungen".[115] Bernhard Salomon hat das Drama, das seiner Frau widerfuhr, nicht mehr erlebt. Er war kurz nach ihrer Verschleppung am 26. Juli 1942 im Alter von 87 Jahren gestorben und so seiner geplanten Deportierung in das KZ Theresienstadt zuvorgekommen.[116]

Es finden sich noch viele ähnlich tragische Schicksale unter den 77 als „Nicht A" Klassifizierten.

Verschmähte Patrioten – Alfred und Richard Merton

Alfred Merton war unter den vier Söhnen des Gründers der Metallgesellschaft, Wilhelm Merton, der Älteste. Er wurde 1878 in Frankfurt am Main geboren und starb im Alter von 76 Jahren 1954 in Bad Nauheim. Er legte sein Abitur am Städtischen Gymnasium in Frankfurt ab. Mit 24 Jahren trat er in die Unternehmensleitung der Metallgesellschaft ein. Im Krieg geriet der global aufgestellte Konzern in erhebliche Schwierigkeiten, die mit dem Friedensvertrag von Versailles nicht endeten. Er versuchte das Wissen des Konzerns um Erzgewinnung zur Begleichung der Reparationsschulden für Deutschland einzusetzen und finanzierte Versuche Fritz Habers an der Kaiser-Wilhelm-Gesellschaft, das im Meerwasser enthaltene Gold zu gewinnen. Wie Weinberg gehörte er 1925 zu den Gründern der IG Farben und auch ihn schützten seine zahlreichen mäzenatischen Aktivitäten nicht davor, auf Druck der Nationalsozialisten seine öffentlichen Ämter aufzugeben. Schon 1934 zog er die Konsequenzen, emigrierte in die USA und übernahm die Verantwortung für die Unternehmensteile des Konzerns dort.[119]

Nach neueren Recherchen scheint es eine stillschweigende Übereinkunft zwischen ihm und der Kaiser-Wilhelm-Gesellschaft gegeben zu haben, ihn im Senat der Gesellschaft zu behalten und nicht den Arierparagraphen anzuwenden. Hintergrund waren wohl die umfangreichen Zahlungen, die Merton für Forschungen dort gegeben hatte. Ihm widerfuhr also ein ähnliches Angebot, das auch seinem Bruder und Arthur von Weinberg unterbreitet worden war. Es galt jedoch wie im Falle der Frankfurter Gesellschaft nur für kurze Zeit und wurde schließlich doch dem Ziel geopfert, die KWG „judenfrei" zu machen.[120]

Richard Merton war der drei Jahre jüngere Bruder von Alfred Merton. Er kam 1881 zur Welt und verschied 79 Jahre später am Ort der Geburt, in Frankfurt. Er begab sich nicht gleich in den Konzern, sondern studierte Rechtswissenschaft und Kameralistik und übernahm trotzdem bereits mit 21 Jahren die Leitung der Berg- und Metallbank, einer Tochterfirma der Metallgesellschaft, in der auch Alfred Hugenberg für ein paar Jahre unterkam. Sie kannten sich also

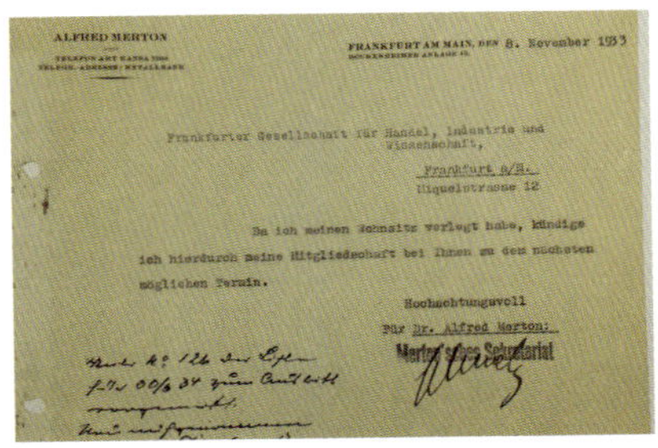

ALFRED MERTON

FRANKFURT AM MAIN, DEN 8. November 1933

Frankfurter Gesellschaft für Handel, Industrie und Wissenschaft,

Frankfurt a/M.
Miquelstrasse 12

Da ich meinen Wohnsitz verlegt habe, kündige ich hierdurch meine Mitgliedschaft bei Ihnen zu dem nächsten möglichen Termin.

Hochachtungsvoll
Für Dr. Alfred Merton:
Merton'sches Sekretariat

Abb. 32/33: Alfred Merton[117] und Austrittsschreiben Nr. 36: Alfred Merton vom 8. November 1933[118]

„Da ich meinen Wohnsitz verlegt habe, kündige ich hiermit meine Mitgliedschaft bei Ihnen zu dem nächsten möglichen Termin. Hochachtungsvoll für Dr. Alfred Merton Merton'sches Sekretariat…" Handschriftliche Notiz auf dem Schreiben: „Mgld. Nr. 199 d. Liste für den 30.6.34 zum Austritt vorgemerkt. Neu aufgenommen (aus der Metallgesellschaft, RR) No. 199 Dr. Kurt Busemann. 13.11.33"

Abb. 34: Richard Merton[121]

gut, ohne dass daraus ein erkennbarer Nutzen für Richard Merton erwachsen wäre. Sein Weg führte ihn erst einmal hinaus in die Welt, um die vielen ausländischen Filialen des globalen Konzerns kennenzulernen. Jahre später saß er im Aufsichtsrat der Metallbank und wenig später im Vorstand der Metallgesellschaft. Beides gab sein Vater ab, weil er sich aus dem Geschäft zurückziehen wollte, um sich ganz auf seinen sozialen Konzern konzentrieren zu können. Am Krieg nahm er erst als Frontoffizier teil und wirkte dann in der Militärverwaltung.

Er trat in mehreren Denkschriften für einen vermittelnden Standpunkt in umstrittenen Fragen der Kriegswirtschaft ein. Im Gegensatz zu Rathenau befürwortete er zwar die staatliche Zwangsbewirtschaftung der Nahrungsmittel und trat auch für einen Ausgleich mit den Gewerkschaften ein wie auch für eine Begrenzung der Kriegsgewinne, doch sah er von dem Konzept Rathenaus einer in Korporationen organisierten Industrie ab. Er gehörte der deutschen Delegation bei den Friedensverhandlungen in Versailles an, ohne Einfluss auf das Ergebnis nehmen zu können, und zog sich deshalb aus der Reichspolitik zurück, blieb jedoch der Kommunalpolitik und seinem Mandat der DVP treu. Das brachte ihn in Opposition zu dem Kreis um Landmann in der Frankfurter Gesellschaft, weil er vehement ein Ende des Einsatzes von kommunalen Gesellschaften auf Kosten der Privatwirtschaft forderte und dies als „System Landmann" denunzierte. Darin stimmte er mit der kommunalen NSDAP überein. Die Übereinstimmung ging jedoch über diese Frage noch hinaus. Er teilte den Anbiederungskurs von Bethmann und Weinberg.

Er erlebte den Durchbruch der Nationalsozialisten direkt mit, weil er von November 1932 bis März 1933 für die DVP im Reichstag saß und für das Ermächtigungsgesetz stimmte, wie auch Friedrich Dessauer. Doch in Gegensatz zu diesem musste er sich dabei nicht dem Fraktionszwang unterwerfen, sondern betrieb eine aktive Anpassung an das Regime. Schillernder Ausdruck dieser Überzeugung war sein Geschenk an die Stadt Frankfurt, das er ihr nach der Überlieferung mit den Worten übergeben haben soll, es sei ein „dauerndes Erinnerungszeichen an die geschichtliche Periode, die wir erleben".[122] Es handelte sich dabei um ein Gemälde des Hanauer Künstlers Reinhold Ewald mit dem Titel *Gruß an die deutsche Arbeit*. Das Bild ist „eine Glorifizierung des deutschen Arbeiters und seiner Rolle in Nazi-Deutschland. Neben verschiedenen Darstellungen werktätiger Männer und Frauen zeigt das Bild einen mit Hakenkreuz-Flaggen geschmückten Platz, aufmarschierende Truppen von SA, SS, HJ sowie führende Nationalsozialisten."[123] Das Gemälde wurde zerstört, und es blieb nur eine Kopie aus einem Zeitungsartikel erhalten, die sich heute im Historischen Museum Frankfurt befindet.

Wie allen anderen hier vorgestellten Vertretern dieses Kurses war Richard Mertons Löffel zu kurz, um mit dem Teufel Suppe zu essen. Aufgrund seiner jüdischen Herkunft – sein Vater Wilhelm Merton und seine Mutter waren Mitglieder der jüdischen Gemeinde gewesen, bevor sie 1897 zum Protestantismus konvertierten – musste er alle öffentlichen Ämter niederlegen. Aus der Frankfurter Gesellschaft trat er nicht wie sein Bruder aus, sondern wurde wie Weinberg noch eine Zeitlang toleriert. Doch dann schlugen die Repressionsorgane der neuen „geschichtlichen Periode", in der er lebte, zu. Er wurde für mehrere Wochen in das Konzentrationslager Buchenwald verbracht, sein Vermögen konfisziert. Konnte Weinberg noch seine Villa zu einem Spottpreis an die Stadt verkaufen und die Judenabgabe davon begleichen, verlor Merton seine Villa, die er 1927 in Bockenheim hatte bauen lassen, ohne jeden finanziellen Ausgleich. Seine Frau, Elisabeth Prinzessin zu Sayn-Wittgenstein-Berleburg, ermöglichte ihm 1939 die Flucht nach England. Dort publizierte er viel, um den Briten die Deutschen zu erklären, und dachte über den Wiederaufbau der deutschen Wirtschaft nach dem Krieg nach. Daran legte er selbst Hand an, als er 1948 nach Frankfurt am Main zurückkehrte. Nachdem er sein konfisziertes Vermögen zurückerstattet bekam, konzentrierte er sich auf den Wiederaufbau der Metallgesellschaft und setzte sich für die internationale Zusammenarbeit ein.[124] Wie sein Bruder nach dem Ersten Weltkrieg die Expertise der Metallgesellschaft für Goldgewinnung und Begleichung der Reparationsschulden einsetzen wollte und dafür Projekte der KWG förderte und wie sein Vater, der mit dem *Institut für Gemeinwohl* einen großen Vorstoß zur Lösung der sozialen Frage unternahm, förderte auch Richard Merton die Wissenschaften und den sozialen Ausgleich zwischen den Schichten.

Merton nahm nach Kriegsende viele Ehrenämter wahr. So war er unter anderem Vorsitzender des Stifterverbandes für die deutsche Wissenschaft, Präsident der deutschen Gruppe der Internationalen Handelskammer und Gründer der Frankfurter Gesellschaft für Sozialpolitik. In diesem Zusammenhang stiftete er 1956 einen Lehrstuhl für Sozialpolitik an der Universität Frankfurt, wie es Karl Kotzenberg 37 Jahre vor ihm getan hatte.[125] Gerade für dieses Engagement wurden ihm zahlreiche Ehrungen angetragen, so unter anderem das Amt des Ehrensenators der Universität Frankfurt, die Goethe-Plakette der Stadt Frankfurt am Main, das Ehrenbürgerrecht und aus der Hand von Bundespräsident Theodor Heuss erhielt er das Große Verdienstkreuz mit Stern der Bundesrepublik Deutschland.[126] Er wurde auch gleich 1948 wieder Mitglied der neu gegründeten Frankfurter Gesellschaft.

Emigration, Untergrund, Lager, Widerstand – Ehrenmitglied Rudolf M. Heilbrunn

Rudolf Moritz Heilbrunn kam 1901 in Frankfurt als Kind jüdischer Eltern zur Welt, und zwar einerseits des Mitbegründers der Frankfurter Gesellschaft Justizrat Dr. jur. Ludwig Heilbrunn und andererseits der Tochter Clara des Inhabers der Juwelierfirma Robert Koch. Er erreichte trotz aller Fährnisse des Lebens das hohe Alter von 97 Jahren und starb in Karlsruhe. Heilbrunn hatte viele Professionen, so die eines Privatgelehrten, Historikers, Autors und Herausgebers. Studiert hatte er Jura an der Goethe-

Universität in Frankfurt und sich 1928 bei dem Juristen Hugo Sinzheimer, dem Vater des deutschen Arbeitsrechts und Beteiligten an der Gründung der Akademie der Arbeit an der Goethe-Universität, mit einem den Zeitverhältnissen ganz angemessenen Thema über *Die rechtliche Stellung der Betriebsratsmitglieder im Aufsichtsrat* promoviert. Er trat jedoch trotz des gleichen Studiums nicht in die Fußstapfen seines Vaters und strebte keine kommunale Verwaltungslaufbahn wie dieser an, sondern trat als promovierter Jurist einerseits in das Juweliergeschäft seines Großvaters Robert Koch ein und andererseits der Frankfurter Gesellschaft bei. Fünf Jahre später heiratete er Lore Grages. Vielseitig interessiert, Teil einer etablierten und hochangesehenen Familie und quasi in das Netz der Entscheidungsträger hineinwachsend, versprach ihm das Leben einiges an Möglichkeiten. Scharf war deshalb die Zäsur im Jahr seines Eintritts in den Ehestand. Über Nacht wurde prekär, was bis dahin als stabil angesehen wurde. Empfindlich trafen ihn die sofort einsetzenden Vertreibungen vieler Freunde, Verwandter und Bekannter und dann 1935 der Ausschluss aus der Frankfurter Gesellschaft. Den Ausschluss hat er wie Albert Hahn dem damaligen Präsidenten nie verziehen und seinen zweiten Vornamen Moritz ab dieser Zeit mit „M." abgekürzt. Als wenig später auch noch die „Arisierung" der Firma seiner Großeltern durch die Nationalsozialisten erfolgte, emigrierten er und sein Vater 1938 ins Ausland.

Abb. 35: Rudolf M. Heilbrunn. Foto aus Anlass seiner Auszeichnung als Ehrenmitglied der Frankfurter Gesellschaft am 13. Februar 1995[127]

Während Ludwig Heilbrunn über die Schweiz nach London ausreiste, entschied sich sein Sohn wie viele Vertriebene von London aus nach Amsterdam weiterzureisen. Es lag für ihn wegen des dort konzentrierten Juwelenhandels nahe. Doch statt der Möglichkeit eines

Neuanfangs im Juwelenhandel entkam er nur kurz der Verfolgung durch die Nationalsozialisten. Im Dezember 1943 wurde er verhaftet und ihm drohte die Einlieferung in das Durchgangslager Westerborg mit anschließender Deportation in die Vernichtungslager, wie es das Schicksal von Leo Badmann gewesen ist. Er versuchte in Verstecken zu überleben, wurde verraten und verbrachte mehrere Tage und Nächte auf einer Polizeistation, auf der er Todesängste wegen der drohenden Einweisung in das Lager Westerborg und einer Deportation durchstand. Es gelang ihm jedoch knapp, die Einweisung zu verhindern und zu überleben. Er berichtete über diese Todesangst in seinem Buch *Zehn Nachtwachen*, in dem er zugleich dem jüdisch-christlichen Milieu in Frankfurt vor seiner Zerstörung ein Denkmal setzte. Das Typoskript befindet sich im Max Beckmann-Archiv. Das Buch erschien vor 20 Jahren.[128]

Heilbrunn ging 1950 zunächst nach Zürich und arbeitete anschließend seit 1962 als Privatgelehrter, Autor und Herausgeber in Kaiserslautern. Er hatte einen großen Bekanntenkreis im literarisch-künstlerischen Milieu. Besonders hat er sich mit Max Beckmann auseinandergesetzt, mit dessen Werken er seit 1919 vertraut war. Obwohl beide in Frankfurt lebten, hat er den Maler doch erst 1944 in Amsterdam näher kennengelernt. 1946 zeichnete ihn Beckmann und schrieb unmittelbar vor seiner Fahrt am 29. August 1947 von Rotterdam nach den USA über ein kurzes Treffen mit Heilbrunn in sein Tagebuch: „Vorher erschien noch Heilbrunn zum Abschied von dem nachher auch noch eine große Blume für Quappi an Bord erschien."[129] Bei der Gelegenheit hatte Heilbrunn das Ehepaar Beckmann mit dem ebenfalls reisenden Ehepaar Thomas und Katja Mann bekannt gemacht.

Vom Täter zum Opfer – Arthur von Weinberg

Hat die Gesellschaft das ihr aufgezwungene Ziel, die „Arisierung", erreicht? Ja und nein, es gibt diesbezüglich ein paar Ungereimtheiten. Denunzierte man auf der einen Seite lieber zu viele Mitglieder als „Nichtarier" als zu wenig, so sah man in einigen Fällen von der Preisgabe eines Mitglieds von jüdischer Herkunft ab. Der Geheime Regierungsrat Dr. Arthur von Weinberg blieb der Gesellschaft noch längere Zeit verbunden, als sei nichts geschehen. Zusammen mit Bethmann gehörte er der Gesellschaft seit vielen Jahren an führender Stelle an und blieb dort ungeachtet der Austrittswellen, die sich über mehrere Jahre hinzogen. Mehr noch, er trug die Maßnahmen des Präsidenten als stellvertretender Präsident lange Zeit mit, ja wurde explizit herangezogen, wenn es um heikle Angelegenheiten ging. Mit der Wahl Bethmanns zum Vereinsleiter verlor er seine Stellvertreterposition, die er seit dem Rückzug von Karl Kotzenberg aus seinen Ämtern im Jahre 1930 innegehabt hatte, und mit den Nürnberger Rassengesetzen schied er ganz aus dem Vorstand aus. Aber er war noch im November 1935 auf der letzten Mitgliederliste vor 1939 Mitglied, auch wenn als „nichtarisch versippt" eingeordnet.

Weinberg war jedoch Kind assimilierter jüdischer Eltern, die ihre Assimilation mit dem Wechsel zum Protestantismus abgeschlossen hatten. Dementsprechend ließen sie ihre Kinder evangelisch taufen.[130] Im „Dritten Reich" vertraute Weinberg als Christ lange darauf, dass ihm – auch wegen seiner patriotischen Gesinnung, seiner großen Verdienste um das Gemeinwohl und seiner Teilnahme am Ersten Weltkrieg – nichts Schlimmes passieren würde. Doch entgegen der Einordnung „nichtarisch versippt" galt er eigentlich als „Mischling 1. Grades" und damit als „Nichtarier". Er stand jedoch nie auf der Liste der „Nichtarier".[131] Dementsprechend gehörte er der Gesellschaft noch 1936 an.

Das hinderte den Vereinsleiter nicht, zu Beginn des Jahres 1936 öffentlich die „Judenfreiheit" der Frankfurter Gesellschaft zu erklären und sie ganz offiziell als „arisierte" Gesellschaft vorzustellen. Am 27. Februar 1936 schickte Paulus als Anhang zu einem Brief an Bethmann die öffentliche Verkündung dieser Selbsteinschätzung und zugleich eine Einladung an die NS-Gremien der Region, die Vorträge der Gesellschaft zu besuchen und am besten auch noch nach einem festen Schlüssel: „Wie bereits vor einiger Zeit der Gauleitung Hessen-Nassau und der Gauwaltung der DAF mitgeteilt wurde, setzt sich die Mitgliedschaft der Gesellschaft nur aus arischen Mitgliedern zusammen. Wir haben die

Absicht die Partei und ihre Gliederungen (zu) unseren Vorträgen um ihre Teilnahme zu bitten und haben für jede Veranstaltung 20 Einladungen vorgesehen, für deren Verteilung wir folgenden Vorschlag machen: Gauleitung 2, Gauwaltung der DAF 2, Kreisleitung 2, Ortsgruppe 1, SA.-Gruppe 2, SS.-Standarte 2, NSKK 2, Landesbauernführer 2, Hitlerjugend 2, Treuhänder der Arbeit 2 (...) ."[132]

Weinberg hatte somit alle Etappen der Arisierung der Frankfurter Gesellschaft nicht nur überstanden, sondern mitgetragen – im Vertrauen auf seine gesellschaftliche Position.[133] Seine Verbundenheit mit der Gesellschaft demonstrierte er noch bei einer weiteren Gelegenheit. Denn einen Monat nachdem die Arisierung offiziell als abgeschlossen verkündet worden war, verschickte Paulus am 12. März 1936 ein anderes Schreiben Weinberg betreffend an Bethmann. Es handelt sich wieder um Berichte und Vorschläge zu verschiedenen Verfahren, die meist mit „gut" kommentiert werden. Doch dann kommt ein besonderer Absatz: „In der Anlage füge ich noch ein Schreiben von Herrn Geh. Rat v. Weinberg bei. Von dem Inhalt habe ich zunächst nur Herrn Staatsfin. Rat Heinrichs verständigt, der angeordnet hat, dass, bis Sie ihre Entscheidung getroffen haben, was weiter geschehen soll, sonst niemand davon Kenntnis gegeben werden soll. Herr Staatsfin. Rat Heinrichs wäre Ihnen sehr dankbar, wenn Sie ihm Gelegenheit geben würden, vor Weiterbehandlung der Angelegenheit mit Ihnen zu sprechen." Die handschriftliche Notiz Bethmanns dazu lautete: „gut". Und: „Ich bitte mir die Schreiben sofort zur Unterzeichnung nachzuschicken (Schreiben an Krebs, Lüer)", und weiter fügt Bethmann noch hinzu: *„Nach dem Vorgefallenen ist das höchst nobel!"*[134]

Wie ist das zu interpretieren? Stand in dem Brief ein nachträglicher Protest gegen die Entlassungen von so vielen Juden aus der Gesellschaft oder war er aufgefallen, weil er sich als Mitglied der Wehrorganisation der DNVP, des Stahlhelms, in SA-Uniform gezeigt hatte? Oder beklagte er sich über die Hetzkampagne des *Stürmer* gegen den „Jud Weinberg", die bereits 1934 begonnen hatte?

Keine dieser Interpretationen trifft zu. Ein Blick in das Schreiben von Arthur von Weinberg vom 9. März legt eine ganz andere Interpretation nahe. In den Brief an Bethmann ging es nicht um Klagen über die wachsenden Probleme, seine Stellung als öffentliche Person zu behaupten, sondern um die finanziellen Probleme, die der Hauskauf elf Jahre zuvor durch den Schwund an Mitgliedern nach sich gezogen hatte. Arthur von Weinberg hatte wie die anderen Gläubiger auf die Hälfte seiner Zinseinnahmen verzichtet. Doch in dem Schreiben unterbreitete er, obwohl er aufgrund seiner jüdischen Herkunft erst im November, wenige Wochen zuvor, seine Mitgliedschaft im Ausschuss verloren hatte, einen Vorschlag zur Rückzahlung der Hypothek. Er schrieb sehr förmlich am 9. März 1936 an Moritz von Bethmann:

Sehr geehrter Freiherr von Bethmann!

Ich bestätige den Empfang Ihres Briefes vom 14ten und der Mitteilung vom 29sten Februar. Bei den Verhandlungen über die Schwierigkeiten, die für die Gesellschaft durch die hypothekarische Belastung entstanden sind, habe ich den Standpunkt vertreten, dass bei der Herausgabe der Hypotheken die Absicht bestand, die Zwecke der Gesellschaft zu fördern, und dass es sich daher nicht lediglich um eine Kapitalanlage gehandelt hat. Da eine allgemein befriedigende Lösung nicht gefunden werden konnte, erkläre ich mich bereit, auf die Rückzahlung meiner Hypothek endgültig zu verzichten. Ich habe in der Gesellschaft viele angenehme und belehrende Stunden verbracht und hoffe, dass es gelingt, sie auf eine dauernde gesunde Grundlage zu stellen.

Freundlich grüssend Ihr
Dr. A. v. Weinberg

Das war ein mehr als großzügiges Angebot. Auch wenn Arthur von Weinberg in dem Brief den Deutschen Gruß vermied, wird sein Angebot auch als solches wahrgenommen. „Nach dem Vorgefallenen ist

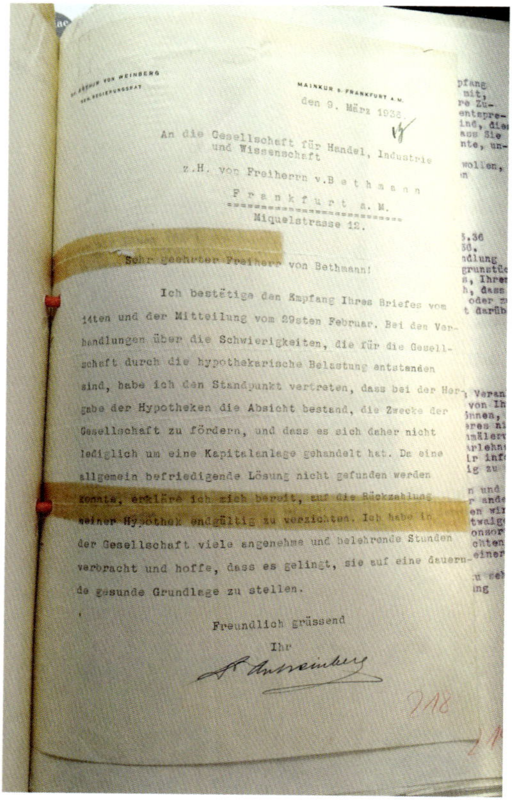

Dr. Arthur von Weinberg
Geh. Regierungsrat

Mainkur b. Frankfurt a. M.
den 9. März 1936.

An die Gesellschaft für Handel, Industrie
und Wissenschaft
z.H. von Freiherrn v. B e t h m a n n
F r a n k f u r t a. M.
Miquelstrasse 12.

Sehr geehrter Freiherr von Bethmann!

Ich bestätige den Empfang Ihres Briefes vom 14ten und der Mitteilung vom 29sten Februar. Bei den Verhandlungen über die Schwierigkeiten, die für die Gesellschaft durch die hypothekarische Belastung entstanden sind, habe ich den Standpunkt vertreten, dass bei der Hergabe der Hypotheken die Absicht bestand, die Zwecke der Gesellschaft zu fördern, und dass es sich daher nicht lediglich um eine Kapitalanlage gehandelt hat. Da eine allgemein befriedigende Lösung nicht gefunden werden konnte, erkläre ich mich bereit, auf die Rückzahlung meiner Hypothek endgültig zu verzichten. Ich habe in der Gesellschaft viele angenehme und belehrende Stunden verbracht und hoffe, dass es gelingt, sie auf eine dauernde gesunde Grundlage zu stellen.

Freundlich grüssend
Ihr
A v Weinberg

Abb. 36: Schreiben Arthur von Weinbergs an die Gesellschaft für Handel, Industrie und Wissenschaft z. H. von Freiherr v. Bethmann vom 9. März 1936[135]

das höchst nobel!", bemerkte Bethmann. Der ehemalige Präsident und der ehemalige stellvertretende Präsident sind sich wie seit vielen Jahren einig, trotz des „Vorgefallenen", d. h. der Arisierung und der Zurückstufung Weinbergs zum einfachen Mitglied. Die Unterredung Bethmanns mit dem Kassierer Hermann Heinrich dürfte sich um die Frage gedreht haben, wie der Vorstoß von Weinbergs bei den anderen Gläubigern aufgenommen werden wird. Diesbezüglich lagen bereits einige Erfahrungen über die Verhandlungen zwischen dem Kreis der Gläubiger und dem Vorstand der Gesellschaft vor. Wie ausgeführt, waren die Finanznöte der Gesellschaft immer drängender geworden. Aus dem Verkauf eines Stallgebäudes konnten im Februar 1936 die Bankhäuser Dreyfuss und L. M. Oppenheim ausbezahlt werden.[136] Zuvor hatten Sitzungen der Gläubiger, darunter Gebrüder Bethmann, Bass & Herz, die Deutsche Effekten & Wechselbank, die Deutsche Bank & Diskontogesellschaft und die Dresdner Bank sowie Weinberg stattgefunden, auf denen sie sich mit einer Abwertung ihrer Forderung von 21.000 auf 15.000 Goldmark einverstanden erklären sollten. Das stieß auf den entschiedenen Widerstand der Dresdner Bank, die sich vehement gegen dieses Ansinnen wandte und die anderen Gläubiger aufrief, ihrer Ablehnung zu folgen.[137] So konnte nur der Verzicht auf die Hälfte der Zinsen erreicht werden.

Nun ging Arthur von Weinberg noch über diesen Teilnachlass hinaus und verzichtete als Gläubiger und im Ansehen der anderen als „Nichtarier" ganz. Der noblen Geste auf der einen Seite stand plötzlich auf der anderen Kleinlichkeit und Geldgeschacher gegenüber. Man muss dabei in Betracht ziehen, dass unter den Gläubigern gerade die Dresdner Bank schon damals eng mit dem neuen Staat kooperierte, weil die Reichsregierung seit 1932 im Besitz der Aktienmehrheit war und damit der Kanzler, Adolf Hitler, direkt Einfluss nehmen konnte. Nicht zufällig gehörte sie im Gegenzug zu den großen Profiteuren des Machtwechsels und hatte zur Zeit des Konflikts im Zuge der „Arisierung" beträchtliche Vermögen jüdischer Privatbanken übernommen. Insgesamt gilt die Dresdner Bank in der Forschung seit Langem als die deutsche Großbank, die am direktesten an den Verbrechen der nationalsozialistischen Herrschaft beteiligt war. Besonders profitiert hat die Bank von der Zwangsarbeit. Sie war größter Kreditgeber der SS. Die Dresdner Bank hatte Grund zur Annahme, in einem germanisierten Europa eine führende Rolle im Bankenbereich spielen zu können.[138]

Weinbergs Brief und sein Angebot waren nicht ganz so selbstlos, wie sie auf den ersten Blick erscheinen. Das Schreiben zielte nach Lage der Dinge auf die geringe Bereitschaft der Gläubiger, der Gesellschaft in ihren Zahlungsnöten ein Stück entgegenzukommen. Er setzte somit die Vertreter des neuen Staats im Kreis der Gläubiger, die nicht einmal zur Verminderung der Schuldenlast bereit waren und die Hypothek als eine reine Kapitalanlage ansahen, mit dem Verzicht auf seine Einlage moralisch unter Druck, indem er als „Mischling 1. Grades" betonte, *„dass es sich daher nicht lediglich um eine Kapitalanlage gehandelt hat"*. Um das Maß vollzumachen, verweigerte er ihnen auch noch den deutschen Gruß: das „Heil Hitler".[139] Man könnte das als Affront interpretieren. Aber letztlich half er Bethmann damit sehr, denn sein Verzicht hatte Erfolg. Am 22. Dezember schrieben ihm Bethmann und Heinrich, und Bethmann unterzeichnete dabei wieder als „Präsident" und verzichtete auf die Grußformel „Heil Hitler": „Sehr geehrter Herr Geheimrat! Im Anschluss an unser Schreiben vom 7.4.36 beehren wir uns Ihnen mitzuteilen, dass mit den anderen Gläubigern im Hinblick auf die Fälligkeit der Hypotheken am 31.12.36 Verhandlungen über eine Neuordnung des Verhältnisses geführt wurden. Diese Verhandlungen hatten den Erfolg, dass auch diese Gläubiger grössere Nachlässe auf ihre Forderungen bewilligt haben. (...) Wir begrüßen Sie mit vorzüglicher Hochachtung (handschriftlich ergänzt) und nochmaligen Dank".[140]

Die enge Zusammenarbeit und der unterdrückte Groll wegen der verlorenen Mandate scheint eine These zu bestätigen, die Heinrich Cobet bei dem Jubiläum vor 50 Jahren aufgestellt hat, es seien „einige Herren und nicht die Unwesentlichsten, die von den Nürnberger Gesetzen betroffen wurden, nach Absprache mit dem Präsidenten in den offiziellen Mitgliederlisten nicht mehr geführt w(o)rden. Aber sie wurden vom Präsidium noch als solche angesehen, und sie haben sich auch weiterhin als Mitglieder der Gesellschaft gefühlt. Als solche haben sie auch von 1933 bis 1937 Beiträge bezahlt."[141]

Trotz dieser engen Zusammenarbeit war von Weinberg nach 1937 nicht mehr zu halten. Der große Unternehmenslenker geriet, nachdem er zwei Wellen der Ausschlüsse von Mitgliedern mitgetragen hatte, nun selbst immer mehr an den Rand. Die Geschicke von Gesellschaft und Weinberg liefen auseinander. Der letzte Akt vollzog sich im November 1938, der viele Jahrzehnte lang beschönigend als „Reichskristallnacht" bezeichnet worden ist, weil viele Schaufensterscheiben zu Bruch gingen. Das verdeckte den Charakter eines blutigen Pogroms, bei dem die Zerstörung von Sachwerten noch das geringste Übel war. Die Gewaltexzesse veranlassten Weinberg endgültig, aus allen noch verbliebenen Ämtern auszuscheiden und sich zurückzuziehen. Wie ihm erging es nun auch anderen Mitgliedern, die bis dahin durch eine christliche Ehe oder aufgrund christlicher Linien in der Abstammung geschützt gewesen waren.

Umgekehrt hatte sich die Gesellschaft damit endgültig als *arische* Gesellschaft konsolidiert. Der neue Vorstand setzte sich dementsprechend nur noch aus einem verbliebenen Mitglied aus der früheren Gesellschaft zusammen, dem alten Präsidenten Moritz von Bethmann, und dann nur noch aus überzeugten und bewährten Nationalsozialisten, die mittlerweile im Zuge des allgemeinen Gleichschaltungsprozesses in bedeutende Positionen eingezogen waren. Dazu gehörten als neue Vizepräsidenten der von der NSDAP eingesetzte Vorsteher der Handelskammer Carl Heinrich August Lüer, der von den Nationalsozialisten eingesetzte Oberbürgermeister Friedrich Krebs und der überzeugte Nationalsozialist und Kurator der gleichgeschalteten Universität, August Wisser, der Platzhoff abgelöst hatte. Sie alle fungierten als Vertreter der Gauleitung der NSDAP unter Jakob Sprenger, womit die Gesellschaft ganz eng an die NS-Verwaltung der Region angebunden war.

Weinberg hatte – wie auch Hugenberg viele Jahre vor ihm – die ideologische Komponente der Rassenpolitik im politischen System der NSDAP unterschätzt. Sie erwies sich als mächtiger als wirtschaftliches und politisches Kalkül und sie fegte generöse Absprachen einfach hinweg und trieb einen großen Unternehmer in die Macht- und Einflusslosigkeit.

Erinnern wir uns: Nach der Kriegsniederlage von 1918 setzte sich Arthur von Weinberg, die Zeichen der Zeit klar erkennend, sehr für die beginnenden Verhandlungen über Tarifverträge zwischen Arbeitgeberverbänden und Gewerkschaften ein. Innerhalb von nur sechs Jahren stieg er bis in die Spitzen der deutschen Industrie auf. Krönender Abschluss war die Mitgliedschaft im Aufsichtsrat der IG Farben. Politisch eher konservativ eingestellt, engagierte er sich bei der Fusion der DDP mit der Volksnationalen Reichsvereinigung. Das war sehr umstritten und schwächte die Partei, weil viele engagierte Mitglieder des linken Flügels austraten. Die Volksnationale Reichsvereinigung war der politische Arm des konservativ-antisemitischen *Jungdeutschen Ordens*. Das hatte alles keinen Bestand, aber die DDP war danach ruiniert.[144] Auch wenn seinem politischen Versuch kein Glück beschieden war, gehörte Weinberg zu den meistgeehrten Bürgern der Stadt Frankfurt und sein mäzenatisches Wirken deckte ein weites Spektrum spektakulärer Hilfs- und Unterstützungsmaßnahmen ab: Ehrendoktor der medizinischen Fakultät der Universität Frankfurt // Ehrenbürger der Stadt Frankfurt // Mitbegründer des Vereins zur Förderung der Chemischen Forschung // Vorsitzender

Abb. 37/38: Geheimer Regierungsrat Dr. Arthur von Weinberg (1860–1943) als Soldat im Ersten Weltkrieg und mit seinen Enkeln Arthur-Ludwig und Thassilo ca. 1940[142]

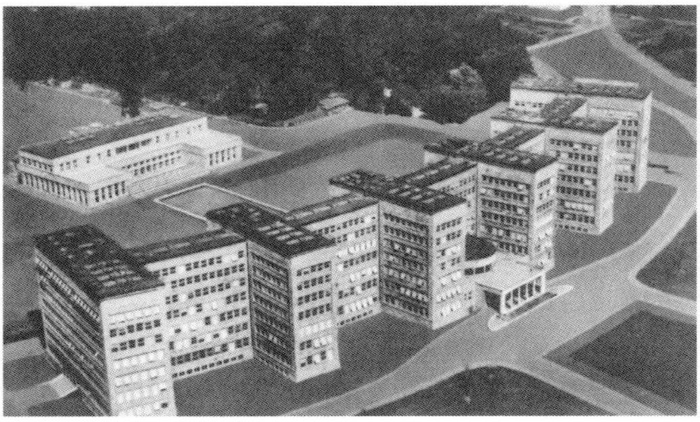

Abb. 39/40: IG Farbenindustrie AG Frankfurt am Main mit Wirtschaftsgebäude, größtes Bürohaus Europas, 1931 und Prominentenhaus in Theresienstadt (Foto Archiv AvG)[143]

der Senckenbergischen Naturforschenden Gesellschaft // Vorstandsmitglied der Deutschen Chemischen Gesellschaft // Vorstandsmitglied des Frankfurter Physikalischen Vereins // Beteiligt an der Gründung der Universität // Stiftung des Instituts für Physikalische Chemie // Präsident der Vereinigung der Freunde und Förderer der Universität Frankfurt.[145]

Auch die Frankfurter Gesellschaft, der er am 4. März 1924 beigetreten war, beteiligte sich 1930 an diesem Reigen: „Es ist vorgeschlagen worden, Herrn Geheimrat Dr. A. v. Weinberg zu seinem 70. Geburtstag eine Widmung der Gesellschaft auf einem silbernen Brett eingraviert als Ehrung zu überreichen. Der in Vorschlag gebrachte Text ist der folgende: Ihrem verdienstvollen Präsidenten und Förderer zum 70. Geburtstag in dankbarer Verehrung die Frankfurter Gesellschaft für Handel, Industrie und Wissenschaft gez. Frh. v. Bethmann, gez. S. Bamberger, gez. Dr. H. Simon, gez. Dr. K. Kotzenberg, gez. Oscar Oppenheimer, gez. Frh. v. Wendland."[146]

Das nationalsozialistische Regime machte vor diesem großen Frankfurter nicht halt. Es ging ab 1937 über die Absprache mit den alten Clubfreunden hinweg. Bereits zwei Jahre zuvor hatte v. Weinberg im Zuge der „Arisierungskampagne" in der deutschen Wirtschaft aus dem Verwaltungsrat der IG Farben ausscheiden müssen, als Robert Bosch, der ihn gehalten hatte, 1935 von Hermann Schmitz abgelöst wurde. Noch weiter ging wenig später sein Kollege und Clubfreund Walther vom Rath, der 1937 alle als „jüdisch" geltenden Manager und Aufsichtsratsmitglieder entfernen ließ. Dabei handelte es sich um nicht weniger als ein Drittel der Mitglieder des Aufsichtsrats, darunter die beiden Weinbergs, Carl und Arthur, Otto von Mendelssohn-Bartholdy, die beiden Mertons, Alfred und Richard, Ernst von Simson, Wilhelm Peltzer und Gustav Schlieper. Die Anbiederung an die Macht kannte keine Grenzen mehr. Die Vorstandsmitglieder Carl Krauch, Fritz ter Meer, Georg von Schnitzler, Max Ilgner, Otto Ambros, Friedrich Jähne, Christian Schneider, Carl Wurster, Carl Lautenschläger und Ernst Bürgin traten in die NSDAP ein, in die Hermann Schmitz, Heinrich Hörlein, Wilhelm Rudolf Mann, Fritz Gajewski und Hans Kühne schon eingetreten waren. Es lohnte sich, dabei zu sein. Die IG Farbenindustrie AG profitierte sehr von der *Arisierung* der Wirtschaft und der günstigen Übernahme jüdischer Unternehmen und Vermögenswerte. Durch den vom Regime legitimierten Raub jüdischen Besitzes blähte sich die IG Farben zum größten europäischen Unternehmen auf und zum viertgrößten in der Welt – nach General Motors, US Steel und Standard Oil. Das Unternehmen spielte deshalb nicht von ungefähr eine besondere Rolle in den Nürnberger Kriegsverbrecherprozessen, wie noch zu sehen sein wird.[147]

Den Schlussakkord in Bezug auf Einfluss in Frankfurt setzt das Pogrom vom 9. November 1938. Die Nationalsozialisten zwangen Weinberg, von allen noch übriggebliebenen Ämtern zurückzutreten. Außerdem übten sie Druck auf ihn aus, seine Villa an der Mörfelder Landstraße an die Stadt zu verkaufen. Weinberg hatte sie 1929 für seine Tochter erbauen lassen, die mit dem Grafen Paul von Montgelas verheiratet war. Den ohnehin relativ niedrigen Kaufpreis musste Weinberg obendrein zur Bezahlung der „Sühneleistungen", die der NS-Staat nach dem Novemberpogrom unverfroren den Juden als den eigentlich Geschädigten auferlegt hatte, direkt an die städtische Finanzkasse abführen.

Arthur von Weinberg sah sich schließlich gezwungen, aufgrund der Verfolgung durch die Machthaber des Dritten Reiches auf seinen Familiensitz in Bayern auszuweichen. Doch die Entmachtung reichte dem Regime noch nicht. Mit der Radikalisierung der Rassenfrage im Zuge des Kriegs beschleunigte sich der Weg in den Holocaust. Auch Weinberg fiel dem zum Opfer. Er wurde in seinem selbstgewählten Asyl am 2. Juni 1942 verhaftet und in hohem Alter als „Prominenter" in das Konzentrationslager Theresienstadt eingeliefert. Er bewohnte dort ein sogenanntes „Prominentenhaus", unterlag nicht dem Programm der „Vernichtung durch Arbeit", aber der Sturz aus seinem gewohnten Komfort war tief. Seine Enkelin erinnerte sich an seine Verhaftung: „Als die Männer kamen, um ihn abzuholen, standen meine Mutter und ich bei ihm in seinem Schlafzimmer und halfen ihm sich umzuziehen und Waschzeug und das Nötigste einzupacken. Mein Vater fuhr nach München, um ihn da wieder rauszuholen, was ihm nicht gelungen ist."[148] Auch ein Interventionsversuch von Dr. Carl Krauch, dem Vorsitzenden des Aufsichtsrates der IG Farben, blieb erfolglos. Von Bethmann ist nicht bekannt, dass er sich um seinen langjährigen Vizepräsidenten bemüht hat. Deutlich wird bei alledem – was oft vernachlässigt wird – das Primat der Politik über die Wirtschaft. Der große Konzernlenker war letztendlich schutzlos wie ein Vogelfreier im Mittelalter.

Zu den Privilegien, die von Weinberg gegenüber den anderen Mitgefangenen erhielt, gehörte der Briefverkehr. Da er streng kontrolliert und zensiert wurde, war die Kommunikation auf Alltägliches beschränkt, weshalb er nur bedingt über die Seelenlage der Korrespondenten Aufschluss gibt. Auch sind leider nur einige der Zuschriften und nicht die von ihm geschickten Briefe erhalten. Vor dieser Zwangslage schrieb ihm die Frau seines Sohnes Thassilo am 1. Februar 1943, kurz vor seinem Tod: „Ich werde Dir nächstens einig Hülsenfrüchte schicken, eigene Ernte aus dem Garten, Du musst sie nur am Tag vorher schon einweichen und über Nacht mit Wasser stehen lassen, sie müssen dann zwei bis drei Stunden kochen, ich schreibe Dir das, weil ich kein großes Zutrauen zu Deinen Kochkenntnissen habe."[149]

Abb. 41: Stolperstein für Arthur von Weinberg[150]

Bestürzend im Nachhinein ist, dass keiner, der daran beteiligt war, Arthur von Weinberg aus der Gefangenschaft herauszuhelfen, erkennbar auf Distanz zum Regime ging. Sie dirigierten die deutsche Wirtschaft, hielten hohe Positionen im Staat und Militär, führten weiter ein pompöses Leben und trugen mit erkennbarem Stolz die Insignien und Symbole des „Dritten Reiches", als sei ihr Geschäftsfreund, Vater oder Großvater lediglich auf einer missratenen Sommerfrische. Die aufmunternden Briefe täuschen nicht über sein Leiden hinweg. Arthur von Weinberg lebte dort, wie Leidensgenossen berichtet haben, in großer seelischer Not, die vielleicht noch schlimmer war als der Hunger und der Schmutz, von denen er gequält wurde. Daran und geschwächt durch eine Gallenblasenoperation ist er am 20. März 1943 in Theresienstadt gestorben. Seine Urne wurde auf Befehl der Machthaber mit Tausenden anderen in den Fluss Ohre (damals Eger) geworfen. Die in der Gesellschaft verbliebene „Elite" der Stadt hatte es nicht vermocht, einen ihrer prominentesten und angesehensten Repräsentanten vor diesem Schicksal zu bewahren.

Der Wunsch nach Teilhabe an der Macht

Damit erhebt sich die Frage, was veranlasste die in Freiheit Verbliebenen, diesen Schicksalen so gleichgültig gegenüberzustehen und den Nationalsozialismus mitzutragen? Das verweist auf ein grundsätzliches Problem der Anbiederungspolitik, die vom Vereinsleiter im Konsens mit den verbliebenen 85 Mitgliedern betrieben worden ist und die eine Minderheit veranlasste, sich dem Weg der Selbstauflösung zu verweigern, obwohl eine überwältigende Mehrheit von fünf Sechsteln der Mitgliedschaft ja de facto diesen Weg beschritten hat und sich dem Kotau vor dem Regime entzog.

Nun, es handelte sich um die Minderheit, die sich von dem Regime etwas erhoffte: Macht oder Teilhabe an der Macht, Einfluss, Aufstieg oder einfach nur die Bewahrung der erreichten Stellung. Der Weg der Gefolgschaft mit dem System betraf nicht allein die Spitze der Gesellschaft. Er galt für die restlichen 85 Mitglieder aus der alten Gesellschaft genauso wie für die damals über 200 neu Aufgenommenen. Alle sind diesen Weg aus freien Stücken gegangen und sie sind nicht nur einfach hinterhergelaufen, sie haben sich in vielen Fällen aktiv an der nationalsozialistischen Umgestaltung der deutschen Gesellschaft beteiligt und dabei jeweils deutliche Spuren in den wirtschaftlichen, politischen und kulturellen Einrichtungen Frankfurts hinterlassen. Man kann das an zwei Beispielen, den beiden Mitgliedern Dr. Bruno Müller und Professor Wilhelm Polligkeit, verdeutlichen. Der eine war maßgeblich an der Zerstörung des über Jahrhunderte gewachsenen jüdischen Stiftungswesens beteiligt, das damals rund ein Viertel der 400 Stiftungen dieser wohlhabenden Bürgerschaft ausmachte. Der andere wirkte in eine ähnliche Richtung, indem er die zahlreichen Institute und Einrichtungen, die Wilhelm Merton von seinem *Institut für Gemeinwohl* ausgehend als „Konzern" der privaten Sozialpolitik aufgebaut hatte, an die Stadt und an die neuen Machthaber auslieferte, während die eigentlichen Besitzer und Administratoren, die langjährigen Mitglieder der Frankfurter Gesellschaft Alfred und Richard Merton, vertrieben worden waren.

Beide überstanden den Untergang des Reiches nahezu unbehelligt, blieben Mitglieder der 1947 neu begründeten Gesellschaft und sind bis heute im Andenken hochgeachtete Persönlichkeiten des kulturellen Lebens dieser Stadt. Dazu trug bei, dass Bruno Müller Anfang der 1950er Jahre eine Geschichte der Stiftungen Frankfurts veröffentlicht hatte und sich damit, die tatsächliche Geschichte vergewaltigend, als Bewahrer des Stiftungswesens in Szene setzte.[151] Wohingegen der andere die Geschäfte von vor 1933 einfach wieder aufnahm und seine Taten im Nationalsozialismus der Vergessenheit anheimfallen ließ. Es störte beide nicht, dass die schriftliche Überlieferung ein ziemlich klares Bild der damaligen Vorgänge bewahrte – man muss die Quellen nur lesen.

Stadtrat Bruno Müller

Bruno Müller, der letzte Oberbürgermeister von Höchst, wurde 1889 in Berlin geboren, studierte Jura und Volkswirtschaft an der Universität Jena, erprobte den kommunalen Verwaltungsdienst gefolgt von wechselnden Anstellungen als Rechtsanwalt, bis ihn eine schwere Erkrankung in der Kriegszeit dazu bewog, doch wieder den Weg eines Aufstiegs in der kommunalen Verwaltung zu beschreiten. Das führte ihn etwas später nach Höchst, wo er als Nachfolger von Bruno Asch die Stelle des Oberbürgermeisters antrat, wohl wissend, dass dies wegen der laufenden Eingemeindungsverhandlungen, die von Landmann mit hoher Priorität verfolgt wurden, nur ein befristetes Amt sein würde.[153] Pragmatisch übernahm Landmann Müller nach der Eingemeindung von Höchst als Stadtrat ohne Geschäftsbereich in den Frankfurter Magistrat. Aufstiegsversuche auf attraktivere Stellen scheiterten. Da kam ihm der Sturm der Nationalsozialisten auf das Rathaus gerade recht. Sie vertrieben die bisherige Stadtregierung und Bruno Müller trat der NSDAP bei, als sein Vorgänger Bruno Asch emigrieren musste. Später legitimierte er das mit dem Argument, er habe „radikale politische Auswüchse" verhindern wollen. Sein breites parteipolitisches Engagement zahlte sich aus. Er bekam die Zuständigkeit für den Bereich Stadtplanung und Stiftungswesen übertragen und verfügte damit über einen eigenen Machtraum, den er mit großer Akribie für das Regime nutzte.[154]

Abb. 42: Dr. Bruno Müller war Bürgermeister der Stadt Höchst von 1926–1928. Zusammen mit dieser Ehrenurkunde auf Schweinehaut wurde ihm ein gemaltes Porträtbild von Adolf Hitler in der roten Verleihungsrolle überreicht[152]

Nur wenige Wochen nach dem Pogrom vom November 1938 leitete Müller mit Zustimmung von Krebs die Umwandlung und Auflösung vieler jüdischer Stiftungen ein. So schlossen sie in einem ersten Schritt sämtliche jüdischen Mitglieder aus dem jeweiligen Stiftungsvorstand aus, deren Positionen dann entweder von Parteimitgliedern oder von Mitgliedern des Magistrats eingenommen wurden, um Änderungen der Statuten oder gleich die Auflösung der Stiftung zu beschließen.[155] Sie veränderten die Stiftungsnamen, um alle Verbindungen zum Namen des Stifters oder zu Mitgliedern seiner Familie auszulöschen. Aus der Stiftung des Georg-Speyer-Hauses wurde ein Forschungsinstitut für Chemotherapie, aus der Arthur Pfungst-Stiftung eine Waldschmidt-Stiftung. Den Stiftungen wurden weiterhin neue Aufgaben zugeteilt und mit diesen neuen Aufgaben war stets ein Ausschluss der Juden von allen Leistungen verbunden. Stattdessen wurden allein die deutschen „Volksgenossen" Nutznießer der reorganisierten Stiftungen.[156]

Der letzte Schritt in der Zerstörung der jüdischen Stiftungen folgte schließlich in den Jahren 1939 bis 1941. Die Geheime Staatspolizei (Gestapo) übernahm die Auflösung der „rein" jüdischen Stiftungen. „Rein jüdisch" meinte im damaligen Verständnis eine von Juden begründete und hauptsächlich für Juden eingerichtete Stiftung. Durch die Unterstützung von Müller und seinem Amt verfügte man über alle notwendigen Informationen und Unterlagen und konnte in enger Zusammenarbeit mit dem Magistrat mit der Auflösung der jüdischen Stiftungen beginnen. In der Regel begann das Zerstörungswerk mit einer Anfrage der Gestapo bei der Stiftungsabteilung, ob es sich bei der betreffenden Stiftung auch wirklich um eine rein jüdische Stiftung handele. Wurde dies von Müller bestätigt, folgte die Auflösungsverfügung durch das Ministerium des Innern. Das übriggebliebene Stiftungskapital wurde unter Berufung auf die Zehnte Verordnung zum Reichsbürgergesetz vom 4. Juli 1939 an die Reichsvereinigung der Juden in Deutschland überwiesen.[157] Diese hatte damit die soziale Wohlfahrt in den Kommunen zu organisieren und das „bedeutet (..) eine fühlbare Erleichterung der Aufwendungen, die sonst durch das städtische Fürsorgeamt hätten aufgebracht werden müssen".[158] Die „Reichsvereinigung" wurde – nachdem sie durch die Deportationen ihren Zweck verloren hatte – vom Nationalsozialistischen Staat im Jahre 1943 aufgelöst, das angesammelte Vermögen konfisziert und als Kriegsausgabe verpulvert.

Der Nationalsozialismus und seine Vertreter in der Stadt gingen über die Stifterwillen rüde hinweg. Die Vorstände wurden, wie es hieß, „entjudet" und die Stiftungszwecke auf die deutschen Volksgenossen umgelenkt, zu denen die Juden seit 1935 nicht mehr gehörten.

Ein besonders tragisches Schicksal erfuhren die Henry und Emma Budge-Stiftung für die Universität und das von Henry und Emma Budge gegründete Altersheim, was für die Bewohner dramatische Folgen hatte.[159] Man zwang die jüdischen Insassen zum Auszug. Und nachdem am 31. März 1939 die Verwaltung gemeldet hatte, dass das Heim „judenfrei" sei, erwarb die Stadt am 1. April 1939 das

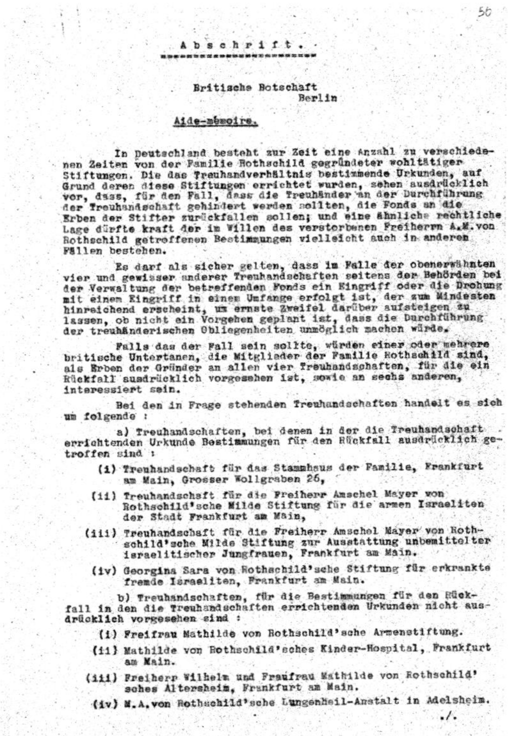

56

A b s c h r i f t .

Britische Botschaft
Berlin

Aide-mémoire.

In Deutschland besteht zur Zeit eine Anzahl zu verschiedenen Zeiten von der Familie Rothschild gegründeter wohltätiger Stiftungen. Die das Treuhandverhältnis bestimmende Urkunden, auf Grund deren diese Stiftungen errichtet wurden, sehen ausdrücklich vor, dass, für den Fall, dass die Treuhänder an der Durchführung der Treuhandschaft gehindert werden sollten, die Fonds an die Erben der Stifter zurückfallen sollen; und eine ähnliche rechtliche Lage dürfte kraft der im Willen des verstorbenen Freiherrn A.M. von Rothschild getroffenen Bestimmungen vielleicht auch in anderen Fällen bestehen.

Es darf als sicher gelten, dass im Falle der obenerwähnten vier und gewisser anderer Treuhandschaften seitens der Behörden bei der Verwaltung der betreffenden Fonds ein Eingriff oder die Drohung mit einem Eingriff in einem Umfange erfolgt ist, der zum Mindesten hinreichend erscheint, um ernste Zweifel darüber aufsteigen zu lassen, ob nicht ein Vorgehen geplant ist, dass die Durchführung der treuhänderischen Obliegenheiten unmöglich machen würde.

Falls das der Fall sein sollte, würden einer oder mehrere britische Untertanen, die Mitglieder der Familie Rothschild sind, als Erben der Gründer an allen vier Treuhandschaften, für die ein Rückfall ausdrücklich vorgesehen ist, sowie an sechs anderen, interessiert sein.

Bei den in Frage stehenden Treuhandschaften handelt es sich um folgende :

a) Treuhandschaften, bei denen in der die Treuhandschaft errichtenden Urkunde Bestimmungen für den Rückfall ausdrücklich getroffen sind :

(i) Treuhandschaft für das Stammhaus der Familie, Frankfurt am Main, Grosser Wollgraben 26,

(ii) Treuhandschaft für die Freiherr Amschel Mayer von Rothschild'sche Milde Stiftung für die armen Israeliten der Stadt Frankfurt am Main,

(iii) Treuhandschaft für die Freiherr Amschel Mayer von Rothschild'sche Milde Stiftung zur Ausstattung unbemittelter israelitischer Jungfrauen, Frankfurt am Main.

(iv) Georgina Sara von Rothschild'sche Stiftung für erkrankte fremde Israeliten, Frankfurt am Main.

b) Treuhandschaften, für die Bestimmungen für den Rückfall in den die Treuhandschaften errichtenden Urkunden nicht ausdrücklich vorgesehen sind :

(i) Freifrau Mathilde von Rothschild'sche Armenstiftung.

(ii) Mathilde von Rothschild'sches Kinder-Hospital, Frankfurt am Main.

(iii) Freiherr Wilhelm und Fraufrau Mathilde von Rothschild'sches Altersheim, Frankfurt am Main.

(iv) M.A. von Rothschild'sche Lungenheil-Anstalt in Adelsheim.

./.

Abb. 43: Auszug aus der Abschrift des *aide-memoire* der Britischen Botschaft Berlin[161]

Heim.[160] So oder so ähnlich erging es 140 weiteren jüdischen Stiftungen.

Schwieriger gestaltete sich der Prozess der Zerstörung bei den Rothschild-Stiftungen mit einem Gesamtvermögen von 1,3 Millionen Reichsmark, aber gerade hier erwarb sich Müller seine regimetreuen Lorbeeren.[162] Im Jahre 1939 fragte die Englische Botschaft in einem offiziellen *aide mémoire* im Auftrag des Londoner Zweigs der Familie nach den Bedingungen, unter denen die Rothschild-Stiftungen in Frankfurt arbeiteten. Die Botschaft verwies auf eine spezielle Klausel in allen Statuten der Rothschild-Stiftungen, dass nämlich in dem Falle, in dem die Stiftung nicht mehr ihren ursprünglichen Zwecken nachkommen könne, das Vermögen der Stiftung an die Familie oder ihre Nachkommen zurückfallen würde. Im Einzelnen hieß es in dem Memorandum dann weiter: „Es darf als sicher gelten, dass im Falle der oben erwähnten vier und gewisser anderer Treuhandschaften seitens der Behörden bei der Verwaltung der betreffenden Fonds ein Eingriff oder die Drohung mit einem Eingriff in einem Umfange erfolgt ist, der zum Mindesten hinreichend erscheint, um ernste Zweifel darüber aufsteigen zu lassen, ob nicht ein Vorgehen geplant ist, dass die Durchführung der treuhänderischen Obliegenheiten unmöglich machen würde. Falls das der Fall sein sollte, würden einer oder mehrere britische Untertanen, die Mitglieder der Familie Rothschild sind, als Erben der Gründer an allen vier Treuhandschaften, für die ein Rückfall ausdrücklich vorgesehen ist, sowie an sechs anderen, interessiert sein."[163]

Dieses *aide mémoire* verursachte in der nationalsozialistischen städtischen Verwaltung in Frankfurt und im Gau Hessen einige Aufregung. Es kam aufgrund dessen am 25. August 1939 zu einem Treffen zwischen dem Rechtsamt der Stadt, der Gestapo, der Polizei und Vertretern der SS sowie dem Leiter der Stiftungsabteilung, Bruno Müller, um sich gegenseitig über die Eingriffe bei den Rothschild-Stiftungen zu informieren.[164] Es war schließlich der Jurist und Verwaltungsfachmann und Mitglied der Frankfurter Gesellschaft Bruno Müller, der die Gemüter beruhigen konnte, indem er „die Rechtmäßigkeit aller Maßnahmen" seitens seiner Stiftungsabteilung betonte. In einem Rechtsgutachten bestritt er die Rechtsgültigkeit der in dem Memorandum des britischen Außenministeriums angeführten Klausel gegenüber „Britischen Untertanen".[165] Das Argument überzeugte und ohne weitere Verzögerungen koordinierten die Beteiligten in Zusammenarbeit mit dem Regierungspräsidenten von Hessen die „Überführung der jüdischen (Rothschild) Stiftungen in die Reichsvereinigung der Juden".[166]

Dieser Auflösungs- und Überführungsprozess zog sich über einige Jahre hin. Aber selbst kurz vor Kriegsende entdeckte der bürokratische Apparat immer noch vereinzelt jüdische Stiftungen.[167] Trotz der intensiven Zusammenarbeit von Bruno Müller mit der Gestapo existierte auch noch 1944 die Joseph und Clara Triersche Stiftung, die im Jahre 1879 zur gewerblichen, wissenschaftlichen und künstlerischen Ausbildung von Frauen und Mädchen gegründet worden war.[168] Aber abgesehen von diesen Ausnahmefällen, geriet die überwältigende Mehrzahl der jüdischen Stiftungen in die Falle einer korrumpierten Zivilgesetzgebung, der Rassengesetze und der von den Nationalsozialisten beherrschten staatlichen und städtischen Verwaltungen. Dies ließ im Grunde keinen Raum für Widerstand.

Die Quellen der Stiftungsabteilung zeigen eindrucksvoll, wie die jüdischen Stiftungen finanziell ausgeblutet wurden, wie sie die Fähigkeit verloren, ihren Stiftungszwecken nachzukommen, wie Juden systematisch als Hilfsempfänger ausgeschlossen wurden, wie Juden ihre

Vorstandsämter durch Emigration, Ausschluss oder Deportation verloren und wie den jüdischen Stiftungen ihre Namen genommen wurden. Mit den Namen verschwand die Erinnerung an die Gründer. Die Zerstörung der jüdischen Stiftungen in Frankfurt – und nicht nur dort – gehört zusammen mit dem Raub der Stellen in der Wissenschaft und auf den Ämtern, der Arisierung von jüdischen Handelshäusern, Banken und Unternehmen, den Sondersteuern und -abgaben zu den großen Raubzügen, die die nationalsozialistische Herrschaft kennzeichnen.[169]

Die Quellen zeigen darüber hinaus noch etwas. Es geschah nicht von allein. Die Herrschaft der Nationalsozialisten benötigte willige Helfer und Vollstrecker wie das Mitglied der Frankfurter Gesellschaft, Stadtrat Dr. Bruno Müller, der nach dem Krieg als Mitläufer eingestuft wurde.[170] Die Quellen zeigen ihn eher als Mittäter bei einer gewaltsamen Maßnahme, um die Erinnerung an den Beitrag der Juden zum kulturellen Kapital der Stadt auszulöschen.

Nur seinen Interessen folgend, zeigte er diesbezüglich auch nach dem Krieg keine Anzeichen von Mitgefühl. Müller verlor im Mai 1945 sein Amt und versuchte sich als Wirtschaftsberater und selbständiger Gutachter durchzuschlagen. Ziel aber war die Rückkehr ins Amt. Parallel dazu bat er deshalb die Militärregierung, ihn wieder als Mitglied des Vorstandes der Dr. Arthur Pfungst-Stiftung zuzulassen. Der Prüfungsausschuss lehnte dies ab und folgte damit einem Votum des Betriebsratsvorsitzenden der Naxos-Union. Die Naxos-Union gehörte der Dr. Arthur Pfungst-Stiftung. Dieser hatte „darauf aufmerksam gemacht, daß es Teile der Belegschaft wohl irritiere, wenn angesichts der Tatsache, daß das letzte Familienmitglied der Stifterfamilie, Fräulein Pfungst 1942 nach Theresienstadt deportiert worden und umgekommen sei, ein früherer Pg. weiterhin in der engeren Leitung des Unternehmens tätig sein könne".[172] Es erübrigt sich, darauf hinzuweisen, dass es Müller war, der für die Entjudung der Dr. Arthur Pfungst-Stiftung gesorgt hatte und 1935 Marie Pfungst aus dem Vorstand der Naxos-Union und der Stiftung gedrängt hatte. Auf ihn ging auch die Umbenennung in *Frankfurter Stiftung für geistige Förderung* zurück. Frau Marie Pfungst schied Ende des Jahres 1935 aufgrund der Rassengesetze erzwungenermaßen aus dem Vorstand der Stiftung und aus der Geschäftsleitung des der Stiftung gehörenden Unternehmens Naxos-Union aus und Müller nahm ihren Platz ein. Sie wurde später nicht nur wie Weinberg in das Konzentrationslager Theresienstadt deportiert, sie musste sich dorthin auch mit einem Betrag von 56.658,17 RM einkaufen, was vermutlich dem „Recht", in eines der sogenannten „Prominentenhäuser" einzuziehen, geschuldet war. Sie starb dort nur wenige Wochen vor Weinberg am 8. Februar 1943.[173] An Marie Pfungst erinnert heute im Gärtnerweg 2 ein Stolperstein

Abb. 44: Stolperstein Gärtnerweg 2 für Marie Pfungst[171]

Die Zerstörung der jüdischen Stiftungen hinterließ ein gewaltiges Loch im Frankfurter Stiftungswesen und im historischen Gedächtnis der Stadt, das trotz aufwendiger Restitution bis heute nicht geschlossen werden konnte. Auch wenn ein Teil des jüdischen Stiftungskapitals in den Universitätsstiftungen überlebte und es gelang, einige Stiftungen wie die Henry und Emma Budge-Stiftung nach dem Zweiten Weltkrieg wieder ins Leben zu rufen, so konnte Frankfurt nicht wieder an die große Zeit der Stiftungen vor dem Krieg anknüpfen. Die Lücke, die die Zerstörung des vielschichtigen Werks von Persönlichkeiten wie Schiff, Budge, Hallgarten oder Bonn hinterließ, wird bleiben, weil dieser Teil der Frankfurter Bürgergesellschaft vertrieben und ermordet worden ist. Die Stadt hat dieses Erbe nicht bewahrt. Aber die Villa Bonn konnte mit dem Kauf durch die Gesellschaft gerettet und als Versammlungsort von Persönlichkeiten aus Handel, Industrie und Wissenschaft einem neuen und angemessenen Zweck zugeführt werden. Damit wurde zugleich ein Erinnerungsort an die glanzvolle Rolle, die Frankfurt im transatlantischen Wirtschaftsraum gespielt hatte, bewahrt und mit ihm an die zahlreichen jüdischen Kaufleute und Bankiers, die das kulturelle Kapital so enorm gehoben und bereichert hatten.

Es gibt noch einen weiteren dunklen Punkt in Müllers Vita. Er hatte von 1936 bis 1939 auch mit der Stadtplanung und dem Wohnungswesen zu tun und – in der Fortführung der liegengebliebenen Planungen des *Neuen Frankfurt* unter Ernst May – für die Schaffung neuen Wohnraums zu sorgen. Anfang Februar 1939 konnte er in eigenwilliger Argumentation und ohne größere Baumaßnahmen eine Entspannung dieser Problemlage melden. Er schrieb in einem Vermerk an Krebs über die „Sonderentwicklung durch die Judenabwanderung", die sich „seit dem Umbruch" vollziehe, sei zu bedenken, dass ein Teil des Wohnungsbedarfs „für die nächsten 15 Jahre (…) durch die freiwerdenden Judenwohnungen" gedeckt werde, da „mit der Auswanderung sehr vieler Juden zu rechnen ist".[174] Das griff Oberbürgermeister Krebs zwei Jahre später auf. Doch kündigte er am 31. März 1941 statt einer „Auswanderung" die Deportation von 10.000 Frankfurter Juden an, als in einer Ratsherrensitzung die Wohnungsfrage besprochen wurde. Krebs sagte wortwörtlich: „Wenn wir berücksichtigen, daß noch etwa 10.000 Juden evakuiert werden und dadurch noch sehr viel Wohnraum zur Verfügung stehen wird (…), dann brauchen wir Ihnen nicht ein aufgeblähtes Siedlungsprogramm vorzulegen. Also auch diese Fragen sind schon erkannt und in Angriff genommen worden."[175] Müller war anwesend. Die Deportationen begannen am 19. Oktober 1941 am Gleisanschluss der Großmarkthalle.

Institutsleiter Wilhelm Polligkeit

Auf dem Feld der Wohnungs- und Wohnungsbaupolitik der Stadt arbeitete Müller auch eng mit Wilhelm Polligkeit zusammen. Der Jurist Polligkeit gilt als eine der wichtigsten Personen der deutschen Fürsorge und Wohlfahrtspflege. Er war noch von Wilhelm Merton selbst als Nachfolger von Christian Jasper Klumker für sein *Institut für Gemeinwohl* eingesetzt worden. Als Sohn eines Eisenbahners absolvierte er zuerst eine Banklehre, der er ein Jurastudium in Bonn nachfolgen ließ, das er 1907 mit einer Promotion zu einem Thema der Jugendfürsorge abschloss. Zu dieser Zeit betätigte er sich bereits als Geschäftsführer der *Centrale für private Fürsorge* in Frankfurt, einem Unternehmen des sozialen Konzerns von Wilhelm Merton. Er gehörte weiteren Gesellschaften im Bereich der Sozialreform an, wie zum Beispiel dem *Deutschen Verein für öffentliche und private Fürsorge*. Dort wirkte er nach Mitarbeit im Zentralausschuss und im Vorstand von 1920 bis 1936 als Geschäftsführer. Seine Verdienste brachten ihm 1929 eine Honorarprofessur der Rechtswissenschaftlichen Fakultät der Universität Frankfurt ein.[176]

Polligkeits soziale Ratschläge für die Entspannung der Wohnungsfrage bestanden darin, alleinstehende Frauen und alte Menschen aus ihren Wohnungen zu verdrängen.[177] Sein größter Verdienst für den Nationalsozialismus bestand jedoch darin, das System der privaten Fürsorge, dem Wilhelm Merton eine so große Aufmerksamkeit gewidmet hatte, mit seinem Kern, dem *Institut für Gemeinwohl*, den neuen Machthabern zuzuführen. Die Quellen sind hier eindeutig. Das *Institut für Gemeinwohl* geriet in die Mühle der Umwandlung des gesamten Stiftungswesens, das den Nationalsozialisten – insbesondere der zahlreichen jüdischen Stiftungen wegen – ein Dorn im Auge war.

Zur Erinnerung: Wilhelm Merton hatte das Institut einst gegründet, um die Regellosigkeit der privaten Wohlfahrtspflege zu überwinden und durch ein dauerhaftes System von sozialen Selbstverwaltungseinrichtungen zu ergänzen.[178] Das von Merton geschaffene Konglomerat an Vereinen und Instituten verknüpfte zahlreiche Problemfelder der Sozialreform miteinander, verband überdies bürgerliche Sozialreformer mit christlichen und sozialdemokratischen Arbeiterorganisationen und prägte ganz entscheidend das liberale Klima der Stadt wie auch die lange Tradition einer sozialen Konsenspolitik. Das *Institut für Gemeinwohl* spielte darin eine Schlüsselrolle. Es ging Merton um Rat, Erschließung der vorhandenen Ressourcen und um professionelle Behandlung der Klientel sowie um die wissenschaftliche Durchdringung der Leiden der sozialen Unterschichten auf den Feldern: Arbeit, Wohnen, Gesundheit, Erziehung und Selbsthilfe sowie Linderung der materiellen Not.[179]

Diesen Ansatz verkehrte Polligkeit geradezu in sein Gegenteil. 1937 verlangte Oberbürgermeister Friedrich Krebs die Liquidation des

Instituts, weil es für die Stadtverwaltung nicht länger tragbar sei, zusammen mit dem „Juden" Richard Merton an einer Gesellschaft beteiligt zu sein. Richard Merton hatte nach dem Tode seines Vaters im Jahre 1916 die Geschäftsleitung des Instituts übernommen. Am 23. September 1937 war es dann Gegenstand einer Besprechung von Krebs und dem für die Stiftungen zuständigen Stadtrat Bruno Müller. Der war gerade dabei, über einhundert Stiftungen aufzulösen, sprach sich jedoch im Falle des *Instituts für Gemeinwohl* gegen die Liquidation aus, weil für die zahlreichen Tochtergesellschaften eine große Pensionslast aufgehäuft worden war. Aber „Dr. Merton" (gemeint war Richard Merton, RR) sollte seine Anteile in eine Stiftung umwandeln, das heißt, er sollte ausscheiden, weil er im Sinne des Systems als Jude galt. Richard Merton kam dem auch nach.[180] Er wolle, da er seit den Nürnberger Rassengesetzen als Jude galt *„keine Last für den Fortbestand des Instituts sein"*.[181] Damit öffnete er den Raum für die Überführung des Instituts in den Besitz der Stadt und für den direkten Zugriff des Regimes auf das Institut.[182] Das entsprach dem Plan Polligkeits, der darauf abzielte, sämtliche Gesellschaftsanteile bei der Stadt Frankfurt am Main zu vereinigen. Denn dann konnte er sich, an seine Karriere denkend – im Sinne des Systems – voll entfalten. Was das bedeutete, geht aus einem Antrag zum Ausbau der sozialwissenschaftlichen Forschung und Lehre an der Universität hervor, den er 1941 der Gesellschafterversammlung unterbreitete. Polligkeit bot dem System nicht weniger als eine sozialwissenschaftliche Fundierung seiner kriegerischen Lebensraumpolitik an. „Die von der Reichsregierung verfolgte Sozialpolitik zur Schaffung einer neuen Volksordnung, die dem deutschen Volke die höchstmögliche Entfaltung seiner politischen, wirtschaftlichen und kulturellen Leistungskraft ermöglichen und dem einzelnen Volksgenossen *den ihm gebührenden Lebensraum sichern soll*, stellt der sozialwissenschaftlichen Forschung und Lehre an den Universitäten neue, bedeutsame Aufgaben." Und weiter: „gerade die hiesige Universität (sei) geeignet und berufen, in Forschung und Lehre der bevorstehenden sozialpolitischen Entwicklung als Wegbereiter zu dienen".[183]

Das Lebensraumprogramm der Nationalsozialisten war zu dieser Zeit längst keine vage Vorstellung mehr, wie sie von Adolf Hitler in „Mein Kampf" Mitte der 1920er Jahre niedergeschrieben worden war. Die Vorbereitungen auf den Krieg gegen Russland liefen im Januar 1941 auf Hochtouren und in diesem Zusammenhang wurde die Lebensraumidee zum Generalplan Ost weiterentwickelt und konkretisiert: Dieser bestand aus Plänen und Vortragsmaterialien zur künftigen neuen Siedlungsstruktur für die angestrebte Kolonisierung und „Germanisierung" von großen Teilen Ostmittel- und Osteuropas. Die konkrete Ausführung oblag seit dem Frühjahr 1940 dem Planungsamt des Reichskommissariats für die Festigung deutschen Volkstums (RKF), der Planungsgruppe III B beim Sicherheitsdienst des Reichsführers SS im Reichssicherheitshauptamt (RSHA) sowie dem Institut für Agrarwesen und Agrarpolitik der Berliner Friedrich-Wilhelms-Universität. Die Auftragsvergabe erfolgte in den Jahren von 1940 bis 1942 durch den Reichsführer SS, Heinrich Himmler, später auch durch den „Chefideologen" Alfred Rosenberg.[184]

Abb. 45: Karte zum Generalplan Ost der SS mit Stützpunkten und Marken vom Mai 1942[185]

Es ging dabei nicht um Kleinigkeiten. Im großen Maßstab sollten große Teile der Bevölkerung Polens und der westlichen Teile der Sowjetunion nach Sibirien deportiert werden. Große Teile Polens und der Sowjetunion waren dazu bestimmt, „eingedeutscht" zu werden. Neben dem Wartheland, Ostoberschlesien und Westpreußen und dem Generalgouvernement Polen sahen die

Pläne drei „Reichsmarken" vor, das Ingermannland südlich von Leningrad, das Narewgebiet mit Białystok und Litauen und den Gotengau mit Krim und dem Gebiet um Cherson. Nachdem die Menschen dort in die Eiswüsten Sibiriens verbannt worden wären, sollten die „frei gewordenen Gebiete" mit mehreren Millionen Deutschen besiedelt werden.[186] Voraussetzung zur vollen Umsetzung der Pläne wäre der militärische Sieg gegen die Sowjetunion gewesen.[187] Das hat der erste Hauptassistent des *Instituts für Sozialforschung* und Mitarbeiter der Mitglieder der Frankfurter Gesellschaft Carl Grünberg und Friedrich Pollock, der am Anfang kurz vorgestellte Richard Sorge, verhindert – unter anderen. Polligkeit aber hätte auf der anderen Seite gestanden und seine Expertise für eines der mörderischsten Programme der Weltgeschichte zur Verfügung gestellt. So weit war es mit dem *Institut für Gemeinwohl* unter der Leitung Polligkeits gekommen: die Sozialwissenschaft im Dienst der völkischen Lebensraumgewinnung. Polligkeit hatte das Institut nur wenige Monate vor dem Beginn des Krieges im Osten fest an die Seite des Nationalsozialismus und seiner verbrecherischen Kriegsziele geführt.[188]

Bruno Müller und Wilhelm Polligkeit stehen für das eine Sechstel der ursprünglichen Mitgliedschaft der Frankfurter Gesellschaft am Ende der Weimarer Republik, das sich dem System angebiedert hat, ihm bis in den Untergang folgte. Und was wurde aus Polligkeit? Der machte nach dem Krieg dort weiter, wo er 1933 aufgehört hatte. Als Stadtrat und Leiter des Frankfurter Wohlfahrtsamts nach dem Zweiten Weltkrieg baute er die *Centrale für private Fürsorge* neu auf, war ab 1949 an der Wiederbegründung des *Deutschen Paritätischen Wohlfahrtsverbandes* beteiligt und wurde 1951 zum Dr. rer. pol. h. c. ernannt wie auch mit dem Bundesverdienstkreuz geehrt. Selbstredend gehörte der so Beehrte auch wieder der Frankfurter Gesellschaft an. Bedauert wurde nur, dass sich Polligkeit 1955 krankheitsbedingt aus der Gesellschaft zurückzog. Der Geschäftsführer Paulus hat ihm dies versichert: „Wir bedauern ausserordentlich, weil wir mit Ihnen eines der wenigen Mitglieder verlieren, die fast seit der Gründung über mehr als drei Jahrzehnte der Gesellschaft die Treue gehalten haben."[189]

Die Grenzen der Macht von Eliten

Wie ist das hier in verschiedenen Beispielen vorgestellte Verhalten zu deuten? Den Hintergrund bildete sicher die konservative Grundeinstellung derjenigen, die noch in der Gesellschaft verblieben waren, nachdem die progressiven und liberalen Teile verdrängt, ausgeschlossen oder ausgetreten waren. Bei vielen war der Konservativismus noch von dem Obrigkeitsstaat des Kaiserreichs geprägt. Und noch etwas kam hinzu: Nicht wenige gehörten einer städtischen Elite an, die als Familienverband über Jahrzehnte, manche sogar über mehrere Jahrhunderte unangefochten an der Spitze der Stadt gestanden haben oder einen langen Weg des Aufstiegs hinter sich gebracht hatten, um zum Beispiel am „Frankfurter Olymp", dem „Rat der Götter" im IG Farbenhaus, teilzunehmen. Entsprechend ausgeprägt war das Selbstbewusstsein – zumal sie gerade die großen einschneidenden Krisen eines Weltkriegs mit anschließender Revolution durchgestanden hatten, ohne dabei unter das Rad der Fortuna zu geraten.

Warum sollten sie nicht auch den Zerfall der Demokratie positiv wenden können, indem sie einen Gefreiten aus Braunau umarmten und mit ihm der konservativen Politik in Deutschland wieder zu Ansehen und Mehrheiten wie im Kaiserreich verhalfen? Da sich die Wirtschaftskrise zu einer Gesellschaftskrise ausgewachsen hatte und der Republik die politischen Mehrheiten abhandengekommen waren, schien es für sie keine Alternative dazu gegeben zu haben. Nicht nur Bethmann, auch Weinberg oder Richard Merton sympathisierten mit dem Regime, dem neuen Staat, dem Nationalsozialismus – wie viele in der DVP, der DNVP und auch der zur Staatspartei zerfallenen DDP – als Alternative zum zusammenbrechenden Parteiensystem von Weimar. Das Problem lag in der Tat auf dem Tisch: die Vertiefung der Spaltung der Arbeiterbewegung, die Halbierung der SPD und der Aufstieg der KPD, der Zerfall der liberalen Parteien zu einstelligen Prozent-Organisationen, von denen nur das Zentrum einigermaßen stabil geblieben war. Abgesehen von der KPD, gab es einen rapiden Anstieg der Wählerzustimmung nur bei der NSDAP.

Die Sympathien gingen mit einer gewaltigen Unterschätzung der Frage einher, worin eigentlich die Macht der NSDAP bestand und welche Bedeutung ihre Ideologie und ihre Programmatik dabei hatten. Sie unterschätzten die Radikalität einer durch Krieg und Revolution enthumanisierten Bewegung, die von den alten Eliten, dem Parteiensystem und auch dem Rechtsstaat nicht allzu viel hielt. Dennoch suchten sie die Nähe zum neuen nationalsozialistischen Staat und die meisten – einschließlich vieler Opfer – täuschten sich, indem sie annahmen, die Fahrt ginge einfach zurück in den Obrigkeitsstaat des Kaiserreichs, mit dem man – einschließlich der jüdischen Milieus – als gehobenes Bürgertum ganz gut zurechtgekommen war. Doch von einem Rekurs auf das Kaiserreich stand nichts in den Verlautbarungen der NSDAP, umso mehr vom Versagen der alten Eliten, der Liberalen, die den Staat geschwächt hätten, der „vons", die im Krieg versagt hätten und über allem dem „jüdischen raffenden Kapital", das Deutschland an die Wall Street verkauft habe.

Es gab weiterhin nicht wenige, die in je eigener Überschätzung dachten, man könne mit den „wild gewordenen Kleinbürgern" und dem „gescheiterten Kunststudenten" an ihrer Spitze Schlitten fahren. Bekanntestes Beispiel ist hier der Schwiegersohn von Franz Adickes und Mitarbeiter von Richard Merton, Alfred Hugenberg, der glaubte mit seiner dahinsiechenden DNVP die NSDAP mit dem Siebenfachen an Wählerstimmen und Mitgliedern einhegen zu können. Hugenberg vertraute auf seine eigentliche Machtbasis, die nicht auf Wählerstimmen, sondern auf über tausend Zeitungsblättern beruhte, der größten Medienmacht im damaligen Deutschland. Sie nutzten ihm nichts. Er wurde innerhalb weniger Wochen politisch demontiert und gezwungen, sein Medienimperium an NS-Verlage zu verkaufen. Erst dadurch wurde der Nationalsozialismus überhaupt ein Medienereignis. Hugenberg endete innerhalb weniger Wochen als Gescheiterter ohne jeden weiteren Einfluss. Er hatte sich nicht politisch verbrannt, er war verbrannt wie ein Strohfeuer.

Abb. 46: Das Bild entstand im Zusammenhang mit der Pflanzung einer Hitlerlinde im Jahre 1934 vor der alten Scheune des ehemaligen Gutshofes in Breunings. Vorne rechts auf dem Pferd Philipp Prinz von Hessen-Kassel[190]

Ähnlich erging es vielen, auch der Aristokratie, die zwar nicht ganz zu Unrecht im völkischen Ständestaat Ähnlichkeiten zum untergegangenen Feudalsystem erblickte und gerne daran anknüpfen wollte, wie die Prinzen Philipp und Christoph von Hessen-Kassel, die sich schon früh der nationalsozialistischen Bewegung anschlossen. Sie waren als Persönlichkeiten gern gesehene Gäste bei Hitler und Göring. Philipp wurde 1933 zum Oberpräsidenten der Provinz Hessen-Nassau ernannt. Er war mit der italienischen Prinzessin Mafalda von Savoyen verheiratet, was später seinen Aufstieg zu Hitlers Sonderbotschafter bei Mussolini begünstigte. Dies wurde ihm aber auch zum Verhängnis. Im Zuge des fortschreitenden Krieges wurden die Nationalsozialisten zunehmend skeptischer gegenüber dem Adel. Sie stellten Philipp im April 1943 unter Hausarrest. Als der italienische König Viktor Emanuel III., Mafaldas Vater, im Juli Mussolini verhaften ließ und zwei Monate später kapitulierte, wurde der Prinz verhaftet und wenige Tage später in das Konzentrationslager Flossenbürg eingeliefert. Seine Frau starb 1944 im KZ Buchenwald. Ähnlich erging es vielen dieser Schicht. Sie überschätzten ihre Bedeutung für das Regime des Nationalsozialismus.[191] Ein letztes Aufbegehren dieser Gruppe wird jährlich im Andenken an den 20. Juli 1944 erinnert.

Wie erging es den Frankfurtern, die ebenfalls die Nähe zur Macht gesucht hatten wie die Motten das Licht? Die Antwort ist einfach: Nicht viel anders. Das Schicksal Arthur von Weinbergs ist bekannt. Das nationalsozialistische Regime ließ sich von dem großen Ansehen dieses Frankfurters nicht beeindrucken. Der Rückzug auf seinen Familiensitz in Bayern 1938 verschonte ihn nur zeitweilig. Er zahlte mit Freiheitsentzug und dem Leben einen hohen Preis und gehört zweifelsohne zu den Opfern des Regimes.

Auch Bethmann musste erleben, dass die Anerkennung für die Überführung einer angesehenen Gesellschaft zu einem „Club von Ariern" einen begrenzten Wert hatte – zumal er dem Regime nur einen Rumpf ablieferte. Die Vertreter des Nationalsozialismus revanchierten sich, indem sie seinen Einfluss auf die Gesellschaft systematisch verminderten bzw. ihren Anteil systematisch vergrößerten und bald alle wichtigen Positionen neben dem Vereinsleiter besetzten. Ihnen kam dabei Bethmanns häufige Abwesenheit entgegen, die dem erst 1934 zur Gesellschaft gekommenen Geschäftsführer Dr. Wilhelm Paulus im Gegenzug immer mehr Einfluss in den täglichen Dingen verlieh. Bethmann versuchte die Geschäfte per Postkarten und postalischem Austausch mit seinem Geschäftsführer am Laufen zu halten. 1939 wurde er auf Dauer aus Frankfurt entfernt, zum Militär verpflichtet und bei der Kavallerie in Fulda stationiert.[192] Das kam ihm entgegen, denn er hatte ein Faible für das Militärische, insbesondere für die Kavallerie. Es war dies eine Leidenschaft, die er mit Arthur von Weinberg teilte. Rückblickend hat er diese Zeit prägnant festgehalten: „Meine Kommandeurzeit in Fulda wurde während 2 ¾ Jahren für mich der Inbegriff der Erfüllung soldatischer Dienstleistung. Ich hätte nie geglaubt, dass die Stellung als Chef einer größeren Einheit mit selbständigen Unterführern, noch dazu in einem reinen Garnisonsleben mit fortlaufender Ausbildung von Offizieren und Unteroffizieren so viel Spielraum und Bewegungsfreiheit lässt für individuelle Gestaltung des Dienstes und der Atmosphäre und dass trotz des unvermeidlichen Commissbetriebs doch der freiwillige Gehorsam und eine menschlich-warme Note von oben bis unten geweckt und erhalten werden kann. Die Disciplin war ausgezeichnet, die Besichtigungen in ihrer Abwechslung immer ein Erfolg, und die Leistungen der Abteilung in Unterricht, Felddienst, Reiten, Schiessen und Fahren überdurchschnittlich. Die Pflege der Kameradschaft unter den Mannschaften und zwischen den Offizieren wurde bewusst als Gegengewicht gegen die dienstliche Disciplin sehr gepflegt, und so ging von der Abteilung ein Fluidum aus, dem sich keiner seiner Angehörigen zu entziehen vermochte."[193]

Bethmann hatte also eine gute Zeit, die jedoch darüber hinwegtäuschte, wie ihm die Zügel in seinem „Club" dabei immer mehr entglitten. Es blieb nicht bei der schleichenden Demontage durch die Repräsentanten der NSDAP, Bethmann wurde auch finanziell von dem System zur Ader gelassen. Ganz ähnlich wie Hugenberg seine Zeitungen und Filmgesellschaften an die Partei hatte verkaufen müssen, hatte die Stadtverwaltung ein Auge auf den großen Grundbesitz der Familie Bethmann auf der südlichen Mainseite und auf das Bankhaus in Steinwurfweite zum Römer geworfen. Es handelte sich dabei um große Flächen um den Riederhof, im Glacis von Sachsenhausen, im Umfang von 400 Morgen, das heißt der Größe von 200 Fußballfeldern, sowie um Flächen im Stadtwald und der Louisa mit noch einmal 40 Morgen.

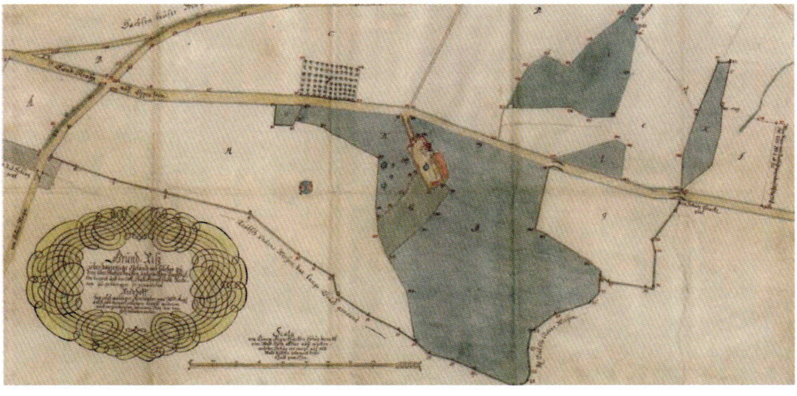

Abb. 47: Christoph Zehender, 1773: Prospect bey dem Riedhoffe gegen die Stadt Frankfurt am Main[194]

Dieser Landbesitz bildete die eigentliche Sicherheit für das Bankgeschäft und wurde immer wieder für den Fall in Anspruch genommen, wenn das Bankgeschäft schlecht lief. Im Zuge der großen Bauprojekte unter Landmann hätte Bethmann gerne einen Teil davon zur Erhöhung der Liquidität abgestoßen. Die Vorverhandlungen liefen auch gut an, und Ernst May plante eine Siedlung um den Riedhof, was den Waldbesitz um ein Vielfaches aufgewertet hätte. Doch rutschten die Pläne vor Verkauf und Baubeginn in die Weltwirtschaftskrise und wurden bis 1933 nicht wieder aufgegriffen. Die demokratisch-sozialistischen Stadträte gingen und nationalsozialistische Stadträte kamen, aber die Grundprobleme des Bedarfs für einen Massenmietwohnungsbau waren geblieben. Deshalb blieb grundsätzlich das Interesse der Stadt angesichts der noch lange nicht gelösten Probleme mit dem Wohnraum bestehen. Allerdings gerieten sie mit anderen Großprojekten der Kommunalverwaltung in Konflikt – allen voran dem mit dem Spatenstich am 21. September 1933 begonnenen Bau von Autobahnen, denen mit dem Machtwechsel eine deutlich höhere Priorität eingeräumt wurde. Das führte dazu, dass die Stadt, unter anderen der erwähnte Stadtrat Bruno Müller, ihre Planungen für den Wohnungsbau immer wieder umwarf. Zudem nahm das Selbstbewusstsein der nationalsozialistischen Stadträte mit der Konsolidierung der Macht des Regimes deutlich zu und das Entgegenkommen in den Preisvorstellungen umgekehrt ab.[195] Waren die Flächen um den Riedhof zu Zeiten Landmanns klar dem Wohnungsbau zugeordnet und in den Planungen fest verankert, so wurde Bethmann nun von Bruno Müller unmissverständlich bedeutet, der Stadt stehe „das Recht zu, im allgemeinen Interesse erwünschte Straßenbauten im Vertragsgebiete jederzeit vorzunehmen".[196]

Beim Streit um die Flächen und ihre Nutzung kamen in den folgenden Jahren auch noch die Projekte der auf pure Größe veranschlagten Prunkbauten als Insignien der Macht des Systems hinzu.[197] Auch dafür wurden Flächen benötigt. Letztendlich fiel dann in den Jahren des Regimes, abgesehen von der Siedlung Goldstein, diesen anderen Zielen des Regimes der Wohnungsbau zum Opfer. Er wurde schließlich im Krieg und mit den Deportationen der Juden völlig auf Eis gelegt.

Mit dem Luftkrieg war dann endgültig nicht mehr an Bauen zu denken, weil alle Hände für die Trümmerbeseitigung benötigt wurden und die Landverschickung begann. Doch zuvor erlebte Bethmann den Nationalsozialismus an der Macht, wie er es sich eigentlich nicht vorgestellt hatte.

Die auseinanderdriftenden Interessen zwischen der Stadt und dem Grundbesitzer mündeten in erheblichem Druck, den die Stadt auf Bethmann ausübte und unverhohlen forderte, er möge sich dem Interesse des Gesamtbebauungsplanes der Stadt beugen.[198] Der Vorstoß der Stadt traf ihn zu einer Zeit, als auf das Bankhaus *Gebrüder Bethmann* außergewöhnliche finanzielle Verpflichtungen zukamen, die Hypothek, mit der der Riedhof belastet war, bedient werden musste und die Grundsteuer die Pachteinnahmen überstieg. Weiterhin drohten Bauvorhaben auf dem Familienbesitz am Friedberger Tor zu scheitern, Umbauten an der Bethmann-Villa und im Park wurden aus Denkmalschutzgründen verweigert. Bethmann sah sich schließlich gezwungen, auf Oberbürgermeister Krebs zuzugehen und einen Verkaufspreis zu akzeptieren, den er selbst für viel zu niedrig ansah. Dabei appellierte Bruno Müller nicht ohne Zynismus an die Liebe Bethmanns zur Vaterstadt.[199] An den weiteren Unterhandlungen zwischen Stadtrat Adolf Miersch und Bethmanns Prokuristen Heinrich Lauster überrascht das Tempo der Vertragsabwicklung, der große Umfang der veräußerten Liegenschaften und die außergewöhnlich niedrige Kaufsumme. Nicht ohne Triumph zog Bruno Müller Bilanz. Es sei der „größte Grundstücksankauf, den die Stadt nach dem Weltkrieg gemacht hat".[200]

Im Hause des Baron von Bethmann aber kehrte Ernüchterung ein. Die Bank hatte ihre Sicherheit verloren, das Vermögen für die zukünftigen Generationen war für vage Bauvorhaben des Nationalsozialismus geopfert worden. Da Bruno Müller und Adolf Miersch schon einmal dabei waren, der Stadt neue Vermögensquellen zu erschließen, setzten sie noch eins drauf und forderten am Ende auch noch eine Absenkung des Preises für den Riedhof, denn dieser sei ziemlich heruntergekommen.[201]

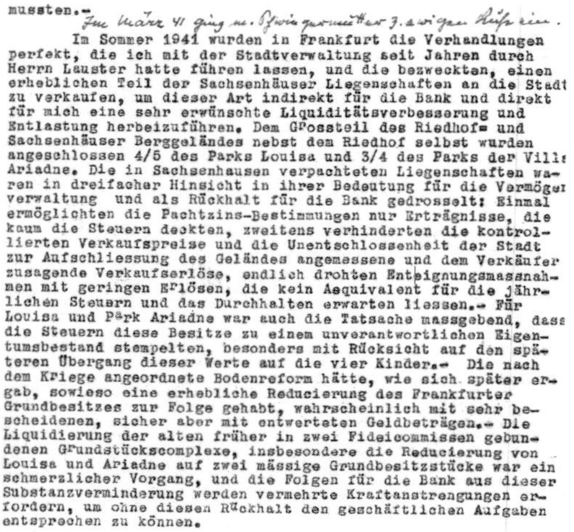

mussten.-
Im März 41 ging m. Schwiegermutter z. ewigen Ruhe ein.

Im Sommer 1941 wurden in Frankfurt die Verhandlungen perfekt, die ich mit der Stadtverwaltung seit Jahren durch Herrn Lauster hatte führen lassen, und die bezweckten, einen erheblichen Teil der Sachsenhäuser Liegenschaften an die Stadt zu verkaufen, um dieser Art indirekt für die Bank und direkt für mich eine sehr erwünschte Liquiditätsverbesserung und Entlastung herbeizuführen. Dem Grossteil des Riedhof- und Sachsenhäuser Berggeländes nebst dem Riedhof selbst wurden angeschlossen 4/5 des Parks Louisa und 3/4 des Parks der Villa Ariadne. Die in Sachsenhausen verpachteten Liegenschaften waren in dreifacher Hinsicht in ihrer Bedeutung für die Vermögensverwaltung und als Rückhalt für die Bank gedrosselt: Einmal ermöglichten die Pachtzins-Bestimmungen nur Erträgnisse, die kaum die Steuern deckten, zweitens verhinderten die kontrollierten Verkaufspreise und die Unentschlossenheit der Stadt zur Aufschliessung des Geländes angemessene und dem Verkäufer zusagende Verkaufserlöse, endlich drohten Enteignungsmassnahmen mit geringen Erlösen, die kein Aequivalent für die jährlichen Steuern und das Durchhalten erwarten liessen.- Für Louisa und Park Ariadne war auch die Tatsache massgebend, dass die Steuern diese Besitze zu einem unverantwortlichen Eigentumsbestand stempelten, besonders mit Rücksicht auf den späteren Übergang dieser Werte auf die vier Kinder.- Die nach dem Kriege angeordnete Bodenreform hätte, wie sich später ergab, sowieso eine erhebliche Reducierung des Frankfurter Grundbesitzes zur Folge gehabt, wahrscheinlich mit sehr bescheidenen, sicher aber mit entwerteten Geldbeträgen.- Die Liquidierung der alten früher in zwei Fideicommissen gebundenen Grundstückscomplexe, insbesondere die Reducierung von Louisa und Ariadne auf zwei mässige Grundbesitzstücke war ein schmerzlicher Vorgang, und die Folgen für die Bank aus dieser Substanzverminderung werden vermehrte Kraftanstrengungen erfordern, um ohne diesen Rückhalt den geschäftlichen Aufgaben entsprechen zu können.

Abb. 48: Rechtfertigung Moritz von Bethmanns vor seinen Nachkommen, 1947[202]

In einer als Typoskript erhaltenen Rückschau aus dem Jahre 1947 hat Bethmann versucht, das verlustreiche Geschäft nachträglich gegenüber seinen Nachkommen zu rechtfertigen, und führt eine ganze Reihe von Gründen an, die diesen Verkauf alternativlos erscheinen lassen. Aber nach gründlicher Abwägung kommt er doch zu dem Ergebnis. „Die Liquidierung der alten früher in zwei Fideicommissen gebundenen Grundstückscomplexe, insbesondere die Reducierung von Louisa und Ariadne auf zwei mässige Grundbesitzstücke war ein schmerzlicher Vorgang, und die Folgen für die Bank aus dieser Substanzverminderung werden vermehrte Kraftanstrengungen erfordern, um ohne diesen Rückhalt den geschäftlichen Aufgaben entsprechen zu können."[203]

Ludwig Landmann und Ernst May kamen mit ihrem sozial konnotierten Massenmietwohnungsbau nicht zum Zug, an dem Bethmann gut verdient hätte und bei dem die gesamte Stadt ihren Wohlstand ein Stück hätte vermehren können. Alle, oder sehr viele, hätten etwas davon gehabt. Doch die Republik, auf deren Boden dieses humane Projekt gewachsen war, ging unter. Die Erben dieses Untergangs ernteten noch weniger als nichts.

Auch eines der ältesten Bankhäuser in Deutschland verlor seine bewährten Sicherheiten. Noch größer war der Verlust für die Stadt. Der Triumph von Bruno Müller währte nur kurz. Die Unterschrift unter den Verträgen war kaum getrocknet, als wenig später die ganze Stadt in Schutt und Asche versank. Es gibt einen kleinen Trost in der Geschichte. Der unvorteilhafte Verkauf kam letztlich dem genossenschaftlichen Wohnungsbau zugute. Im Rahmen der staatlichen Wohnungsbauprogramme im ersten Jahrzehnt der Bundesrepublik wurde das Wohnungselend eines Großteils der Bevölkerung, das untrennbar mit der Industrialisierung verbunden schien, innerhalb weniger Jahre gelöst. Landmann, May und Asch hatten zuvor gezeigt, wie man so etwas macht, und May setzte dies in einer ganzen Reihe von deutschen Städten fort. Auch in Frankfurt blühte auf den einstigen Flächen der Familie Bethmann neues Leben und viele Familien fanden ein Zuhause.

Abb. 49: Riedhof, Luftbild von 1956 mit mehreren neuen Siedlungen[204]

Werben um die Partei: gelebter Antisemitismus

Doch zurück zur Frankfurter Gesellschaft. Nach dem Verlust von so vielen Mitgliedern gewannen Werbemaßnahmen, die der Vereinsleiter zusammen mit dem Vorstand einleitete, eine oberste Priorität. Man warb in nationalsozialistischen Kreisen für die Vortragsveranstaltungen und wies darauf hin, dass die Gesellschaft „nur aus arischen Mitgliedern" bestehe.[205] Insbesondere bat man um den Besuch der Gauleitung, der Gauverwaltung der *Deutschen Arbeitsfront* (DAF), der Kreisleitung, der Ortsgruppe, der SA-Gruppe, der SS-Standarte, des *Nationalsozialistischen Kraftfahrkorps* (NSKK), des Landesbauernführers, der Führung der Hitlerjugend und des Treuhänders der Arbeit.[206] Das Angebot wurde von den lokalen NS-Machthabern gerne angenommen. Doch in klarer Kenntnis über den Vollbesitz der politischen Macht wünschte die Gauleitung mehr, wie gleich aufgezeigt wird.

Die Werbemaßnahmen zeigten Früchte und es gelang, die Zahl der Mitglieder bis auf 300 zu steigern. Mit ihnen rückten aber auch immer mehr überzeugte Nationalsozialisten in die Gesellschaft ein. Mehr noch, die Vertreter der regionalen Parteihierarchie übernahmen die wichtigsten Positionen. Nach dem nationalsozialistischen Oberbürgermeister Friedrich Krebs zogen im Jahre 1937 Generaldirektor Wilhelm Avieny, auf den zurückzukommen sein wird, Kreiswirtschaftsberater Philipp Schneider und Gauwirtschaftsberater K. Eckhardt „als Vertreter der Gauleitung in den Beirat" und in die Ausschüsse der Gesellschaft ein. Bis 1941 war die Mitgliedschaft nahezu vollständig ausgetauscht worden. Nur noch 75 Mitglieder stammten aus der Zeit vor 1932. Der tiefe Umbruch, der sich in der Mitgliederzusammensetzung der Frankfurter Gesellschaft für Handel, Industrie und Wissenschaft vollzog, wirkte sich auf den Charakter der Gesellschaft aus. Immer mehr ging sie auf Distanz zum Elitengedanken. Die Tore für die Mitgliederaufnahme wurden weit geöffnet und insbesondere die Aufnahmegelder erheblich gesenkt, um dem dramatischen Abfluss von Mitgliedern und damit der immer schwächeren finanziellen Basis der Gesellschaft entgegenzusteuern. Das gelang. Bis 1938 konnten die Mitgliederzahlen wieder angehoben und die Gesellschaft finanziell auf einen etwas solideren Grund gestellt werden. Aber die finanzielle Schieflage war nicht das eigentliche Problem. Ihr Charakter und Geist schwanden mit den Neueinwerbungen dahin.

Für die neuen Machthaber, die nun vermehrt in die Frankfurter Gesellschaft Einzug hielten, war Frankfurt nicht nur eine Stadt des „Geldkapitals". Es wurden alle jüdischen Banken und Unternehmen arisiert, d. h. den jüdischen Besitzern geraubt und „arischen" Besitzern, dem Staat oder der Stadt einverleibt. Wir hatten das am Beispiel von Sally Cramer und dem von Harry Fuld herstammenden Besitzerkreis vorgestellt, deren Unternehmen mit Hilfe von Thyssen von den neuen Besitzern den Namen *Telefonbau und Normalzeit Lehner & Co.*, kurz T&N erhielt. In dem neuen Namen ist der Name des Gründers Harry

Fuld ausgelöscht. Die „Arisierung" war ein Prozess, der sich in Etappen über mehrere Jahre hinzog und ab 1935 in etwa den Etappen des Ausschlusses „nichtarischer" Mitglieder in der Frankfurter Gesellschaft entsprach. Grundlage war die Einführung der Nürnberger Rassengesetze und Entrechtung der Juden im September 1935 gewesen. Der Entrechtung folgte die Ausgrenzung der Juden aus allen Bereichen des öffentlichen Lebens, und der Willkür des Staates waren nun keine Grenzen mehr gesetzt. Das bahnte den Weg bis in die physische Vernichtung.[207] Eine Zwischenetappe bildete die Enteignung, gemeinhin als „Arisierung" bezeichnet und in gewisser Hinsicht eine Konsequenz aus den juristischen Bestimmungen von 1935, die die neuen Machthaber erlassen hatten – die kleine Serie von Gesetzen änderte alles, allerdings nicht von heute auf morgen.[208] Es blieb eine kurze Zeit von rund zwei Jahren, in denen den jüdischen Unternehmern ein kleiner Handlungsspielraum verblieb, verschiedene Angebote einzuholen und ihre Unternehmen zu angemessenen Preisen zu verkaufen.[209] Diese Chance entfiel ab 1937, da ab dieser Zeit „Arisierungs"-Verträge den NSDAP-Gauwirtschaftsberatern und ab 1938 dann sogar den „staatlichen Institutionen zur Genehmigung vorgelegt werden mussten".[210] Damit nicht genug, brachen den Juden mit der *Verordnung über die Anmeldung des Vermögens* vom April 1938 weitere Pfeiler zur Sicherung ihrer Lebensgrundlage weg. Nun mussten sie jedes Vermögen, das den Wert von 5.000 Reichsmark überstieg, den Behörden melden. Das geschah zu dem Zweck, den staatlichen Zugriff zu ermöglichen, wenn nach § 7 dieser Verordnung der Beauftragte des Vierjahresplanes dies als erforderlich für die Belange der deutschen Wirtschaft ansah. Damit sollte der endgültige Ausschluss der Juden aus der deutschen Wirtschaft erreicht werden.[211] Es dauerte kein halbes Jahr, bis diese Verordnung in aller Härte durchgezogen wurde. Mit dem Pogrom vom 9. November 1938 erreichte die Diskriminierung und Ausgrenzung der jüdischen Bevölkerung eine neue Qualität und schlug in offene Gewalt um. Mit der Gewalt kam die letzte Etappe der Enteignung. Handlungsoptionen gab es keine mehr. Mehr noch, es drohte Verhaftung und die Einweisung in Konzentrationslager. Formal beschränkte sich der Verkauf nun auf eine noch zu leistende Unterschrift.[212] Nach Wolfgang Benz markierte das Novemberpogrom den Übergang von „legislativer und administrativer Diskriminierung der jüdischen Minderheit [hin] zur brachialen Gewalt".[213] Mittäter waren „arische" Unternehmer, die kommunale Verwaltung und der Staat. In der Forschung sind mittlerweile zahlreiche Beispiele dazu aufgearbeitet worden.[214]

Die Universität auf dem Irrweg des erbbiologischen Rassismus

Ernst Krieck

Nicht nur der vielen, erfolgreichen jüdischen Unternehmen wegen galt Frankfurt am Main den neuen Machthabern als „Neujerusalem", sondern auch wegen seiner liberalen Tradition und dem tief verankerten Gegenbild zu ihren ideologischen und politischen Zielvorstellungen. Eine Stadt, in der Christen und Juden seit Jahrhunderten zusammenlebten und in der dieses Zusammenleben gerade im ausgehenden 19. Jahrhundert und den Jahrzehnten bis 1930 zu einer großen wirtschaftlichen, sozialen, politischen und kulturellen Blüte geführt hatte, durfte es nicht geben. Diese christlich-jüdische Blüte hatte einen großen Wissens- und Forschungskomplex aus Universität und zahlreichen Forschungsinstituten hervorgebracht. In völliger Verkennung der historischen Genese wird er noch heute zuweilen als das Werk des Oberbürgermeisters Franz Adickes dargestellt, was im Nachhinein die Politik des Verschweigens der jüdischen Anteile wiederholt und sich mit der Sicht der Nationalsozialisten deckt. Auch diese hatten in den Jubiläumsbeiträgen zum 30-jährigen Bestehen der Universität weder das *Institut für Gemeinwohl* noch Merton genannt. Dafür spannten die Völkischen eine Traditionslinie, die von Goethe und Senckenberg über Dalberg zu den Stiftungen Jügels reichte. Die Akademie war nun ganz das Werk von Adickes. Kein Merton taucht auf und selbstverständlich auch keiner der jüdischen Stifter.[215]

Auch dieser Wissenschaftskomplex war zusammen mit der Universität gleichgeschaltet worden. Die neuen Rektoren, zunächst Ernst Krieck und ab 1934 Walter Platzhoff, taten alles, den „jüdisch-marxistisch-liberalistischen Laden" möglichst rasch mit den anderen Universitäten des Landes „gleich zu schalten", worüber Platzhoff am 31. Mai 1935 unter dem Titel *Struktur, Wesen u. Aufgaben der deutschen Universität in der Gegenwart* in der Villa Bonn referierte.[216] Er trug seine intoleranten Gedanken genau an dem Ort vor, an dem Wilhelm Bonn und sein Freund Charles Hallgarten zusammen mit Wilhelm Merton und vielen anderen aus ihrer nachbarschaftlichen Umgebung zusammengesessen hatten, um die Universität im Zeichen einer jüdisch-christlichen Emanzipation nach liberalen Grundsätzen ins Leben zu rufen.

Walter Platzhoff

Wie sehr die Vertreibung jüdischer Dozenten die Substanz der Frankfurter Gesellschaft angriff, wurde schon ausgeführt. Entscheidender Akteur war diesbezüglich eben der Präsident Walter Platzhoff – Mediävist und Mitglied der Gesellschaft seit 1924.[217] Er hatte im Jahr vor seiner Aufnahme einen Lehrstuhl für Mittlere und Neuere Geschichte an der Universität Frankfurt am Main erhalten. Nach der Übernahme der Universitätspräsidentschaft erlangte er zwei Jahre später auch den Vorsitz des Deutschen Historikerverbandes. Platzhoff unterstützte außerdem die SS, war seit 1934 sowohl Mitglied im Nationalsozialistischen Lehrerbund als auch im NS-Dozentenbund und seit 1937 in der NSDAP. Während des Krieges wurde Platzhoff Spartenleiter Geschichte im „Kriegseinsatz der Geisteswissenschaften". Im März 1941 war er Gast bei der Eröffnungsfeier von Alfred Rosenbergs *Institut zur Erforschung der Judenfrage*. Platzhoff gehörte zu den bestbezahlten Historikern Deutschlands. Für ihn also hatte sich die Anbiederung an das Regime gelohnt.[218] 1945 wurde Platzhoff aus politischen Gründen entlassen. Fortan lebte er in Hanau, wo er bereits 1923 die wohlhabende Fabrikantentochter Kathinka Heraeus (1896–1981) geheiratet hatte. Im Spruchkammerverfahren wurde er 1948 als „Mitläufer" eingestuft.[219]

August Wisser

Die Arisierung und Gleichschaltung war nicht allein sein Werk. Beteiligt war auch das Mitglied der Frankfurter Gesellschaft und Kurator der Universität, August Wisser. Der 1880 Geborene erlangte vor dem Ersten Weltkrieg seine Promotion in Jura und war dann als Assessor und ab 1920 als Staatsanwaltschaftsrat bei der Frankfurter Staatsanwaltschaft tätig. 1932 übernahm er die Strafabteilung dort. Er trat 1922 der NSDAP bei, was ihm noch im gleichen Monat das Amt des Kurators der Frankfurter Universität einbrachte. Sein oberster Auftrag bestand darin, die Universität von Demokraten, Liberalen und Juden zu säubern, und zwar von „Juden" im Sinne der NSDAP.[220] Das hat er dann auch gemacht und musste dabei auch über viele Denunziationen richten, wie etwa im Fall des Germanisten Schultz im Jahre 1937, der die Untat begangen haben sollte, „eifrigen Verkehr mit dem Juden Rudolf Strauß, Weinhändler, Liebigstrasse 33" gepflegt zu haben und mit ihm im Grüneburgpark spazieren gegangen zu sein. Das Votum Wissers kann man im Universitätsarchiv Frankfurt nachlesen.[221] Wie Platzhoff wurde er 1945 entlassen und 1947 als Mitläufer eingestuft.

Otmar von Verschuer – Neue Institute für die Rassenideologie der Nationalsozialisten

Die Arisierung bildete jedoch erst den Beginn zum Umbau ihrer Zweckbestimmung bei der Gründung – eben auch Juden in Preußen die Übernahme von Lehrstühlen zu ermöglichen. Nachdem sie unter Bruch des Stiftungsversprechens entfernt worden waren, siedelte die Universitätsleitung, also die beiden Gesellschaftsmitglieder Platzhoff und Wisser, ganz gezielt Institute an, die den rassenideologischen Ansatz der Nationalsozialisten „wissenschaftlich" legitimieren sollten. Es handelt sich dabei um das *Institut für Erbbiologie und Rassenpflege* unter Otmar Freiherr von Verschuer und das *Institut zur Erforschung der Judenfrage* unter der Leitung des Chefideologen der NSDAP, Alfred Rosenberg, die beide in die Universität inkorporiert wurden.

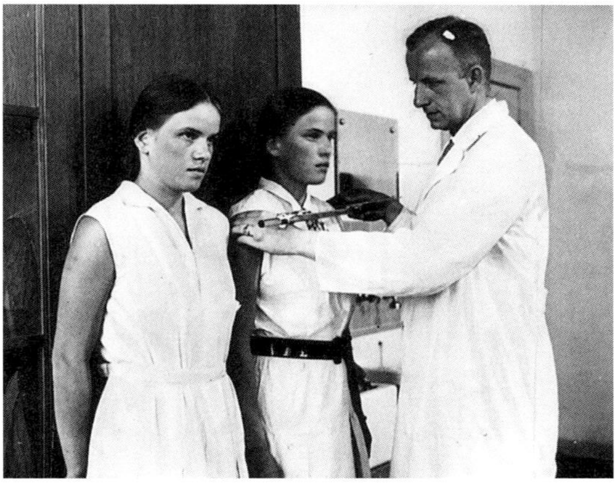

Abb. 50/51: Otmar Freiherr von Verschuer, von 1935 bis 1942 Professur in Frankfurt am Main und von 1942 bis 1948 Nachfolger von Eugen Fischer als Direktor des Kaiser-Wilhelm-Instituts in Berlin[222] und: Institut für Erbbiologie und Rassenhygiene in der Gartenstraße 140, Frankfurt am Main 1936[223]

1936 berief ihn der Sachverständigenbeirat der Forschungsabteilung Judenfrage des Reichsinstituts für Geschichte des Neuen Deutschlands zum Fachmann für Biologie des Instituts

1940 Beitritt zur NSDAP und Mitherausgeber des dreibändigen Lehrbuchs *Menschliche Erblehre und Rassenhygiene*

1942 Fachmann für Biologie im Amt Rosenberg[224]

1942 Nachfolger von Eugen Fischer als Direktor des Kaiser-Wilhelm-Instituts für Anthropologie, menschliche Erblehre und Eugenik in Berlin-Dahlem

1943 erlangte er eine Honorarprofessur in Berlin und wurde Mitglied im wissenschaftlichen Beirat des Generalkommissars für das Sanitäts- und Gesundheitswesen

Otmar Freiherr von Verschuer kam als Kind des Grubenunternehmers und Kaufmanns Hans von Verschuer und seiner Frau Charlotte in Wildeck auf die Welt. Er legte 1914 sein Abitur an der Oberrealschule in Karlsruhe ab und begann ein Jurastudium an der Universität in Bonn. Zu der Zeit fasziniert ihn die Lebensreformbewegung und er wird Mitglied im *Wandervogel*. Es interessieren ihn aber auch die Schriften des rassistischen Antisemitismus und er liest die Schriften Arthur de Gobineaus und Houston Stewart Chamberlains mit großem Interesse, was letztendlich sein medizinisches Interesse an Fragen der Vererbungs- und Rassenlehre stark beeinflusst.[225] Doch zunächst unterbricht der Krieg sein Studium, er dient sowohl an der West- wie Ostfront, und begleitet von Verwundungen und Auszeichnungen bringt er es bis zum Oberleutnant. Nach Kriegsende bricht er sein Jurastudium ab und wechselt zum Studium der Medizin nach Marburg. Er nahm an der Niederschlagung der Aufstände im Gefolge des Kapp-Putsches in Thüringen durch Freikorps teil und war in diesem Zusammenhang an der Ermordung von 15 willkürlich verhafteten, angeblichen „roten Aufständischen" in Mechterstädt am Morgen des 25. März 1920 beteiligt, die als Morde von Mechterstädt in die Lokalgeschichte eingingen, wurde vor einem Militärgericht angeklagt und freigesprochen. Dennoch setzt sich von Verschuer von Marburg nach Hamburg ab und beendet sein Studium dann 1923 mit einer Promotion in München, um kurz darauf eine Assistentenstelle an der Universität in Tübingen anzutreten.[226] Dort begannen seine erbbiologischen Forschungen an Zwillingen und er wird Anfang 1927 mit der Schrift *Die vererbungsbiologische Zwillingsforschung* habilitiert. Der Weg führte ihn direkt nach Berlin-Dahlem in das neu gegründete Kaiser-Wilhelm-Institut für Anthropologie, menschliche Erblehre und Eugenik. Leiter des Instituts war Eugen Fischer, Verschuer war zu dieser Zeit Privatdozent, sein Spezialgebiet wurde Rassenhygiene.[227] Seine große Chance kam mit dem politischen Machtwechsel und dem Untergang der Weimarer Republik. Im neubesetzten Reichsinnenministerium wurde ein „Sachverständigenbeirat für Bevölkerungs- und Rassenpolitik beim Reichsinnenminister" eingerichtet. Seine Aufgabe sollte im Entwurf eines Sterilisationsgesetzes bestehen. Verschuer wurde zur Mitarbeit aufgefordert.[228] „Die Machtergreifung bot die Verheißung der Professionalisierung der Rassenhygiene zum Preis der Abhängigkeit von politischer Kontrolle, was angesichts der ideologischen Affinität kein hoher Preis war."[229] Genau diese Überlegungen führten ihn wenig später nach Frankfurt, und das hatte mit dem speziellen Geschenk der Reichsführung an das „Neu-Jerusalem" am Main und seiner wesentlich vom jüdischen Bürgertum mitbegründeten Universität zu tun. Nicht in Berlin, sondern in Frankfurt wurde das neue *Universitäts-Institut für Erbbiologie und Rassenhygiene* angesiedelt. Die Botschaft war klar und nicht misszuverstehen. Der erste Leiter des Instituts, von Verschuer, beschrieb die Aufgabenstellung dieses Instituts damals als Huldigung an den „Führer des Deutschen Reiches", der als erster Staatsmann „die Erkenntnisse der Erbbiologie und Rassenhygiene zu einem leitenden Prinzip der Staatsführung" gemacht habe.[230]

Ein Vortrag in der Villa Bonn

Das Anliegen von Verschuers war dem Präsidium jedoch auch ohne Erläuterung in einem Ärzteblatt geläufig. Anfang August lud Moritz Freiherr von Bethmann von Verschuer zu einem Vortrag in der Frankfurter Gesellschaft ein und schrieb: „Sehr geehrter Herr Professor! Die Bedeutung der Rassenfrage hat durch die Errichtung eines selbständigen Instituts in Frankfurt a.M. ihren sichtbaren Ausdruck erhalten. Unsere Gesellschaft hat sich zur Aufgabe gemacht, die Bestrebungen des Staates durch Aufklärung und Vermittlung neuer Erkenntnisse in jeder Weise zu unterstützen. Die Vereinsleitung würde es daher begrüßen, wenn Sie es übernehmen würden, in einem ca. einstündigen Vortrag vor den Mitgliedern unserer Gesellschaft über ein Thema aus ihrem Arbeitsgebiet zu sprechen."[231]

Am 16. August 1935 antwortete ihm von Verschuer: „Ich bin gerne bereit, Ihrer Aufforderung Folge zu leisten", unterbreitete Terminvorschläge im November und Dezember und erbat „noch nähere Mitteilungen zu machen über die besonderen Wünsche der Mitglieder",

Abb. 52: Karteischrank aus der Abteilung für Erb- und Rassenpflege im Stadtgesundheitsamt, Frankfurt am Main[234]

war jedoch auch der Meinung, „dass es sich empfiehlt entweder ein specielleres Thema (der Vererbung und Rassenhygiene; RR) zu nehmen oder mehr praktische Fragen über die Anwendung der Erblehre zu behandeln. Vielleicht ist es für die Mitglieder Ihrer Gesellschaft von besonderem Interesse, über Einrichtung, Aufgaben und Ziele meines neugegründeten Frankfurter Instituts näheres zu hören." So wurde es dann verabredet und für den 4. Dezember zu einem Vortrag über „Das Frankfurter Universitäts-Institut für Erbbiologie und Rassenhygiene und die praktische Anwendung der Erblehre" eingeladen, und zwar mit „Heil Hitler. Der Präsident". In Aussicht stand zudem ein Vortrag mit „Lichtbildern (Glasdiapositive 8,5 auf 10)".[232]

Was mag er damals erzählt haben? Da das Thema die Aufgaben des Instituts betraf, kann diese Frage mit einiger Sicherheit beantwortet werden, wenn wir uns die Praxis des Instituts in seiner Zeit von 1935 bis 1945 ansehen. Das Institut wurde 1935 an der gleichgeschalteten Medizinischen Fakultät der Universität angesiedelt. Heike Drummer und Jutta Zwilling heben hervor, wie sehr die „zeitgenössischen Vorlesungsverzeichnisse und Dissertationen dokumentieren, dass sich die traditionsreiche, über Frankfurts Grenzen hinaus berühmte Medizinische Fakultät und ihre Institute mit einigen ihrer nach 1933 in Frankfurt gebliebenen Vertretern der nationalsozialistischen Gesundheitspolitik verschrieben hatten." Die Zwillingsforschung von Verschuers sollte zu ihrem „wissenschaftlichen" Nachweis, ihrer Begründung und Legitimierung führen. Doktoranden wie Josef Mengele, ab Mai 1943 Lagerarzt in Auschwitz, lieferten mit seinen „meist tödlich endende(n) Experimente(n) vornehmlich an Zwillingen" das „Material" und „ein großzügiger Sach- und Personalkostenetat ermöglichte dem Frankfurter ‚Modell-Institut' Lehre, Forschung und Praxis gleichermaßen". Es avancierte deshalb bald „neben dem KWI (...) zur führenden ‚rassenhygienischen' Forschungseinrichtung" in der dunklen Zeit des Nationalsozialismus.[233]

Es blieb nicht bei der grauenhaften „Grundlagenforschung". Die Tätigkeit des Instituts hatte Auswirkungen bis in den Alltag der Frankfurter Bevölkerung hinein, weil es ab 1935 mit der städtischen Gesundheitspolitik verknüpft war. Diese hatte seit 1933 einen Schwerpunkt auf dem Gebiet der „Erb- und Rassenpflege", die in der Erbbegutachtungsstelle im Stadtgesundheitsamt institutionalisiert wurde und zeitgleich mit dem *Institut für Erbbiologie und Rassenhygiene* eine „Abteilung für Erb- und Rassenpflege" bekam. Anfangs ging es hauptsächlich um den Aufbau einer „Erbkartei" und eines „Erbarchivs", also um, wie Drummer und Zwilling schrieben, eine Art „erbbiologische Bestandsaufnahme" der Frankfurter Bevölkerung.

Mit den Nürnberger Rassengesetzen kam „die Beantragung von Sterilisations-, Ehebefreiungs- und Adoptionsverfahren hinzu. Kartei und Archiv wuchsen zwischen 1933 und 1943 von 30.000 auf 420.000 Karten und von 60.000 auf 330.000 Gesundheitsakten an und repräsentierten eines der größten Datensysteme im Reich. Ob allgemein Beratungssuchende, Heiratswillige oder bei der Fürsorge auffällig gewordene Jugendliche, kaum jemand konnte sich vor innerbehördlicher Denunziation schützen. In den schlimmsten Fällen waren Anstaltseinweisungen, Zwangssterilisationen und – als ‚Euthanasie' getarnte Krankenmorde die Folge."[235]

Und es gab noch eine Konsequenz der erfolgreichen Etablierung des Instituts durch von Verschuer. Es siedelten sich weitere Institute in dem großen ideologischen Zusammenhang der „Rassenfrage", die Staatspolitik geworden war, in Frankfurt an.

Das Institut zur Erforschung der Judenfrage

Am prominentesten ist hier das von Alfred Rosenberg, dem Chefideologen der NSDAP, gegründete und geleitete *Institut zur Erforschung der Judenfrage* zu nennen, bei dem es nicht um seriöse Judaistik ging, sondern um den ideologischen Nachweis ihrer Minderwertigkeit.

Auch dieses Institut war, abgesehen von seinen aus Hass geborenen Anliegen, als Schlag gegen die Identität der Stadt als Zentrum bürgerlicher Freiheit und Toleranz gedacht. Es sollte nicht weniger sein als „die geistige Waffenschmiede für den Endkampf gegen das Weltjudentum", wie Drummer und Zwilling das Anliegen kurz und bündig zusammenfassen. Sie zitieren dabei das Mitglied der Frankfurter Gesellschaft und Oberbürgermeister der Stadt, Friedrich Krebs, der bei der Eröffnung des Instituts am 26. März 1941 den Versammelten den Auftrag des Instituts damit umriss, dass es „allen Nationen die Waffen zur Verfügung stellt, die den gleichen Schicksalskampf gegen die Juden zu kämpfen haben".[237] Drei Monate später begann der Angriff auf die als „bolschewistisch-jüdische" Herrschaft gedeutete Sowjetunion, mit der man über viele Jahre auf das Beste kooperiert hatte. In der ersten Reihe der geladenen Gäste saß, quasi als Ausweis der anvisierten engen Kooperation mit dem *Institut für Erbbiologie und Rassenhygiene* Otmar Freiherr von Verschuer.[238] Doch damit erschöpft sich immer noch nicht das mit großer Prominenz besetzte neue Institut. Beide Institute sollten Keimzellen einer geplanten Hohen Schule der NSDAP in Frankfurt am Main werden und in der Tendenz den gesamten Wissenschaftskomplex der Stadt zum ideologischen Nutzen des Regimes vereinnahmen. Auch hier führt der Weg direkt zum Holocaust: „Im Mittelpunkt des Instituts stand die Bibliothek, deren Grundbestand zunächst die wertvolle, 40.000 Bände umfassende Judaica- und Hebraicasammlung aus der Stadtbibliothek bildete. Laut Vertrag zählte zu den wichtigsten Aufgaben ‚die spezielle Forschung über die Grundlagen der Judenfrage und die wissenschaftliche Materialsammlung zum Zwecke des politischen Einsatzes'. Im Klartext hieß das: Plünderung von Bibliotheks- und Archivgut aus den besetzten Gebieten – das Institut verfügte bereits im

April 1943 über etwa 350.000 Bücher. Mit dieser ‚Forschungs'-Grundlage glaubten die Nationalsozialisten, die Ermordung des europäischen Judentums gegenüber der Nachwelt legitimieren zu können."[239]

Abb. 53: Bibliothek und Zeitschriftenarchiv des „Instituts zur Erforschung der Judenfrage" in der Bockenheimer Landstraße 68–70, Sichtung von Thora-Rollen im Keller des Instituts am 6. Juli 1945[236]

Die Mitglieder erfuhren somit von Verschuer im Dezember 1935 aus erster Hand von einem der dunkelsten Kapitel der an Barbarei nicht armen Geschichte des Nationalsozialismus. Nur wenige Wochen später folgte die Ernennung von Verschuers zum Ordinarius der Universität Frankfurt und die ersten Doktoranden erfuhren eine Ausbildung im Sinne der Rassenlehre des Systems. Ab 1937 gehörte Josef Mengele zu Verschuers Institut und wurde von ihm 1938 mit einem Thema promoviert, in dem er versuchte, die Erblichkeit bestimmter Erkrankungen statistisch nachzuweisen.[240] Mengele wurde im August 1940 SS-Unterscharführer bei der Einwanderungszentrale in Lodz. Von dieser Position war es nicht weit bis zu seinen Menschenexperimenten in Auschwitz und er blieb seinem Frankfurter Lehrer verbunden. Der Aufstieg von Verschuers ist weiterhin steil und führt bis in die unmittelbare Nähe der Entscheidungsträger in Fragen der mörderischen Rassenpolitik des Nationalsozialismus. Als von Verschuer 1942 die Leitung des *Kaiser-Wilhelm-Institutes für Anthropologie* in Berlin übernahm und Mengele 1943 Lagerarzt in Auschwitz wurde, erreichte die Zusammenarbeit eine neue Qualität.[241] Mit finanzieller Unterstützung der *Deutschen Forschungsgemeinschaft* sowie großem Rückhalt bei Personen aus der unmittelbaren Umgebung Adolf Hitlers setzte Verschuer seine Forschungen, die er in Frankfurt begonnen hatte, fort und nutzte dafür die Möglichkeiten des Konzentrationslagers Auschwitz.[242]

In Verschuers Untersuchung zu „spezifischen Eiweißkörpern" wurde die Blutreaktion auf Infektionskrankheiten erforscht. Mengele infizierte im KZ Auschwitz-Birkenau zu diesem Zweck Menschen mit Krankheitserregern und versorgte das Berliner Institut regelmäßig mit „Material", Blutproben und Augen von Zwillingspaaren.[243] Die Proben gingen an Verschuer. Er bedankte sich ebenso regelmäßig dafür. Diese Forschung wurde von der DFG finanziert, der Verschuer offen über den Ort der Forschung, das KZ-Auschwitz, berichtete.[244]

Erst das unmittelbar bevorstehende Ende des Zweiten Weltkriegs setzte dem Treiben ein Ende.

„Die Besinnung darauf, wie die Wiederkehr von Auschwitz zu verhindern sei, wird verdüstert davon, dass man dieses Desperaten sich bewusst sein muss, wenn man nicht der idealistischen Phrase verfallen will. Trotzdem ist es zu versuchen, auch angesichts dessen, dass die Grundstruktur der Gesellschaft und damit ihre Angehörigen, die es dahin gebracht haben, heute die gleichen sind wie vor 25 Jahren. Millionen schuldloser Menschen – die Zahlen zu nennen oder gar darüber zu feilschen, ist bereits menschenunwürdig – wurden planvoll ermordet. Das ist von keinem Lebendigen als Oberflächenphänomen, als Abirrung vom Lauf der Geschichte abzutun, die gegenüber der großen Tendenz des Fortschritts, der Aufklärung, der vermeintlich zunehmenden Humanität nicht in Betracht käme. Dass es sich ereignete, ist selbst Ausdruck einer überaus mächtigen gesellschaftlichen Tendenz." (Theodor W. Adorno)[246]

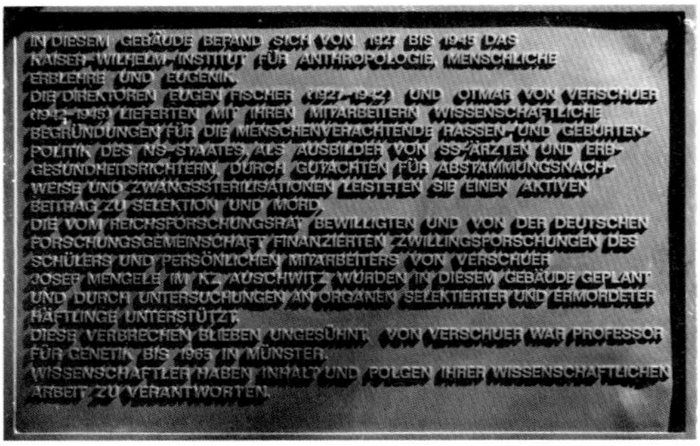

Abb. 54: Gedenktafel zur Erinnerung an das *Kaiser-Wilhelm-Institut für Anthropologie, menschliche Erblehre und Eugenik* und dessen Funktion und Bedeutung im Nationalsozialismus. Ort: Otto-Suhr-Institut für Politikwissenschaft, Gebäudeeingang an der Ihnestraße in Berlin[245]

Im Februar 1945 wurde das KWI – zwei vollbeladene LKWs mit Unterlagen und Materialien – erst in die Nähe von Bebra zwischengelagert und nach dem Untergang des *Tausendjährigen Reichs* mit Billigung des von den Alliierten eingesetzten Oberbürgermeisters Kurt Blaum nach Frankfurt am Main gebracht, was beinahe zur Wiedereröffnung des KWI für Anthropologie unter Leitung von Verschuer geführt hätte, wenn es nicht den Einspruch vom hessischen Kultusministerium in Wiesbaden gegeben hätte. Dennoch konnte Otmar Freiherr von Verschuer kein Jahr nach der Flucht aus Berlin und dem Ende des Kriegs aufatmen. Wie Platzhoff und Wisser wurde auch er von der Frankfurter Spruchkammer als Mitläufer eingestuft und kam mit einem geringen Bußgeld davon.

Das adelte ihn dazu, andere zu entlasten. Den ersten „Persilschein" unterschrieb er für seinen Schüler Josef Mengele. Benno Müller-Hill hat den Vorgang untersucht, wie Verschuer am 10. Mai 1946 in einer eidesstattlichen Erklärung an Otto Hahn, eingesetzter Präsident für die KWG, sich und Josef Mengele von aller Schuld reinwusch. Das liest sich so: „Ein Assistent meines früheren Frankfurter Instituts, Dr. M. (...) wurde gegen seinen Willen als Arzt an das Lazarett des Konzentrationslagers Auschwitz kommandiert; alle, die ihn kannten, bekamen zu erfahren, wie unglücklich er darüber war und wie er unermüdlich Versuche unternahm, ein ablösendes Kommando zur Front zu erreichen, leider vergeblich. Von seiner Arbeit ist nur bekannt geworden, daß er sich bemüht hat, den Kranken ein Arzt und Helfer zu sein."[247] Das war kaum zehn Jahre nach seinem Vortrag in der Villa Bonn.

Fest im Griff der Partei – aus der Frankfurter Gesellschaft wird das *Haus der Wirtschaft*

Insgesamt muss festgehalten werden, dass die Gesellschaft in dieser Zeit – trotz allem Entgegenkommen – nicht unbedingt zu den Protegés der neuen Machthaber zählte, sondern wohl eher misstrauisch beäugt am Rande stand. 1936 beklagte die Vereinsleitung, dass Gauleiter Jakob Sprenger noch immer die Existenzberechtigung der Gesellschaft als nützliches Glied der „Volksgemeinschaft" bezweifeln würde. Das hielt sie jedoch nicht davon ab, sich immer mehr den ausgesprochen ideologiegeladenen und vom System vorgegebenen Themen zu öffnen, und Adolf Hitler „in tiefer Verehrung und Liebe" zu danken", dass die Gesellschaft ihre „Tätigkeit fast ohne Störung" hatte fortsetzen können.[248] Das unbehinderte Weiterbestehen hatte vor allem damit zu tun, dass der Vorstand im Jahre 1937 systematisch um den Generaldirektor der Nassauischen Landesbank, Wilhelm Avieny, den Kreiswirtschaftsberater Philipp Schneider und Gauwirtschaftsberater und Prokurist bei den Adlerwerken Karl Eckhardt erweitert wurde. Alle drei waren erprobte und überzeugte Nationalsozialisten. Bethmann blieb Vereinsleiter, aber das Sagen hatten – in pragmatischer Umkehrung des Führerprinzips – zunehmend die Größen der NSDAP und nicht mehr der einfache Pg und das SA-Mitglied von Bethmann. Deutlich kam seine Bedeutungslosigkeit bei dem Umbau der Rumpfgesellschaft zum *Haus der Wirtschaft* zum Vorschein.[249] Als entscheidende Personen hatten sich bis dahin der Gauleiter Jakob Sprenger, der Oberbürgermeister Friedrich Krebs, der Handelskammerpräsident Carl Heinrich August Lüer und der nunmehrige Gauwirtschaftsberater Wilhelm Avieny durchgesetzt. Ihr Werdegang spricht für sich.

Gauleiter Jakob Sprenger, geboren 1884 in Oberhausen bei Bergzabern, diente nach Abschluss der Schulbildung als Einjährigfreiwilliger beim Militär und fand danach eine Anstellung im Verwaltungsdienst der Reichspost. Dem Kriegsdienst als Soldat im Ersten Weltkrieg folgte die Fortsetzung der Beamtenlaufbahn bei der Post. Er trat früh, bereits 1922, der NSDAP bei und konnte hier seinen Antisemitismus ausleben, was wiederum seinen Aufstieg in der Partei beförderte.[252] Dem Parteimandat des Gauleiters von Hessen-Nassau-Süd folgte 1930 ein Reichstagsmandat und damit verbunden der Einzug in den Verwaltungsrat der Reichspost.[253] 1933 wurde sein Gau zum Gau Hessen-Nassau erweitert und Sprenger wurde zum Reichsstatthalter des Volksstaates Hessen ernannt. Diese Doppelfunktion bekam er als Einziger nur ausnahmsweise gewährt.

Am 1. September 1939, dem Beginn des Zweiten Weltkriegs, kam zu seinen Ämtern noch die Aufgabe des Reichsverteidigungskommissars des Wehrkreises XII hinzu. In dieser Funktion hielt er im März 1941 eine Festrede zur Eröffnung des von Alfred Rosenberg initiierten antisemitischen *Instituts zur Erforschung der Judenfrage* in Frankfurt am Main.[254] Drei Jahre später befanden sich Partei und Staat auf dem absteigenden Ast ihrer Entwicklung und seine Ernennung zum Oberpräsidenten der neuen preußischen Provinz Nassau hatte nur noch einen begrenzten Wert.

Als Mitte März 1945 die US-Armee auf Frankfurt zurückte, erließ er noch ein paar letzte Instruktionen an die Herren Kreisleiter des Gaues Hessen-Nassau: „Betr. Vorgehen seitens der Partei zur Einschaltung der Volksgenossen bis zum Kriegsende. (...) Ich gebe auch hiermit den Befehl, VG. (Volksgenossen, RR) die sich bei Annaeherung des Feindes nicht verteidigen oder die Flucht ergreifen wollen, ruecksichtslos mit der Waffe niederzuschiessen oder, wenn es angebracht ist, zur Abschreckung der Bevoelkerung mit dem Strang hinzurichten. Gez. Sprenger Gauleiter und Reichsverteidigungskommissar."[255]

Sprenger selbst floh noch nach Tirol und beging dort am 7. Mai, einen Tag vor der Kapitulation des *Tausendjährigen Reiches*, Selbstmord. Doch vier Jahre zuvor schienen noch alle Möglichkeiten offen und Sprenger drängte auf den Umbau der Frankfurter Gesellschaft zu einem *Haus der Wirtschaft*.[256]

Abb. 55/56: Jakob Sprenger (1884–1945)[250] und Dr. Friedrich Krebs (1894–1961)[251]

Von ähnlicher Statur wie Sprenger – oftmals in Konkurrenz zu ihm – und ebenfalls verankert im Südhessischen gehörte der Nachfolger Ludwig Landmanns, Friedrich Krebs, zu den einflussreicheren Mitgliedern der damaligen Gesellschaft. Seine Heimat war eigentlich das Elsass. Hier wuchs er in bescheidenen Verhältnissen auf, besuchte verschiedene Schulen in Thann, Weißenburg und Straßburg und legte in Straßburg sein Abitur ab. Er begann ein Studium der Rechts- und Staatswissenschaften an der Universität Straßburg, unterbrach es, weil er sich als Kriegsfreiwilliger für den Einsatz im Ersten Weltkrieg meldete. Nach dem Krieg folgte die Ausweisung aus dem Elsass und so gelangte er nach Frankfurt, wo er sein Staatsexamen ablegte. Es folgte eine Promotion in Gießen und von 1923 bis 1925 eine Anstellung als Richter am Amts- und Landgericht in Frankfurt, dicht gefolgt von einem Wechsel nach Berlin sowie von 1928 bis 1933 der Rückkehr als Landgerichtsrat an das Oberlandesgericht Frankfurt, alles in allem eine Bilderbuchkarriere im Justizdienst – trotz seines öffentlichen Bekenntnisses zum Rechtsradikalismus. Wie Sprenger engagierte sich auch Krebs früh in der völkischen Bewegung und in der Ersatzorganisation für die für einige Jahre verbotene NSDAP. 1929 folgten der Wechsel zur NSDAP und die Erringung eines Mandats im Preußischen Landtag. Sein besonderes Interesse galt dem *Kampfbund für deutsche Kultur*. Der Gauleiter bediente sich gerne seiner Rechtskenntnisse, was Krebs ebenfalls prädestinierte, die Rechtsschutzstelle des Gaues zu leiten. Außerdem warb er als Gauobmann des NSDAP-Juristenbundes unter seinen Richterkollegen.[257]

Wie bereits ausgeführt, ergab sich für ihn im März 1933 durch die Vertreibung von Ludwig Landmann und die Neuwahl der Stadtverordnetenversammlung erst die Chance einer kommissarischen Vertretung und dann die beschriebene „Wahl" zum Oberbürgermeister. Zuvor hatte er alle jüdischen Angestellten und Beamte aus ihren städtischen Stellen vertrieben, und zwar noch vor dem Gesetz zur Wiederherstellung des Berufsbeamtentums. Danach erzielte er Erfolge bei der Sanierung des städtischen Etats und trug zum Ausbau des Flugverkehrs bei.[258]

Franz Lerner listet in seinem affirmativ gehaltenen Beitrag in der *Neuen Deutschen Bibliographie* auch noch auf, dass „gerade im kulturellen Bereich (..) er eine Linie" vertreten habe „die oft erheblich von den Ansichten der NSDAP" abgewichen sei.[259] Es scheint sich jedoch bei den Konflikten mit Sprenger eher um schlichte Interessenskonflikte zwischen den verschiedenen, als Erbhöfe verwalteten Einfluss- und Machtbereichen gehandelt zu haben. Heike Drummer stellt nach langjähriger Auseinandersetzung mit seiner Person fest: „Zu keiner Zeit ließ der Oberbürgermeister einen Zweifel an seiner politischen Haltung, und wenn es ihm gleichwohl gelang, sich innerhalb der genannten nichtjüdischen Kreise als integres und fürsorgliches Stadtoberhaupt zu präsentieren, dann muss es unter deren Protagonisten gewissermaßen ein moralisches Einverständnis gegeben haben. Das spätere trotzige, beinahe komplizenhafte Zusammenspiel der Entlastungszeugen für Krebs scheint darauf zu verweisen. Womit auch die bislang nicht beantwortete Frage nach dem offenkundigen Versagen der bürgerlichen Elite berührt wird."[260]

Es gab bei Arisierung, Gleichschaltung und dem Vernichtungswillen gegenüber den als feindlich eingestuften Gruppen keinen Unterschied zu anderen Städten oder regionalen Körperschaften. Aufgrund seiner nationalsozialistischen Überzeugungen und seines Antisemitismus fiel es ihm nicht schwer, anlässlich der Eröffnung von Rosenbergs *Institut zur Erforschung der Judenfrage* sich mit Sprenger die Festrede zu teilen.[261]

Es kamen weiterhin Positionen in der SA hinzu, die nicht als Feierabendfreizeitbeschäftigung zu werten sind. Drei Jahre später sah Krebs sich gezwungen, statt zur ideologischen Bekämpfung des Weltjudentums aufzurufen, Durchhalteparolen in einer zerstörten Stadt unter dem Motto „Wir kapitulieren nie!" zu verkünden. Das war ziemlich genau ein Jahr bevor der Krieg für Frankfurt dann doch am 28. März 1945 endete. Krebs floh, wurde jedoch verhaftet und mehrere Jahre interniert. Das Spruchkammerverfahren fiel günstig aus. Er wurde als minderbelastet eingestuft. Als Entlastung war angeführt worden, er hätte sein Amt unbeeinflusst durch nationalsozialistische Tendenzen ausgeübt, habe Anweisung an die Feuerwehr am 9. November 1938 gegeben, die brennende Westendsynagoge zu löschen, hätte sich zuweilen mit dem Gauleiter Jakob Sprenger angelegt.

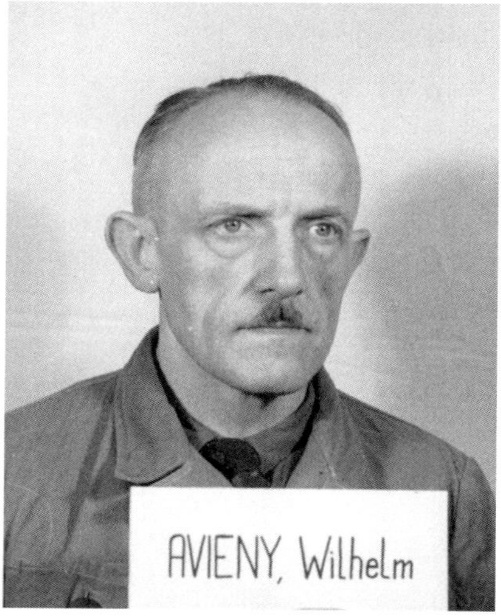

Abb. 57/58: Carl Heinrich August Lüer, Präsident der Handelskammer[263] und Wilhelm Avieny, Letzterer in alliierter Internierung (1945–1949)[264]

Es fällt auch 80 Jahre nach diesen Ereignissen noch schwer, eine mindere Belastung oder gar eine vom Nationalsozialismus unbeeinflusste Amtsführung zu erkennen, angesichts der zahlreichen Handlungen, die alles umsetzten, was das Regime in seiner rassistischen Ausrichtung eingefordert hatte: die Gleichschaltung aller Frankfurter Institutionen, die Erklärung der NS-Rassenpolitik zur gelebten Normalität, die Umorientierung des Stadtgesundheitsamtes zu einer Anstalt der Selektion, die Verfolgung, Vertreibung und Deportation großer Bevölkerungsteile, die das Regime als „jüdisch" abqualifizierte, darunter zahlreicher Christen und auch der Umbau der Frankfurter Gesellschaft zum Haus einer nationalsozialistischen Wirtschaft.

Mit dem Spruchkammerbeschluss gab es für ihn keinen Anlass, seine rassenideologischen Einstellungen in Zweifel zu ziehen, und er machte einfach weiter, wurde Parteivorsitzender und Stadtverordneter der rechtsradikalen *Deutschen Partei*, bemühte sich 1950 bis 1953 um eine Zulassung als Rechtsanwalt, was erst an dem Umstand scheiterte, dass er in der Öffentlichkeit den ganzen Ungeist des untergegangenen Regimes erneut zum Besten gegeben hatte. Nachdem er sein Mandat niedergelegt hatte und aus der DP ausgetreten war, konnte er sich als Rechtsanwalt niederlassen und vor allem in eigener Angelegenheit – der Einforderung seiner Pension als Oberbürgermeister der Stadt – tätig werden, ein Rechtsstreit, den er verlor. Insofern gestaltete sich seine Etablierung in der neuen Demokratie als nicht ganz so erfolgreich wie die von Verschuers.[262]

Carl Heinrich August Lüer, 1897 als Sohn eines Maurermeisters im Frankfurter Stadtteil Bockenheim geboren, schloss seine Schulbildung mit der Mittleren Reife ab, begann 1911 eine kaufmännische Lehre und arbeitete danach als Buchhalter und Korrespondent in einer Konservenfabrik. Im Krieg mehrmals verwundet, bildete er sich nach Kriegsende weiter, legte die Reifeprüfung ab und arbeitete erst in der Fabrik und dann, nach seinem Umzug nach Frankfurt, bei der *Commerz- und Privatbank AG*. Nebenher studierte er Wirtschafts- und Sozialwissenschaften an der Universität Frankfurt. Das Studium schloss er 1924 mit der Promotion ab. Tätigkeiten in der Bank und an der Börse wechselten sich längere Zeit ab und nebenher arbeitete er an der Zulassung als Wirtschaftsprüfer und Buchrevisor. Ab 1926 wurde er Korrepetitor und Assistent an der Universität Frankfurt.

Wie viele seiner Generation wandte er sich in den zwanziger Jahren der völkischen Bewegung zu und entschied sich im Dezember 1927 für den Eintritt in die NSDAP. Dort stieg er rasch in hohe Parteiämter auf. Unter Jakob Sprenger übernahm er die Führung der Fachgruppe Industrie der NS-Arbeitsgemeinschaft für ständische Wirtschaftsgestaltung und wurde im November 1929 für die NSDAP in den Frankfurter Stadtrat gewählt. Er stand 1933 bereit, bedeutendere Ämter zu übernehmen. Zwischen März und Juni 1933 fielen ihm der stellvertretende Vorsitz in der Stadtverordnetenversammlung, der Vorsitz mehrerer Arbeitsausschüsse und, auf entsprechenden Nachdruck des Gauleiters, die Präsidentschaft in der Frankfurter Handelskammer zu, dicht gefolgt von dem Amt des Präsidenten der Handelskammer für das Gebiet Rhein-Main, was mit der Vertreibung von Hans Trumpler erkauft wurde.

Auf diese Weise drang er immer weiter in die oberen Funktionsspitzen des NS-Regimes vor. Dazu gehörte auch die Funktion des Bezirksführers der Reichsgruppe Industrie in Hessen, was ihn in den Augen der Universitätsleitung prädestinierte, zum Honorarprofessor an der Universität Frankfurt berufen zu werden. Der Reigen der Mandate hatte damit noch immer kein Ende: man trug ihm eine Mitgliedschaft im Beirat der Reichswirtschaftskammer an und ernannte ihn kurz darauf zu ihrem stellvertretenden Leiter. Als vorteilhaft sollte es sich erweisen, dass er auch Zugang zu den großen Unternehmen im Rhein-Main-Gebiet erhielt. So holte man ihn als Mitglied in den Aufsichtsrat der Opel AG und von dort aus gelang 1941 der Schritt zum Vorsitzenden des Aufsichtsrats und Betriebsführer für Personalfragen bei Opel. Das brachte ihn in enge Beziehungen zu Heinrich Nordhoff, damals Wehrwirtschaftsführer von Opel und nach dem Krieg von der englischen Besatzungsmacht zum Leiter des VW-Werkes in Wolfsburg befördert. Der nach wie vor vorhandene Einfluss von General Motors führte kurz darauf zur Interventionen der Gestapo gegen die deutsche Werksspitze, wovon Lüer als „alter Kämpfer" der NSDAP allerdings nicht betroffen war. Nachdem er im Januar 1938 zum Wehrwirtschaftsführer aufstieg, glückte ihm auch noch der Einzug in den Vorstand der Dresdner Bank.

Es folgte nach der Niederlage wie bei Krebs die Internierung durch die britische Besatzungsmacht. Aber schon 1947 konnte er sich wieder als Geschäftsführer einer Firma in Hannover betätigen. Doch kam es erneut zu einer Verhaftung. Diesmal von der US-Besatzungsmacht in Nürnberg im Zusammenhang mit dem Wilhelmstraßen-Prozess. Angeklagt waren führende Angehörige des Auswärtigen Amts und anderer Ministerien sowie weiterer nationalsozialistischer Dienststellen, unter anderen Ernst von Weizsäcker. Dabei bildete auch die Stellung von Lüer bei der Dresdner Bank einen Verhandlungsgegenstand. Die Aussagen von Zeugen, dass Lüer der Auffassung gewesen sei, die Dresdner Bank habe zu den Zielen der NSDAP nicht im Gegensatz gestanden, scheinen Lüer so weit entlastet zu haben, dass sie seiner Tätigkeit im Bankwesen nicht im Wege gestanden haben.[265]

Die letzte der vier NS-Größen, die den Umbau der Frankfurter Gesellschaft zum *Haus der Wirtschaft* vorangetrieben haben, war der in Wiesbaden geborene Wilhelm Avieny, seines Zeichens Bankkaufmann, Industriemanager, NSDAP-Gauwirtschaftsberater für den Gau Hessen-Nassau und SS-Obersturmbannführer. Von 1916 bis 1919 nahm er am Ersten Weltkrieg teil. Nach dem Krieg gehörte er reaktionären Organisationen wie dem *Jungdeutschen Orden* und der *Marine-Brigade Ehrhardt* an. Er trat jedoch erst 1931 der NSDAP bei und verließ die DVP. Außerdem gehörte er der SS an und war Träger des SS-Ehrendegens.

Mit Hilfe Sprengers gelang es ihm, nach 1933 einer der einflussreichsten Wirtschaftsfunktionäre im rhein-mainischen Wirtschaftsgebiet zu werden. Avienys Ernennung zum Generaldirektor der Nassauischen Landesbank und der Nassauischen Sparkasse erfolgte am 1. April 1933 erst kommissarisch und dann offiziell am 1. September 1933. Zwei Jahre später zog er als Vertreter der Banken in den Provinzialrat der Provinz Hessen-Nassau ein. Dazu kam 1936 das Amt des Leiters der Gauheimstätte des NSDAP-Gaus Hessen-Nassau. Außerdem wurde er Vizepräsident der Industrie- und Handelskammer Frankfurt. Ab 1937 war er auch noch mit dem Aufbau und der Führung der neuen Reichssiedlungsschule (RSH) in Oberstedten (heute zu Oberursel) betraut.

Ein weiteres Erfolgsjahr bildete das Jahr 1939, in dem er erster Leiter des „Dulag Luft", also eines Durchgangslagers der Luftwaffe, in Oberursel und nebenamtlicher Kommissar für die Hessische Landesbank in Darmstadt wurde und zum Vorstandsmitglied der Metallgesellschaft AG in Frankfurt aufstieg, dem 1942 die Position des Vorstandsvorsitzenden und Generaldirektors nachfolgte. Er erntete somit die Früchte der „Arisierung" und Positionen, die vakant waren, nachdem die Mitglieder der Frankfurter Gesellschaft, Alfred und Richard Merton, vertrieben worden waren. Avieny war auch an der „Arisierung" anderer Betriebe an führender Stelle beteiligt, so an der des von dem Juden Harry Fuld gegründeten Fuld-Konzerns. Wir hatten darüber am Beispiel des Schicksals von Sally Cramer als ehemaligem Vorstandsmitglied dieses Konzerns berichtet. Außerdem folgte er 1943 Karl Eckardt im Amt des Gauwirtschaftsberaters im Rang eines „Bereichsleiters" nach und konnte Sprengers Einfluss in der Polytechnischen Gesellschaft und der Frankfurter Sparkasse von 1822 sichern.

Nach Ende des Zweiten Weltkrieges wurde Avieny in Darmstadt interniert und im Spruchkammerverfahren als „belastet" eingestuft. Zudem wurden ihm die bürgerlichen Ehrenrechte aberkannt und ein Großteil seines Vermögens eingezogen, das er während der NS-Zeit angehäuft hatte.[266]

Primat der Politik über die Wirtschaft

1

2

3

4

Abb. 59–62: Bilderserie von der Einweihung des *Hauses der Wirtschaft* am 1. Juli 1942

1. Reichsstatthalter und Gauleiter des Gaues Hessen Jakob Sprenger, Begrüßung der Gäste[267], 2. Deutscher Gruß im Treppenhaus der Villa Bonn[268], 3. Vereinsleiter Baron Moritz Freiherr von Bethmann[269] 4. Rede zur Eröffnung des *Hauses der Wirtschaft* von Gauwirtschaftsberater und Vorstandsmitglied der *Metallgesellschaft* Wilhelm Avieny[270]

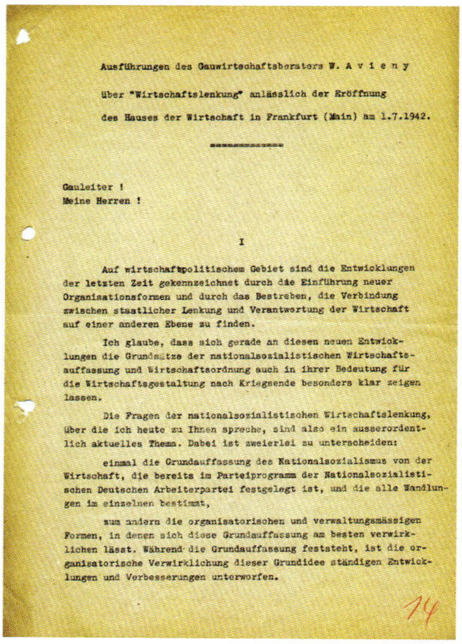

Ausführungen des Gauwirtschaftsberaters W. A v i e n y

über "Wirtschaftslenkung" anlässlich der Eröffnung

des Hauses der Wirtschaft in Frankfurt (Main) am 1.7.1942.

Gauleiter !
Meine Herren !

I

Auf wirtschaftspolitischem Gebiet sind die Entwicklungen der letzten Zeit gekennzeichnet durch die Einführung neuer Organisationsformen und durch das Bestreben, die Verbindung zwischen staatlicher Lenkung und Verantwortung der Wirtschaft auf einer anderen Ebene zu finden.

Ich glaube, dass sich gerade an diesen neuen Entwicklungen die Grundsätze der nationalsozialistischen Wirtschaftsauffassung und Wirtschaftsordnung auch in ihrer Bedeutung für die Wirtschaftsgestaltung nach Kriegsende besonders klar zeigen lassen.

Die Fragen der nationalsozialistischen Wirtschaftslenkung, über die ich heute zu Ihnen spreche, sind also ein ausserordentlich aktuelles Thema. Dabei ist zweierlei zu unterscheiden:

einmal die Grundauffassung des Nationalsozialismus von der Wirtschaft, die bereits im Parteiprogramm der Nationalsozialistischen Deutschen Arbeiterpartei festgelegt ist, und die alle Wandlungen im einzelnen bestimmt,

zum andern die organisatorischen und verwaltungsmässigen Formen, in denen sich diese Grundauffassung am besten verwirklichen lässt. Während die Grundauffassung feststeht, ist die organisatorische Verwirklichung dieser Grundidee ständigen Entwicklungen und Verbesserungen unterworfen.

14

1

2

3

4

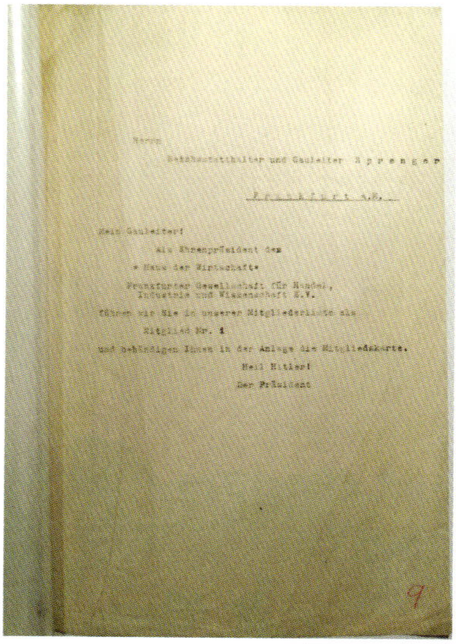

Herrn

Reichsstatthalter und Gauleiter S p r e n g e r

Frankfurt a.M.

Mein Gauleiter!

Als Ehrenpräsident des

"Haus der Wirtschaft"

Frankfurter Gesellschaft für Handel, Industrie und Wissenschaft E.V.

führen wir Sie in unserer Mitgliederliste als

Mitglied Nr. 1

und behändigen Ihnen in der Anlage die Mitgliedskarte.

Heil Hitler!

Der Präsident

9

Abb. 63–66: 1. Redemanuskript des Gauwirtschaftsberaters Wilhelm Avieny[271], und 2. versammelte Gäste im Vortragssaal[272], 3. nach dem Vortrag, geselliges Beisammensein[273] und 4. Ehrenpräsidentschaft an Sprenger[274]

Nachdem ein hohes Maß an Konformität hergestellt worden war, begann im Mai 1942 die zweite Etappe der Eingliederung der Gesellschaft in das Regime. Gauwirtschaftsberater Wilhelm Avieny, seit 1937 Mitglied der Gesellschaft, und Gauleiter Jakob Sprenger entwickelten den Plan für ein „Haus der Wirtschaft". Am 1. Juli 1942 wurden die Führungsgremien der Gesellschaft auf einer Sitzung des Beirats und der Ausschüsse im Frankfurter Hof mit ihrem künftigen Platz im Rahmen des Systems vertraut gemacht. Die Veranstaltung fand auf höchster Ebene statt. Einladungen gingen an sämtliche Oberbürgermeister und an alle Handelskammerpräsidenten des Gaus Hessen-Nassau, an die Generalität, an alle Oberpräsidenten, Regierungspräsidenten und Landeshauptmänner sowie an alle Präsidenten und Leiter der verschiedenen Behörden. Nach Eröffnung der Sitzung, in der Sprenger die Ehrenpräsidentschaft und Mitgliedsnummer „1" angetragen bekommen hatte, hielt Avieny den programmatischen Vortrag zum Thema Wirtschaftslenkung und über die Aufgaben eines „Hauses der Wirtschaft".

Der Vortrag ist deshalb von großem Interesse, weil er den Platz, den die Gesellschaft für Handel, Industrie und Wissenschaft im System des Nationalsozialismus einnehmen sollte, grundsätzlich beleuchtet. Dabei wurde recht eindeutig die Nachrangigkeit und Unterordnung der einstigen Elitenorganisation betont. Außerdem führte Avieny den Anwesenden besonders in den Abschnitten zur „Menschenfrage" die Absichten der Nationalsozialisten in ihrem Eroberungskrieg – den rassistisch motivierten Vernichtungskrieg – in Osteuropa vor Augen.

Avieny begann seine Ausführungen ganz grundsätzlich mit dem Verhältnis der Nationalsozialisten zur Wirtschaft und stellte klar, wer während der vergangenen acht Jahre das Heft in der Hand gehalten hatte. Als Erstes hielt er den Anwesenden vor, dass die „Zahl der führenden Wirtschaftler, die sich vor 1933 zum Nationalsozialismus bekannt hatten, „verhältnismäßig gering war", um dann zu den Leistungen seiner Partei nach 1933 überzuleiten: „Entgegen der Skepsis der überwiegenden Mehrzahl der Fachleute" hätten die Nationalsozialisten „Wirtschaftsprobleme geradezu unvorstellbaren Ausmaßes" gemeistert.[275] Dies sei ihnen durch die Unterordnung der Wirtschaft unter die

Politik und die Übernahme der Führung durch Partei und Staat gelungen. Daraus leitete er die Schlussfolgerung ab: „Das System der gelenkten Wirtschaft (ist) dem der freien Wirtschaft überlegen", und es sei die Geschichte selbst, die die „Überlegenheit der gelenkten Wirtschaft bewiesen" hätte.[276] Nach Avieny hatte „die Epoche der liberalen Wirtschaft im engeren Sinne (...) durch diese Krise ihr Ende gefunden". Der Nationalsozialismus habe mit dem „Primat der Politik" die grundsätzliche Wende herbeigeführt und das brachliegende Heer von sieben Millionen Arbeitslosen durch eine „vorgreifende Finanzierung" nach dem Modell der Kriegswirtschaft im Ersten Weltkrieg wieder der Produktion zugeführt. Funktionieren konnte das nur im Rahmen eines grundlegenden Wechsels des politischen und gesellschaftlichen Systems. Denn „wie die Demokratie auf wirtschaftlichem Gebiet dem Liberalismus" entspreche, so „entspricht die Wirtschaftslenkung (...) den neuen autoritären Staatssystemen".[277] Die großen Leistungen habe der Nationalsozialismus erreicht, ohne in der Wirtschaft über eine „breite Personalbasis" zu verfügen. Es habe genügt, die Schlüsselstellungen in der Wirtschaftspolitik und in der wirtschaftlichen Selbstverwaltung zu besetzen. Darauf habe man sich in den Jahren 1931 und 1932 vorbereitet, Arbeitsgemeinschaften gegründet und auf diese hätten dann 1933 die Gauleiter bei der Besetzung der entsprechenden Ressorts und Selbstverwaltungsorgane zurückgegriffen. So sei der Nationalsozialismus in der Lage gewesen, gegen die Majorität der „führenden Männer der Wirtschaft" die Initiative an sich zu reißen.

Aber nun, nachdem der Vernichtungskrieg in Osteuropa begonnen habe, verlange der Nationalsozialismus mehr. Es solle „die Verbindung zwischen Partei und Wirtschaft sehr viel enger werden", es sei notwendig, eine engere persönliche Fühlung zwischen den leitenden Männern der Wirtschaft und den Dienststellen der Partei herzustellen. Zum einen, weil „die Unternehmer nicht nur bestimmend für die Produktionsleistung der Volkswirtschaft" seien und weil ihre Tätigkeit „die Haltung unseres Volkes, das einen großen Teil seiner Zeit, arbeitend in den Betrieben verbringt", beeinflusse. Zum anderen, um die Zielsetzungen der nationalsozialistischen Wirtschaftspolitik zu gewährleisten".[278] Unter Wirtschaftspolitik verstand Avieny damals Raumpolitik und mit dem Raum die Eroberung, also den Krieg. So fährt er dann mit der Kriegswirtschaft fort, die er als ein engmaschiges Netz von staatlichen Eingriffen vorstellt, das mit der Entfaltung des Krieges immer dichter werde und immer mehr ins Einzelne gehe. Dafür müssten die Instrumente der Wirtschaftslenkung noch stärker „dienstbar" gemacht werden.[279] Und hier rücke die „Menschenfrage" in den Mittelpunkt. „Die Menschenfrage wird für Deutschland immer wichtiger und zwar nicht nur unter dem augenblicklichen Gesichtspunkt der Kriegswirtschaft. Sie wird auch darüber entscheiden, in welchem Maße Deutschland auf lange Sicht gesehen, die wirtschaftlichen Führungsaufgaben, die ihm im europäischen und russischen Raum gestellt sind, erfüllen kann. Ich glaube, dass man sich von dem hierfür erforderlichen Menscheneinsatz überhaupt keine zu großen Vorstellungen machen kann. Äußerste Rationalisierung des Menscheneinsatzes wird auch als Dauerzustand nicht nur den Apparat der Wirtschaftslenkung, sondern auch für die Wirtschaft selbst gelten müssen."[280] Zur „Menschenfrage" im Sinne des Nationalsozialismus gehörte damals die Verschleppung von mehr als zwölf Millionen Zwangsarbeitern nach Deutschland, um die Lücken zu füllen, die der Einzug der Männer im wehrfähigen Alter gerissen hatte. Gemeint waren aber auch „die wirtschaftlichen Führungsaufgaben, die ihm (dem deutschen Volk; RR) im europäischen und russischen Raum gestellt sind", wie Avieny es in der Villa Bonn vornehm umschrieb. Das hieß die geplante millionenfache Ansiedlung von Deutschen im osteuropäischen Raum bei Vertreibung oder Vernichtung der dort ansässigen Bevölkerung.

All dies erforderte nach Avieny eine stärkere „Verbindung von Partei und Wirtschaft".[281] Es hatte einen drohenden Unterton, als er gegen Ende seiner Ausführungen erklärte: „Entscheidend möchte ich festhalten, dass die Größe des Spielraums, den man im Rahmen der staatlichen Lenkung dem selbstverantwortlichen Handeln der Wirtschaft lassen kann, nicht zuletzt von der Wirtschaft selbst abhängt: von ihrer Entscheidungsfreudigkeit und ihrer nationalsozialistischen Haltung."[282] Was diese in freundliche Worte gepackte Einladung zum Mittun am nationalsozialistischen Eroberungsprogramm bedeutete, dürfte den Anwesenden klar gewesen sein. Damals rollten bereits Tausende von Zügen vollgepackt mit Menschen von Ost nach West, entstanden überall primitive Lager – insgesamt an die 25.000 – und fasste die SS wenig später ihren „Generalplan Ost", der die Vernichtung von 30 Millionen Menschen vorsah, damit möglich wurde, was sich auch Mitglieder der damaligen Gesellschaft erträumten: deutscher Siedlungsraum in den Weiten Osteuropas. Aufschlussreich ist hier ein Schreiben, das sich in den Akten des damaligen Präsidenten befindet. Damals, am 3. November 1942, antwortete Dr. Georg Kränzlein auf ein Kondolenzschreiben des stellvertretenden Präsidenten des *Hauses der Wirtschaft*, Direktor Gustav Dessecker, der sein Beileid zum Tod des Sohnes von Kränzlein bekundet hatte: „Sehr geehrter Herr Direktor! Ihnen und der Frankfurter Gesellschaft für Handel, Industrie und Wissenschaft E. V. Haus der Wirtschaft danke ich herzlich für die mir anlässlich des Heldentodes meines Sohnes Ludwig übermittelte Beileidsbekundung. Wir wollen nicht klagen, wenn sich sein Leben so früh vollendete. In unseren Herzen und bei seiner Truppe lebt er weiter. Er lebt auch weiter, wenn sich dereinst im fernen Osten des Dons und der Wolga die Deutschen ansiedeln und kommende Geschlechter heranwachsen. Denn dann kündet sein Heldengrab im Ehrenfriedhof von seinem Namen und seiner kämpferischen Art allen denen, die dann weiterkämpfen müssen, um deutsches Wesen zu erhalten und weiter zu verbreiten. Das macht uns innerlich frei und stolz (...)."[283]

Kränzlein war kein Unbekannter, er war Direktor der IG Farben AG im Werk Hoechst und dort Leiter des Alizarin-Hauptlabors. Der Gesellschaft war er bereits in besseren Tagen, 1930, beigetreten. Insofern gehörte er zu den 85 alten Mitgliedern, die den Weg in die Gleichschaltung und Arisierung mitgegangen waren. Das Heranwachsen kommender Geschlechter und das Ende des Krieges erlebte er nicht mehr. Er verstarb 1943.[284] Was es bedeutete, den besiedelten Raum bis in die fernen Gegenden „des Dons und der Wolga" frei zu machen, dürfte in der Vorstellungskraft von Kränzlein gelegen haben.

Auch der Vereinsleiter von Bethmann hatte genügend Kenntnisse über die aktuellen Vorgänge, um sich die Vertreibung einer Bevölkerung von um die 200 Millionen Menschen ausmalen zu können. Nur wenige Monate später lagen ihm die Zahlen der aus den Ostgebieten nach Deutschland deportierten Zwangsarbeiter vor. Sie dienten zur Füllung der riesigen Löcher auf dem Arbeitsmarkt, welche die zur Mobilisierung eines Zehn-Millionen-Heeres aus ihren Tätigkeiten herausgerissenen Soldaten hinterlassen hatten. In seiner Funktion als Mitglied in der Reichswirtschaftskammer Berlin erhielt er die Protokolle der Wirtschafts-Presse-Konferenzen der Reichsregierung. Darin wurde die Dimension der gewaltigen erzwungenen Arbeitsmigrationen klar benannt. So hatte er zum Beispiel das Protokoll der Reichswirtschaftskammer Berlin über Wirtschafts-Presse-Konferenzen der Reichsregierung vom 25. Juli 1944 bekommen. Darin stand ein Bericht von Ministerialrat Stothfang (Reichsarbeitsministerium): „Streng vertraulich (...) Zahlen über die Lage des Arbeitseinsatzes: Zurzeit seien im gesamten Wirtschaftsgebiet einschließlich Ernährungswirtschaft im ganzen Reichsgebiet rund 30 Millionen Arbeiter und Angestellte beschäftigt, 8 Millionen Ausländer (6 Millionen zivile Arbeiter, 2 Millionen Kriegsgefangene. Das Arbeitseinsatzprogramm für 1944 habe die Bereitstellung von 4 Millionen neuer Arbeitskräfte vorgesehen. Im ersten Halbjahr 1944 sei aber erst die Zahl von 1,5 Millionen erreicht worden, durch Einstellung von 600.000 Ausländern, 800.000 Deutschen, 100.000 Kriegsgefangenen."[285]

Im August folgte ein weiteres Protokoll, in dem auch etwas über die Arbeitsbedingungen der Zwangsarbeiter aus dem Ostraum nachzulesen ist – und zwar unter der Maßgabe, es sei nun „sehr haushälterisch" mit diesen Arbeitskräften umzugehen, da der Nachschub aus dem Osten stocke. So führte das Otmar Freiherr von Verschuer in der Diskussion mit dem „Hauptdienstleiter DAF Dr. Hupfauer" bei dem Thema „betriebliche Menschenführung im totalen Kriegseinsatz" aus und wies darauf hin, dass „mit den bereits vorhandenen Arbeitskräften sehr haushälterisch umgegangen werden muß" (gemeint sind die Zwangsarbeiter). Man sei sich durchaus darüber klar, dass die „in verschiedenen Betrieben eingeführte 72-Stunden-Arbeit nicht gesund ist". Der anwesenden Presse wurde von „Frhr. v. Verschuer" bedeutet, „was zur Veröffentlichung frei sei. Nicht erwähnt werden dürfe die 72-Stunden-Woche (...)".[286]

Damit waren die Aufgaben des „Hauses der Wirtschaft" bestimmt. Es sollte eine Schaltstelle zwischen der Partei und den für die Produktion, insbesondere für die Rüstungsproduktion direkt Verantwortlichen geschaffen und von oben bis in die Wirtschaft hinein eingeführt werden, und zwar im Sinne der verbrecherischen Ziele des Systems. Das hatte nichts mehr gemein mit den ursprünglichen Zielen der Gesellschaft. Nichts war geblieben von der republikanischen und weltoffenen, von der liberalen und toleranten Gesinnung der Elite, die in Krieg und Revolution sich den Anforderungen der neuen Zeit gestellt hatte und die Organisation zugleich als ein Integrationsmodell für die verschiedenen politischen Strömungen der bürgerlichen Gesellschaft angesehen hatte. Der alte Name blieb nur noch als Untertitel erhalten. Um die politische Kontrolle zu gewährleisten, sah die künftige Hierarchie über dem Vereinsleiter einen Ehrenpräsidenten vor, ein Amt, das von dem jeweiligen Gauleiter in Personalunion geführt werden sollte. Der Ehrenpräsident sollte den Vereinsleiter und den Beirat berufen und im Übrigen seine Zustimmung zu allen grundsätzlichen Entscheidungen vorgesehen werden.

Auch der Beirat wurde vom Gauleiter der NSDAP nach „freiem Ermessen" zusammengestellt, während die Mitgliederversammlung und der Vereinsleiter nur noch „fakultative Vorschläge" unterbreiten konnten. Der Gauleiter der NSDAP war das neue Machtzentrum des Vereins. Er gab die Direktiven, von hier aus wurde geführt, tiefer konnte eine Elitenorganisation, die den Anspruch erhoben hatte, dem allgemeinen Trend immer eine Nasenlänge voraus zu sein, nicht fallen. Eine weitere Umwandlung ergab sich zusätzlich durch die Einführung des korporativen Prinzips. Noch im selben Jahr wurden zahlreiche Firmen mit der Aufforderung zur Mitgliedschaft angeschrieben. Durch die Eingliederung der Repräsentanten dieser Firmen änderte sich die Sozialstruktur, vor allem das Verhältnis zwischen Industrie und Handel zur Wissenschaft. Die Akten der Präsidentschaft Bethmanns lassen keinen Zweifel, dass Avieny und, im Vollzug der Umsetzung seines Willens, die Führung des *Hauses der Wirtschaft* Erfolg hatten. Es finden sich die Antwortbriefe vieler großer Unternehmen Frankfurts und seiner Umgebung, die nach Aufforderungsschreiben, die von Juli bis Dezember 1942 verschickt wurden, willig beitraten.[287]

Schwund an Bedeutung und Qualität – Roland Freisler et cons.

Es gab neben der Verweigerung der überwiegenden Mehrheit der Mitglieder einen weiteren kleinen Hoffnungsschimmer, der bei der Betrachtung der Gesellschaft in der Zeit des Nationalsozialismus nicht unerwähnt bleiben sollte. Die Gesellschaft hatte Mühe, und zwar sowohl vor wie nach der Umwandlung zum *Haus der Wirtschaft*, nicht nur geeignete Mitglieder, sondern auch geeignete Referenten, also Referenten, die zur ersten Garnitur zählten, zu finden. Die Vorträge hätten „teilweise nicht das erwartete Niveau gehabt", berichtete der Kurator der Universität, Wisser, auf der Beiratssitzung am 16. April 1936.[288] Tatsächlich zeigt ein Blick auf das Vortragsprogramm dieser Jahre, wie wenig von dem Glanz der ersten Dekade übriggeblieben war. Es dauerte drei Jahre, bis es gelang, wieder 34 Veranstaltungen durchzuführen, die im Durchschnitt von 67 Personen besucht wurden. Noch 1933 hatten Reichsbankdirektor Dr. Hans Luther und Professor Moritz Bonn über Probleme der Weltwirtschaftskonferenz berichtet. Demgegenüber fällt in den folgenden Jahren die Vielzahl der politisch unverfänglichen Reiseberichte auf. Dazu kamen Vorträge zu technischen Fragen des Weltflugverkehrs und der Reichsbahn. Als herausragendes Ereignis kann lediglich die erste Fernsehübertragung auf deutschem Boden – am 10. Juni 1936 vom Feldberg in die Villa Bonn – angeführt werden.

Fast gleichzeitig mit der Beendigung der ersten Phase der Gleichschaltung änderte sich auch die Ausrichtung des Vortragsprogramms. Neben ausgesprochen aktuellen politischen Fragestellungen wie der Rückgliederung des Saarlandes, ein großer außenpolitischer Erfolg der Hitler-Regierung, drängten weitere politische Themen in den Vordergrund. Die Aufrüstungspolitik und den Balkan als Problemfeld europäischer Politik erläuterte W. Rosenberg und 1937 referierte der Gaupropagandaleiter Wilhelm Müller-Scheld über den „Kampf Adolf Hitlers" als einen „Kampf um die deutsche Kultur". Im folgenden Jahr erreichten kurz vor Kriegsbeginn die politischen, militärischen und nationalsozialistischen Themen einen Höhepunkt. Es ging um die volkswirtschaftliche und soziale Bedeutung des Arbeitsdienstes, um „Großdeutschlands Unentbehrlichkeit für die Weltwirtschaft", um den Ausbau der Luftwaffe, die sudetendeutsche Frage, das Verhältnis von Rohstoffen und Politik.

Schließlich referierte auch Roland Freisler, der spätere Präsident des Volksgerichtshofes, über die „Rechtsgewißheit in der völkischen Lebensordnung". Freisler war kein Unbekannter, geboren 1893 und umgekommen in den Endkämpfen um Berlin im Februar 1945, begann seine Karriere als Jurist bereits in der Weimarer Republik und erreichte im bereits vom Untergang gezeichneten Regime im Jahre 1944 ihren Höhepunkt. Zu dieser Zeit galt er als der gefürchtetste Strafrichter im nationalsozialistischen Deutschland. Er verantwortete allein etwa 2.600 Todesurteile. Darunter befanden sich Schauprozesse mit festgelegten Urteilen, wie etwa gegen die Mitglieder der Widerstandsgruppe Weiße Rose oder gegen die Widerstandskämpfer des Hitler-Attentats vom 20. Juli 1944. Als Vertreter des Justizministeriums nahm er auch an der Wannseekonferenz teil und gehörte damit zu den Verantwortlichen für die Organisation des Holocaust. Die Person Freislers steht wie kaum eine andere für die Rechtsbeugung der Justiz im Dienst des Nationalsozialismus.

Nach der Machtergreifung wurde Freisler Ministerialdirektor im preußischen Justizministerium und Leiter der Personalabteilung. Nur wenige Monate später stieg er bereits zum Staatssekretär und Preußischen Staatsrat auf. In der gesamten Zeit seiner Tätigkeit in den Justizbehörden brach er mit zentralen Grundsätzen des Rechtsstaats. Weder ließ er den Grundsatz „nulla poena sine lege" („Keine Strafe ohne Gesetz") gelten noch das Recht der Angeklagten zur Verteidigung. Auch die Unabhängigkeit der Justiz gegenüber der Exekutive hatte für ihn keinen Wert. Im Gegenteil sah er sich als Vollstrecker des Willens seines Führers. Ab Oktober 1933 kam der Vorsitz im Ausschuss für Strafrecht der Akademie für Deutsches Recht hinzu und ein halbes Jahr später auch die

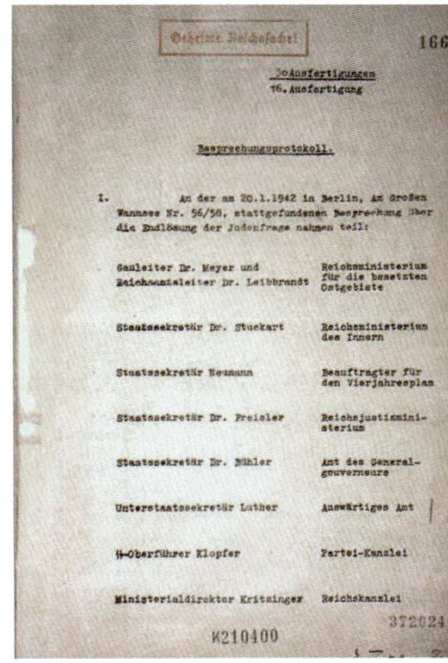

Geheime Reichssache! 166

30 Ausfertigungen
16. Ausfertigung

Besprechungsprotokoll.

I. An der am 20.1.1942 in Berlin, Am Großen Wannsee Nr. 56/58, stattgefundenen Besprechung über die Endlösung der Judenfrage nahmen teil:

Gauleiter Dr. Meyer und Reichsamtsleiter Dr. Leibbrandt	Reichsministerium für die besetzten Ostgebiete
Staatssekretär Dr. Stuckart	Reichsministerium des Innern
Staatssekretär Neumann	Beauftragter für den Vierjahresplan
Staatssekretär Dr. Freisler	Reichsjustizministerium
Staatssekretär Dr. Bühler	Amt des Generalgouverneurs
Unterstaatssekretär Luther	Auswärtiges Amt
SS-Oberführer Klopfer	Partei-Kanzlei
Ministerialdirektor Kritzinger	Reichskanzlei

372024

K210400

Abb. 67/68: Roland Freisler[289] und der Name Roland Freislers auf dem ersten Blatt der Teilnehmerliste zum Protokoll der Wannseekonferenz am 20. Januar 1942[290]

Abb. 69: Einladung zum Vortrag Roland Freislers am 16. Februar 1938 in die Villa Bonn[291]

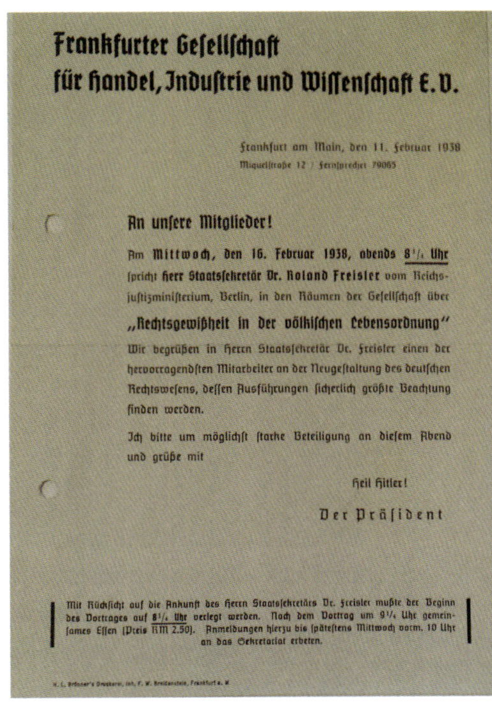

Frankfurter Gesellschaft
für Handel, Industrie und Wissenschaft E. V.

Frankfurt am Main, den 11. Februar 1938
Miquelstraße 12 / Fernsprecher 79065

An unsere Mitglieder!

Am Mittwoch, den 16. Februar 1938, abends 8¼ Uhr spricht Herr Staatssekretär Dr. Roland Freisler vom Reichsjustizministerium, Berlin, in den Räumen der Gesellschaft über

„Rechtsgewißheit in der völkischen Lebensordnung"

Wir begrüßen in Herrn Staatssekretär Dr. Freisler einen der hervorragendsten Mitarbeiter an der Neugestaltung des deutschen Rechtswesens, dessen Ausführungen sicherlich größte Beachtung finden werden.

Ich bitte um möglichst starke Beteiligung an diesem Abend und grüße mit

Heil Hitler!

Der Präsident

Mit Rücksicht auf die Ankunft des Herrn Staatssekretärs Dr. Freisler mußte der Beginn des Vortrages auf 8¼ Uhr verlegt werden. Nach dem Vortrag um 9¼ Uhr gemeinsames Essen (Preis RM 2.50). Anmeldungen hierzu bis spätestens Mittwoch vorm. 10 Uhr an das Sekretariat erbeten.

H. L. Brönner's Druckerei, Inh. F. W. Breidenstein, Frankfurt a. M.

Funtkion des Leiters der „wissenschaftlichen Arbeiten" der Akademie für Deutsches Recht.[292] Bald gehörte er zu den wichtigsten Autoren der Zeitschrift *Deutsche Justiz. Rechtspflege und Rechtspolitik*. Sie forderte ein Willensstrafrecht, eine Neuformulierung der Tatbestände von Mord und Totschlag nach der Tätertypenlehre, kommentierte die am 4. Dezember 1941 erlassene Polenstrafrechtsverordnung und wie nach ihr im besetzten Polen mit Nicht-Deutschen, also den Polen und Juden, zu verfahren sei. Nur wenige Wochen später nahm der Staatssekretär Roland Freisler, wie oben erwähnt, als Vertreter des Justizministeriums am 20. Januar 1942 an der Wannseekonferenz teil. Hauptzweck der Konferenz war nicht, den Holocaust zu beschließen – diese Entscheidung war mit den seit dem Angriff auf die Sowjetunion am 22. Juni 1941 stattgefundenen Massenmorden in vom Deutschen Reich besetzten Gebieten bereits im Gange –, sondern es ging bereits um praktische Fragen seiner Durchführung, also um die Logistik der Deportation der gesamten jüdischen Bevölkerung Europas zur Vernichtung in den Osten und um die dazu erforderliche Koordination.[293] Die Teilnehmer legten den zeitlichen Ablauf für die weiteren Massentötungen fest, grenzten die dafür vorgesehenen Opfergruppen genauer ein und einigten sich auf eine Zusammenarbeit unter der Leitung des Reichssicherheitshauptamts (RSHA), das Heydrich führte.[294]

Roland Freisler war Rassist, Ideologe des Nationalsozialismus und einer der Architekten der Deformation der über zwei Jahrhunderte gewachsenen, aufgeklärten Rechtsprinzipien in Deutschland. *Rechtsgewißheit in der völkischen Lebensordnung* lief bei ihm darauf hinaus, dass es mit Gewissheit keine Rechte für die Nichtarier geben würde, und dies war in der neuen Rechtsordnung festzuschreiben. Proben hatte die deutsche Justiz mit dem Gesetz zur Wiederherstellung des Berufsbeamtentums und den Nürnberger Rassengesetzen bereits geliefert.

Bethmann hatte sich fast ein Jahr um seinen Vortrag bemüht und war von Freisler immer wieder hingehalten worden. Im ersten Anschreiben vom 11. Mai 1937 betonte Bethmann, wie sehr es die Mitglieder aus tätigen und führenden Männern der Wirtschaft, Wissenschaft und Verwaltung begrüßen würden, „wenn Sie in einem ca. einstündigen Vortrag die Neugestaltung des Deutschen Rechts behandeln würden". Erst am 27. Januar 1938 sagte Freisler definitiv für den 16. Februar 1938 zu: „Voraussichtlich werde ich im Laufe des späten Nachmittags von Karlsruhe kommend in Frankfurt eintreffen und an demselben Abend wieder nach Berlin zurückfahren."[295]

Wenige Ausnahmen – Otto Hahn

Abb. 70: Lise Meitner und Otto Hahn am Kaiser-Wilhelm-Institut in Berlin-Dahlem 1913[296]

Nur noch selten konnten herausragende Persönlichkeiten zu besonderen Themen von allgemeinem Interesse gewonnen werden. Dazu gehörte ein Vortrag von Otto Hahn am 19. Februar 1941 über „Natürliche und künstliche Umwandlungen der Atomkerne; Zerspaltung des Uran."

Otto Hahn (1879–1968) forschte von 1913 bis 1944 am Institut für Chemie der Kaiser-Wilhelm-Gesellschaft in Berlin-Dahlem und damit in unmittelbarer Nachbarschaft zu Otmar Freiherr von Verschuer. Er war mit Eintritt bereits Abteilungsleiter und leitete das Institut ab 1928 als Direktor. Sein Forschungsgebiet war die gerade etablierte Radiochemie, in der jeweils fachübergreifend Chemiker und Physiker zusammenarbeiteten. Er arbeitete damals bereits eng mit Lise Meitner zusammen, die um 1920 auch zeitweilig eine Mitarbeiterin von Otto Stern am *Physikalischen Institut* der Universität Frankfurt gewesen war. Sie hatte als zweite Frau überhaupt an der Universität Wien in Physik promoviert und war nach Deutschland gekommen, um bei deutschen Physikern neue Anregungen zu finden. Ab 1918 leitete sie am KWI in Berlin-Dahlem die radiophysikalische Abteilung. Dort entdeckte Otto Hahn mit Fritz Straßmann und ihr 1938 die Kernspaltung.

Hahn hatte sich den Befund des Experiments erst nicht erklären können und in einem Bericht als Uranspaltung beschrieben, der in der Ausgabe *Die Naturwissenschaften* vom 6. Januar 1939 erschien. Brieflich teilte er seine Beobachtungen Lise Meitner mit, die wenige Monate zuvor aus Deutschland emigrieren musste. Sie kommentierte die Entdeckung und lieferte zusammen mit ihrem Neffen Otto Robert Frisch – ebenfalls Emigrant – die physikalische Erklärung zu Hahns experimentellen Ergebnissen. Ihre korrekte Zuschreibung als Kernspaltung (nuclear fission) erschien am 11. Februar 1939 in der Zeitschrift *Nature*. Das war insofern von großer weltgeschichtlicher Bedeutung, weil damit Experiment und Bedeutung des Experiments in den Emigrantenkreisen bekannt wurden und noch vor der kurz danach einsetzenden intensiven Diskussion des Experiments durch Niels Bohr, Enrico Fermi und viele andere bereits weite Kreise gezogen hatte.[297]

Daraus erwuchs unmittelbar die Befürchtung um die Ausnutzung der erkannten Möglichkeit für Kernspaltungen und der Freisetzung von Energie für eine ultimative Waffe. Als Erstes kam der ungarische Physiker Leó Szilárd, der in die USA emigriert war, auf den Gedanken, dass eine mit Neutronen verursachte Kernspaltung benutzt werden könnte, eine Kettenreaktion auszulösen, die sowohl für die Gewinnung gigantischer Mengen an Energie wie auch eine Atombombe genutzt werden könne, eine Idee die erstmals von Ernest Rutherford zu Papier gebracht worden war.[298] Es war dann auch Szilárd, den die Sorge umtrieb, die deutschen Wissenschaftler würden die Idee der Kettenreaktion verwirklichen. Bestärkt wurde er darin durch zwei Publikationen des deutschen Kernphysikers Siegfried Flügge zur Ausbeute von nuklearer Energie, die beide 1939 erschienen.[299] Nach eingehender Diskussion mit seinem ungarischen Kollegen Eugene Wigner kamen sie gemeinsam zu dem Schluss, als Erstes die Belgier zu warnen, die im Kongo über große Uranvorkommen verfügten, und dass man dafür Albert Einstein gewinnen müsse, der über Kontakte zur belgischen Königsfamilie verfüge.[300]

Szilárd und Einstein kannten sich von gemeinsamen Aufenthalten am KWI in Berlin in den frühen 1920er Jahren, also zu dem Zeitpunkt, als Einstein seinen Vortrag in Frankfurt gehalten hatte. Am 12.

Juli 1939 fuhren Szilárd und Wigner nach Long Island, wo sich Einstein gerade aufhielt. Nachdem sie ihm die Möglichkeit des Baus von Atombomben erläutert hatten, erwiderte der, er habe daran noch gar nicht gedacht. Szilárd diktierte auf Deutsch einen Brief für den belgischen Botschafter in den USA. Wigner schrieb ihn nieder und Einstein unterzeichnete ihn. Auf Vorschlag von Wigner bereiteten sie auch einen Brief an die amerikanische Regierung vor, in dem sie erklärten, was sie zu dem Schreiben an den belgischen Botschafter veranlasst hatte.[301] Aus diesem Schreiben ging letztendlich das Manhattan-Projekt hervor: Das *Manhattan-Projekt* (nach der Tarnbezeichnung Manhattan Engineer District) war ein militärisches Forschungsprojekt, in dem ab 1942 alle Tätigkeiten der Vereinigten Staaten während des Zweiten Weltkrieges zur Entwicklung und zum Bau einer Atombombe – also der militärischen Nutzbarmachung der 1938 von Otto Hahn und Fritz Straßmann entdeckten Kernspaltung – unter der militärischen Leitung von General Leslie R. Groves ausgeführt wurden. Die Forschungsarbeiten im Rahmen des *Manhattan-Projekts* wurden von dem Physiker J. Robert Oppenheimer geleitet. Mehr als 150.000 Menschen arbeiteten, unter höchster Geheimhaltung, direkt oder indirekt für das Projekt. Bis Ende 1945 beliefen sich die Kosten auf 1,9 Mrd. US-Dollar. Britische und kanadische Wissenschaftler, die unter dem Codenamen *Tube Alloys* ein eigenes Kernwaffenprojekt verfolgten, kooperierten ab 1943 (Vereinbarung von Quebec) mit den US-Forschern.[302]

Es endete im Bau von drei Atombomben. Eine wurde zu Testzwecken (Trinity-Test) am 16. Juli 1945 auf den *White Sands Proving Grounds,* 250 Kilometer von Los Alamos entfernt, gezündet. Die anderen beiden zerstörten am 6. und 9. August die Städte Hiroshima und Nagasaki, als der Krieg in Europa längst beendet war. Dem deutschen Regime hatten als Wunderwaffen Düsenflugzeuge und Raketen zur Verfügung gestanden, aber keine Atombomben.

Es ist vielfach darüber diskutiert worden, ob es ein ähnliches deutsches Projekt wie das *Manhattan-Projekt* gegeben habe und wie weit es gekommen sei, nachdem deutsche Physiker sich mit dem Experiment von Hahn als weit fortgeschritten gezeigt hatten. Die Antwort ist: ja und nein. Es ist mittlerweile weitgehend erforscht, dass sich deutsche Physiker tatsächlich unter dem Stichwort „Uranmaschine" darum bemühten, eine deutsche Bombe zu bauen, und diesbezüglich auch bei den Größen des Regimes vorstellig geworden sind. Auch Unterstützung erhielten und doch in den allerersten Schritten stecken blieben. Dabei wird oft angeführt, es habe dem Regime, allen voran Hitler, an Verständnis für die Brisanz der Entdeckung Hahns gefehlt, weil sie ideologisch in der deutschen Physik be- und gefangen gewesen seien. Weiterhin habe sich der *brain-drain*, das heißt die Vertreibung der „jüdischen" Wissenschaftler verheerend auf die Qualität der Forschung ausgewirkt, und sie seien an den fehlenden, dafür notwendigen Stoffen wie Uran und Schweres Wasser gescheitert. An allen diesen Punkten ist viel Wahres. Sie, Weizsäcker, Heisenberg et al., konnten Hitler dafür nicht interessieren, aber andere Repräsentanten der ersten Garde – wie Hermann Göring – schon. Auch der Aderlass kommt in dem Brief Hahns an Meitner klar zum Vorschein. Seine Assistentin war ab März 1938 am KWI nicht mehr zu halten, weil sie mit dem Anschluss Österreichs deutsche Staatsbürgerin geworden war und „25 v. H. jüdisches Blut" in ihr floss, wie es in einer Anweisung des Reichsministeriums für Wissenschaft, Erziehung und Volksbildung an den Generaldirektor der Kaiser-Wilhelm-Gesellschaft stand.[303] Auch den anderen Beteiligten fehlten oft die besten ihrer Assistenten. Heisenberg musste einen Kotau vor Himmler machen, um nicht als Propagandist jüdischer Physik in die Fänge der SS zu geraten.[304] Auch die Mengen an Uran, die für die Experimente zur Verfügung standen, waren klar limitiert.

Der Hauptgrund aber war, dass das Projekt in den Händen deutscher Ordinarien lag, die unfähig waren, die praktischen Herausforderungen eines derartigen Projekts überhaupt zu erfassen. Die Amerikaner hatten das *Manhattan-Projekt* mit einer Doppelspitze versehen. Oppenheimer war allein für die Anforderungen und inhaltlichen Dinge des Projekts zuständig. Die Administration und praktische Umsetzung aber stand in der Verantwortung des Generals Leslie Groves. Und sie konnten auf die Ressourcen der Wirtschaftsmacht USA zurückgreifen. Das deutsche Projekt der Uranmaschine ging über ein Forschungsprojekt des KWI Berlin nicht hinaus. Eine Kettenreaktion, die den Amerikanern bereits 1942 gelang, kam in den deutschen Instituten nie zustande.[305] Deshalb ist davon auszugehen, dass Hahn bei seinem Vortrag mehr die theoretischen Seiten betont hat, als über die Uranmaschine zu spekulieren.

Abb. 71–73: Der Chemiker Otto Hahn (1879–1964) zur Zeit seiner Experimente mit Uran im Jahre 1938[306], und Nobelpreis-Urkunde vom November 1944 (Vorder- und Rückseite)[307]

KUNGLIGA SVENSKA VETENSKAPSAKADEMIEN

HAR VID SIN SAMMANKOMST DEN 15 NOVEMBER 1945 I ENLIGHET MED FÖRESKRIFTERNA I DET AV

ALFRED NOBEL

DEN 27 NOVEMBER 1895 UPPRÄTTADE TESTAMENTET BESLUTIT ATT ÖVERLÄMNA DET PRIS SOM FÖR ÅR 1944 BORTGIVES ÅT DEN SOM GJORT

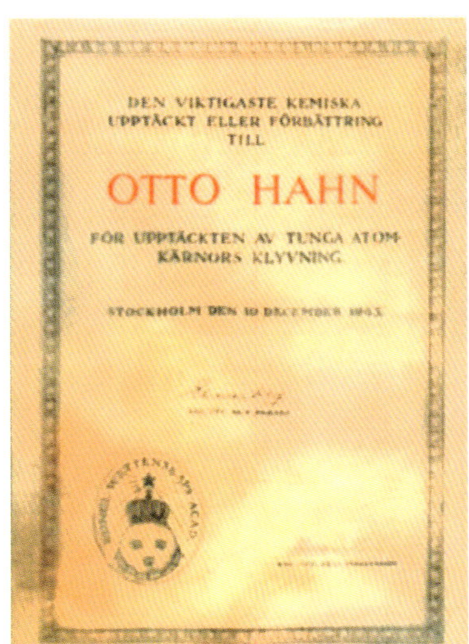
DEN VIKTIGASTE KEMISKA UPPTÄCKT ELLER FÖRBÄTTRING TILL

OTTO HAHN

FÖR UPPTÄCKTEN AV TUNGA ATOMKÄRNORS KLYVNING

STOCKHOLM DEN 10 DECEMBER 1945

Für die Entdeckung der Kernspaltung erhielt Otto Hahn 1945 den Nobelpreis für das Jahr 1944, den er jedoch erst 1946 nach Ende des Zweiten Weltkriegs entgegennehmen konnte. Zuvor hatte ihn die Nachricht von den beiden Atombombenabwürfen über den beiden japanischen Städten in englischer Kriegsgefangenschaft erreicht und tief getroffen. Nach dem Zweiten Weltkrieg engagierte er sich für die friedliche Nutzung der Kernkraft und nutzte dazu auch seinen Einfluss als Präsident der *Max-Planck-Gesellschaft*, der Nachfolgeorganisation der Kaiser-Wilhelm-Institute: „Wir fordern die Völker der Erde und ihre Staatsmänner auf, die Wege zu vermeiden, die zu der Zerstörung unserer Erde führen. Zunächst kann dies wohl kaum durch ein allgemeines Verbot der Atomwaffen geschehen. Heute verhindert noch der beiderseitige Besitz dieser Waffe ihre Anwendung. Aber die Formen des Austrags menschlicher Spannungen müssen sich grundsätzlich ändern. Wenn wir auch unserer eigenen Überzeugung gegenüber kritisch bleiben und dabei bereit sind, die Ansicht des Gegners zu verstehen, dann kommt vielleicht doch einmal die Zeit, in der die Kriege nicht durch Besitz einer genügend großen Anzahl von Massenvernichtungsmitteln verhindert werden, sondern durch das gegenseitige Verständnis der Völker, auch wenn ihre Ideologien so verschieden sind, wie heute die von Ost und West."[308]

Er initiierte die *Mainauer Kundgebung* (1955) und die *Göttinger Erklärung* (1957).[309] Die beiden öffentlichen Appelle forderten Politik und Gesellschaft auf, die Atomkraft ausschließlich für friedliche Zwecke zu nutzen. Mit Blick auf das Verhalten der Deutschen im „Dritten Reich" bezeichnete Albert Einstein Hahn in einem Brief 1949 als „einen der wenigen, die aufrecht geblieben sind und ihr Bestes taten während dieser bösen Jahre".[310]

Der Wandel zum „Haus der Wirtschaft" schlug sich nicht in einer qualitativen Verbesserung im Vortragsprogramm der Jahre zwischen 1942 und 1944 nieder. Von den 40 gehaltenen Vorträgen behandelten mehr als die Hälfte ausgesprochen ideologiebesetzte oder militärische Themen. Es ging ganz im Sinne der Einstimmung Avienys um „Gesicht und Gestaltung des Ostraumes", um die Unvermeidbarkeit des

Krieges gegen die Sowjetunion, seinen Ablauf und die Aufgaben, die hieraus für die deutsche Wirtschaft in Südrussland erwuchsen, um die Rolle der Luftwaffe oder um Indiens Kampf gegen England. Am 9. Dezember 1942 kulminierte diese Serie in dem Vortrag von Professor Heinrich Kranz, der über „Rassenwissenschaft und Rassenpolitik" referierte. Zu dem damaligen Themenkatalog gehörte auch eine Folge von Vorträgen, die sich im Mai und Juni 1943 mit den Vorstellungen der Alliierten zur Nachkriegsordnung auseinanderzusetzen schienen. So wurde erst über die englischen Vorstellungen, dann über den Beveridge-Plan und schließlich über die englisch-amerikanischen Währungspläne informiert. Diese Serie bildete den Schlussakkord an Misstönen, die die Frankfurter Gesellschaft auf ihren Abwegen in der Zeit von 1933 bis 1944 von sich gegeben hatte.

Was vom *Haus der Wirtschaft* blieb

Von einem geregelten Vereinsleben konnte am Ende des Jahres 1943 kaum noch gesprochen werden. Es gab seit Längerem Heizungsprobleme wegen der begrenzten Zuteilung von Heizmaterial, die Weinlieferanten rangen um die Rückgabe jeder geleerten Flasche, weil Flaschenleergut Mangelware geworden war, und die Stadt beschlagnahmte Raum um Raum, damit sie die Verwaltung der Stadt trotz mehr und mehr zerstörter Verwaltungsgebäude notdürftig aufrechterhalten konnte.

Im März 1944 wurde in einer Welle schwerer Bombardements die Innenstadt Frankfurts völlig zerstört. Die dem „Haus der Wirtschaft" zugedachte Aufgabe hatte ihren Sinn längst verloren. Die Siedlungsregionen am Don und der Wolga rückten in weite Ferne, stattdessen die Rote Armee über Oder und Donau vor. Am 7. September 1944 fragte das Amtsgericht nach, ob der Verein noch tätig sei.[312] Er war es nicht mehr, denn bereits zum Beginn des Jahres 1944 war der Vereinsbetrieb eingestellt worden. Die Gesellschaft war nach den Phasen der freiwilligen, dann forcierten Anpassung fest in den nationalsozialistischen Machtapparat integriert worden und wurde von der regionalen Par-

Abb. 74: Zerstörte Altstadt, 1945[311]

teiführung für völlig andere Aufgaben, als sie dem Gründungszweck entsprachen, benutzt. Es war zwar bei Weitem nicht die Mehrheit der ursprünglichen Mitglieder, die sich an diesem Transformationsprozess beteiligt hatten. Weil sich die Gesellschaft aber nicht rechtzeitig aufgelöst hatte und die Zeit der Machtergreifung organisatorisch überdauerte, konnte sie für die Zwecke des Systems eingespannt werden. Sie folgte einem System auf seinem größenwahnsinnigen und menschenverachtenden Irrweg bis in den Untergang hinein. Es ist an dieser Stelle die Weitsicht der Mehrheit der Mitglieder hervorzuheben, die sich diesem Weg in den Jahren 1933 bis 1935 durch Flucht, Emigration und Austritt verweigert hatte.

Bethmann floh aus Frankfurt und suchte Schutz auf dem Gut Schönstadt seiner Frau bei Cölbe im Landkreis Marburg-Biedenkopf in Hessen. Die 1271 erbaute Burg, war 1890 von Ludwig Ferdinand Milchling von Schönstadt an den Chemiker und Unternehmer Eugen Lucius aus Frankfurt, einen der Begründer der Hoechst AG, verkauft worden. Dieser ließ das Schloss um 1900 erneuern und erweitern. Eugen Lucius vererbte Schloss und Gut zunächst an seine Tochter Eugenie, die 1887 den niederländischen Grafen Lodewijk Hieronymus Schimmelpenninck geheiratet hatte, und danach an deren Tochter Maximiliane Gräfin Schimmelpenninck, die mit dem Frankfurter Bankier Simon Moritz Freiherr von Bethmann, also dem Mitgründer und Präsidenten der Frankfurter Gesellschaft sowie Vereinsleiter des *Hauses der Wirtschaft*, verheiratet war.

Dort erreichte ihn kurz vor Weihnachten des Jahres 1946, genau am 23. Dezember 1946, ein Schreiben von Alexander von Engelberg, der mit großer Freude mit dem Wiederaufbau der Dyckerhoff-Zementfabrik in Wiesbaden-Biebrich beschäftigt war. Zement war im damaligen kriegszerstörten Deutschland ein Produkt mit Zukunft. Aber das war nicht der Grund seines Schreibens. Es ging um die vergangenen zwölf Jahre und die Gründe, die Deutschland in den Abgrund geführt hatten.

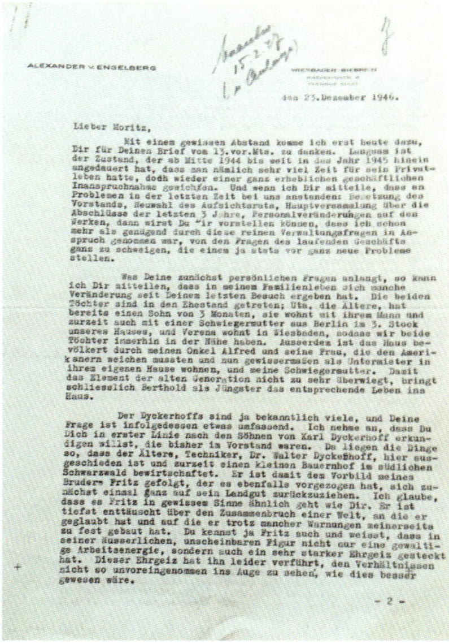

ALEXANDER v. ENGELBERG

WIESBADEN-BIEBRICH

den 23.Dezember 1946.

Lieber Moritz,

Mit einem gewissen Abstand komme ich erst heute dazu, Dir für Deinen Brief vom 13.vor.Mts. zu danken. Langsam ist der Zustand, der ab Mitte 1944 bis weit in das Jahr 1945 hinein angedauert hat, dass man nämlich sehr viel Zeit für sein Privatleben hatte, doch wieder einer ganz erheblichen geschäftlichen Inanspruchnahme gewichen. Und wenn ich Dir mitteile, dass an Problemen in der letzten Zeit bei uns anstanden: Besetzung des Vorstands, Neuwahl des Aufsichtsrats, Hauptversammlung über die Abschlüsse der letzten 3 Jahre, Personalveränderungen auf den Werken, dann wirst Du mir vorstellen können, dass ich schon mehr als genügend durch diese reinen Verwaltungsfragen in Anspruch genommen war, von den Fragen des laufenden Geschäfts ganz zu schweigen, die einem ja stets vor ganz neue Probleme stellen.

Was Deine zunächst persönlichen Fragen anlangt, so kann ich Dir mitteilen, dass in meinem Familienleben sich manche Veränderung seit Deinem letzten Besuch ergeben hat. Die beiden Töchter sind in den Ehestand getreten; Uta, die Ältere, hat bereits einen Sohn von 3 Monaten, sie wohnt mit ihrem Mann und zurzeit auch mit einer Schwiegermutter aus Berlin im 3. Stock unseres Hauses, und Verena wohnt in Wiesbaden, sodass wir beide Töchter immerhin in der Nähe haben. Ausserdem ist das Haus bevölkert durch meinen Onkel Alfred und seine Frau, die den Amerikanern weichen mussten und nun gewissermaßen als Untermieter in ihrem eigenen Hause wohnen, und meine Schwiegermutter. Damit das Element der alten Generation nicht zu sehr überwiegt, bringt schliesslich Berthold als Jüngster das entsprechende Leben ins Haus.

Der Dyckerhoffs sind ja bekanntlich viele, und Deine Frage ist infolgedessen etwas umfassend. Ich nehme an, dass Du Dich in erster Linie nach den Söhnen von Karl Dyckerhoff erkundigen willst, die bisher im Vorstand waren. Da liegen die Dinge so, dass der Ältere, Techniker, Dr. Walter Dyckerhoff, hier ausgeschieden ist und zurzeit einen kleinen Bauernhof im südlichen Schwarzwald bewirtschaftet. Er ist damit dem Vorbild meines Bruders Fritz gefolgt, der es ebenfalls vorgezogen hat, sich zunächst einmal ganz auf sein Landgut zurückzuziehen. Ich glaube, dass es Fritz in gewissem Sinne ähnlich geht wie Dir. Er ist tiefst enttäuscht über den Zusammenbruch einer Welt, an die er geglaubt hat und auf die er trotz mancher Warnungen meinerseits zu fest gebaut hat. Du kennst ja Fritz auch und weisst, dass in seiner äusserlichen, unscheinbaren Figur nicht nur eine gewaltige Arbeitsenergie, sondern auch ein sehr starker Ehrgeiz gesteckt hat. Dieser Ehrgeiz hat ihn leider verführt, den Verhältnissen nicht so unvoreingenommen ins Auge zu sehen, wie dies besser gewesen wäre.

- 2 -

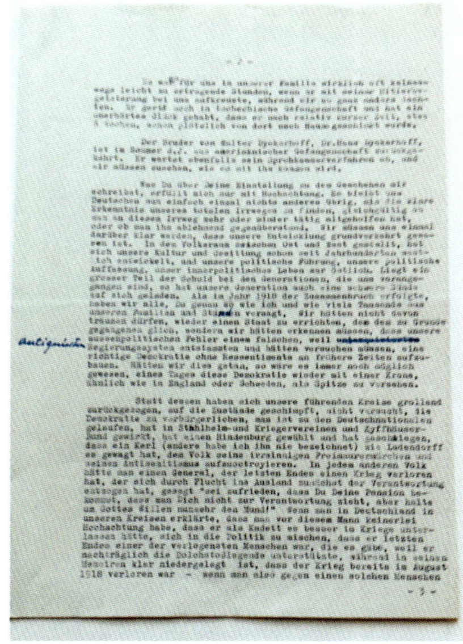

- 2 -

Es war für uns in unserer Familie wirklich oft keineswegs leicht zu ertragende Stunden, wenn er mit seiner Hitlerbegeisterung bei uns aufkreuzte, während wir so ganz anders dachten. Er geriet noch in tschechische Gefangenschaft und hat ein unerhörtes Glück gehabt, dass er nach relativ kurzer Zeit, etwa 6 Wochen, schon plötzlich von dort nach Hause geschickt wurde.

Der Bruder von Walter Dyckerhoff, Dr. Hans Dyckerhoff, ist im Sommer d.J. aus amerikanischer Gefangenschaft zurückgekehrt. Er wartet ebenfalls sein Spruchkammerverfahren ab, und wir müssen zusehen, wie es mit ihm kommen wird.

Was Du über Deine Einstellung zu dem Geschehen mir schreibst, erfüllt mich nur mit Hochachtung. Es bleibt uns Deutschen nun einfach einmal nichts anderes übrig, als die klare Erkenntnis unseres totalen Irrweges zu finden, gleichgültig ob man an diesem Irrweg mehr oder minder tätig mitgeholfen hat, oder ob man ihm ablehnend gegenüberstand. Wir müssen uns einmal darüber klar werden, dass unsere Entwicklung grundverkehrt gewesen ist. In den Volksraum zwischen Ost und West gestellt, hat sich unsere Kultur und Gesittung schon seit Jahrhunderten westlich entwickelt, und unsere politische Führung, unsere politische Auffassung, unser innerpolitisches Leben war östlich. Liegt ein grosser Teil der Schuld bei den Generationen, die uns vorangegangen sind, so hat unsere Generation auch eine schwere Sünde auf sich geladen. Als im Jahr 1918 der Zusammenbruch erfolgte, haben wir alle, Du genau so wie ich und wie viele Tausende aus unseren Familien und Ständen versagt. Wir hätten nicht davon träumen dürfen, wieder einen Staat zu errichten, der dem zu Grunde gegangenen glich, sondern wir hätten erkennen müssen, dass unsere aussenpolitischen Fehler einem falschen, weil [illegible] Regierungssystem entstammten und hätten versuchen müssen, eine richtige Demokratie ohne Ressentiments an frühere Zeiten aufzubauen. Hätten wir dies getan, so wäre es immer noch möglich gewesen, eines Tages diese Demokratie wieder mit einer Krone, ähnlich wie in England oder Schweden, als Spitze zu versehen.

Statt dessen haben sich unsere führenden Kreise grollend zurückgezogen, auf die Zustände geschimpft, nicht versucht, die Demokratie zu verbürgerlichen, man ist zu den Deutschnationalen gelaufen, hat in Stahlhelm- und Kriegervereinen und Kyffhäuser-Bund gewirkt, hat einen Hindenburg gewählt und hat geschwiegen, dass ein Kerl (anders habe ich ihn nie bezeichnet) wie Ludendorff es gewagt hat, dem Volk seine irrsinnigen Freimaurermärchen und seinen Antisemitismus aufzuoctroyieren. In jedem anderen Volk hätte man einem General, der letzten Endes einen Krieg verloren hat, der sich durch Flucht ins Ausland zunächst der Verantwortung entzogen hat, gesagt "sei zufrieden, dass Du Deine Pension bekommst, dass man Dich nicht zur Verantwortung zieht, aber halte um Gottes Willen nunmehr den Mund!" Wenn man in Deutschland in unseren Kreisen erklärte, dass man vor diesem Mann keinerlei Hochachtung habe, dass er als Kadett es besser im Kriege unterlassen hätte, sich in die Politik zu mischen, dass er letzten Endes einer der verlogensten Menschen war, die es gäbe, weil er nachträglich die Dolchstoßlegende unterstützte, während in seinen Memoiren klar niedergelegt ist, dass der Krieg bereits im August 1918 verloren war – wenn man also gegen einen solchen Menschen

- 3 -

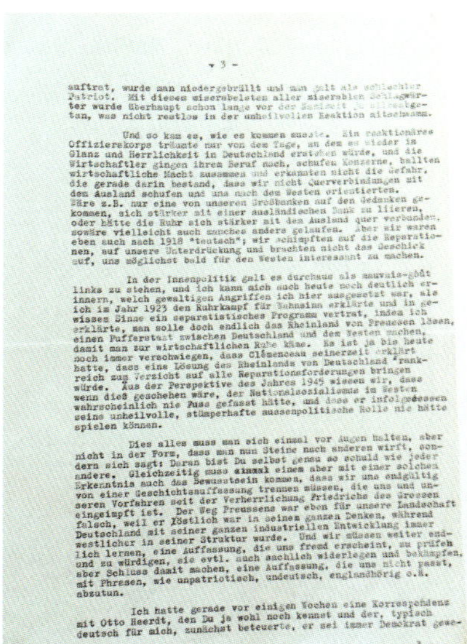

- 3 -

auftrat, wurde man niedergebrüllt und man galt als schlechter Patriot. Mit diesem miserabelsten aller miserablen Schlagwörter wurde überhaupt schon lange vor der Hitlerzeit [illegible] abgetan, was nicht restlos in der unheilvollen Reaktion mitschwamm.

Und so kam es, wie es kommen musste. Ein reaktionäres Offizierskorps träumte nur von dem Tage, an dem es wieder in Glanz und Herrlichkeit in Deutschland erstehen würde, und die Wirtschaftler gingen ihrem Beruf nach, schufen Konzerne, ballten wirtschaftliche Macht zusammen und erkannten nicht die Gefahr, die gerade darin bestand, dass wir nicht Querverbindungen mit dem Ausland schufen und uns nach dem Westen orientierten. Wäre z.B. nur eine von unseren Großbanken auf den Gedanken gekommen, sich stärker mit einer ausländischen Bank zu liieren, oder hätte die Ruhr sich stärker mit dem Ausland quer verbunden, so wäre vielleicht auch manches anders gelaufen. Aber wir waren eben auch nach 1918 "teutsch"; wir schimpften auf die Reparationen, auf unsere Unterdrückung und brachten nicht das Geschick auf, uns möglichst bald für den Westen interessant zu machen.

In der Innenpolitik galt es durchaus als mauvais-goût links zu stehen, und ich kann mich auch heute noch deutlich erinnern, welch gewaltigen Angriffen ich hier ausgesetzt war, als ich im Jahr 1923 den Ruhrkampf für Wahnsinn erklärte und in gewissem Sinne ein separatistisches Programm vertrat, indem ich erklärte, man solle doch endlich das Rheinland von Preussen lösen, einen Pufferstaat zwischen Deutschland und dem Westen machen, damit man zur wirtschaftlichen Ruhe käme. Es ist ja bis heute noch immer verschwiegen, dass Clémenceau seinerzeit erklärt hatte, dass eine Lösung des Rheinlands von Deutschland Frankreich zum Verzicht auf alle Reparationsforderungen bringen würde. Aus der Perspektive des Jahres 1945 wissen wir, dass wenn dieß geschehen wäre, der Nationalsozialismus im Westen wahrscheinlich nie Fuss gefasst hätte, und dass er infolgedessen seine unheilvolle, stümperhafte aussenpolitische Rolle nie hätte spielen können.

Dies alles muss man sich einmal vor Augen halten, aber nicht in der Form, dass man nun Steine nach anderen wirft, sondern sich sagt: Daran bist Du selbst genau so schuld wie jeder andere. Gleichzeitig muss einmal einem aber mit einer solchen Erkenntnis auch das Bewusstsein kommen, dass wir uns endgültig von einer Geschichtsauffassung trennen müssen, die uns und unseren Vorfahren seit der Verherrlichung Friedrichs des Grossen eingeimpft ist. Der Weg Preussens war eben für unsere Landschaft falsch, weil er östlich war in seinem ganzen Denken, während Deutschland mit seiner ganzen industriellen Entwicklung immer westlicher in seiner Struktur wurde. Und wir müssen weiter endlich lernen, eine Auffassung, die uns fremd erscheint, zu prüfen und zu würdigen, sie evtl. auch sachlich widerlegen und bekämpfen, aber Schluss damit machen, eine Auffassung, die uns nicht passt, mit Phrasen, wie unpatriotisch, undeutsch, englandhörig o.ä. abzutun.

Ich hatte gerade vor einigen Wochen eine Korrespondenz mit Otto Heerdt, den Du ja wohl noch kennst und der, typisch deutsch für mich, zunächst beteuerte, er sei immer Demokrat gewe-

- 3 -

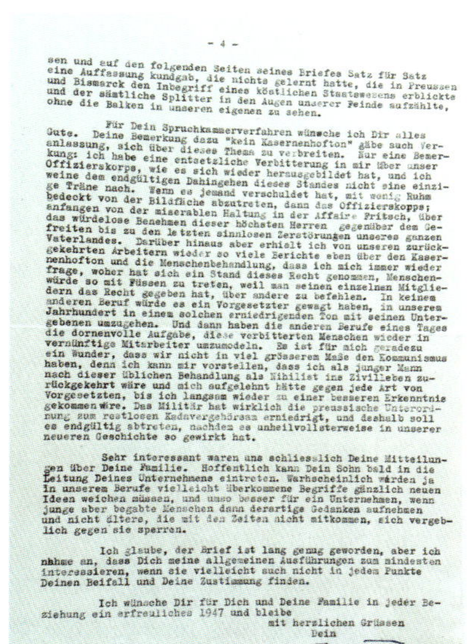

- 4 -

sen und auf den folgenden Seiten seines Briefes Satz für Satz eine Auffassung kundgab, die nichts gelernt hatte, die in Preussen und Bismarck den Inbegriff eines köstlichen Staatswesens erblickte und der sämtliche Splitter in den Augen unserer Feinde aufzählte, ohne die Balken in unseren eigenen zu sehen.

Für Dein Spruchkammerverfahren wünsche ich Dir alles Gute. Deine Bemerkung dazu "kein Kasernenhofton" gäbe auch Veranlassung, sich über dieses Thema zu verbreiten. Nur eine Bemerkung: ich habe eine entsetzliche Verbitterung in mir über unser Offizierskorps, wie es sich wieder herausgebildet hat, und ich weine dem endgültigen Dahingehen dieses Standes nicht eine einzige Träne nach. Wenn es jemand verschuldet hat, mit wenig Ruhm bedeckt von der Bildfläche abzutreten, dann das Offizierskopps; anfangen von der miserablen Haltung in der Affaire Fritsch, über das würdelose Benehmen dieser höchsten Herren gegenüber dem Gefreiten bis zu den letzten sinnlosen Zerstörungen unseres ganzen Vaterlandes. Darüber hinaus aber erhielt ich von unseren zurückgekehrten Arbeitern wieder so viele Berichte eben über den Kasernenhofton und die Menschenbehandlung, dass ich mich immer wieder frage, woher hat sich ein Stand dieses Recht genommen, Menschenwürde so mit Füssen zu treten, weil man seinen einzelnen Mitgliedern das Recht gegeben hat, über andere zu befehlen. In keinem anderen Beruf würde es ein Vorgesetzter gewagt haben, in unserem Jahrhundert in einem solchen erniedrigenden Ton mit seinen Untergebenen umzugehen. Und dann haben die anderen Berufe eines Tages die dornenvolle Aufgabe, diese verbitterten Menschen wieder in vernünftige Mitarbeiter umzumodeln. Es ist für mich geradezu ein Wunder, dass wir nicht in viel grösserem Maße den Kommunismus haben, denn ich kann mir vorstellen, dass ich als junger Mann nach dieser üblichen Behandlung als Nihilist ins Zivilleben zurückgekehrt wäre und mich aufgelehnt hätte gegen jede Art von Vorgesetzten, bis ich langsam wieder zu einer besseren Erkenntnis gekommen wäre. Das Militär hat wirklich die preussische Unterordnung zum restlosen Kadavergehörsam erniedrigt, und deshalb soll es endgültig abtreten, nachdem es unheilvollsterweise in unserer neueren Geschichte so gewirkt hat.

Sehr interessant waren uns schliesslich Deine Mitteilungen über Deine Familie. Hoffentlich kann Dein Sohn bald in die Leitung Deines Unternehmens eintreten. Warhscheinlich werden ja in unserem Berufe vielleicht überkommene Begriffe gänzlich neuen Ideen weichen müssen, und umso besser für ein Unternehmen, wenn junge aber begabte Menschen dann derartige Gedanken aufnehmen und nicht ältere, die mit den Zeiten nicht mitkommen, sich vergeblich gegen sie sperren.

Ich glaube, der Brief ist lang genug geworden, aber ich nehme an, dass Dich meine allgemeinen Ausführungen zum mindesten interessieren, wenn sie vielleicht auch nicht in jedem Punkte Deinen Beifall und Deine Zustimmung finden.

Ich wünsche Dir für Dich und Deine Familie in jeder Beziehung ein erfreuliches 1947 und bleibe

mit herzlichen Grüssen

Dein

Alexander

(A.v.Engelberg)

Abb. 75–78: Auszug aus dem Brief von Alexander von Engelberg an Moritz von Bethmann vom 23. Dezember 1946[313]

Alexander von Engelberg beginnt seinen Brief mit einer Einleitung und berichtet, dass er von Mitte 1944 bis 1945 „sehr viel Zeit für sein Privatleben hatte", was nun wieder einer „ganz erheblichen geschäftlichen Inanspruchnahme gewichen" sei. Er listet auf: Besetzung Vorstand, Neuwahl Aufsichtsrat, Hauptversammlung über die Abschlüsse der letzten drei Jahre, Personalveränderungen auf den Werken, und schreibt weiter über die Gründe seiner unternehmerischen Tätigkeit:

„Da liegen die Dinge so, dass der Ältere, Techniker, Dr. Walter Dyckerhoff, hier ausgeschieden ist und zurzeit einen kleinen Bauernhof im südlichen Schwarzwald bewirtschaftet. Er ist damit dem Vorbild meines Bruders Fritz gefolgt, der es ebenfalls vorgezogen hat, sich zunächst einmal ganz auf sein Landgut zurückzuziehen. Ich glaube, dass es Fritz in gewissem Sinne ähnlich geht wie Dir. Er ist tiefst enttäuscht über den Zusammenbruch einer Welt, an die er geglaubt hat und auf die er trotz mancher Warnungen meinerseits zu fest gebaut hat. Du kennst ja Fritz auch und weisst, dass in seiner äusserlichen, unscheinbaren Figur nicht nur eine gewaltige Arbeitsenergie, sondern auch ein sehr starker Ehrgeiz gesteckt hat. Dieser Ehrgeiz hat ihn leider verführt, den Verhältnissen nicht so unvoreingenommen ins Auge zu sehen, wie dies besser gewesen wäre.
Es waren für uns in unserer Familie wirklich oft keineswegs leicht zu ertragende Stunden, wenn er mit seiner Hitlerbegeisterung bei uns aufkreuzte, während wir so ganz anders dachten. Er geriet noch in tschechische Gefangenschaft und hat ein unerhörtes Glück gehabt, dass er nach relativ kurzer Zeit, etwa 6 Wochen, schon plötzlich von dort nach Hause geschickt wurde.
Der Bruder von Walter Dyckerhoff, Dr. Hans Dyckerhoff, ist im Sommer d. J. aus amerikanischer Gefangenschaft zurückgekehrt. Er wartet ebenfalls sein Spruchkammerverfahren ab, und wir müssen zusehen, wie es mit ihm kommen wird.

Was Du über Deine Einstellung zu dem Geschehen mir schreibst, erfüllt mich nur mit Hochachtung. Es bleibt uns Deutschen nun einfach einmal nichts anderes übrig, als die klare Erkenntnis unseres totalen Irrweges zu finden, gleichgültig ob man an diesem Irrweg mehr oder minder tätig mitgeholfen hat, oder ob man ihm ablehnend gegenüberstand. Wir müssen uns einmal darüber klar werden, dass unsere Entwicklung grundverkehrt gewesen ist. In dem Volksraum zwischen Ost und West geteilt, hat sich unsere Kultur und Gesittung schon seit Jahrhunderten westlich entwickelt, und unsere politische Führung, unsere politische Auffassung, unser innenpolitisches Leben war östlich. Liegt ein grosser Teil der Schuld bei den Generationen, die uns vorangegangen sind, so hat unsere Generation auch eine schwere Sünde auf sich geladen. Als im Jahr 1918 der Zusammenbruch erfolgte, haben wir alle, Du genau so wie ich und wie viele Tausende aus unseren Familien und Ständen versagt. Wir hätten nicht davon träumen dürfen, wieder einen Staat zu errichten, der dem zu Grunde gegangenen glich, sondern wir hätten erkennen müssen, dass unsere aussenpolitischen Fehler einem falschen, weil antiquierten Regierungssystem entstammten und hätten versuchen müssen, eine richtige Demokratie ohne Ressentiments an frühere Zeiten aufzubauen. Hätten wir dies getan, so wäre es immer noch möglich gewesen, eines Tages diese Demokratie wieder mit einer Krone, ähnlich wie in England oder Schweden, als Spitze zu versehen.
Statt dessen haben sich unsere führenden Kreise grollend zurückgezogen, auf die Zustände geschimpft, nicht versucht, die Demokratie zu verbürgerlichen, man ist zu den Deutschnationalen gelaufen, hat in Stahlhelm- und Kriegervereinen und Kyffhäuser-Bund gewirkt, hat einen Hindenburg gewählt und hat geschwiegen, dass ein Kerl (anders habe ich ihn nie bezeichnet) wie Ludendorff es gewagt hat, dem Volk seine irrsinnigen Freimaurermärchen und seinen Antisemitismus aufzuoctroyieren. In jedem anderen Volk hätte man einem

General, der letzten Endes einen Krieg verloren hat, der sich durch Flucht ins Ausland zunächst der Verantwortung entzogen hat, gesagt „sei zufrieden, dass Du Deine Pension bekommst, dass man Dich nicht zur Verantwortung zieht, aber halte um Gottes Willen nunmehr den Mund!" Wenn man in Deutschland in unseren Kreisen erklärte, dass man vor diesem Mann keinerlei Hochachtung habe, dass er als Kadett es besser im Kriege unterlassen hätte, sich in die Politik zu mischen, dass er letzten Endes einer der verlogensten Menschen war, die es gäbe, weil er nachträglich die Dolchstoßlegende unterstützte, während in seinen Memoiren klar niedergelegt ist, dass der Krieg bereits im August 1918 verloren war – wenn man also gegen einen solchen Menschen auftrat, wurde man niedergebrüllt und man galt als schlechter Patriot. Mit diesem miserabelsten aller miserablen Schlagwörter wurde überhaupt schon lange vor der Nazizeit ja alles abgetan, was nicht restlos in der unheilvollen Reaktion mitschwamm.

Und so kam es, wie es kommen musste. Ein reaktionäres Offizierskorps träumte nur von dem Tage, an dem es wieder in Glanz und Herrlichkeit in Deutschland erstehen würde, und die Wirtschaftler gingen ihrem Beruf nach, schufen Konzerne, ballten wirtschaftliche Macht zusammen und erkannten nicht die Gefahr, die gerade darin betand, dass wir nicht Querverbindungen mit dem Ausland schufen und uns nach dem Westen orientierten. Wäre z. B. nur eine von unseren Großbanken auf den Gedanken gekommen, sich stärker mit einer ausländischen Bank zu liieren, oder hätte die Ruhr sich stärker mit dem Ausland quer verbunden, so wäre vielleicht auch manches anders gelaufen. Aber wir waren eben auch nach 1918 „teutsch"; wir schimpften auf die Reparationen, auf unsere Unterdrückung und brachten nicht das Geschick auf, uns möglichst bald für den Westen interessant zu machen.

In der Innenpolitik galt es durchaus als mauvais-goût links zu stehen, und ich kann mich auch heute noch deutlich erinnern, welch gewaltigen Angriffen ich hier ausgesetzt war, als ich im Jahr 1923 den Ruhrkampf für Wahnsinn erklärte und in gewissem Sinne ein separatistisches Programm vertrat, indem ich erklärte, man solle doch endlich das Rheinland von Preussen lösen, einen Pufferstaat zwischen Deutschland und dem Westen machen, damit man zur wirtschaftlichen Ruhe käme. Es ist ja bis heute noch immer verschwiegen, dass Clémenceau seinerzeit erklärt hatte, dass eine Lösung des Rheinlandes von Deutschland Frankreich zum Verzicht auf alle Reparationsforderungen bringen würde. Aus der Perspektive des Jahres 1945 wissen wir, dass wenn dies geschehen wäre, der Nationalsozialismus im Westen wahrscheinlich nie Fuss gefasst hätte, und dass er infolgedessen seine unheilvolle, stümperhafte aussenpolitische Rolle nie hätte spielen können.

Dies alles muss man sich einmal vor Augen halten, aber nicht in der Form, dass man nun Steine nach anderen wirft, sondern sich sagt: Daran bist Du selbst genau so schuld wie jeder andere. Gleichzeitig muss einem aber mit einer solchen Erkenntnis auch das Bewusstsein kommen, dass wir uns endgültig von einer Geschichtsauffassung trennen müssen, die uns und unseren Vorfahren seit der Verherrlichung Friedrichs des Grossen eingeimpft ist. Der Weg Preussens war eben für unsere Landschaft falsch, weil er östlich war in seinem ganzen Denken, während Deutschland mit seiner ganzen industriellen Entwicklung immer westlicher in seiner Struktur wurde. Und wir müssen weiter endlich lernen, eine Auffassung, die uns fremd erscheint, zu prüfen und zu würdigen, sie evtl. auch sachlich widerlegen und bekämpfen, aber Schluss damit machen, eine Auffassung, die uns nicht passt, mit Phrasen, wie unpatriotisch, undeutsch, englandhörig o. ä. abzutun.

Ich hatte gerade vor einigen Wochen eine Korrespondenz mit Otto Heerdt, den Du ja wohl noch kennst und der, typisch deutsch für mich, zunächst beteuerte, er sei immer Demokrat gewesen und auf den folgenden Seiten seines Briefes Satz für Satz eine Auffassung

kundgab, die nichts gelernt hatte, die in Preussen und Bismarck den Inbegriff eines köstlichen Staatswesens erblickte und der sämtliche Splitter in den Augen unserer Feinde aufzählte, ohne die Balken in unseren eigenen zu sehen.
Für Dein Spruchkammerverfahren wünsche ich Dir alles Gute. Deine Bemerkung dazu „kein Kasernenhofton" gäbe auch Veranlassung, sich über dieses Thema zu verbreiten. Nur eine Bemerkung: ich habe eine entsetzliche Verbitterung in mir über unser Offizierskorps, wie es sich wieder herausgebildet hat, und ich weine dem endgültigen Dahingehen dieses Standes nicht eine einzige Träne nach. Wenn es jemand verschuldet hat, mit wenig Ruhm bedeckt von der Bildfläche abzutreten, dann das Offizierskorps; an(ge)fangen von der miserablen Haltung in der Affäre Fritsch, über das würdelose Benehmen dieser höchsten Herren gegenüber dem Gefreiten bis zu den letzten sinnlosen Zerstörungen unseres ganzen Vaterlandes. Darüber hinaus aber erhielt ich von unseren zurückgekehrten Arbeitern wieder so viele Berichte eben über den Kasernenhofton und die Menschenbehandlung, dass ich mich immer wieder frage, woher hat sich ein Stand dieses Recht genommen, Menschenwürde so mit Füssen zu treten, weil man seinen einzelnen Mitgliedern das Recht gegeben hat, über andere zu befehlen. In keinem anderen Beruf würde es ein Vorgesetzter gewagt haben, in unserem Jahrhundert in einem solchen erniedrigenden Ton mit seinen Untergebenen umzugehen. Und dann haben die anderen Berufe eines Tages die dornenvolle Aufgabe, diese verbitterten Menschen wieder in vernünftige Mitarbeiter umzumodeln. Es ist für mich geradezu ein Wunder, dass wir nicht in viel grösserem Maße den Kommunismus haben, denn ich kann mir vorstellen, dass ich als junger Mann nach dieser üblichen Behandlung als Nihilist ins Zivilleben zurückgekehrt wäre und mich aufgelehnt hätte, gegen jede Art von Vorgesetzten, bis ich langsam wieder zu einer besseren Erkenntnis gekommen wäre. Das Militär hat wirklich die preußische Unterordnung zum

restlosen Kadavergehorsam erniedrigt, und deshalb soll es endgültig abtreten, nachdem es unheilvollsterweise in unserer neueren Geschichte gewirkt hat. (...).
Ich glaube, der Brief ist lang genug geworden, aber ich nehme an, dass Dich meine allgemeinen Ausführungen zum mindesten interessieren, wenn sie vielleicht auch nicht in jedem Punkte Deinen Beifall und Deine Zustimmung finden.
Ich wünsche Dir für Dich und Deine Famlie in jeder Bezieung ein erfreuliches 1947 und bleibe
mit herzlichen Grüssen

Dein

Alexander.

Man muss Alexander von Engelberg nicht in allen Aspekten folgen, aber zweifellos war er eine Stimme der Vernunft in einem zerstörten Land mit ungewisser Zukunft. Der Verfasser dieses beeindruckenden Briefes stammte väterlicherseits aus einer adeligen badischen Familie und mütterlicherseits aus der Unternehmerfamilie Dyckerhoff. Er legte das Abitur 1909 in Karlsruhe ab und diente wenige Jahre später als Offizier bei der kaiserlichen Fliegertruppe. In dieser Funktion wurde er fern der Heimat schwer verwundet und fand vorübergehend bis zum Ende des Kriegs eine Anstellung in der Zivilverwaltung in Rumänien und beim Militärattaché in Bern. Nach Kriegsende sattelte er um auf kaufmännische Positionen in Banken und Industrieunternehmen und trat 1922 mit diesen Berufserfahrungen in das Familienunternehmen der *Portland-Cementfabrik Dyckerhoff & Söhne GmbH* in Mainz-Amöneburg ein. Bereits 1923 erhielt er Prokura, stieg 1927 zum stellvertretenden Geschäftsführer auf und zwei Jahre später zum Geschäftsführer. Nach der Fusion des Unternehmens zur *Dyckerhoff-Wicking AG* berief man ihn in den Vorstand. In dieser Zeit hatte er bereits mehrere Aufsichtsratsmandate in anderen Unternehmen inne – unter anderem in dem der in unmittelbaren Nachbarschaft befindlichen Kalle & Co. AG in Wiesbaden-Biebrich – und er übte das Amt des Königlich-Schwedischen Vizekonsuls in Wiesbaden aus.

Abb. 79: Alexander von Engelberg (1894–1960)[314]

Es folgte die vom Nationalsozialismus und Kriegszerstörungen erzwungene Pause, die er in seinem Brief erwähnt und ab 1946 die Übernahme seiner alten Position bei Dyckerhoff. Von Engelberg machte in den folgenden Jahren eine steile Karriere, die diejenige in der Weimarer Republik noch in den Schatten stellte. Er war von 1948 bis 1959 Präsident des *Bundesverbandes Baustoffe – Steine und Erden*, Mitglied des Präsidiums des Bundesverbandes der Deutschen Industrie (BDI) und der *Deutsch-Niederländischen Handelskammer*. Als Krönung seines Lebenswerkes kann sein Engagement für Europa gelten. Hier errang er ein zentrales Mandat, das ihn an die Seite von Adenauer, Hallstein und anderen Politikern der Westbindung führte; er war von 1953 bis 1959 Mitglied des beratenden Ausschusses der *Europäischen Gemeinschaft für Kohle und Stahl*, der Urzelle der heutigen Europäischen Gemeinschaft. Insofern verkörperte er geradezu den Anfang eines neuen Deutschlands im Westen – genauso, wie er es in dem Brief beschrieben hatte.[315]